HERMES

在古希腊神话中,赫耳墨斯是宙斯和迈亚的儿子,奥林波斯神们的信使,道路与边界之神,睡眠与梦想之神,亡灵的引导者,演说者、商人、小偷、旅者和牧人的保护神……

西方传统 经典与解释
Classici et Commentarii **HERMES**

地缘政治学丛编

刘小枫 ● 主编

太平洋地缘政治学
—— 地理与历史之间关系的研究

Geopolitik des Pazifischen Ozeans
Studien über die Wechselbeziehungen zwischen Geographie und Geschichte

[德]卡尔·豪斯霍弗 Karl Haushofer ｜ 著

马勇　张培均 ｜ 译

华夏出版社

古典教育基金·"传德"资助项目

"地缘政治学丛编"出版说明

在一种观点看来,地缘政治学(Geopolitics)与政治地理学(Political Geography)是一门学科的两个名称,并无实质差异。①人们显然不能说,地缘政治学是德语学界的惯用术语,而政治地理学是英语和法语学界的惯用术语。19世纪末的德国人文地理学家拉采尔(1846—1904)是地缘政治学的创始人,而他为这门学科奠基的大著就名为《政治地理学》(*Politische Geographie*,1897,715页)。1925年,德国的地缘政治理论家毛尔(Otto Maull,1887—1957)出版的地缘政治学教科书也名为《政治地理学》(*Politische Geographie*,Berlin,1956年修订版)。十年后,毛尔出版了一本同样性质的著作,却又名为《地缘政治学的本质》(*Das Wesen der Geopolitik*,1936)。②

地缘政治学与政治地理学这两个术语似乎可以互换,其实不然。仅仅从字面上看,这两个术语也有差异:政治地理学的基本要素是历史地理学,地缘政治学的基本要素则是政治学。瑞典的契伦(1864—1922)作为地缘政治学这个术语的发明者出身于政治学专

---

① 皮尔赛等,《世界政治地理》,彦屈远译,台北:世界书局,1975,页7。
② 比较 Rainer Sprengel, *Kritik der Geopolitik. Ein deutscher Diskurs. 1914–1944*, Berlin, 1996。

业,而非像拉采尔那样出生于地理学专业。契伦凭靠拉采尔的政治地理学原理来建构现代式的国家学说仅仅表明,自18世纪以来,政治学越来越离不开对世界地理的政治史认识。

就学科性质而言,由于综合了史学、地理学、经济学、军事学、政治学,"地缘政治学"这个名称比"政治地理学"更恰切。毕竟,这门学问的重点在政治而非地理,地表不过是人世间政治冲突的场所。①豪斯霍弗说得有道理:费尔格里夫的《地理与世界霸权》属于"政治地理学"要著,它为理解"地缘政治学"提供了必要的知识准备。②换言之,政治地理学是地缘政治学属下的一个基础性子学科,没有某种政治学观念的引导,政治地理学仅仅是一堆实证知识。

拉采尔逝前一年出版了《政治地理学》的增订版(1903),这个版本添加了一个并列的书名"或诸国家及其贸易和战争的地理学"(*or die Geographie der Staaten, des Verkehres und des Krieges*)。这个副题准确解释了拉采尔所理解的"政治"现象的含义:"诸国家"是复数,"贸易"和"战争"是单数。这意味着,"政治"就是诸国家之间的贸易和战争。

显然不能说,这是什么了不起的新定义。自有文明记载以来,政治共同体之间的贸易和战争就是人类的基本生存经验。不过,古代与现代的地缘政治冲突有很大差别,除了"地理大发现"带来的整全的世界地理视野之外,商业技术文明的出现是这种差别的决

---

① 比较 R. D. Sack, *Human Territoriality: Its Theory and History*, Cambridge University Press, 1986; J. Painter, *Politics, Geography and "Political Geography": A Critical Perspective*, London, 1995。

② 豪斯霍弗,《〈地理与世界霸权〉德译本导言》,见娄林主编,《地缘政治学的历史片段》("经典与解释辑刊"第51辑),北京:华夏出版社,2018,页63-64。

定性原因。1750年,杜尔哥(1727—1781)写下了《关于政治地理学的论著纲要》,清晰地勾勒出一幅世界地缘政治史的演进图。①事实上,拉采尔的《政治地理学》中的所有基本论题,都可以在杜尔哥的这篇纲要中找到。

拉采尔在《政治地理学》的"序言"一开始就说:他的老师李特尔(Karl Ritter,1779—1859)已经充分注意到地理学的"政治方面"。②史称李特尔为"人文地理学"的先驱人物,但我们应该知道,他因在其成名作《地球志》中探究了"黑非洲"而随即被当时的普鲁士王家军事学院聘为地理学教授。③由此看来,"人文地理学"这个名称虽然听起来颇为美丽,且如今已成为大学中的一门基础学科,但其诞生之初却是为欧洲各王国的世界性"政治占有"服务的自然科学。

作为古老的中国文明的后代,我们必须承认,古希腊人、罗马人乃至后来的日耳曼裔欧洲人,在地缘政治冲突方面的经历都远比我们的古人丰富。周代晚期七国争霸的内战状态,毕竟并未与西方式的地缘政治冲突交织在一起。20世纪40年代,在中国面临生死存亡之际,流亡陪都重庆的世界史学家也成立了一个"地缘政治学协会"(1941),还形成了一个"战国策派"。但因时势艰难,中国的政治地理学家很难有沉静的心态从世界历史的角度深入认识地缘政

---

① 杜尔哥,《政治地理学》,刘小枫编,《从普遍历史到历史主义》,北京:华夏出版社,2017,页99—118。

② Friedrich Ratzel, *Politische Geographie or die Geographie der Staaten, des Verkehres und des Krieges*, München, 1923(E. Oberhummer审读、增订第三版),页V。

③ 迪金森,《近代地理学创建人》,葛以德等译,北京:商务印书馆,1980,页43。

治学。

"文革"时期关于"三个世界"的普及教育,也许算得上是一种地缘政治学教育,但是,且不谈相当粗陋,它实际上并不具有整全的世界历史视野。① 如今通过叙述"丝绸之路"的历史,我们也许可以铺展出一幅让中国史与世界史彼此交融的历史地图,毕竟,"把中国文明与西欧亚及地中海世界连接起来的通道,就是陆上和海上的丝绸之路"。②

然而"中西交通史"并不具有地缘政治学的视野。"丝绸之路"的历史与帝国兴衰密不可分:无论陆上还是海上的贸易通道,无不受帝国秩序掌控。何况,"'丝绸之路'根本不是什么道路,[罗马帝国和中华帝国]双方的军队无论从哪个方向都无法发动进攻"。③ 因此,叙述"丝绸之路"的历史若不能深度反映帝国间冲突的历史,难免流于商贾之谈。

太平洋战争爆发以来,美国的政治学家一方面把德国的地缘政治学说成替德意志第三帝国服务的"侵略性学科"或"伪科学",另一方面又通过大学教育以及传媒对国民普及地缘政治学知识。直到今天,美国知识界正是凭靠海上强国的地缘政治观纵论国际政治时局,才掌握着主导国际政治格局的话语支配权。

由于种种历史的原因,我国学界对世界地缘政治学的认识迄今

---

① 比较国营东光无线电器材厂工人理论组/吉林师范大学地理系73级工农兵学员编,《三个世界》,长春:吉林人民出版社,1975。
② 张国刚,《胡天汉月映西洋:丝路沧桑三千年》,北京:生活·读书·新知三联书店,2019。
③ 奎斯特,《国际体系中的进攻与防御》,孙建中译,上海:上海人民出版社,2008,页36。

仍然相当局促,这与我们缺乏相关的知识储备有关。为了改变这一情形,本工作坊开设了这个系列,聚焦于19世纪末以来形成的地缘政治学文献,原典和研究性著作并重,为我国学界在新的国际政治形势下进一步开阔眼界尽绵薄之力。

刘小枫

2018年春

古典文明研究工作坊

目 录

中译本导言（刘小枫）············· 1
中译者前言················· 33

德文本第三版序（1938）············ 1
德文本第二版序（1927）············ 3

导　言···················· 7
第一章　存在一种太平洋地缘政治学吗？······· 24
第二章　从面积、海岸和位置看印度-太平洋的空间图景··· 43
第三章　太平洋生存空间原生的典型特征······· 57
第四章　太平洋空间图景意识的历史嬗变······· 75
第五章　原生民族的基本信仰············ 86
第六章　作为迁徙场域的太平洋··········· 97
第七章　太平洋社会学··············· 113
第八章　白种人的入侵··············· 124
第九章　太平洋进入世界文化、世界政治和世界经济导致的
　　　　世界图景的变化·············· 140
第十章　太平洋的北部门槛············· 156

第十一章	太平洋火山带上封闭的科迪勒拉山系的海岸	170
第十二章	东亚的海岸线：形式上破碎，气候上统一	183
第十三章	南太平洋海岸和澳大拉西亚	209
第十四章	公海航线和陆缘航线：运河和海峡的地缘政治	226
第十五章	沿岸航行和跨太平洋航线	240
第十六章	太平洋帝国与自决	252
第十七章	促进式渗透还是开拓式掠夺？	267
第十八章	通往太平洋的全球航线	278
第十九章	太平洋的空间价值：岛屿和边缘的价值重估	287
第二十章	环太平洋边缘带的殖民地缘政治	302
第二十一章	太平洋经济地理的独特性	316
第二十二章	太平洋文化地理对地缘政治的症候意义	324
第二十三章	太平洋军事地理的非凡意义	344
第二十四章	作为地缘政治压力计的太平洋政治格局	357
第二十五章	近海和大洋：跨太平洋文化、权力和经济体的子空间	381
第二十六章	结　语	392
第二十七章	1924年至1936年的太平洋地缘政治	399

中译本导言

刘小枫

2002年,豪斯霍弗(1869—1946)将军的《太平洋地缘政治学》英译本在美国出版。该书初版于1925年(1927年和1938年两次再版),差不多80年后的今天,美国的政治学家为何会突然想起这本书并将它译成英文?

如果我们记得,据说豪斯霍弗的地缘政治学曾为德意志第三帝国提供过战略指导,并因此而曾被美国政治学家视为"伪科学",那么,这事就更让人觉得蹊跷。

美国地缘政治学家坦布斯教授为英译本撰写的"导言"让笔者的感觉从蹊跷变为惊讶:他毫不掩饰地说,翻译此书是为了应对中国崛起。据说,如果中国将"心脏地带和边缘地带的陆地国家联合起来封锁海洋国家",那么,麦金德(1861—1947)早就预示过的"海洋国家的噩梦"就会成为现实:

> 美国将何去何从?究竟是正在衰落的大西洋,还是豪斯霍弗预测的未来的海洋——太平洋?[①]

[①] 坦布斯,《豪斯霍弗与太平洋地缘政治》(2002),见娄林主编,《地缘政治学的历史片段》("经典与解释"辑刊第51辑),北京:华夏出版社,2018,页

麦金德的确是西方地缘政治思想史上的关键人物,但他预言过中国的"崛起"及其威胁?

美国政治人何时开始把中国视为眼中钉

科恩(Saul B. Cohen)曾任美国地理学家协会主席,他的《地缘政治学:国际关系的地理学》据说在美国是权威的大学教科书(2009年初版,至2017年已印行六版)。这位研究中东地缘政治的专家在书中对美国学生说,"麦金德将欧亚大陆国家的崛起看成对英国世界霸主地位的最大威胁",因为,

> 一种控制了枢纽地带的欧亚大陆陆上力量(不管是俄国、德国或者中国,特别是前两者的联盟)将取得对海洋世界的优势。①

所谓"或者中国"并非麦金德的说法,而是科恩因应21世纪的地缘政治新格局添加的。20世纪初的欧洲大战(1914—1919)结束之际,为了构建世界"和平"秩序,麦金德发表了《民主的理想与现实:重建的政治学研究》(1919)。从中可以看到,尽管当时的中国政府参加了"巴黎和会",但麦金德并没有把中国放在眼里,仅仅一带而过地写道:从历史上看,中国这个国家很复杂,治理虽良好,却长

178,亦见页174、177。比较吉原恒淑、霍姆斯,《红星照耀太平洋:中国崛起与美国海上战略》(2010),钟飞腾等译,北京:社科文献出版社,2014。

① 科恩,《地缘政治学:国际关系的地理学》(2009),严春松译,上海:上海社会科学院出版社,2011/2017,页16。比较 S. B. Cohen, *Geopolitics of the World System*, London: Rowman and Littlefield Publishers, 2003。

期处于"呆滞状态"。①

1943年7月,世界大战的欧洲战场和太平洋战场的态势已经出现逆转,但中国战场仍然前景黯淡,日军即将针对华北的中国共产党军队展开"秋季大扫荡",而针对中国战时首都重庆的战略轰炸已持续了长达5年半之久。这时,麦金德在美国的《外交事务》杂志上发表文章,再次修改其"心脏地带"概念的政治地理学含义,仍然没有把中国视为值得重视的地缘政治单位。他同样仅仅一带而过地说:一旦海上强国驯服德国和日本,中国和印度这两个位于内新月形地带(Inner Crescent)的"古老东方文明"必定会走向繁荣。②至于中国和印度走向繁荣之后是否会对海上强国的世界霸主地位构成威胁——遑论"最大威胁",麦金德未置一词。凡此表明,麦金德终其一生都没有看好中国。

在此一年前的初春(1942年3月),荷兰裔美国地缘政治学家斯皮克曼(1893—1943)出版了四百多页的大著《世界政治中的美国战略:美国与权力平衡》,因应1930年代以来的国际秩序变局为美国提供战略应对方案。该书为美国在战后的地缘扩张和打造"美国和平"提供了政治学依据,摩根索(1904—1980)大名鼎鼎的《国家间政治:权力斗争与和平》(1948)显得不过是其续篇。③

在斯皮克曼看来,美国到了应该崛起并成为新国际秩序的塑造者的时候了。通过继承并修改麦金德的理论,斯皮克曼致力于把大

---

① 麦金德,《民主的理想与现实》,武原译,北京:商务印书馆,1965,页20。

② 麦金德,《周围世界与赢取和平》(摘译),见麦金德,《图解大国陆权》,何黎萍编译,北京:北京理工大学出版社,2014,页212。

③ 摩根索,《国家间政治:权力斗争与和平》,徐昕等译,北京:北京大学出版社,2005/2006/2012。

英帝国的地缘政治学转换为美利坚帝国的地缘政治学。正是在这本大著中,中国成了美国作为海上强国崛起的"最大威胁",而且不是"之一"。

斯皮克曼在书中提到,"直至1941年秋"日本已经"控制了远东沿海地区"。①看来,斯皮克曼的这部大著收笔时,"珍珠港事件"还没有发生,德国也尚未对美国宣战。太平洋战争爆发之后,美国亟需普及地缘政治学教育,以动员民众投入战争。1942年秋,斯皮克曼在他所在的耶鲁大学国际问题研究所做了一次题为"和平地理学"的演讲,以普及教育的形式扼要重述《世界政治中的美国战略》一书中的主要观点。

次年夏天,斯皮克曼因患癌症病逝,享年50岁。美国的政治人无不为这位政治学英才的早逝深感惋惜。当然,他们也感到庆幸,斯皮克曼毕竟实现了自己的学术抱负,即为美国在战后打造"和平秩序"提供战略性指导。

"和平秩序"的政治史学含义

依据斯皮克曼的临终演讲记录稿整理而成的《和平地理学》(1944版)是本薄薄的小册子,标题中的"和平"这个语词相当引人注目。在我们的常识意识中,"和平"让人产生盼望甚至激发美丽的想象。因此,我们会感到好奇:《和平地理学》通过普及政治地理学知识主要讲战争,以及美国在战后应该如何凭靠军事优势遏制欧亚陆地上的政治体势力,凡此与"和平秩序"有什么相干?难道"和

---

① 斯皮克曼,《世界政治中的美国战略:美国与权力平衡》,王姗、郭鑫雨译,上海:上海人民出版社,2018,页425(以下简称《美国战略》,随文注页码)。

平秩序"的含义是凭靠军事优势遏制其他政治体？无论如何，斯皮克曼最终获得了godfather of containment［遏制（战略）教父］的美誉。

看来，除非我们熟悉世界历史，尤其欧洲式的国际政治史，否则不可能理解美国政治家心目中的"和平秩序"的实际含义。

"罗马和平"（pax romana）这个历史语词非常著名，指凭靠强势权力建立起来的一种政治秩序。用沃格林的说法，"罗马和平"有如"一只铁腕加于一片疆域和民众之上"，"否则，那里将沦为众多靠极尽可能地劫掠无助民众为生的小型军事团伙领袖之间血雨腥风的斗兽场"。这听起来似乎是说，"罗马和平"指单一政治体内的"国内和平"（civil peace），即克制政治体自身内部的内乱或内战状态而建立的强制秩序，其实不然。罗马帝国的成长是一个不断扩张的过程，它凭靠不断征服周边的诸多政治单位而成为一个疆域日益扩大的政治体。因此，"罗马和平"首先"指地理上的地中海沿岸及其边远地区的广阔空间，这是群雄竞逐的场域"。在罗马人眼中，orbis terrarum［地球］是一个权力场域，"群雄的政略"无不受这个广袤地理空间内各种政治势力的影响。要成功克制碎片化的地缘政治势力，就得凭靠imperium［帝国/权力］本身，否则"和平"秩序不可能建立。①

由此看来，"罗马和平"实际上是一种国际性的"帝国和平"（imperial peace）：

> 犹太战争提醒我们罗马帝国和平的不稳定性；被征服的民族并没有被完全解除武装，罗马保护下的古老制度和主权国，

---

① 沃格林，《政治观念史稿（卷一）：希腊化、罗马和基督教》，段保良译，上海：华东师范大学出版社，2019，页153。

被帝国秩序覆盖,然而却未被清除。换言之,只有以前独立的政治单元的记忆被抹去,只有和平地带内的个体感到自己不是团结在传统的或者局部的共同体内,而是团结在征服国内,帝国和平才能变成国内和平。①

显然,罗马共和国的"和平"与罗马帝国的"和平"不是一回事儿。但是,罗马共和国已经充分显露出自己具有帝国扩张的欲望,它使得这个城邦共和国不得不超越自身的疆界:先把意大利部落社会组织进邦联,随后就开始征服不属于意大利种族单元的其他人民。罗马帝国不得不扩大罗马公民权,以便转化"和平"秩序的性质。

"罗马和平"遇到的麻烦在于,并不是所有的政治体都会屈服于罗马帝国的"和平"。"罗马和平"出现之前,塞琉古帝国(公元前312—前64)也曾致力打造一种"帝国和平",但没有成功。帕提亚帝国(Parthian empire,公元前247—公元224)突破塞琉古帝国的"和平秩序"迅速崛起,与罗马势力的崛起迎面相撞。经过长达一个多世纪争夺亚美尼亚控制权的战争,帕提亚帝国最终迫使罗马帝国签订了一个划界而治的"和平"条约(公元63年)。

这时,地球上出现了三个并存的帝国式"和平秩序"。在随后的世界历史中,帕提亚的"和平秩序"和罗马的"和平秩序"先后土崩,除了东亚地带的中华"帝国秩序"外,从地中海周边到欧亚大陆腹地,新的"帝国秩序"此消彼长、相互厮杀。

基督教欧洲的"帝国秩序"最为奇葩,因为这个帝国的内部秩序始终没有建立起来,反倒经历了漫长而又错综复杂的历史厮杀,

---

① 阿隆,《和平与战争:国际关系理论》,朱孔彦译,北京:中央编译出版社,2013,页147(以下简称《和平与战争》,随文注页码)。

最后干脆形成了一种以帝国内部的"国际"战争为常态的"和平秩序"。基督教共同体之间的战争状态就是"和平状态",战争"法"就是"和平"法,按阿隆的分类,这种国际间的"和平"样式可以叫作"均衡"(equilibrium)秩序(《和平与战争》,页148)。

"和平"作为政治秩序离不了基于铁血的强权,但秩序本身还有正义与非正义的区分,"和平"与"正义"(pax et justitia)往往连属。可是,何谓"正义"的秩序以及何谓"正义"的战争,从古至今都让人大伤脑筋。何况,单一政治体内部的正义与政治体之间的"国际"正义还不是一回事儿。基督教欧洲这样的政治体在相当长的历史时期内还很难区分"国内和平"与"帝国和平",一旦遇到这样的政治史现象,人们就对思考"和平"秩序与"正义"的关系问题感到绝望,这完全可以理解。

西方主流政治学的"非道德"传统

阿隆的巨著《和平与战争:国际关系理论》长达700多页,仅仅在附带情形下提到过一次"正义"这个概念(《和平与战争》,页16)。对阿隆以及绝大多数欧洲的政治理论家来说,讨论国际政治问题不得不采取"非道德"立场,即凭靠价值中立的历史-政治社会学来思考复杂的国际政治现象。

这样做的理由既简单又明了:尽管柏拉图-亚里士多德的古典政治哲学关切人世政治生活中的"正义",但"17世纪撕裂欧洲的宗教冲突"迫使西欧的政治思想家不得不放弃对政治的道德思考,由此"产生了以《利维坦》和《神学政治论》为代表的国家中性理论"(《和平与战争》,页1)。这意味着,政治体中的人们有不同的宗教-道德诉求,政治冲突不仅会因此而无休无止,还会变得日愈残酷,不如在思考如何建构政治秩序这样的问题时干脆放弃道德上的考虑。

政治思想史家沃格林还经常提到另一个理由:柏拉图-亚里士多德的政治思考基于人口和地域面积都非常小的城邦政治单位,他们从来没有面对过庞大而又复杂的政治体与生俱来的问题。他们认为理所当然应该思考的问题,换到帝国秩序乃至多帝国秩序的语境中就不再成其为问题。

> 希腊政治理论的力量有一部分来自这样一种局势:现有的城邦长期致力于建立新城邦。从选址开始,经过城市规划,再到草拟政制,创建新政治单元的可能性构成了柏拉图和亚里士多德建构理想国的背景。只有在发现美洲、西方开始殖民定居后,建立各种新政权的视野才被大规模地再次打开。①

沃格林依据的例子正是基督教的欧洲帝国即神圣罗马帝国,这个帝国始于查理大帝,但它自分裂以来始终未能建立起"和平秩序"。

> 只要一个共同体的各个成员和群体从根本上同意接受一种客观秩序,那么尽管不可避免的意见分歧或许会导致许多严重的冲突,正如我们在"授职权之争"中所看到的那样,但对于他们全都在那种秩序之下生活,与它有同样的距离,却不存在任何破坏性的疑虑。然而,如果这种共同纽带之情因许多特殊共同体——比如说教会、各民族王国、教派和修道会——日益增长的情感所引发的紧张而遭到破坏,在冲突中谁可以做出最终的决断以及为什么的问题就变得至关重要……一套唯名

---

① 沃格林,《政治观念史稿(卷三):中世纪晚期》,段保良译,上海:华东师范大学出版社,2009,页237(以下简称《中世纪晚期》,随文注页码)。

论的法学理论最感兴趣的问题不是秩序的正常运转,而是秩序瓦解的紧急状况以及能够做出决断来维持秩序的紧急权力。(《中世纪晚期》,页124)

14世纪初,意大利人马西利乌斯(约1275—1342)写过一部大书,名为《和平的保卫者》(1324)。当时,长期处于碎片化状态的神圣罗马帝国正值多事之秋,帝国秩序内部三个地缘政治单位彼此争夺帝国领导权:法国国王、德意志巴伐利亚国王和意大利的罗马教宗都想问鼎帝位。为了抵制罗马教廷宣称拥有帝国秩序的领导权,马西利乌斯诉诸亚里士多德的政治哲学,但他删除了亚里士多德在看待政治体问题时具有的德性眼界。在马西利乌斯那里,"和平秩序"与其说因为体现了政治性的善即正义而值得追求,不如说是为了夺取帝国秩序领导权所需要的如今所谓"意识形态领导权"的宣称。用唯名论式的表达来说,"和平秩序"不过是强权秩序的一个名称。[1]

马西利乌斯出生于威尼斯南面的一座小城帕多瓦(Padua),作为有学养的高级教士曾出任巴黎大学校长,但他却为试图夺取帝国领导权的德意志巴伐利亚国王路德维希四世效力,而非为罗马教宗效力。[2] 用今天的话来说,马西利乌斯要保卫的"和平"究竟属于国内秩序还是帝国秩序殊难说清。

史称马西利乌斯的政治学说是马基雅维利主义的先声,记住这一点对今天的我们来说尤为重要。因为,我们值得充分意识到,无

---

[1] 施特劳斯,《帕多瓦的马西利乌斯》,见施特劳斯,《古今自由主义》,叶然等译,上海:华东师范大学出版社,2019,页236–257。

[2] 参见帕多瓦的马西利乌斯,《和平的保卫者[小卷]》,殷冬水等译,长春:吉林人民出版社,2004,英译本"编者导言",页50–60。

论阿隆还是沃格林的理由,都不足以证明放弃对"正义"的古典政治哲学式关切是对的。苏格拉底或孔子追求德性的政治,显然并非因为他们所面对的政治体很小或共同体成员之间的宗教-道德分歧很小。"正义"秩序的标准很难找到或难以确立,不等于应该放弃寻求正义的智识努力。价值中立的历史-政治社会学思考与古典政治哲学式的思考的根本差异在于智识的伦理品质,而非仅仅知识类型的不同。因此,沃格林如下说法的理由并不充分,除非它指欧洲近代历史上的那些政治思想者的观点:

> 亚里士多德的政治学在任何非希腊的环境中都会引起的基本问题是:完美社会的标准是什么?(《中世纪[至阿奎那]》,页78)

事实上,价值中立的历史-政治社会学思考并非没有自己的"完美社会的标准"。阿隆在说到以霍布斯和斯宾诺莎为代表的"国家中性理论"时,随后就提到从洛克到孟德斯鸠及卢梭所捍卫和发展的"公民自由学说"以及由此产生的两种"民主政府"理想:通过权力平衡制约的代议制政府,和"诉诸人民意志却拒绝一切受制于人民主权的所谓民主政府"(《和平与战争》,页1)。[①]

20世纪以来的诸多战争就发生在这两种类型的"民主国家"之间,而阿隆实际上想说,"人民民主"是实质上的专制政体。只不过,按照价值中立的历史-政治社会学思考方式,阿隆认为可以搁置这类真假民主政体之争,仅仅凭靠类似于自然科学式的政治知识——比如地缘政治学或政治地理学——来看待国际间的冲突或

---

① 施拉特,《霍布斯与修昔底德》,娄林主编,《拉伯雷与赫耳墨斯秘学》("经典与解释"辑刊第41辑),北京:华夏出版社,2014,页140-158。

致力于建构某种"和平秩序"。

斯皮克曼的《和平地理学》就是这样的尝试,即致力于凭靠政治地理学打造"美国和平"。

前现代的中国式"和平秩序"

关注现代之前的东亚国际关系的史学家告诉我们,"东亚的四个主要儒学国家彼此拥有稳定、和平、持久的关系",从中世纪晚期的1368年至现代初期的1894年的五百年间,中国、朝鲜、越南和日本之间仅发生过两次战争,分别是明朝的中国军队进入越南平定内乱后试图取代安南国而引发的20年战争(1407—1428),再就是日本的丰臣秀吉(1537—1598)入侵朝鲜的6年战争(1592—1598)。

"儒家秩序带来了高度的稳定",即便"朝贡"制度,实际上也仅要求朝贡国"承认中国皇帝的文化优越性,而不是承认中国皇帝对自己的国家的政治权威"。的确,"东亚有很多暴力冲突,但是主要发生在中国化国家和其他通常是非国家的行为体之间,比如北方的半游牧民族"。①

古代中国的帝国式"和平秩序"的具体细节会有很多争议,但有两点没有争议。首先,即便北方异族入主中华帝国,最终也得穿上中华"和平秩序"的制服。针对那些否认中华帝国具有历史连续性的观点,史学家史华慈(1916—1999)以充分的史学理由问道:"我们能说元朝没有最终接受中国人的世界秩序观吗?我们能说清朝没有在保留满族独特制度的情况下最终完全接受中国人的世界

---

① 康灿雄,《中国影响下的文明与国家的形成》,卡赞斯坦主编,《世界政治中的文明》,秦亚青等译,上海:上海人民出版社,2018,页137。

秩序观吗？"①

第二，中华帝国的"和平秩序"唯"德"是尚，以"礼"规范各种关系。今天的史学家感到惊诧："重申儒家关于皇权统治学说的价值的，是统治华北的拓跋王朝的各位继承人。"

> 隋朝和唐朝皇帝成功统一全国后，所有的官方史学家都被要求对数世纪的分裂做出解释。他们要论述下列问题：汉代的思想遗产是如何经受入侵和征服的；怎样造就伟大的帝王和出色的政府；中国应该怎样与外国打交道。史学家们认真阅读了《尚书》，一致认为出色的政府是通过"德"来证明的。他们继而说明，正是"德"这种东西，使帝国内外的人民真心臣服并接受了天子的统治。这种观点对儒生们而言并不新奇。新奇的是史学家们开始把"德"当成了帝制中国对外关系的核心。②

中华帝国式的"和平秩序""一直很强大很持久"，这让欧洲学人迄今感到好奇，并希望找到具有说服力的解释。

> 我们首先会被一种历史的偶然性所触动，被一个不是由中国人造成的残酷的偶然性所触动。在整个历史长河中，中国没有遭到周边任何一个普天大国的挑战，没有任何一个国家的主张让中国感到有必要在文化方面给予严肃对待。（史华慈文，页298）

---

① 史华慈，《中国的世界秩序观：过去与现在》，费正清主编，《中国的世界秩序：传统中国的对外关系》，杜继东译，北京：中国社会科学出版社，2010，页295（以下简称"史华慈文"，随文注页码）。

② 王赓武，《明初中国与东南亚的关系：背景分析》，费正清主编，《中国的世界秩序》，前揭，页37。

不少西方汉学家都持有这个观点,在笔者看来,这的确符合古代中国的经历。但史华慈还认为:

> 除历史偶然性的外部因素外,中国的普天王权观和世界秩序观也许比其他文化中的类似观念具有更坚实的宗教-宇宙论基础。……在中国的周朝,出现了与自然秩序观类似的观念:"道"。这是一种宇宙-社会秩序,君王在其中拥有崇高、永久和极其重要的地位。
>
> 在儒家学说中,普天王权当然与道德体系有关,且受到道德体系的支持,该体系是宇宙终极结构的一个组成部分。(史华慈文,页299—300)

19世纪末以来,大英帝国一直试图在东亚建立一种欧洲帝国式的"和平秩序",与模仿欧洲的方式崛起的日本帝国联手压制俄罗斯。从鸦片战争(1840—1842)到甲午战争(1894),"天朝"式的东亚"和平秩序"迅速瓦解。

1884年,日本"明治维新"时期的著名政治家福泽谕吉(1835—1901)甚至授意自己的侄子绘制了一幅木版画"北京梦枕",展示中国人如何因吸食鸦片上瘾而导致外国人入侵。福泽谕吉由此推动日本制定出与西方列强结盟瓜分中国的规划,甚至在他主办的《时事新报》上为文透露了这一计划。

与瓜分波兰分三次完成(1773、1793、1795)一样,[①]瓜分中国同样分三步走。福泽谕吉在文中画了一幅地图,题为"支那帝国分割

---

① 参见肖-勒费弗,《瓜分波兰:不理性共谋、地缘争霸、欧洲革命与民族消亡》,王静译,北京:中国画报出版社,2018。

之图":清室仅剩下自己的发祥地东三省,德国控制山东和河南,俄国占据朝鲜、陕西和山西,英国分走江苏、安徽、浙江、河北和江西,法国夺得安南、越南、湖南、广西、广东和福建西部,日本占领台湾和福建东部,"汉族僭王"仅分得西部的甘肃、四川和贵州。福泽谕吉依据西方的国际法推论说,若一国独吞中国,必然招致多国谴责甚至干涉,而多国瓜分一国则不会引起麻烦,所有国家共同承担责任,每个国家的道德过错就微不足道了。①

按此瓜分,英国和法国所得份额最大,古老的汉民族仅分得西部腹地。福泽谕吉号称明治时期最了不起的哲学家,但他这样想时没有想到,如此瓜分可能带来两种后果:第一,欧洲式的战争状态会随之而来,第二,汉民族最终是否认输很难说。总之,整个东亚陆地将出现灾难性的战乱——比如今叙利亚的战乱更为可怕的战乱,因为东亚陆地的人口密度远大于古老的两河流域及以西地带。

1885年3月16日,福泽谕吉在他主办的《时事新报》上发表了题为"脱亚论"的社论。日本国当然不可能在地理上"脱亚",所谓"脱亚论"的实际含义是脱离中华帝国年逾千年所造就的东亚"和平秩序",引入欧洲式的"和平秩序",于是就有了甲午战争和日俄战争。

第一次欧洲大战之后,"凡尔赛和约"建立的欧洲"和平秩序"并不稳定,日本趁机蚕食中国,试图以日本为主导重建东亚的"和平秩序",英国和美国都没有强力干预日本入侵中国的军事行动。趁欧洲爆发战争之机,日本帝国偷袭美国太平洋舰队基地,试图获得对西太平洋的控制权,同时迅速夺取英、法、美在东南亚的殖民

---

① 若林正,《从身处危险到从中获利:江户晚期到明治时代的鸦片》,见卜正民/若林正编,《鸦片政权》,弘侠译,合肥:黄山书社,2009,页81–83。

地,紧接着日本帝国就抛出了建立"大东亚共荣圈"的"和平秩序"理念。

斯皮克曼的地缘政治感觉

斯皮克曼的《世界政治中的美国战略》一书几乎与日本军国政治人提出"大东亚共荣圈"同时出笼,而这个观念相当于"日本和平"秩序。在"结语"部分,斯皮克曼就东亚的未来提出了如下预见:

> 远东是最后一个实现自治的力量地区,在政治力量方面远不如欧洲和美国。然而过不了多久,先进的技术便能将亚洲本身的力量潜能转化为真正的军事实力,而且等这一日到来时,亚洲的军事重要性比起欧美将有大幅度提高。届时,亚洲的权力平衡将极为关键,不仅因为这会影响到美国的战略原材料供应,也因为如果权力不均将会给世界带来的严重后果。
>
> ……然而,战后亚洲的主要难题不是日本而是中国。历史上的"天朝大国"拥有的力量潜能比"樱花之国"绝对要大得多,而且一旦这些潜能转化为实际的军事力量,亚洲大陆附近的这个战败岛国的位置就会十分尴尬。当远程轰炸机可从山东半岛或海参崴发动攻击时,日本"纸城"的火灾发生率就要骤涨了。(《美国战略》,页444)

斯皮克曼接下来还有更为深谋远虑的预断,即崛起后的中国必然与美国的国际战略地位迎面相撞:

> 一个拥有4.5亿人口的现代的、有活力而且军事化的中国

不仅是日本的一大威胁,也挑战着西方列强在亚洲地中海的地位。中国未来将发展成为一个国土广袤且控制着中部海域大部分海岸线的国家。它的地理位置与美国相对于美洲地中海的位置相似。中国一旦崛起,它现在对亚洲的经济渗透肯定会表现到政治方面。所以,我们可以设想出未来有一天控制亚洲地中海的不是英国,不是美国,也不是日本的舰队,而是中国的空军力量。(同上)

这些话出自1941年的斯皮克曼之笔,听起来像是1980年代末美国国防部首席"智囊"安德鲁·马歇尔(1921—)为白宫写的策论报告。[1]

日本当时已经占领了大半个中国,斯皮克曼仍然认为,战后美国面临的威胁来自中国而非日本。从今天的视角来看,美国人不得不佩服斯皮克曼的敏锐观察力。一年多后发表"和平地理学"演讲时,日本在南太平洋与美军争夺新几内亚岛(New Guinea)的战役才刚刚开打(7月),但仅仅半年后就显败绩。[2]这意味着日本帝国试图建立"大东亚共荣圈"的南部防线被撕裂,而斯皮克曼已经提前明确提出了"遏制中国"的方案。

中国是一个体积庞大的政治体,似乎对于任何一个相邻的政治体来说,考虑"遏制中国"都是理所当然的事情,其实不然。对今天的我们来说,要理解美国政治人的思维方式,恐怕还得从马汉入手。因为,马汉是美国地缘政治学的开山祖,他已经勾画过"一幅耸人

---

[1] 克雷佩尼维奇、沃茨,《最后的武士:安德鲁·马歇尔与美国现代国防战略的形成》,张露、王迎晖译,北京:世界知识出版社,2018,页264–285。

[2] 乔丹、威斯特,《地图上的第二次世界大战》,穆强、金存惠译,北京:中国市场出版社,2015,页117–121。

听闻的图景":如果有四万万之众的中国人被现代化装备起来,西方文明"被窥视的一天"迟早会到来。

然而,中国"在甲午战争后全面崩溃",八国联军有如旅游一般劫掠北京,让马汉把警惕的目光转向了日本。起初他以为,"日本的国土面积、人口和孤岛的位置限制了它的'发展远景',其对亚洲大陆的领土野心将受到约束,然而,这种看法很快就消失了"。①

东亚与美国隔着偌大一个太平洋,美国政治人的头脑为何担心中国或者日本被现代化装备起来后会对美国的安全构成威胁?与我国学界的业内人士更看重马汉的"海上强权论"不同,斯皮克曼更看重麦金德提出的"海上强国与心脏地带"的历史冲突论,并由此发展出他所谓的"海上强国与边缘地带"的历史冲突论。

我们必须问:斯皮克曼的道理何在?

斯皮克曼对马汉提出的"海上强权论"的理解与我们的理解大异其趣。在他看来,马汉的核心论点在于,"海上强权的发展使西欧各国政治力量的影响能够到达最远大陆的沿岸",以至于"一个大陆上的实力状况会从另一个大陆的实力分布状况中反映出来"。②换言之,马汉让斯皮克曼得到的重大启发是:美国不能因为与自古以来战火不断的欧亚大陆隔着两个大洋就可以高枕无忧。

> 在地缘政治分析的框架内,美国在地理上受到包围。实力资源的分布,为旧大陆提供了比新大陆更多的施展武力的可能性。(《和平地理学》,页79)

---

① 麻田贞雄,《从马汉到珍珠港:日本海军与美国》,朱任东译,北京:新华出版社,2015,页16—17。

② 斯皮克曼,《和平地理学:边缘地带的战略》,俞海杰译,上海:上海人民出版社,2016,页48。(以下简称《和平地理学》,随文注码。)

美国"被包围"的感觉是斯皮克曼的地缘政治学意识的核心,坦布斯在为豪斯霍弗的《太平洋地缘政治学》所写的英译本导言中强烈表达的正是这种"被包围"的感觉。

> 尽管目前新大陆的工业生产力几乎与旧大陆匹敌,但只要美国面对的是一个联合起来的欧亚大陆边缘地带,它就会发现自身无法摆脱被一个更胜一筹的力量所包围。因此,无论在和平时期还是战争时期,美国的主要政治目标是必须防止旧大陆的实力中心联合起来反对其利益。(《和平地理学》,页62)

翻看一下美国的历史地图就知道,美国的政治地缘位置好得不能再好。[①]我们中国人有理由觉得不可思议:斯皮克曼一再强调"美国在地理上被欧亚大陆及非洲和澳洲包围"(《和平地理学》,页44),这种感觉从何说起?斯皮克曼的政治感觉与其说来自新大陆的地缘政治位置,倒不如说来自除英伦三岛和北欧诸岛之外的欧洲人的历史生存感觉。"被包围"的感觉难道不是一个荷兰人、法兰西人更不用说德意志人的生存感觉吗?毕竟,斯皮克曼20岁时才移居美国。

无论如何,斯皮克曼有理由更看重麦金德。麦金德年轻的时候,大英帝国的海上军事力量已经独霸全球,正是凭靠英国作为"海上强国"崛起的历史,马汉总结出一套甚至让英国的政治头脑也如梦初醒一般的所谓"海权论"。尽管如此,凭靠欧亚大陆的历史经验,麦金德显得比马汉更有远见,即他更看重边缘岛国如何防御来自欧亚大陆的攻击,以及如何凭靠海上优势对欧亚大陆实施

[①] 比较吉尔伯特,《美国历史地图》,王玉菡译,北京:中国青年出版社,2009。

"反包围"。①

麦金德的地缘政治意识的立足点是:19世纪以来,英国的海军力量从英伦三岛经好望角延伸到日本,并沿长江深入中国内陆,围绕世界的大海角建立起海上强权。马汉的地缘政治意识仍着重于美国如何追仿大英帝国的足迹,斯皮克曼则追随麦金德警惕欧亚大陆上的政治势力打破海上帝国的包围圈。

好些地缘政治学的教科书类史书说,斯皮克曼修改了麦金德的"心脏地带"决定论。其实,基于第二次世界大战爆发后地缘政治格局的变动,麦金德自己已经将边缘地带看得比心脏地带更为重要。斯皮克曼完全赞同麦金德的观点:如今"大陆心脏地带变得没有边缘地带那么重要"(《和平地理学》,页60)。

固然,斯皮克曼批评了麦金德的理论:

> 从来未曾真正存在单纯的陆上势力与海上势力的对抗。历史上所形成的对立阵营经常是:一些边缘地带国家和英国一起对抗另一些边缘地带国家和俄国,或英国和俄国一起对抗一个主导性的边缘地带国家。(《和平地理学》,页57-58)

斯皮克曼凭此修改了麦金德的名言,即控制欧亚大陆的边缘地带而非心脏地带,才能控制欧亚大陆,进而掌控全球。但是,我们若过分看重斯皮克曼对麦金德理论的这一著名修改,就会忽视斯皮克曼与麦金德之间决定性的承继关系。毕竟,斯皮克曼并没有改变麦金德的如下具有世界历史视野的地缘政治学论断:自海上军事力量出现以来,地缘政治冲突的疆场不仅已经超逾欧亚大陆,而且海上

---

① 肯尼迪,《英国海上主导权的兴衰》,沈志雄译,北京:人民出版社,2014,页196-198。

强国已经基本形成对欧亚大陆的包围。

换言之,就担忧边缘岛国会被欧亚大陆势力包围而言,斯皮克曼与麦金德一脉相承。如果说"麦金德用大陆心脏地带的陆上势力与英国海上势力之间的关系来界定东半球上的势力集群",并凭靠"阻止欧洲大陆上出现任何势力的联合"来获得自身的安全(《和平地理学》,页49),那么,斯皮克曼不过让自己的美国视角取代了麦金德的英国视角,进而提出这样的防御性战略:想方设法遏制欧亚大陆边缘地带出现任何势力的联合。

> 从这个方面来看,美国和英国相对于欧洲大陆来说站在同一个位置。如果没有大陆盟国提供可供军队活动的基地,美国和英国都无法充分施展其武装力量。(《和平地理学》,页77)

可见,斯皮克曼与麦金德一样,脑子里想的是如何插足并扰乱欧亚大陆的政治局势,即关切海上强国如何维持自19世纪以来所形成的对欧亚陆地的包围态势。斯皮克曼所谓的"边缘地带"(rimland,即西起波罗的海,穿过东欧、中东、印度,直达南中国海和日本海的广大海岸地带),实际上与麦金德所谓的内新月形地带或所谓Marginal Crescent[边缘新月形地带]重叠。

前文已经指出,斯皮克曼的"遏制"论的基本观点来自麦金德,即欧亚大陆不能出现一个强大到能把陆上势力联合起来的政治体。英国地处欧洲但不在欧洲大陆,因此可以扮演"离岸平衡手"的角色。在远东,能够起到类似作用的是日本。斯皮克曼把麦金德的视角挪到了美利坚大陆,因此,他对日本另眼看待:即便战胜日本也不能摧毁日本,以便让它在美国操控下担当"离岸平衡手"的角色:

> 我们能够遏制日本对亚洲的再一次征战,但这不意味着完

全歼灭日本军队,将西太平洋让与中国或苏联。(《美国战略》,页436)

战后的美国不正是按这种战略在行事吗?

美国在二战后如何打造"和平秩序"

日本虽然战败,日本的右翼政治人和史学家却从不承认,"大东亚共荣圈"作为一种"和平秩序"构想在观念上失败,其理由在于,这一构想所包含的政治诉求具有正义性质,即让东亚摆脱西方帝国殖民统治获得独立自主的地位。这种论说显而易见是明目张胆的欺人之谈,因为它无视基本的历史事实:自19世纪末以来的近半个世纪里,由于日本模仿欧洲式的政治恶习,儒家文明圈的传统东亚国家要么已经亡国(朝鲜和越南),要么正在亡国途中挣扎(中国)。

美国凭靠强大的军事力量和绝灭性武器克制日本的霸权之后,是否会给东亚带来正义的"和平秩序"秩序呢?东亚人民有这样的期待并非没有根据,毕竟,美国的立国实际基于"独立自主"的正义原则。否则,脱离远隔大洋的宗主国的"独立战争"算什么呢?东亚人民有理由期待,美国会主持公道,在克制日本模仿欧洲式的霸道之后会让东亚实现独立自主的"和平"秩序。

1945年9月2日,在河内巴亭公园的中心广场举行的40多万人集会上,胡志明发表了越南成为"一个独立自由的国家"的演讲。今天的我们难以设想,胡志明以美国《独立宣言》起头的词句开始他的演讲。美国战略情报局的帕蒂少将当时正在河内,他受命前往越南看望刚刚获释的被日军俘虏的美军战俘。在演讲之前,胡志明曾给这位美国将军看过演讲稿。帕蒂回忆说,他对胡志明引用《独立宣言》开头的句子感到惊讶,因为他认为"这段话属于美国人民,其他人都不应引用"。

胡志明演讲开篇引用的《独立宣言》中关于"人权"的著名宣称,其实来自法国大革命的《人权宣言》,但胡志明把"人权"诉求转换成了政治体的"独立自主"诉求。这并非不可理解:没有独立自主的政治体的支撑,所谓"人权"不过是一句空话。由此可以说,"独立自主"是一条正义原则,而且是古老的政治原则:在希罗多德的《原史》中,"自由"这个语词共71见,主要指政治体不受别的政治体支配的"独立自主"(autonomiē)。

接下来发生了让人惊诧的事情。英军率先进入日本投降后的西贡,但"在释放被日军关押的法国战俘的同时,却强行压制越南人的独立运动"。英军指挥官甚至"命令尚未被遣返的日本士兵向越南人开枪",以"恢复秩序"。在动乱中,美国战略情报局的一位年轻中校被越南独立同盟的战士误当英国人开枪打死,胡志明得知消息后"明显在颤抖",他担心美国政府会因此收回答应越南获得独立的承诺。他没有想到,美国政府最终没有支持越南人从法国殖民者手中获得独立自由的诉求,不是为了一个年轻中校的死,而是为了与法国结盟,美国政治人觉得"以牺牲越南的独立权为代价似乎微不足道"。①

美国政府长期奉行所谓"门罗主义",拒斥域外势力插足美洲的"和平秩序";1939年,美国总统罗斯福"再次重申美国抵抗跨洋干涉的决心"(《美国战略》,页88)。胡志明以为美国会帮助越南成为基于《独立宣言》精神的国家,却不知道斯皮克曼早在1942年就

---

① 艾泽曼,《美国人眼中的越南战争》,孙宝寅译,北京:当代中国出版社,2006,页5-7;罗格瓦尔,《战争的余烬:法兰西殖民帝国的灭亡与美国对越南的干预》,詹涓译,北京:社科文献出版社,2017,页129-157。

已经致力于打造美国"跨洋干涉"的决心。

无论麦金德还是斯皮克曼都没有预见到,二战刚刚结束,美国与俄国就走向兵戎相见的边缘,并开始了长达半个世纪的新形式下的战争。① 1945年年底,美国驻苏外交官凯南(1904—2005)在莫斯科遇到后来成为著名自由主义政治理论家的伯林(1909—1997),两人与另一位苏联问题专家从吃晚饭的时间"一直聊到夜里一两点钟"。伯林让凯南相信,"苏联人认为他们与西方世界存在着不可避免的冲突"。因此,美国在制定对苏政策时,应该以此为基础。②

两个月后(1946年2月22日),凯南写下了那篇促使美国对苏采取"遏制政策"的著名"长电报",据说写得"措辞优雅、情绪激昂"。随后,"凯南急于唤醒更多的[美国]民众","在全国范围内发表了一系列公开演讲",并出任新成立的美国国家战争学院外交事务研究中心副主任。为了给美国的军事和政治官员讲解国际形势,凯南花了整整一年时间恶补"有关美国战略的书籍",其中肯定少不了斯皮克曼的大著(《凯南日记》,页186)。

1950年元月,美国政府宣布了自己在远东的防御线:日本和菲律宾成为美国的远东基地。半年后,朝鲜半岛爆发内战。事发当天(6月25日),一切情况都还不明朗,凯南在白宫对国务卿说,

> 不管发生了什么事,我们都必须采取进一步措施确保台湾不落入共产党之手。这比朝鲜的战争更为迫切,如果共产党控

---

① 比较克罗卡特,《五十年战争:世界政治中的美国与苏联(1941—1991)》,王振西、钱俊德译,北京:社科文献出版社,2015。

② 凯南,《凯南日记》,科斯蒂廖拉编,曹明玉、董昱杰译,北京:中信出版社,2016,页179(以下随文注页码)。

制了台湾,可能会给我们在远东的地位造成威胁。(《凯南日记》,页231)

凯南在日记中接下来写到,总统随即下令"第七舰队从菲律宾北上,并授权海军从太平洋海岸调动部队向西推进以加强兵力","授权麦克阿瑟负责空中掩护"。看来,朝鲜半岛爆发内战,美国首先采取的是针对共产党中国的军事行动。

美国主导的联合国军越过"三八线"进逼中朝边界,遭到共产党的中国军队的毁灭性打击。1950年12月3日,凯南在白宫见证了美国面临的恐慌:

> 军方领导人认为,从朝鲜全身而退是唯一的选择,这样可以减少我们整个地面部队的损失。他们认为,我们大概还有36个小时的时间来决定最终能否有序撤退。

当时,美国军方高层甚至打算放弃整个朝鲜半岛,但美国的政治家们则出于政治常识坚持认为,"为了声誉和士气,必须执着地坚持下去"(《凯南日记》,页251–253)。

如果我们没有忘记斯皮克曼在《世界政治中的美国战略》"结尾"时写下的那些论断,那么,我们有理由说,凯南看似凭靠自己的天赋政治直觉作出决断,其实很可能得归功于他花了整整一年时间恶补"有关美国战略的书籍"。凯南后来被称为"遏制政策"之父,这指的是他制定了遏制苏俄的政策。现在我们知道,在遏制共产党中国的时刻,凯南也发挥过关键作用,而斯皮克曼则是当之无愧的"遏制中国"政策的"教父"。[①]

[①] 加迪斯,《遏制战略:战后美国国家安全政策评析》,时殷弘译,北京:世界知识出版社,2005。

二战之后，英国与德国两败俱伤，在凯南看来，美国不得不披上"遏制的斗篷"。在远东地区同样如此。凯南在1950年代的巡回演讲后来结集为《美国大外交》，这部文集为美国人对国际政治意识教育起过相当大的作用，其中有专文讲到亚洲尤其中国。①

1990年，苏俄瓦解之后，欧亚大陆再也没有一个强大的政治体足以联合大陆势力。美国的战略分析家米尔斯海默在为《美国大外交》重版写的序言中说，即便"传统上在欧洲扮演离岸平衡手的美国"从欧洲撤军"也不会有任何的不安全"：

> 然而，由于中国的崛起，亚洲就另当别论了。如果中国经济在未来几十年以最近几十年的方式继续增长，那么，中国会成为亚洲迄今为止最强大的国家。中国无疑会谋求以美国控制西半球的方式控制亚洲。如果凯南还健在，他会希望日本在遏制中国时发挥核心作用，正如他希望东京去遏制莫斯科在亚洲的野心一样。不幸的是，即使是与中国的亚洲邻国联合，日本也不足以承担这项任务。因此，美国将不得不增强在亚太地区的存在，在召集遏制中国的均势联盟方面发挥带头作用，正如在冷战时期对苏联那样。②

因此，米尔斯海默提出了如下建议：

> 考虑到凯南的声望与他的遏制观念如此紧密地联系在一起，考虑到美国会下苦功夫遏制正在崛起的中国，更为认真地

---

① 凯南，《美国与东方》，见凯南，《美国大外交》，雷建锋译，北京：社科文献出版社，2013，页53—68。

② 凯南，《美国大外交》，前揭，米尔斯海默"序言"，页13—14。

考察凯南1947年文章中关于这一战略的所说内容是有意义的。(《美国大外交》,页14)

我们知道,美国自1950年朝鲜半岛战争爆发后长期对新中国实施封锁,并把中国视为苏俄帝国的附庸。二战以后,苏俄崛起为欧亚大陆最强大的政治单位,成为美国的头号敌人。中国成了美国与苏俄战略争夺的场所,或者说置身于陆上强国与海上强国的争夺地带。然而,从世界历史的视野来看,中国突破美苏夹击之后的"崛起"究竟意味着什么呢?

"美国和平"与"中国和平"迎面相撞

在例外状态下,美国不得不超越"遏制政策","寻找机会进攻"——米尔斯海默提到的例子是1950年,美国军队越过"三八线",尽管这次"尝试导致了灾难"(《美国大外交》,页22)。

"仁川登陆"战役之后(9月27日),美国参谋长联席会议已经"直接授权麦克阿瑟把战争延伸到半岛北部"。

> 尽管美国军队已经取得了决定性胜利,杜鲁门总统还是担心,一旦联合国军在没有完全打败对方的情况下停止进攻,会在国内造成"对共产主义手软"的政治影响。民意调查显示,大部分美国人会把任何联合国军在三八线停止进攻的计划视为对共产党的"绥靖"。①

直到今天,美国的政治战略家米尔斯海默仍然说:

---

① 艾泽曼,《美国人的朝鲜战争》,陈昱澍译,北京:当代中国出版社,2006,页67。

由于中国至少在名义上是一个共产主义国家,所以我们应当希望听到这一观点:由于中国依然执著于共产主义意识形态,因而中国是一个严重的威胁。①

这一观点让笔者想起斯皮克曼与麦金德的一个极为重要的共识:警惕欧亚大陆上的政治势力的包围具有道义优势,即麦金德所谓的捍卫"民主的理想"。斯皮克曼同样宣称,英国和美国抵御德意志第三帝国和日本帝国的战争是在维护"自己的独立和民主及其道德标准",因为这两个"霸权国家在原则和理念上的发展与整个西方文明进程背道而驰"(《和平》,页61)。

这样的说法我们耳熟能详,但实际情形究竟如何,我们却未必耳熟能详。斯皮克曼清楚地知道,美国能够击败德意志第三帝国和日本帝国的势力,凭靠的是自己在"军备上的成功"和善于运用自己的军事力量,而非凭靠"民主的理想",因此他说,"第二次世界大战迫使我们对许多武器和战术进行重新评估。"(同上)

何况,斯皮克曼与麦金德都很清楚,在这次战争中,与美英结盟的苏俄帝国并非持有英美式的"民主理想"。第二次世界大战的历史清楚表明,美国在一开始并没有为了维护"自己的独立和民主及其道德标准"而干预德意志第三帝国吞并西欧和进逼英国,也没有干预日本帝国公然对中国全面入侵。斯皮克曼有理由说美国是反法西斯的伟大的国际武士吗?

同样发人深省的是,米尔斯海默在重温凯南的"遏制思想"时忘了提醒美国人:凯南认为美国的"致命弱点"是信奉"自由民主"观念。在凯南看来,"自由民主"有如"一种史前动物,他们的身体

---

① 凯南,《美国大外交》,前揭,米尔斯海默"序言",页23。

有这间屋子这么长,头脑却只有大头针那么小"。因此,凯南最为担忧的事情是,美国人成了"国际法与道德观念的奴隶"。①

斯皮克曼的《和平地理学》的中译本出版于1965年,当时,美国干涉越南内政的战争已经全面升级,或者说美国正积极推行斯皮克曼制定的"遏制"战略方案。如今的美国人自己也不认为,插手越南内战是正义的战争,何况美军还使用了种种非人道的战术手段。②所谓"遏制"不过是"干涉"的代名词,毫无正义可言。

1965年,美国投入越南的兵力已经达到20万,中国的独立和安全再度面临"美国和平"的战争威胁。毕竟,由于美国在1950年6月重新介入中国内战,阻止新中国建立自己的国内和平秩序,这时的中国仍然处于内战状态。美国人不可能告诉中国人:美国南北战争时,大英帝国曾试图阻挠美国的统一,北方的政府军如何凭靠武力排除外部势力的干预。

不难理解,在1965年,很少有中国读书人会在意斯皮克曼的《和平地理学》。因为,当时的我们都清楚何谓"美国和平"。1970年秋天,笔者正上初中,学校组织学生看了一部关于越南战场的纪录片:片头以静默的画面首先纪念为拍摄此片而牺牲的27位中国战地摄影师。随后,笔者看到美军轰炸越南北方的实况记录,其战况之惨烈让笔者迄今难忘。

50年后的今天,斯皮克曼的《和平地理学》突然之间有了两个新译本,其中一个属于"地缘战略经典译丛"。③在这个新译本中,

---

① 凯南,《美国大外交》,前揭,页31。

② 卡普托,《最残酷的夏天:美国人眼中的越南战争》,蒋小虎译,北京:北京联合出版公司,2019。

③ 斯皮克曼,《和平地理学:边缘地带的战略》,俞海杰译,上海:上海人民出版社,2016(以下简称《和平》,随文注码)。

斯皮克曼的一段话被删掉了。斯皮克曼在1942年时说,如果日本战败,那么,

> 中国毫无疑问将成为远东地区的支配性强国,前提是它能够达成真正的统一,并且日本的军事力量被彻底摧毁。而能够平衡中国大陆强国的只有北部的俄罗斯。如果西方各大强国还想在这一地区保持影响力,它们就必须为自己的海空力量寻求岛屿基地。考虑到中国所拥有的权力资源毫无疑问地是有限的,上述基地足以遏制中国完全统治远东的图谋。①

这让笔者感到非常奇怪:难道有人要为罔顾国际正义的"美国和平"打掩护?

斯皮克曼随后再次说道,

> 随着日本在这场大战中战败,中国大陆沿海海上通道的控制权将不再掌握在日本手中,中国将成为这个地区最强大的国家。(《和平地理学》,页79)

这句话没有被删掉,是否因为斯皮克曼在这里没有提到必须"遏制中国"?

这并非没有可能,因为,如今不少中国知识分子的脑筋都有一个自己不会觉得莫名其妙的定见:美国的所有行为都出于正义。

1999年,美国毫无顾忌地空袭中国驻南斯拉夫大使馆表明,直到这个时候美国仍然没有把中国视为值得正眼看待的地缘政治单

---

① 斯皮克曼,《边缘地带论》,林爽喆译,北京:石油工业出版社,2014,页74。1965年的中译本中也有这句话,比较斯皮克曼,《和平地理学:边缘地带论》,刘愈之译,北京:商务印书馆,1965,页100。

位。仅仅两三年后,坦布斯就在豪斯霍弗的《太平洋地缘政治学》英译本导言中几乎是以惊呼的语调说,中国自1990年代以来的国际战略是毛泽东的"延安道路"的延续,已经严重威胁到美国的安全。[1]他发出警告说,即便美国在战略空军和导弹技术方面占优势,抢先实施了极地战略(Polar Strategy),并致力确保核均势以及限制核扩散,仍然需要"恢复麦金德的战略视野"(《豪斯霍弗与太平洋地缘政治》,页160)。

我们已经看到,在美国自19世纪末崛起以来的地缘政治意识中,中国的地缘政治地位一直非常模糊,而且显得游移不定。二战结束之际,幸好中国毕竟是一个具有悠久历史的政治体,即便在内战状态中,中国人仍然能够团结起来共同抵抗日本的入侵。尤其重要的是,中国的国共内战持续时间不长。否则,随着域外势力插足,中国自身也难免成为一大破碎地带。

余 论

二战之后,美国帮助英国逐步收复失地,如当时的美国副国务卿所说:英国国旗覆盖的地方,现在应该覆盖美国国旗。这也意味着,接下来该轮到美国来建立东亚的"和平秩序"了。冥府中的斯皮克曼会自豪地认为,他的观点富有预见性。第一,由于美国千方百计阻止,中国迄今没有"能够达成真正的统一"。只要美国能够永久阻止中国的统一,中国就毫无疑问地不可能成为远东地区的强国。

第二,美国在战后强制战败国日本签订了"日美安保条约"

---

[1] 坦布斯,《豪斯霍弗与太平洋地缘政治》,前揭,页171。

(1951年9月),为自己的海空军事力量找到了天然的"永久性"岛屿基地,接替了大英帝国对心脏地带形成包围的战略前沿东端的防务。换言之,凭靠并不道义的绝灭性武器,美国的确彻底摧毁了日本的军事力量。可是,美国又重新扶起倒地的日本法西斯政客,让他们重整日本军事和军工力量,使整个日本岛成为遏制中国的战略前沿。

第三,朝鲜半岛停战之后,美国随即与韩国签订《美韩共同防御条约》(1953年8月),进一步巩固了对欧亚大陆边缘地带东端的军事占领。

斯皮克曼唯一看走眼的是,他以为东亚北部的俄罗斯可以平衡中国这个边缘地带大国,因此他建议美国与俄国联手压制中国(《和平》,页77–78)。斯皮克曼没有想到,美国在战后独霸日本,除了凭靠并不道义的绝灭性武器,与苏俄化友为敌起着决定性的作用。从世界历史的角度看,这并不难理解。早在16世纪,欧洲人就感到俄国人的威胁,而欧洲人自己则不应该忘记,德意志神圣罗马帝国皇帝康拉德三世曾实施"向斯拉夫人进军"的行动。可以说,俄国人与欧洲人的地缘政治角力长达数百年之久。①

美国就这样建立起了延续迄今的东亚"和平"秩序,但这是一个正义的秩序吗?美国的政治家或政治学家会说:美国只承认Status Quo State［基于现状的状态］,不会承认Status Quo ante［在此之前的状态］,即实际上主张Status Quo Power［基于强权的现状］。为了让这种没有道义可言的政治原则得以成立,美国的国际政治学

---

① 爱伦·丘,《俄国历史地图解说:一千一百年俄国疆界的变动》,郭圣铭译,北京:商务印书馆,1995;齐甘科夫,《俄罗斯与西方:从亚历山大一世到普京》,关贵海、戴惟静译,上海:上海人民出版社,2017。

必须发扬马基雅维利式的非道德化的政治思维传统,以最大限度地减免在政治辩论中被论敌攻击的机会。

基于美国式的"东亚和平"秩序,当今美国的地缘政治学家大谈"中国威胁"论,并无正义可言,只能说有他的道理而已。如果我们没有认清这是一种什么道理,那么,我们就只能被迫在"美国和平"的前提下谈论地缘政治博弈,除非我们的脑子已经把"美国和平"视为正义的秩序。

作为美国国家安全与防卫政策的重要分析家,艾利森(1940—)教授曾任里根政府国防特别顾问,参与过1960年代末至1970年代初美国对外决策的制定以及危机处理。他的《核恐怖主义》(2004)一书曾被《纽约时报》选为年度图书100部之一,而他提出的著名问题"中美能避免修昔底德陷阱吗?"(Can America and China Escape Thucydide's Trap?),迄今人们仍在热议。[①]

对此我们值得提一个常识性的问题:美国军队驻扎在日本和韩国,还不断出售武器给中国的台湾,艾利森提出这一问题的正义理据何在?如果俄国军队驻扎在古巴,并在那里部署了大量导弹和先进战机,然后俄国政治家问美国人"俄美能避免修昔底德陷阱吗?",难道美国政治学家不会觉得这个问题荒唐?

* 豪斯霍弗的《太平洋地缘政治学》是学界公认的开拓性奠基之作,初版于1925年,两年后出了第二版,1938年出第三版时补充了一章。本稿依据第三版迻译,由马勇博士和张培均博士合译,译注均出自马勇博士。温玉伟博士校读全书。

[①] 艾利森,《注定一战:中美能避免修昔底德陷阱吗?》,陈定定、傅强译,上海:上海人民出版社,2019。

中译者前言

一

豪斯霍弗（Karl Ernst Haushofer）是地缘政治学的宗师级人物。不过，与拉采尔（Friedrich Ratzel, 1846—1904）、麦金德等前辈不同，豪斯霍弗的学术生涯起步相当晚，获得大学教职时已逾不惑之年。豪斯霍弗与马汉类似，皆是弃武从文。如豪斯霍弗所说：

> 究竟是什么使本书作者从太平洋返回进而参加世界大战之后，定居于巴伐利亚高原，从一名将军变成大学教授？（见本书导言）

豪斯霍弗1869年8月27日出生于巴伐利亚王国首府慕尼黑，其时第二德意志帝国的统一大业尚未完成。他的父亲马克斯·豪斯霍弗（Max Haushofer, 1840—1907）是慕尼黑理工学院的国民经济学教授，与拉采尔是莫逆之交。拉采尔尝试通过分析地理位置、地势、空间、气候以及其他地理现象对人类政治生活的影响，来提炼主权国家的政治行动的自然法则。拉采尔后来将这门学科命名为政治地理学（Politische Geographie）。老豪斯霍弗与拉采尔一起研讨、辩论这些思想时，年幼的卡尔常在一边旁听。

从慕尼黑人文中学毕业后，豪斯霍弗于1887年进入巴伐利亚王国第一野炮团"路易特珀尔德团"（1st Field Artillery regiment

"Prinzregent Luitpold")服役，随后进入巴伐利亚军事学院深造，毕业后获少尉军衔，回原野炮团任职。俾斯麦完成德意志第二帝国的统一大业，但德国的统一并没有缓解强敌环伺的地缘政治困境。这一困境尤其让德国军方焦虑不已。1885年在柏林召开的"刚果会议"上，德意志帝国的政治家们认识到，海外陆地已经被欧洲其他列强瓜分殆尽。这意味着欧洲大国通过抢占非欧洲土地以缓解彼此冲突的历史进程已接近尾声。用麦金德的话来说：

> 在四百年中，世界地图的轮廓已经近于准确地完成，即使在极地区域，南森和斯科特的航行也已大大减少了重大发现的最后可能性。但是20世纪的开端，之所以作为一个伟大历史时代〔引按：哥伦布时代〕恰当地结束……传教士、征服者、农民、矿工和后来的工程师如此紧随着旅行者的脚步之后，以致这个世界的遥远边境刚一发现，我们就必须记录下它实际的完全的*政治占有*。在欧洲、北美洲、南美洲、非洲和澳大利亚，除文明国家或半文明国家之间的战争结果之外，几乎没有留下一块需要确认所有权申明的土地。①

麦金德于1904年阐明的这一事实既是*政治地理学*（political geography）出现的基础，也是诸大国新一轮权力冲突的前兆。麦金德阐明这一事实前不久，拉采尔完成开创性的《人类地理学》（*Anthropographie*，1891）和《政治地理学》（*Politische Geographie*，1897），意在为德国的帝国事业提供指导。不过，尽管德意志帝国崛起于哥伦布时代尾声，但这绝不意味着德意志帝国在掠夺殖民地方

---

① 麦金德，《历史的地理枢纽》，林尔蔚、陈江译，北京：商务印书馆，1985，页45。

面一无所获。至1900年,德意志帝国已经是一个领土将近350万平方公里的庞大殖民帝国,海外领地将近300万平方公里。

1899年,豪斯霍弗调到德国总参谋部任少校参谋。此时的德意志帝国正处于命运的十字路口:如何处理与大英帝国的关系事关帝国的存亡。德意志帝国以强大的陆军立国,随着占有庞大的海外领地,如何保卫这些领地成为生死攸关的问题。要么与一个海洋强国结为盟友,要么建立一支足以匹敌英国海军的舰队,否则一旦与海洋大国爆发战争,德国在非洲、南太平洋的殖民领地就将陷入无保护状态。英国外交大臣张伯伦(Joseph Chamberlain, 1836—1914)从1898年3月至1901年主持了三次与德国结盟的谈判。但是,德意志第二帝国的政治家们错过了这个机会。

1902年,英国与日本签订《英日同盟条约》,德国又错失与日本结盟的机会。由此,德国选择大力发展公海舰队,意图与英国海军争雄。豪斯霍弗在本书中认为,德国当年若是能与日本结成同盟,至少阻止英日结盟,世界历史将完全不同。豪斯霍弗说,这次重大失误表面看起来是因为德国人瞧不起作为黄种人的日本人,实际上是因为第二帝国的政治家们缺乏宏大的地缘政治视野。每个国家都将为此种失误付出惨重代价。1907年,法俄结为同盟,更是放大了这一失误的后果。德国被完全困在欧洲,没有一个盟友能在欧洲之外支援它。一旦欧洲爆发大战,它将毫无能力保卫在非洲和太平洋的殖民领地。

面对此种危局,1908年,豪斯霍弗以上校军衔被德国军方派任驻日本武官,考察日本的军事状况。此时德国已经意识到,一旦欧洲爆发大战,德国在东亚的势力将被日本取代。是年10月22日,豪斯霍弗与其犹太夫人玛尔塔(Martha)从热那亚登船出发,穿越地中海,过苏伊士运河,经亚丁湾到锡兰,穿过马六甲海峡,于年底抵达日本。在为时一年的驻日武官期间,豪斯霍弗广交各色政治人物,还受过天皇召见。这段驻日武官的经历虽然为时不长,却给了豪斯霍弗一个机会去近距离观察日本并思考太平洋问题,对豪斯霍弗构建自己的地缘政治学具有决定性影响。

1910年,豪斯霍弗取道俄罗斯回国。此时,他已经清楚地意识到太平洋问题对于全球政治的影响,尤其是对德国命运的影响。回国后,豪斯霍弗离开总参谋部,专任巴伐利亚军事学院教师,同时在慕尼黑大学撰写博士论文,试图总结他对太平洋问题的思考。他于1913年完成博士论文《对大日本国防力量及其世界排名和未来的考察》(Dai Nihon, Betrachtungen über Groß-Japans Wehrkraft, Weltstellung und Zukunft, Berlin, 1913),获得史学博士学位,同年出版。同时期,豪斯霍弗出版了《日本国防力量的地理基础》(Geographische Grundlagen der japanischen Wehrkraft, 1910)、《德国在日本周边地区的利益份额》(Der deutscher Anteilan der Geographischen Erschliessung Japans, 1914)、《日本的政党》(Die politischen Parteien in Japan, 1914)等书,皆是以日本为对象考察太平洋政治局势的地缘政治学著作。第二年,欧战爆发,豪斯霍弗返回"路易特珀尔德"野炮团任参谋长,一年后晋升野炮旅旅长,参加过多次西线战役,未有败绩。1918年11月,德国战败,豪斯霍弗以少将军衔退役。

此时,德国的地缘政治处境已然不可与战前相比,不仅德国在海外的殖民地被瓜分,德国在欧洲的领土也被切割。可以说,德国不仅丧失了争霸世界的地理基础,就连能否成为一个政治独立的主权国家都颇为可疑。此时的豪斯霍弗尽管已年逾五十,仍转而开拓自己的地缘政治学问,立志不仅要检讨德国战败的根本原因,而且要为德意志未来的再次崛起奠定思想基础。1919年,豪斯霍弗获得慕尼黑大学编外讲师教职,开始讲授地缘政治学,同时撰写教授资格论文,完成论文《日本帝国在其地缘中的发展》(Das Japanische Reich in seiner geographischen Entwicklung, Wien, 1921),之后豪斯霍弗受聘慕尼黑大学客座教授。此外,同时期还发表一系列关于日本和太平洋的著作:《日本与日本人及其国情》(Japan and die Japaner, eine Landeskunde, 1923)、《东南亚走向自决的复兴》(Der Wiederaufstieg Sud-Ostasiens zur Selbstbestimmung, 1923),1924年又创办月刊《地缘政治学》(Zeitschrift für Geopolitik)。

豪斯霍弗认为,德国在一战中的战败以及魏玛民国的虚弱,主要源于德国政治家缺乏宏大的地缘政治视野。为此,必须首先教育德国民众,让民众拥有宏大的全球地缘视野。简言之,豪斯霍弗由将军成为教授,最重要的原因在于他意图为德国重新崛起奠定思想基础。他洞察到:

> 残酷无情的事实是,地球上的霸权总是变动不居,所以,因暂时遭遇不幸而郁郁不乐之人,恰恰更应该敏锐地审视这种变动,以便在时间中洞察对他有利的变动是否发生、在何处发生,以及他能否加速或催生这样的变动。(见本书导言)

显然,此处的"郁郁不乐之人"既指豪斯霍弗本人,也指德国所有因战败而郁郁不乐之人。豪斯霍弗的地缘政治研究的首要目标,就是教会"郁郁不乐的德国人"如何审视与洞察这种变动。在此意义上,豪斯霍弗投身地缘政治领域,就不是单纯的学术行动,而是严肃的政治行动。

二

令人奇怪的是,豪斯霍弗战后的地缘政治思考不是以德国在欧洲的地缘处境为焦点,而是首先聚焦于日本和太平洋。豪斯霍弗关于日本和太平洋的研究,在《太平洋地缘政治学》(Geopolitik des Pazfischen Ozeeans)一书中达到顶峰。《太平洋地缘政治学》的副标题为"地理与历史之间关系的研究",1925年出版,1927年重印一次,1938年再版时豪斯霍弗除改动全文外,还增补了最后一章"1924年至1936年的太平洋地缘政治"。

豪斯霍弗认为,世界权力的中心曾从地中海转移到大西洋,一战之后,则转移到太平洋。大国权力最明显的变化是,参与凡尔赛和会的五强,已有两强是非欧洲国家。豪斯霍弗屡次提到,1927年日内瓦海军裁军会议最明显地揭示了欧洲国家的衰落。华盛顿会议时,法国还位列海军大国之列,是《四国公约》的缔约国,而仅仅五年后,法国和意大利已经失去参与海军裁军会议的资格。在豪斯霍弗看来,美、日、英三大海军强国皆是太平洋大国,其中英国的实力最弱,排在第三。以大西洋为中心的世界历史时代结束,以太平洋为中心的时代来临。所以,尽管一战后德意志第二帝国被肢解成为一个纯粹的欧洲国家,但德国要想重新崛起,必须关注太平洋。这是豪斯霍弗专注于太平洋问题最重要的原因。

豪斯霍弗认为,太平洋时代到来的根本原因在于太平洋已经形成统一的空间意识。豪斯霍弗进一步断言,除太平洋,全球其他地区皆不存在统一的空间意识。这话不好理解,难道以大西洋为中心的时代,大西洋世界没有统一的空间意识?更早期的以地中海为中心的时代,地中海世界没有形成统一的空间意识?关键在于,什么叫太平洋统一的空间意识?

太平洋的面积占全球海洋面积的45%,占地球面积的35%,是全球最大的自然空间。太平洋的此种地理特征乃是地球母亲所赐,远在人类诞生前就存在。还可以加上,太平洋居住着全球70%的人口,拥有全球70%的自然资源。可是这些并非太平洋形成统一空间意识的决定性因素,因为这些地理事实远在太平洋时代到来之前就存在。太平洋是全球最大的海洋,南北最长约15900公里,东西最宽约19000公里。对太平洋周边的国家来说,实际上太平洋拥有最大的分隔力。因此,统一的空间意识是人的历史活动的产物,不是太平洋与生俱来的特征。豪斯霍弗认为,太平洋趋于统一的空间意识包括两大阶段:马来－波利尼西亚人从亚洲大陆出发扩展到太平洋各岛屿,和欧洲人入侵太平洋。但是,马来－波利尼西亚人的迁徙和欧洲人的入侵存在本质差异,是欧洲人的入侵开启了太平洋形成统一空间意识的历史进程。毕竟,马来－波利尼西亚人在太平洋诸岛屿上的迁徙无论对于太平洋空间意识的历史进程有何种作用,都没有让太平洋陷入战争状态,而欧洲人入侵太平洋所导致的统一空间意识恰恰导致整个太平洋陷入战争状态。

豪斯霍弗认为,太平洋形成统一空间意识真正决定性的因素有两个:第一,欧洲人的入侵;第二,技术。欧洲人的入侵包括两个大阶段:库克之前和库克之后。库克之前,葡萄牙、荷兰、西班牙从东西两个方向侵入太平洋,属于出自本能的地理探索发现时代,还没有明确的太平洋空间意识。库克之所以成为关键人物,是因为库克的探险和航行终结了"南方大陆"的传说,欧洲人第一次拥有对太平洋完整的认识,能够绘制出完整的太平洋地图。

库克之后的阶段又包括三个:首先是库克1768年至1779年的三次航行,英国占据澳大利亚、新西兰,将目光投向中太平洋;其次是美国人、俄罗斯人和法国人在1841年左右侵入太平洋,引发从外部对太平洋的瓜分,这一时期终止于1898年的萨摩亚危机;最后是1921—1922年的华盛顿会议,太平洋进入自治的时代。技术因素指的是欧洲人船舶技术和航空技术的发展,轮船和飞机的出现使得太平洋空间距离逐渐变小,大大降低了太平洋分隔周边国家的力量。我们容易理解技术因素对于空间形成的影响,因为技术的发展缩短空间距离,从而使得原本交往不便的国家能够接触。但是,为何欧洲人的入侵也是太平洋形成统一空间意识的原因?

换一种问法。太平洋的空间意识是太平洋每个国家、每个民族皆拥有的意识?中国自古就是太平洋国家,无论是19世纪末,还是20世纪20年代,中国对太平洋有一种统一的空间意识吗?究竟是哪些国家拥有此种意识?豪斯霍弗说,英国和美国首先将各自的帝国转向太平洋寻求自己的生存条件,这两个国家首先拥有太平洋空间意识。这种意识的结果是,以美国为例,美国1841年宣布不准域外国家干涉夏威夷王国事务,1844年逼迫清政府签订《望厦条约》,此时美国还不是一个严格意义上的太平洋国家,它的边界距离太平洋还有近1000公里。

1898年,美国吞并夏威夷,同年占领菲律宾,觊觎东亚。美国在短短半个多世纪内,从一个大西洋国家变成全然太平洋式的国家。再以日本为例。日本自古就是一个太平洋国家,却始终没有太平洋空间意识。1853年,美国人佩里(Perry,1794—1858)以武力威慑的方式打开日本国门,将此种空间意识带到日本。日本沾染此种意识后,第一件事就是侵略中国。豪斯霍弗说,1894—1895年的甲午战争是太平洋形成统一空间意识的进程中最重要的事件之一。豪斯霍弗在书中数次提到,中日两国两千年以来和平共处,但太平洋形成统一空间的进程却将中日卷入了战争。

太平洋统一空间的形成既是诸大国在太平洋争夺权力的结果,也意味着更大规模的权力争夺。因此,太平洋统一空间的形成史也是太平洋近四百年的大国权力斗争史。太平洋统一空间是一个大国权力斗争的场域,太平洋统一的空间意识是对此种斗争的意识。

用豪斯霍弗的话说,太平洋有一个美丽的中文名称,但是太平洋统一空间的形成却意味着和平远离太平洋,战争降临!

实际上,只要略知我们中国在近现代的命运,就能明白豪斯霍弗所谓太平洋统一空间的形成本质何在。豪斯霍弗在本书第一章讲述过太平洋近四百年的权力兴衰,其中就有中国。从中我们会看到,中国在近代的衰落,与自库克以来太平洋统一空间的形成同步。太平洋这个空间愈趋向统一,中国愈陷入险境。将近代中国的地缘处境与古代中国的地缘处境比较,会发现近代中国的衰落过程也是欧洲列强逐渐盘踞在中国周边的过程。欧洲人入侵之前,中国显然是太平洋唯一的大国,周边没有任何大国存在。

但是,自明代中叶起,欧洲列强一个接一个出现在中国周边,并稳定下来。首先是葡萄牙和荷兰从印度洋方向、西班牙从美洲出发跨越太平洋出现在中国南部,葡萄牙和荷兰控制亚洲–澳洲地中海,西班牙占取菲律宾。随后,英国人取代葡萄牙从印度洋方向突入亚洲–地中海,占取马来亚和澳大利亚,进抵中国南部。在同一时期,俄罗斯人沿亚洲北部荒原一路向东挺进,至17世纪末已经抵达中国北部。此外还有康熙至乾隆年间发生的事件。鸦片战争后的半个多世纪,美国以迅疾的步伐跨越太平洋,通过夺占菲律宾取代西班牙盘踞在中国东南部,日本的崛起则从东方切断中国眺望太平洋的大门。曾经的东方巨龙陷入巨蟒环伺的境地。时至今日,此种处境仍未改变。而豪斯霍弗的这本书会让我们反思,我们是否已经对此种意识心知肚明?中国尽管自古以来就是一个太平洋国家,但不意味着我们天生就有太平洋空间意识。

最后,值得引用豪斯霍弗的如下肺腑之言:

这些研究关心太平洋地理与历史的相互关系、相互影响，意在让德意志民族看到海外的现实。出于这个目的，我有意挑选几乎与我们处于对立半球的太平洋地区来研究，因为依照我的经验，太平洋是今日德国人最陌生的地区，也是对德国人来说最有前途的地区，迄今仍是地球上最不受交通约束的地方。如此才可能向不受日常生活的偏见束缚和败坏的同胞们展示这一研究，在我看来，这一研究只能给出主观真理，在地缘政治学内部，几乎不可能存在客观真理，因为地缘政治学艺术性的、创造性的一面，与地球上的大国力量正在发生的、永不停止的变化贴得太紧。

……

故此，我到现在为止的讨论只能勾勒、指示出我如何理解地缘政治在我们祖国的太平洋一侧发挥的作用，以及将来的某一天，这一作用会如何导向全球最大的海洋的真实地缘政治。对太平洋地缘政治而言，这些描述和勾勒只是基石，而不是完整的结构，甚至可能根本无法建立这种结构；但是，读者只要细致地读，字里行间地读，不断地深思，这些内容就能服务于地缘政治教育这一伟大目标，如此才能在未来建立足以抵御猛烈风暴的更好建筑！（见本书第二十六章）

中国被迫卷入太平洋的地缘政治冲突已一个多世纪，我们是否建立起能抵御猛烈风暴的建筑？

马 勇

2019年7月于湖南大学

献给那些亲密的战友
致敬生者
纪念亡人

德文本第三版序
（1938）

真是稀奇，一家法国大出版社提出翻译意向之后，这部已经脱销两次的作品加快了必要的第三版的进度。难道这与应验了的第二次冲破被局限于逼仄空间的民族封锁的预言有关？即紧接着日本在1931—1934年之后，意大利在1935—1936年完成的突破。

令笔者感到欣慰的是，本书的基础几乎不用改动。这颇令我满意。这证明，对于中欧而言并且从其视角来看，宏阔地观察我们星球最大的统一自然力场——不只是整个地球最大的海域——是一种必需。此间，德意志海洋学以邵特（Schott）纪念碑式的著作《印度洋与太平洋》（Der Indische und Pazifische Ozean）尽到了自己的职责。《人文地理学：太平洋诸国》（Human Geography: The Pacific Lands）这部短小的指南透露出，盎格鲁-撒克逊人如何基于上述作品，在政治科学上不断筑造，直至坚实地掌握这门学问。该书的作者是费尔格里夫（J. Fairgrieve）和杨（E. Young），前者是福温克尔出版社（Kurt Vowinckel Verlag）同仁的熟人。这两部作品合起来就足以证明，中欧人持续不断地需要以及为何需要一种太平洋地缘政治学。太平洋地缘政治学会一览二者的结局，而这也许可以帮助中欧人有朝一日扭转颓势。

我们在印太势力区域暂时只能旁观，而意大利业已投身到所有国家都必须行动的印太事务中去。在地球上各大国之中，我们与阿根廷一道,作为欲求掌握自己命运的国家受人操纵,不情愿地受人牵制。

会是怎样的结局?本书第三版试图为最大的海洋空间一探究竟。

一路顺风,吉星高照!

豪斯霍弗

德文本第二版序
（1927）

"太平洋地缘政治"日益成为鲜活的概念，如今已成为负有使命的公众意见守护者必不可少的一部分和武器——无论人们对这本再版的书或褒或贬，本书曾尝试将太平洋地缘政治的美名和阴影首先投向具有上述特点的中欧政治世界图景。

自本书初版三年以来，太平洋地缘政治已成为现实，由此而发出的电流激发出一片工作领域和力场（Kraftfeld），其独特的条件不容忽视。倘若我们在文化、权力以及经济问题上不想孤立于我们行星力场最大的统一空间之外，就必须面对太平洋地缘政治。

写在墙上的警示信号在世界范围内足够清晰！也许东亚明年的农历和生肖"龙年"已经透露出，这些信号不久就会成为现实。中国的巨大政治和社会低压便是首个信号！也许这对于整个东亚而言是真正的风暴中心，其轨迹沿广东途经汉口向北进发，减弱之后如今有回潮的危险。日本即将迎来的高压前涡流则是第二个信号！日本处于普遍的男性国民选举权和各种社会力量的重组等后果的前夕，这个古老却得到革新的国度，是诸强国中最后一个持英雄主义的男权国家。三大太平洋强国限制海军装备会晤的失败则是第三个信号——这要怪它们之中最具大西洋气质的那个，即盎格鲁-撒克逊人的母国！此外还伴随着许多其他的信号，但以上几个信号最为清晰。

让我们听听征兆解释者对这些信号的看法。不久前才有一位澳大利亚总理和一位德高望重的日本教育家认为,这些信号可以预示出世界政治重心不久将转移到最大的大洋及其边缘国家。不过他们难以给出准确的时间点,不像果敢的海军上将拜沃特(Bywater)会确定到某一年。他们毫不怀疑事实和与之相关的要求。澳大利亚人认为,不列颠帝国政治中太平洋自治领的重要性会得到提升,日本人泽柳政太郎(Sawayanagi)则认为废除种族界限不可避免。

这些预兆相当有利于再版一本直扣当下、以太平洋为主题的书。尽管此书讨论的对象与中欧相距甚远,却相当迅速地脱销。自此书首次"起航"后,我们获得了许多来自心领神会和洞明世事的批评者的提议。我们尽可能考虑了友善的建议,在1924年至1928年的增补中听从了他们的提示。还有一些人以怀疑和谨慎的地缘政治学著作支持了本书,比如许多俄罗斯、日本、法国、盎格鲁-撒克逊研究吸收了本书的一些太平洋主题。

总体来看,与地缘政治学本质不可分的冒险预测因为本书基本上一仍其旧而得到辩护。人们只需要以迄今以来的发展得到说明的旧方针为指导并将其推进到当下即可。

无论太平洋海岸的大国欢喜抑或愠怒,它们听到这个声音都可以视为好的征兆。这个声音所来自的国度软弱无能,目前在地球上最大的海洋政治体中被排除在外。这样的注意显示出一些先生对德意志科学地缘政治学研究愈发强烈的认同,他们在实践上的伟力必将驾驶强大的国家航船驶入光明或者云遮雾绕的未来,翘首企盼安全可靠的地标。

本书在第二次起航时能适时得到改进,必须感谢出版社和我忠实的同事默茨博士(Dr. März),此次他依然修订了关键词索引。愿这部作品作为领航船,也为我们的国家航船艰难的再次起航尽好职责!愿它也提醒异国,万勿给它加上过重的负荷!因为,设若被迫远离和平之海的中欧除了绝望的突围、冲破封锁之外别无选择,那么,对于今日可以安全航行于这片海洋之上的所有人而言,这都有危险——无论携手并进的是怎样的盟友,无论在什么样的时机!

豪斯霍弗

导　言

　　[13]地缘政治学的主题和目标很明确:主题是为旨在夺取地球生存空间的生存斗争(Daseinsringen)中的政治行动艺术奠定科学基础;目标是辨识生存斗争中的唯一持久之物,即地球表面的基本特征,进而从经验观察上升到科学规律。地缘政治学的起点是政治-文化-经济地理学,学科的基础是自然地理提供的无机地理和生物地理子结构。然而,地缘政治学的目标既是成为一种科学,也是成为一种艺术:它是一种技艺。这的确是人类未来的悲哀:毕竟,在夺取并维持生存空间的无休止争斗中,在生存空间和现有霸权不断洗牌和重组的过程中,人类持续不断地面临着剧变,但人类对于如何在争斗中活下来这一必不可少的技艺却连初步的理解都还没有。其实这种技艺的知识任何人都可以获得。

　　要想掌握整个地球的知识当然不可能,因为这要求一刻不停地掌握相关主题每天的进展和变化,而这超出任何个人的精神能力。但是,掌握地球上某块空间的知识是可能的,那就是自己所在空间的知识。履行国民义务(staatsbürgerliche Pflichten)必要的先决条件,是再多掌握一到两个地区的知识。唯有这种知识能为中欧人提供一个比较尺度(Vergleichsmaßstab)。中欧人从世界政治来看易于过度紧张,同时在实际行动中受到生活环境和空间限制强有力的束缚,甚至受到邻居房子、市政厅和教堂尖塔的影子的强有力的束缚。但是，一门如此接近艺术门槛的应用科学，即某种或许不仅仅从创造之人的灵魂、从他的个性中产生的东西，真的拥有其合法基础吗？换言之，是否存在某些无机的基础条件，决定性地影响地球空间并影响在其上生活的人？每个艺术家和有创造力之人的所作所为[14]只能在时空中发挥作用，而且，政治艺术家的活动空间比任何其他技艺的人更多受其法律所限。但是，在我们试图识别地球上一块特定区域——即便是地球上最大的一块——的这些基础条件之前，先决问题是构建太平洋地缘政治学的正当理由。

这一先决问题又导致一系列别的必须在别处解决的先决问题，例如，总体地缘政治学框架内特定地球空间的（eines bestimmten Erdraums）地缘政治学的地位问题，地缘政治学与政治地理学的关系问题，以及契伦（Rudolph Kjellén）在第一次世界大战期间尝试回答的地缘政治学的主题和目标问题[①]——读者可以就此参考他的著作。另一个问题是，如拉采尔怀疑的那样，[②]尽管中欧正在变得支离破碎，但或许还是有一种空间成长的规律（ein Gesetz der wachsenden Räume）？契伦在他的著作中将拉采尔视作领路人。拉采尔写道：

> 必须始终把每一块陆地、每一片海域设想为一个空间，该空间首先需要为人所知、有人居住、存在完整的政治权力，之后

---

① Rudolf Kjellén, *Der Staat als Lebensform*, 页57、21、25、24、29、32、34，尤参1917年德语版页43。1917年德语版由S. Hirzel（Leipzig）发行，同时由Kurt Vowinckel Verlag出版。

② F. Ratzel, *Hauptsätze der Anthropogeographie in Helmolts Weltgeschichte*, 1899年版，卷一，页75；比较 *Gesetze des räumlichen Wachstums der Staaten* 和 *Petermann's Mitteilungen*（1896）。

才能向外发挥作用。

这种内部发展起初占据和征服较小的空间……随后逐渐扩张为较大的空间……

由于这种争夺空间的斗争,我们现在看到,在历史的时间里总是会出现单一、广袤的政治空间……交通就是与空间的斗争,其战利品就是被征服的空间……三亿五千两百万平方公里的大洋也是一个历史因素……每一片海的海面面积及海的每一部分,皆有自身的历史重要性……从此一海岸到彼一海岸,历史已经穿越诸片海域,从起初穿越较小的海,逐渐扩展到整个海洋。

太平洋是最大的洋,占世界洋面的45%。

这一思路无疑一开始就表明,试图遵从这些建议建立太平洋地缘政治学,即建立太平洋地区地理与历史二者互动关系的研究,乃正当之举。是否真正存在一种太平洋地缘政治学?在非政治的海洋学(unpolitische Ozeanographie)之外(多年来德国在此领域已取得卓越成就),是否存在一种政治的海洋学(politische Ozeanographie)?提出此类问题,必须遵从因果律和自然科学的基础。伴随而来的是一种动力,从政治地理学和地缘政治学一直导向诸政治科学和实践政治学。唯有如此,建立太平洋地缘政治学的尝试才会证明它有充分的权利存在于我们的双面地理科学中——当然,恰好存在于它所连接的诸科学与诸技艺之间的点上。

[15]从倡导一种政治的海洋学这一观点出发,我们面对着一系列局部问题、地球总体视域的一个部分,即必须从各单个的海洋空间出发来构建政治的海洋学。在这一过程中,我们只能选择两个截然相反的出发点:要么退回到传统的、崇尚控制陆地边界的(erdabschließender, umspannender)非政治的海洋概念(这种概念

如今实际上只适用于南极洲),这一海洋概念阻碍人类扩张生存空间;要么接受人类从狭小的、历史上无人居住的海洋空间,在历史上向着不断延展的、被交通征服的更大空间扩展,这是一个漫长的过程。但至关重要的事实是,我们绝不能首先考察陆地空间,而必须首先考察彼此相连的海洋空间的基本地理特征,正是这些特征决定历史事件的过程。因此,首先要考察内海,如爱琴海、日本的内海(Japanische Inlandsee)、黑海、波罗的海;其次考察像日本海这样的陆缘海、罗马人的地中海、澳洲与亚洲之间的海,以及劳腾扎赫(Lautensach,1886—1971)在《地缘政治学》月刊(Zeitschrift für Geopolitik)上论述的美洲的海;最后考察诸大洋以及最大的洋——太平洋。

这种地缘政治学的考察方法,必须区分地缘政治学的事件进程与用纯粹政治术语就可以解释的事件进程,前者由地表形式、海岸形状、气候及生物地理学这类受制于土地的因素决定,后者仅仅源于人的意志且旨在获取、保持和转移霸权。地缘政治学还必须用人类地理学(anthropogeographisch)的方法,来区分看起来仅仅由文化和权力动机导致的变迁与由地理因素决定的变迁,以及那些纯粹由人的意志决定、丝毫不受环境和地表形式影响乃至长期得以维持的变迁。因此,这种研究一跃而成为科学最迷人的目标之一,因为它无所不包,并能成为我们这个时代普遍的教育手段,以提升民众的地缘政治理解力。随着人们渐渐把地球空间(如太平洋)的地缘政治学研究视作必要,中欧的智识人——如拉采尔和李希霍芬(Ferdinand von Richthofen,1833—1905)这样的人物,[①]在他们二

---

① [译注]李希霍芬,德国地理学家、地质学家。早年从事欧洲区域地质调查,旅行足迹达于东亚、南亚和北美等地。1860年,普鲁士组建一支远征舰队

人之前则是里特尔(Carl Ritter,1779—1859)、①罗恩(Albrecht von Roon,1803—1879)、②佩舍尔(Oscar Peschel,1826—1875)以及他们的前辈③——也逐渐把地缘政治学视作展示个人聪明才智的舞台。自那以后,一大批杰出之辈都在从事地缘政治学研究,如提尔皮茨(Tirpitz)、霍尔维格(Hollweg)和福斯(Foss)之类的海员,以及海外官员,④政治作家,⑤梅耶(Hans Meyer,1858—1929)之类的殖民地考察者,此外还有维勒(Weule)和维尔切克(Wilczek)之类的文化政治家。地缘政治学作为一门科学的正当性几乎不可否认。地缘政治学的问题成了纳霍德(Oskar Nachod,1853—1933)那本文化倾向非常强烈的《日本史》(*Geschichte von Japan*)的背景之一,这些问

到中国,意图模仿英、法,强迫中国签订不平等条约,这支远征军中就有年轻的李希霍芬。后来,李希霍芬写成五卷本研究中国地理的《中国:亲身旅行及基于研究的成果》(附北中国和南中国地图集两册),凭此成为德意志第二帝国枢密顾问和科学院终身院士,与拉采尔并称第一代地理学大师。

① [译注]里特尔,德国地理学家,与洪堡并称现代地理学的创始人。从1825年至去世,里特尔一直任柏林大学地理学教授,1828年创立柏林地理学会。

② [译注]阿尔布雷希特·冯·罗恩伯爵,德国元帅(1873年1月1日受封元帅),陆军部长,第二德意志帝国的三元勋之一,与俾斯麦和老毛奇齐名。早年师从地理学家里特尔教授,对政治与地理之间的关系有深入研究。1832年出版三卷本《自然的、民族的和政治的地理学原理》(*Principles of Physical, National and Political Geography*)。

③ [译注]佩舍尔,德国地理学家、人类学家。

④ G. Irmer, *Volkerdämmerung im Stillen Ozean*, Leipzig, Hirzel, 1915。此书基于成熟的经验写成,是一部非常有用、让人兴奋的著作。

⑤ Dr. Frhr. von Mackay, *Der Stille Ozean und die Weltmachtsprobleme der Zukunft*, 载于 *Der Greif*, first year, 1913–1914, No. 5, February 1914;这是一篇关于地缘政治形式的宏大概述,其广阔的视野不应由于现在已经变成老生常谈的那一部分而遭到遗忘。

题也影响到威廉(Wilhelm)、席勒(Schiller)、哈斯(Haas)、恩格尔哈特(Engelhardt)这类最优秀的传教士,他们的作品或公开或隐晦地都包含地理学和人种学视角。梅耶也在其列,[16]他一生的实践和理论成就,以及他最后那部论荷兰殖民帝国的书,都显示出这种影响。地缘政治学对《德国殖民地辞典》(*deutschen Koloniallexikons*)的创编者及其合作者的影响只多不少。

当然,在今日这个支离破碎的德国,倡导一种大空间的地缘政治教育,要比任何时候都更难获得成功;然而,我们敌人的范例应该使我们受到教育。我们的敌人在这个方向上的每一次主动探索都为他们带来了实质性的胜利,不仅是盎格鲁-撒克逊人和日本人,法国的两次跨洋扩张也是如此。为了庆祝"世界和平日",英国国会以274票赞成51票反对通过决议,要从1923年5月1日开始,施行一项为期10年的投资,不仅包括英国政府起初要求的950万英镑或1100万英镑,还包括用以加固新加坡海峡的2000万英镑。在何种程度上,这是一项极具地缘政治远见的行动? 1924年英国中止了这项法案,但只是暂时的,并非完全废除,只有训练有素的太平洋地缘政治学家才能洞察此项方案的用意。与此同时,英国人既没有忽视香港和达尔文港(Port Darwin),也没有忘记遵从休斯(William Morris Hughes,1862—1952)的建议,最大范围地加强澳大利亚的空中防卫。另一方面,美国为了回应英国的上述行动,也加强了荷兰港(Dutch Harbour)和费尔班克斯(Fairbanks)的空中防卫。从1924年春与德国政府签订的备忘录来看,澳大利亚、纽芬兰和新西兰都相信太平洋地缘政治在未来的重要性,[①]而大英帝国六分之五的国

---

① 参 *Zeitschrift für Geopolitik*,1924年第4期,关于印度洋-太平洋空间的论文。

会议员则在1923年就已认识到这一点。

但是,也不能仅凭敌人通过推广地缘政治教育而取得的切实可见的胜利,来决定我们的探究。假如没有太平洋地缘政治这个问题本身提出的纯粹科学上和艺术上的挑战,上述其他国家的示例,是否也能激起绝大多数深受意识形态影响的德国人的反响,进而让巨大的泛太平洋目标获得其本身应有的实践教育效果?这种附带的科学任务绝非毫无吸引力:为一个陷入危机的海洋强国建立一个庞大基地——例如在新加坡的基地——来连接印度洋和太平洋这一政治空间,这类目标即便可以用纯粹的政治术语来描述,也还有正确选择基地位置的问题,这对地缘政治科学而言是一项有魅力的事业。经过精准检查,这个基地的几何位置应位于新西兰、杰维斯港(Port Jervis)、莫尔斯比港(Port Moresby)、达尔文港与从马六甲海峡向北至克拉地峡(Isthmus von Krah)的区域之间。从这个视野出发,新加坡既非最理想的选择,也非唯一能创建基地的位置。因此,创建基地这一附带问题与选取地理目标密切相关。

如果说,单个有争议的要点从上述方面表明,对太平洋进行地缘政治研究具有地理学、历史学、政治学和教育上的全方位价值,[17]那么,一旦从纯粹属人的一面、从艺术的角度来理解,地缘政治研究的全部组成部分还将显示出更多的价值。

当然,远渡重洋进行地缘政治研究比光看地图或书本容易得多。伫立船头,凝视太平洋连绵的波涛,眺望曾属于德国的热带岛屿静卧在郁郁葱葱的环礁之中,被南太平洋的蓝色波涛环绕,白色的浪花拍打着海岸,此时,我们可以深吸一口大洋的香气。欣赏着富士山的倒影,山岭在红日下辉映于春光之中,从高处俯瞰下面色彩的斑斓变幻——葛饰北斋(Hokusai,1760—1849)之类画家的画作的确能绘出我们开始理解的波涛的观念。凡此种种,使地缘政治学的严肃问题也显出非凡的魔力，它的魅力让我们无法自拔。我们由此就能理解（即便不是以一种理性的方式），为何一个一个国家会整个沦为某些异国风情、南国风光的牺牲品，一再飞蛾扑火般地涌向它们神往的空间。

有人从空间和时间的角度权衡夺取异域空间的可能性和不可能性，进而认识到行动的危险性，但科学的地缘政治工作恰恰可以减少此种危险，从而使为貌似不可能之事的奋斗变得理由充分。现在我们兴许可以理解，一个人如何可能感到自己肩负不断进取的使命，胸怀雄心壮志，凝视地球上最宏大的景观，期冀着德意志民族自古以来对温暖辽阔的大海的渴望最终以某种方式借由上天的眷顾达成。

绝不可让对海外的渴望（Überseewunsch）这一伟大的地缘政治抱负在一个狭隘而懦弱的时代里泯灭。这当然也是本研究追求的目标之一，甚至或许是本研究最高贵、最无私的目标，这也会重启之前很多别的研究对历史意义的追问。究竟是什么让我们中欧人专注于研究如此遥远的空间？更重要的是，究竟是什么，使本书作者从太平洋返回进而参加世界大战之后，竟然定居于巴伐利亚高原，从一名将军变成大学教授？

难道单单是这么一种诱惑，即 Nitimur in vetitum cupimusque semper negata［我们总是争取被禁之物，欲求不可追求之物］，才把德国人领向温暖的大海——这大海唯独德国人不可涉足，但又是德国人在全部历史中热切追求的目标？如果那样，算计理性与其说会以一种诱人的方式为德国人勾勒那些大海的情景，不如说会警告德国人不要对踏入这类空间抱有幻想。如果对温暖大海的渴望只是记忆的突然迸发——这种记忆迸发曾让丢勒（Albrecht Dürer, 1471—1528）从威尼斯写信回家说，"哦，我怎么会因为太阳而冻僵！"——那么这种记忆迸发只是一种感伤的情绪，不能带来力量，只会腐蚀力量，而这是现在的我们无法忍受的。而如果我们只想嘟哝一句"毕竟，我们航行到了这里"，就像一位伟大的物理学家在不得不否认他曾经以为的真理时说"毕竟，地球在动啊"，那么，对温暖大海的渴望就只意味着无力的怨恨。

但是，我们也可以在另一种更深层的意义上，去[18]效仿施佩（Maximilian von Spee，1861—1914）将军所率舰队的少数幸存者。在太平洋科罗内尔（Coronel）海战中，胜利之神最后一次亲吻他们的旗帜，之后他们的军舰在福克兰群岛（Falklandinseln）附近沉入大西洋冰冷的波涛中，在沉没的同时，黑、白、红的帝国旗帜仍在迎风飘扬。①

就如一则古老的北欧传说讲到维京人航行到了极北之地，我们也应自豪地继续高举古老的德意志战旗，武力争夺地球上最大洋的广阔空间。不要为德意志光荣的旗帜带来耻辱的记忆，要忠诚地、光荣地追随他们［译按：指上一段提到的海军将士］的航程，那是英雄的谢幕，甚至得到敌人的敬重。"埃姆登"（Emden）号轻型巡洋舰敢于直面一个世界强权，勇敢地守卫青岛这个海边度假胜地；最终，前往新几内亚的冒险航行表明，告别地球上的这一海洋空间对我们而言意味着什么。②就如《一千零一夜》中的故事那样，男儿们

---

① ［译注］施佩海军中将参加过八国联军侵占北京的行动，是德意志帝国东亚舰队的司令，负责防卫亚太地区的殖民地。一战爆发后，日本加入协约国（1914年8月7日），施佩的舰队丧失在东亚的立足点，遂率领舰队一路朝南美西海岸进发。1914年11月1日，施佩的舰队与英国舰队在科罗内尔（智利海岸中部）附近海面相遇，施佩的舰队取得大胜。1914年12月8日，舰队在福克兰群岛附近被英国舰队击败，施佩与两子共同阵亡。

② ［译注］"埃姆登"号轻型巡洋舰1910年4月1日加入德国东亚舰队后，一直在太平洋执行德国殖民地巡逻任务。1914年6月、7月间，欧洲局势紧张，战争一触即发。7月31日，"埃姆登"号完成战备后，离开青岛进行一次短期巡逻。8月4日，"埃姆登"号俘虏一艘俄国大型油船，返回青岛途中，又与一支由

带着真实的经历从那里回到家乡,或者奔向别的战场,例如驻守青岛的飞行员丕律绍(Gunther Plüschow,他的"银鹰"号战机多年后为了德意志光荣的地理研究坠毁在火地岛),①那些从东亚逃回来的人,还有那位从天堂鸟聚居的丛林回来的巴伐利亚先锋。

我们无疑会惋惜太平洋上的领地损失,尽管只有极少数德国人清楚这些损失的物质规模,或者他们意识到这一点时已经太晚(这兴许也是一件幸事)。但是,激荡的雄心与留在那里的精神价值的记忆相伴,我们的失败没有玷污道德上无形和不朽的成功。敌人也承认这一点:非亲德派报纸《远东评论》(*Far Eastern Review*)说,德

5艘巡洋舰组成的法国舰队相遇。此时,青岛已经岌岌可危,"埃姆登"号前往马里亚纳群岛与施佩中将率领的东亚舰队主力会合。此时,德国东亚舰队有"沙恩霍斯特"号、"格奈森瑙"号两艘重型装甲巡洋舰(同属沙恩霍斯特级,满载排水量12985吨)、"埃姆登"号(满载排水量4270吨)、"莱比锡"号(满载排水量3814吨)、"纽伦堡"号(满载排水量5000吨)三艘轻型巡洋舰。之后,施佩中将率主力舰队前往南美海岸牵制英国海军,"埃姆登"号前往印度洋执行侵袭任务。从1914年8月13日至11月9日,不到三个月的奇袭生涯中,"埃姆登"号共航行3万海里,拦截23艘协约国商船,炸沉其中16艘,击沉一艘巡洋舰和一艘驱逐舰。1914年11月9日,"埃姆登"号在袭击基林群岛(Keeling Islands,位于印度洋)时,被英国海军俘虏。

① [译注]丕律绍是德意志帝国东亚舰队的海军飞行员,从1913年11月起驻守青岛。1914年8月22日,日本对德国宣战,要求德国撤离胶州湾。11月6日,丕律绍奉命携带机密文件从青岛飞离。经过多方辗转和离奇的经历,1916年初回到德国。之后,他写下自传《飞出青岛》(*Die Abenteuer des Fliegers von Tsingtau*),此书有中译本。德国战败后,丕律绍从海军退役,开始驾船和飞机考察世界地理。1927年11月,丕律绍驾驶帆船抵达智利,之后他驾驶"银鹰"号飞机第一个从空中探索阿根廷的达尔文山脉、合恩角等地。1929年返回德国,出版《银鹰在火地岛》(*Silberkondour ber Feuerland*)一书以及同名纪录片。1931年1月28日,丕律绍驾驶"银鹰"号在探索佩里托莫诺冰川(Perito Moreno Glacier,位于火地岛)时失事。

国文化在[中国]山东获得了成功。① 伴随着德国放弃在太平洋空间建立霸权的努力,是敌人的敬重和失败者的骄傲,但这场努力仍为我们留下了一些绝不能丧失的东西。失去的精神力量,在人身上摇摇欲坠的信仰,唯有从那绝不可丧失的精神价值中找到重生——不但在个人身上重生,也在民族体上重生。

被蛀虫和铁锈侵蚀的珍宝可能毁掉,也可能重新发光。这个最大的洋可能会强烈地激起我们痛苦的失落感,但其中绝没有夹杂着羞耻、背叛和欺诈。因此,我们可以再次意气风发地航向那里,不但在我们的记忆中起航,也在实际上更美的未来中起航!对我们德国而言,太平洋不是妄想之地,而是我们(无需假设,也无需担负历史责难)能够在地缘政治和世界历史方面获得教益的地方。1922年华盛顿太平洋会议的影响已经表明这些教益多么重要。② 地球上的霸权总是变动不居,这是残酷无情的事实,所以,因暂时遭遇不幸而郁郁不乐之人,恰恰更应该敏锐地审视这种变动,以便在时间中洞察对他有利的变动是否发生、在何处发生,以及他能否加速或催生这样的变动。

[19]太平洋权力场中最富前途的部分,是这个星球上最大的自然景观的空间意识,地球上最大的海洋空间正在觉醒。太平洋周边

---

① 参 *Far Eastern Review*,1922年2月,关于山东的"号外"。

② [译注]一战后,美、英、日等国为重新瓜分远东和太平洋地区的殖民地和势力范围,于1921年11月12日至1922年2月6日在华盛顿召开会议,又称太平洋会议。会议最后签订三个条约。第一,1921年12月13日,美、英、日、法签订《关于太平洋所有岛屿属地和领地的条约》,通称《四国公约》。第二,1922年2月6日,美、英、日、法、意签订《关于限制海军军备的条约》,即《五国公约》。第三,1922年2月6日,出席会议的九国美、英、法、意、日、比、荷、葡、中签订《九国关于中国事件适用各原则及政策之条约》。在这次会议上,中国试图从列强手中收回胶东半岛及青岛的努力再次落空。

国家如美国、大英帝国、中国、日本和俄罗斯,已经意识到某些共同的生存处境和基本特征(gewisse gemeinsame Lebensbedingungen und Grundzüge),即太平洋是一个命运共同体(Schicksalsgemeinschaft)。我们的主要压迫者法国在太平洋制造了一个令人不安的外来国家形象,然而,我们自己不再占有那里的地球空间,因而没有份,因此也就不受烦扰。太平洋作为地缘政治意义上的命运共同体,最初体现为一系列将众多对立海岸组织起来的努力。不过,目前这些尝试仅限于几个特别有远见的组织:以文化和经济为导向的"泛太平洋协会"就是如此,这一组织1922年在火奴鲁鲁(Honolulu)、1923年在旧金山和悉尼召开了会议,自此开始广为人知。如伊默尔(Irmer)的恰当描述,太平洋空间意识的觉醒还是曙光初露,纵贯美洲的泛美洲铁路、南太平洋地区的土地重划(Flurbereinigung)等观念,以及澳大利亚联邦的内部新秩序,表明了这种意识的觉醒。澳大利亚联邦在研究自己的人口重心的过程中,已经在颇富远见地考虑以后与新西兰合并的可能。大日本海岛帝国的结构源自类似的洞见,其指导思想是以东亚为中心占据东亚的弧形岛链,连接一系列不相连的火山岛,控制东亚的陆缘海,以此沿着东亚海岸向外扩张。这样一个意在守卫东亚的联盟,由马来群岛(通过马来群岛组织印度的海岸)、菲律宾群岛、中国各条大河的入海口和日本群岛构成。太平洋西海岸的地缘此前一直破碎不堪,但现在这个区域(包含数个季风国家)的整体意识正在觉醒,[①]这是东南亚诸国恢复民族自决的前兆。[②]所有这些事件都是太平洋空间意识觉醒的光芒,

---

[①] 参 Haushofer, "Die Einheit der Monsunländer", 见 *Zeitschrift für Geopolitik*, 1924年第1期。

[②] 民族自决的地缘政治意义,东南亚民族自决的复苏,参 Haushofer, *Der Wiederaufstieg Sud-Ostasiens zur Selbstbestimmung*, Munich: Kurt Vowinckel Verlag, 1923。

是为一种大空间意识作准备的融合,是日落前的灿烂光辉,正如华盛顿会议首次尝试依照太平洋自身的法则——而非大英帝国的法则——来统摄这个最大洋的广袤全域,并且用超民族[国家]的政治框架(übervölkische politische Konstruktionen)来充实太平洋、联结太平洋,简言之,将太平洋组织为一个整体!

盎格鲁-撒克逊人已经唤醒这个之前一直在沉睡的巨大空间,这是一项伊比利亚人[译按:指现代早期的西班牙和葡萄牙殖民者]或别的罗曼民族皆未能达成的伟业。在德国,只有很少的人看到太平洋成为人类之目标甚至成为德意志民族之目标的可能性,诸如环球旅行家福斯特(Johann Georg Adam Forster, 1754—1794)和洪堡(Alexander Humboldt, 1769—1859),再如汉堡之家(Hamburg House)的创立者、第一批实业家中的古德罗伊(Johann Cesar VI. Godeffroy, 1813—1885)。[①]因此,大西洋种族做了位于印度-太平洋地区、属于马来-波利尼西亚语族的马来人(Orang Malaiu)不想做的事。马来人作为"漫游种族"从一个岛漫游到另一个岛,像游牧民族那样填满太平洋这个空间,甚至可能曾将中国文明传播到玛雅人和印加人那里。[20]然而,作为一个种族,马来人可能本能地想要保持无政府状态,他们可能出于一种内在的无政府主义、一种封建领主式的"阳刚的高贵"(virilem Adel),以及由于不具备判断文明危机的预兆的能力,因而缺乏将他们的种族组织起来的基本性情,因而没有创建严格意义上的广泛的政治秩序。

---

① [译注]古德罗伊是一位德意志商人,祖先是法国贵族,1737年从法国迁居普鲁士,最后在汉堡定居。他建立一个名为 J. C. Godeffroy & Sohn 的商业贸易帝国。起初,古德罗伊的公司在西欧和西印度群岛之间贸易,1855年后将贸易扩大到太平洋,整个公司巅峰时期拥有一支上百艘的船队。德国帝国政府也利用古德罗伊的公司在太平洋进行殖民扩张。

然而，太平洋一旦觉醒，就会寻求自身的生存法则（Daseinsgesetz）。太平洋的生存法则显然不同于大西洋的生存法则，正如太平洋的海滨、海岸类型也都极为不同。换言之，太平洋在人类地理学的一切方面更为自给自足，更多地保有内聚力，尽管也完全具备向外扩张的能力。

［与大西洋相比，］太平洋周边各分离的权力中心的距离要大得多，而一旦此种分离力量得到克服，各权力中心的距离实际上就会变小。如下一体化观念要更有力：太平洋是最大的统一性海洋空间。紧随这一观念的不是欧亚大陆作为一个大陆的意识的觉醒，而是澳大利亚和美洲的大陆意识的觉醒。或许这个星球形成一个整体也将从太平洋开始，随之形成一种有计划的世界经济、世界文化和世界政治。与之相比，地中海、欧洲和大西洋空间迄今还未出现这样的大视野，《凡尔赛和约》和滑稽的国联扼杀了第一次世界大战期间刚刚萌芽的统一趋势。所有日耳曼民族内部达成一项理解在此将成为先决条件，这也将是日耳曼民族与马来－蒙古（Malaio-Mongolen）人组成联盟的先决条件。但是，任何地方都需要一个领先的、尽可能完美地将局部空间组织起来的民族。显然，太平洋的发展若采取这一路径，首先要从种族方面完成融合，而不是种族的原子化、国际化以至于毁灭。在欧洲那场自我损耗、自我毁灭的战争之前，在欧洲的中心生活方式（就连敌人也称其为"中央强权"［Central Powers］！）遭到空间性灭绝之前①也许可能的东西，现在

---

① ［译注］Central Powers，国内旧译"同盟国"，即一战中德意志帝国、奥匈帝国、奥斯曼帝国和保加利亚组成的军事同盟。豪斯霍弗把玩字义，将这些位于欧洲"中央"（Central）地区的国家与欧洲"中心"（Central）生活方式联系到一起。

已经无可挽回。在政治领域,失去的东西永远不会以同样的方式回归,甚至连一次机会都没有:这是地球上的生存法则。

这项研究指向这样一个德意志民族:它在地缘政治上遭到可怕的肢解,一直拖着残破的国体蹒跚而行,直到1932年仍处于半麻木状态。但是,如克里孟梭(Clémenceau,1841—1929)早就正确指出的那样,这样的状况不会一直持续下去:德意志要么在麻木中毁灭,要么凭借饱满的生存意志形成新的生命机体。但是,对德意志而言最紧迫的先决条件,就是学会观察这个经历了可怕变动的世界。德意志不可自欺,而要信服一位最著名的民主派的话——虽然德意志直到最近还在聆听各种社会主义的意识形态——这位民主派说:

你可以一时欺骗所有人,也可以永远欺骗某些人,但不可能永远欺骗所有人!①

1932年至1933年德意志的觉醒已经激发出德国再次进入太平洋地区的冲动。

[21]凭借太平洋的地缘政治研究包含的真理,蒙在德国与太平洋这一地球上最大的地缘政治联合空间的关系上的谎言,蒙在德国与太平洋地区正在形成的超级经济体的关系上的谎言,必将逐步消失。这些谎言的消失甚至会比消除笼罩于大西洋上空的重重骗局更快,那些真正搞帝国主义的国家设下这些骗局,就像强奸自然之

---

① 据惠特尼(Henry C. Whitney,来自斯普林菲尔德,是林肯的老乡)在1892年的说法,1858年9月8日,林肯在伊利诺伊州的克林顿城说过这话。林肯相信"你可以一时欺骗所有人,也可以永远欺骗某些人,但不可能永远欺骗所有人",米勒德(Charles S. Millard)记录下了这一充满争议的表述。

徒一样意欲掩饰其贪婪,让其雇佣兵相信,威廉二世皇帝(Wilhelm II von Deutschland,1859—1941)那种夸张的姿态才是真正的帝国主义。但是,要使消除这些谎言的努力不致徒劳无功,德国就必须从那些真正的帝国主义强权编造谎言的技巧中多多学习,从而转变关于太平洋世界的舆论;即,要像工匠那样掌握地缘政治的技艺,然后经过相应的准备去实践这种技艺!甚至在恢复德意志帝国后,我们也要更清醒地认识到,各种不断变化的面具背后都隐藏着"生存斗争"和"适者生存"的法则,不仅如此,那些国家崇拜的鼓吹者——他们崇拜黑格尔、施塔尔(Stahl)式的国家——尤其要充分理解残酷的帝国主义会以何种手段掩饰其本来面目。人们必须认识到这一点,认清帝国主义披着狐皮而非狮毛时的本质,它甚至会举着听起来颇为崇高的口号——"帝国主义正在没落"(The passing of Imperialism),①并将这一新的救赎消息带给异教的日本。然而,日本这个国家带着礼貌的微笑审慎地询问带来这种救赎消息的人,不仅问及言辞,也问及行动。我们本来也应该像日本那样对待威尔逊(Woodrow Wilson,1856—1924)宣布的消息以及劳合·乔治(David Lloyd George,1863—1945)和寇松(Lord George Curzon,1859—1925)的演说。我们希望未来我们会这样做。

  本书的目标是教会读者辨识这些言辞、作为和行动永远不变的先决条件,进而教会读者区分敌人和朋友,辨认未来的危险和希望。日本有句谚语这样说:"有舍弃人的神,也有救渡人的神!"简言之,本书之志在于为太平洋武力争斗场和太平洋地缘政治贡献一

---

  ① "The Passing of Imperialism"是发表于1922年的 *Worlds Work* 上的一篇文章的名言,这篇文章于1922年6月22日刊登在《日本广告报》(*Japan Advertiser*)上,后者实际上是一份受美国财团资助的报纸。

己之力。本书献给这样的读者：他们能理解作者暗藏于字里行间的含义，能洞察什么是真正的危急关头，他们对1937年太平洋局势如何紧张——其紧张程度劝告人们撤离那里——心知肚明！

第一章　存在一种太平洋地缘政治学吗？

[23]带着这个对本研究至关重要的问题,我们站到读者面前。存在一种太平洋地缘政治学吗？一种本质上不同于大西洋的、北大西洋的、地中海的、欧洲的、泛美洲的,纯粹东亚的地缘政治学,它是否存在？是否存在这样一种独特的太平洋地缘政治学,仅仅基于太平洋对卷入其中的武力与强权之间的历史互动所产生的基本地理影响,就足以证明它的正当性？尤为重要的问题是,关于空间和地理的科学是否足以影响甚至决定历史？

太平洋地理处境发生变化的起点始于何处,人们对这一点长期未能达成共识。正是这一变化的起点将泛太平洋地缘政治及其固有特征与世界历史杂糅成一体。反帝国主义者、美国人佩弗(Nathaniel Peffer, 1890—1964)[①]可能仍是唯一从远东视角看待这个问题的人,他说:

> 历史悠久的东方打开新的历史篇章共分三个阶段。这一新的历史篇章始于西方人抵达远东。第一阶段是18世纪最

---

① N. Peffer, "The Aftermath in the Far East",载于 *Century Magazine*,*Japan Advertiser*,1922年6月21日。总的来说,这篇文章是以宏大视野洞察太平洋问题的范本。

后十年间，欧洲人强行进入远东。这些欧洲人不是孤立的冒险家，而是西方民族国家有组织的代理。在我们看来，这批欧洲人的典型是太平洋探险家库克船长（Kapitän James Cook, 1728—1779）。

第二阶段始于 19 世纪最后十年，其时日本作为一个主要强国崛起并打败中国。第三阶段始于 1922 年的华盛顿会议，美国、大英帝国、法国、荷兰、中国、葡萄牙参会并讨论海军军备限制和远东问题。我忍不住认为，这次会议是整个世纪里最重要的事件。

我们理解这段话，因为，历史悠久且具有灿烂文化的远东，从此向更大的空间打开，并在实际上卷入了这个更大生存空间的合作历史：远东的历史立刻成了泛太平洋的历史。因此，我们也必定赞同佩弗的如下说法：

> 西方如今不可避免地卷入复杂的东方，东方的缓慢变迁在未来必定影响西方的律动。不管这种影响是好还是坏，我们的足迹已经遍及所有大洋，并让未来的历史融合为一个整体。

[24] 但是，只有在太平洋这个地球上最大的分离空间得到克服之后，全球的一体化才会实现。只有在我们认识到全球是一个整体之后，世界文化、世界贸易和世界经济才能存在，实际上这些概念也在不断变化。当然，这仍然只是一个开端，距离全球化的完成还有相当距离，全球化始终因巨大的冲击而震荡。地球上最大的统一陆地空间欧亚大陆迄今还未被组织在一起，仍处于分离状态——美洲因此占据优势。欧亚大陆的边缘仍处于争斗之中。迄今欧亚大陆还没有统一的地缘政治学。同时，地球上最大的海洋空间——太平

洋,以及地球上第二大陆地空间——美洲,都即将与欧亚大陆碰撞、对垒。

然而,总的来说,佩弗的观点是思考浩瀚太平洋的范例。有人兴许也能看到太平洋生存斗争的残酷性,但是若在更广阔的空间和更长的时段内观察,亦即不局限于欧洲狭迫的空间和时间,就能以一种独特的、更具建设意义的方式,即以跨空间(raumüberbrückend)的方式,而非以破碎和分割的方式来观察,超越当下的迷惑而看到更远的未来。这种跨空间的视野,不同于1919年在巴黎近郊凡尔赛谈判的那批人的狭隘视野,那次会议摧毁了欧洲的未来。全球视野也已摆脱威尔逊式的狭隘意识形态,由于在华盛顿的国会大厦签订的《四国公约》,正如之前在东京的幕府宅邸签订的条约一样,①太平洋两岸已在积极为未来寻求合作,同时正努力执行1922年的《太平洋条约》[译按:指华盛顿会议签署的一系列条约的总称],太平洋两岸也都在为此作出牺牲。因此,太平洋地缘政治学与大西洋地缘政治学存在实践上的差异,这一点因1921—1922年举行的华盛顿会议以及1922年在火奴鲁鲁举行的泛太平洋会议变得明显;不仅如此,甚至对于那些向来持有偏见之人,也显得愈发明显。在实践上,太平洋地缘政治学无需征得科学同意就已然存在;但是,太平洋的地理法则在何种程度上足以成为一种科学的回答?

旧世界,尤其地中海–大西洋地区的扩张型国家形式,都具有明显的离心(zentrifugal)特征,相比而言,太平洋这个新世界的政治体形式则具有显著的向心(zentripetal)特征。与拉采尔共同创立

---

① [译注]指1858年江户幕府与欧美五国分别签订的《安政五国条约》。1858年6月,江户幕府与美国签订《日本国美利坚合众国修好通商条约》,7月与荷兰、俄国、英国,9月与法国缔结类似条约。

地缘政治学的德国人冯德里加尔斯基(Erich von Drygalski,1865—1949)在美国的一次讲座中首次强调了上述现象。[①]未来世界的发展呈现出一组决定性的对比,首先是大西洋与太平洋的对比,其次是在前一种对比内部,还存在着诸民族和社会的海洋性决定形式与陆地性决定形式之间的对比。

在太平洋的所有政治形式中,亦即在唯独依凭这片大洋的自然环境而孕育的所有政治形式中,隐藏着一种浓缩性特征:这种特征的目标在于内聚,从而对自身的生存空间进行最为集约的经济利用,[25]以求自给自足和与世隔绝。太平洋政治形式的这种倾向,与大西洋和内陆欧亚世界(innereurasischen Welt)的倾向形成鲜明对照,后者的倾向是扩张、离心、不满足已有、向外流溢。太平洋世界的这种更具向心力、更倾向内聚的特征不可否认,而且一目了然,而太平洋那压倒一切、无法超越的原始巨大空间,以及这个最大洋的分离力(Scheidekraft),正好能解释这一点;与此相关,周边的欧亚大陆和美洲大陆进入太平洋的入口区(Einzugsgebiet)皆被绵延的山脉、广袤的沙漠和高海拔的大草原包围。这种中央集权化、向中心的凝聚,不仅是太平洋边缘那些古老的文明国家例如古代中国和日本的典型特征,也是马来人和印加人的特征。自从太平洋世界被大西洋世界侵犯、闯入而被迫开放后,这个地区的政治生活形式出现的诸多独特之处,也可以由此得到解释。要是不从上述描述出发,就无法解释新日本帝国、美国、澳大利亚联邦及年轻的中国的独特之处。

---

① 冯德里加尔斯基,德国地理学家、地球物理学家和极地科学家。1865年出生于普鲁士的柯尼斯堡,从1906年起直到1949年去世,一直任教于慕尼黑大学。

从太平洋的上述特征出发,我们就可以理解,何以这个地区的民族在遭到外部攻击后,总是不断试图退回自身内部。大西洋世界的下述论断看来是错误的:这些新兴的敌对者现已无可挽回地沦为欧洲人无休无止大动干戈的牺牲品。人们可以反驳上述观念,反驳的证据就是太平洋自身边缘及海岛地区的殖民史,尤其是马来－波利尼西亚人的探索史和扩张史。事实上,马来－波利尼西亚人是与希腊人、诺曼人并列的世界上最天才的殖民种族。拉采尔甚至将他们描绘为海上游牧民族的成功典范,[①]他们以最少的人数在地球上最大的空间中实现最大程度的扩张,效率最高。他们称自己为漫游者(orang-malaio)。大西洋世界的哪个海上游牧民族的部落,能像太平洋岛屿上的定居者那样,实际上将自己的生存空间作为一个社会学试验场,[②]在人口不断增长之前就已经想尽办法去阻止人口增长,推进殖民事业以及从中心区域向周边的种族融合?大西洋世界的哪些文明民族能像中国人和日本人那样,尽管比邻而居,却在长达2500年的时间里和平地共生共存,还进行文明交往?实际上,中国和日本的文明交往长达数千年,其间仅有一次敌对性接触,即征服中国的忽必烈可汗(Kublai-Chan,1214—1294)在1274—1281年间远征日本的行动,但这事得怪一个外来的征服者部落,即欧亚大陆的蒙古人。

　　因此,不可能否认太平洋地缘政治存在其独特特征。[26]即便只是一些看得清楚的迹象,也必须受到科学的详细考察。这些

[①] F. Ratzel, "Gesetz des räumlichen Wachstums der Staaten",见 *Petermann's Communications*(1896),页104–106。

[②] R. L. Stevenson, *In the South Seas*(Leipzig, Tauchnitz, 1901),尤参卷一第五章"论人口减少"。

特征绝不能留给推测。不过,太平洋地缘政治还有一些远远不止是迹象的东西——是否经验可能已经非常明显,明显到足以填充太平洋地缘政治的完整图景?再清楚不过:这一点必会引起质疑!

但是,这样一幅图景有可能外在地摆在我们的眼前,并被大胆的政治实践者暗示性地装扮起来,以至于我们只好要么不加批判地接受这一陌生的世界图景,容许它发挥作用(这样或许会损害我们),要么用我们自己的世界图景来反对它。若是如此,国内的科学就有义务发挥它那政治-地缘的警觉性(politisch-geographischer Wächterdienst)。它既不能、也不会去追问,在这种情况下,它用来对抗外部地缘政治影响的防护手段,是否必须是最为缜密的科学的最新、最好、最高的结论;相反,它必须满足于制造一些真正有助于防护的东西。

因此,我们给出一幅太平洋权力曲线的图表,[①]刊登在1922年3月23日的《日本时代邮报》(*Japan Times and Mail*)上,并为这幅罕见的有益图表添加解说。我们这样做意在确认,"太平洋地缘政治学"这个概念在理论上是正当的,如今在实践中也已非常有效。

这一尝试非同寻常,试图生动呈现太平洋诸强权的影响力兴衰曲线,表明从公元1500年至今10个强权的政治力量兴衰的权力线。表中的细节可能存疑,但是,该图表作为一个整体,给出了一幅极有教益的图景,让我们看到英日如何看待"国家权力线"的走向。

---

① "Rise and fall of powers in the Pacific",附图表,见《日本时代邮报》1922年3月25日,页301。

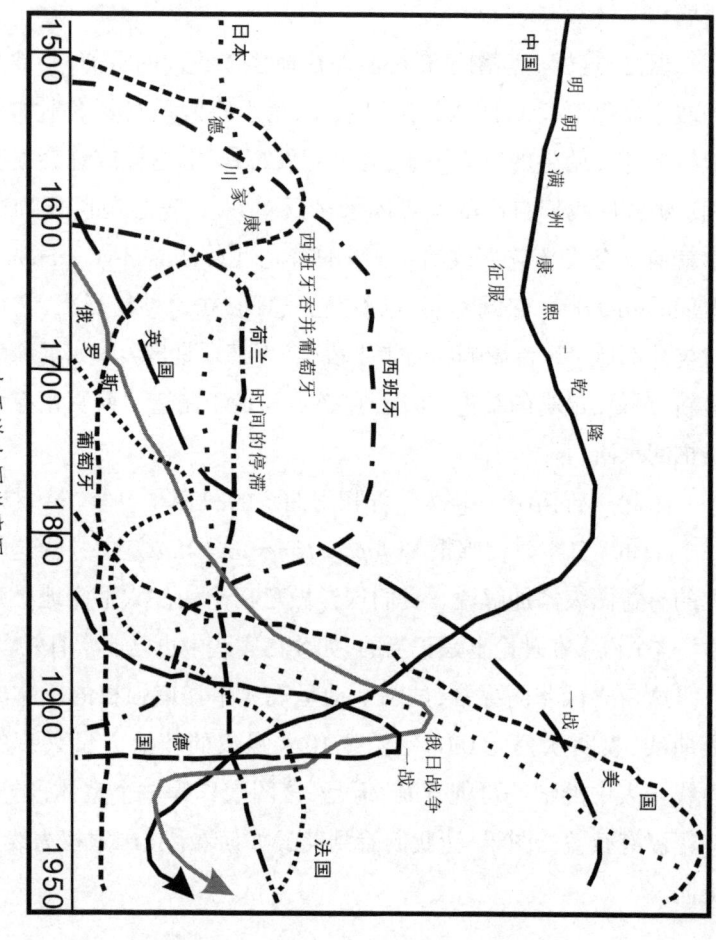

太平洋大国兴衰图

最后，这幅图表也真正反映出，哪些国家事实上使印度洋和太平洋的边缘地区丧失了在自己空间内的自决权，而与这些国家对这些地区的侵略相比，德国所占的份额微不足道。毕竟，这幅图表清楚表明在德国到来之前，中国的权力线已经下滑到何种地步（由于鸦片战争和英法的其他干涉），以及实际上德国对日本崛起的阻碍是多么微小。即便有人对图表的细节有异议，图表的整体原则仍然极富成效，并且在科学方法上毫无瑕疵，拥有充分的根据。当然，有些事情不像图表呈现的那样简单。例如，法国1854—1868年间的曲线紧贴日本的曲线，无论如何，这段曲线应始于法国在南太平洋更早的崛起，[27]中间还经历过英法缅甸冲突导致的决定性裂缝。鉴于当前政治处境中显而易见的原因，英法双方审慎地回避了缅甸冲突，那实际上是一个亚洲的法绍达事件（Asiatisches Faschoda）。①但仍值得注意的是，法国的地位受到盟友的打击是多么小，德国和美国的曲线有段时间几乎并驾上升，而大陆强国的没落则几乎平行发生！

这幅图表相当理性地凸显出，到16世纪时，中国仍然是远东唯一的一流大国，晚明（1600—1644）期间国力有所下降，但是在清朝治理下，尤其在康熙（1662—1722）和乾隆（1736—1795）年间，国力又再度上升。我们也会看到，日本的曲线在15世纪时处于该表的下部，但是在丰臣秀吉（1537—1598）和德川家康（1600/1603—1605）年间快速上升。荷兰的曲线于1800年左右开始下降，之后再无上

---

① ［译注］法绍达事件是1898年英法两国为争夺非洲殖民地在苏丹发生的一场战争危机。1896年，法国派马尔尚率军从法属刚果向东推进，1898年7月到达苏丹的法绍达村，升起法国国旗。同年9月，英国人克其纳也率军从苏丹东部抵达法绍达村，升起英国国旗。两军对峙，战争一触即发。最后双方达成妥协，以尼罗河和刚果河为界，英国占领苏丹东部和尼罗河流域，法国占领苏丹西部。

升，直到1825年，荷兰再次雄心勃发，强制苏门答腊岛（Sumatra）和婆罗洲岛（Borneo）的当地农民与政府签订合同，同时吞并西新几内亚（Westneuguinea）和巴厘岛（Bali）。

无疑，这种曲线方法证明了地缘政治直觉的可靠，开启了一种极有价值且全新的论证方式。格洛克迈耶（Glockemeier）等人最近也雄辩地为这种方法作了辩护。[1]这一尝试恰恰因为大胆而获得永久的价值，其益处远远超过时效新闻。这样一张极富启发性的图表首先清楚地表明了如何巧妙地传达下述事实：[28]两个盎格鲁－撒克逊强权的曲线升到其他所有曲线上方；英国和美国的曲线在第一次世界大战中交叉；英国和日本的曲线在20世纪上半叶必会交叉，如1929年至1936年间关于各项"海军公约"（Flottentagungen）的谈判所表明；中国的曲线急遽下降，显然首先是由于英国曲线的接近，其次才是俄罗斯、美国曲线的接近，再次是日本曲线的接近，直到在中国衰落曲线的末端，德国的曲线才接近。经过比较会发现，这幅初绘于1923年的图表在地缘政治方面的预见是多么正确。

对中国的曲线还有下述注解：16世纪时，中国是远东唯一的一流大国。中国在明代末期开始衰落，但在清朝统治期间再次奋发。在康熙和乾隆两位伟大的皇帝统治期间，中国实现了成功的征服、巨大而持久的空间扩张，影响力不断上升，文化艺术高度发达。尽管葡萄牙人在1516年就已开辟通往中国的航线，但是，直到19世纪（即直到英国曲线接近前），欧洲在中国的影响力都微乎其微。19世纪起中国的国力迅速衰落，此乃源于面对西方逐渐加大的压力时准备不足。1842年，中国在鸦片战争中被英国击败，1857—1860年在第二次鸦片战争中被英法联军击败，1884—1885年败于法国，1894

---

[1] G. Glockemeier, *Werden und Vergehen der Staaten*, Berlin, 1923.

年和1896年败给日本,1898年遭德国和其他列强抢劫,最后,1900年的义和团暴乱可谓中国的绝望大爆发。为此,中国不得不割地、赔款、丧失民族自决、丧失自己土地上的权利和主权,接受种种丧权辱国的强制条款。中国内部迄今仍在继续的混战是1911年革命的结果,这场革命由中国留美学生煽起,它使中国根本无力面对"日本的侵略"。里德(Gilbert Reid,1827—1927)以极有价值的方式表明,①中国由于在别处受到侵略,才被迫于1917年毫无意义地向德国宣战,才被迫作出对自己不利的其他让步。中国的曲线在1927年或1936年会再次上升吗? 1936年的局势显示出即将发生重大突转(Peripetie)的全部迹象。

进一步观察图表会发现,日本、葡萄牙和西班牙的曲线灵活地穿插在中国和英国的曲线之间,荷兰、俄罗斯和法国的曲线也穿插在英国和美国的曲线之间。

图表中最重要、最富启发和最惹人注目的曲线,是大英帝国的权力曲线,对这条线的注解也同样最重要。高卢雄鸡在掠夺西班牙的殖民地后,于1577—1580年已经航行跨过太平洋,英国则直到在1588年战胜西班牙无敌舰队后,才开始与荷兰[29]通过远洋贸易挑战西班牙和葡萄牙的联合力量(1580—1640年间西班牙吞并葡萄牙)。看到荷兰东印度公司牢牢控制着东印度群岛,英国的印度公司便将目光对准印度次大陆,首先一步一步蚕食葡萄牙和法国的据点,最终在"七年战争"期间(1756—1763)占领整个印度。大约在此期间,英国丧失北美的十三个殖民地,库克在1768—1778年间的探险之旅,为英国在太平洋扩张中建立三个重要的新中心打下了基础。库克沿新西兰和澳大利亚海岸勘探,奠定了英国在此建立自

---

① Gilbert Reid, *China Captive or Free*?, New York, 1921。

治领的基础。他还发现了美洲西北海岸的皮毛贸易,由此引来英国的皮毛贸易商,最终使英国将加拿大的疆域扩张到太平洋。

英国的领土获取,以及英国的商业和政治影响力,由于1796年获取锡兰岛、1842年获取香港岛而在19世纪和20世纪继续扩展。与之伴随,英国对印度和中国发动军事远征并获得成功,又在南太平洋大肆占领各个群岛,并最终在1919年凭靠国联,托管赤道以南之前属于德意志帝国的领地。此时,"英国与美国、日本并称太平洋三大强权";但是,到1936年,英国已经只是三大太平洋强权之第三,不再是第一,甚至排不上第二。这幅图表不仅揭示出中国和西班牙的灾难性衰落,而且雄辩地表明是谁的曲线在压制法国、挤压俄罗斯和德国的曲线,最终与日本的曲线交叉。

葡萄牙的曲线突降与德国的类似,不像俄罗斯和西班牙的曲线那样在漫长时间内缓慢下降。葡萄牙人1498年发现绕过非洲通往印度洋的远洋航线,1516年到达中国,1542年到达日本。这一发现导致欧洲与远东贸易的革命,首次把太平洋作为欧洲国家争夺影响力的舞台打开,并使得葡萄牙在印度、马六甲和香料群岛建立了一个繁荣的商业帝国。但是,在西班牙吞并葡萄牙期间,葡萄牙宏大的东印度帝国被荷兰夺占。再次独立后(1641年),葡萄牙只能取回中国的澳门港以及帝汶和果阿(Timor und Goa)的一部分。

西班牙的曲线乍看上去又长又高。不过这似乎也有道理,只要我们想想如下事实:长达两个世纪,西班牙都是太平洋东海岸、马里亚纳群岛和加罗林群岛的主人,并且控制着菲律宾群岛,几乎等于控制着整个太平洋。

[30] 与葡萄牙人相反,西班牙人沿着哥伦布航行的方向,从美洲出发向太平洋挺进。巴尔布亚(Vasco de Balboa,1475—1519)于1513年首次考察了这个新发现的大洋的辽阔程度。依照图表绘制

者的看法,麦哲伦(Ferdinand Magellan,1480—1521)认识到探索太平洋具有非常重要的意义。麦哲伦1519—1521年的冒险航行沿着几个已知的海岸,首次向世界证明,太平洋(Mar del Sur)是美洲和亚洲之间的一个巨大海盆。沿着美洲海岸,西班牙建起了庞大的帝国。在科特斯(Hernán Cortez,1485—1547)1521年征服墨西哥、皮萨罗(Francisco Pizarro,1475—1541)1531—1539年征服秘鲁后,不可计数的黄金和白银流入西班牙。1564—1565年,莱加斯皮(Miguel López de Legaspi,1502—1572)又为这个殖民帝国添上菲律宾,并通过墨西哥把菲律宾与母国西班牙在行政上联系起来。尽管西班牙在欧洲衰落了,但它的海外帝国一直维持到19世纪。19世纪初,西班牙的美洲殖民地在英国的大力干预下获得独立。正是在这个时期,西班牙与英国的曲线交叉。19世纪末,1898年,西班牙在远东的最后一块殖民地菲律宾被"转交"给美国。

盎格鲁-撒克逊民族不仅凭借德雷克(Francis Drake,1540—1596)的太平洋航行,给了西班牙种族的太平洋帝国(Imperium pacificum)第一击,而且又通过夺取菲律宾给对方致命一击。也许是出于对此的记忆,西班牙这一骄傲的种族——尽管今日仍是最强大的拉丁种族——在第一次世界大战期间,没有无条件地加入摧毁德国海外影响力的灭绝战争。

首先,盎格鲁-撒克逊民族的帝国主义,凸显了俄罗斯的对外扩张与其他所有在太平洋建立帝国的强权的根本差异。也就是说,俄罗斯人通过陆路抵达太平洋海岸,以至于俄罗斯人的领土横跨两个大洲,甚至三个大洲,即从俄罗斯的欧洲部分穿过亚洲的西伯利亚,与美洲的阿拉斯加隔着宽仅92公里的白令海峡(Beringstraße)。

其次,盎格鲁-撒克逊民族的帝国主义盛赞哥萨克骑兵和俄罗斯殖民先锋在短短60年内,就穿过俄罗斯的荒蛮东部,从乌拉尔山推进到鄂霍次克海（Ochotsldsche See）。然而，俄罗斯向东扩张的路线是沿着有人居住地区（Ökumene）的北部边缘，因此实际上没有遇到抵抗和其他大国的注意。该地区位于遥远的北方，而俄罗斯人比中国人及日本人更适应那里的气候，这是俄罗斯人挺进到太平洋的决定性因素。（权且用一个战术上的比较：日本人曾试图利用潮汐在浅海区域奇袭青岛，却早已经被德国预料到，后被德国击退。）

[31] 与之相较，这幅图表还阐明了1823年美国为应对俄罗斯沿着太平洋北美海岸从阿拉斯加向美洲的进一步扩张，而成功运用门罗主义（Monroedoktrin）的重要意义。阿拉斯加在地图上对俄罗斯来说太过遥远，由于这块领地非常贫瘠，控制起来代价高昂，俄罗斯最终于1867年将阿拉斯加卖给美国。美国花的钱甚至少于这块殖民地的大马哈鱼捕捞场一年的收入，更不必提木材和金矿的收入。这一事件意味深长：盎格鲁-撒克逊人试图在地缘政治上呈现出与俄罗斯保持友谊的形象。时至今日，盎格鲁-撒克逊人仍然放低声调，通过这种修辞法避免不必要的憎恨，同时，大英帝国将强大的美国兄弟推到了前台。大英帝国和美国都小心翼翼地避免伤害俄罗斯的感情，另一方面却成功地将俄罗斯挤出太平洋，迫使俄罗斯远离无冰的海洋。

1858年和1860年，俄罗斯在远东的扩张野心再次勃发。俄罗斯试图跨过海洋时，与日本海岛帝国发生接触，并遭到英国本能的反击（即帮助并武装日本），英美的报刊记者和学院人士都对此保持沉默。与之相反，英美的文人们提到沙皇获取黑龙江流域和符拉迪沃斯托克（Wladiwostok）沿岸的广袤领土。符拉迪沃斯托克这个要塞的名字极富宿命感和挑战性，意为"东方的统治者"。然而，日本人称之为Ura shiwo，即"后海"（Hintersee），这是一个诙谐而土气的词，表达出与俄罗斯人不同的看法。

1891—1903年建成的西伯利亚大铁路，以及1898年租借中国旅顺并将其建成海军基地，使得俄罗斯能"对中国施加难以承受的压力"。英美建设香港和1842年的事件刻意避免如此刺耳的表达方式，因为盎格鲁–撒克逊人始终无法忍受非不列颠人（Nichtbriten）施加的压力。随后，俄罗斯获得中国东北的领主权（Herrenrechte），并挺进朝鲜半岛，但在1904—1905年的俄日战争中又被日本逐出。此后，随着俄罗斯自己触发的1914年至1918年的大战，1917年的布尔什维克革命，以及之后日本和美国对西伯利亚的武装干涉，使俄罗斯的霸权地位摇摇欲坠，几近倾覆。日本对部分西伯利亚土地的持续占领，看起来是俄罗斯进一步丧失领土的预兆，然而苏联远东共和国（Fernostrepublik）的成立意味着重申俄罗斯的权威。①

英国人和日本人以下述说法解释德国在太平洋的扩张和崩溃：[32]大约50年前，德国人作为捕鲸者、商人和定居者出现在太平洋上，但这不是故事的全部，实际上，早在麦哲伦环球航行时（1519—1522），德国公司就已明确参与葡萄牙和荷兰的事业，以及对整个太平洋海域的探索。福斯特（Johann Georg Adam Forster，1754—1794）、肯普法（Engelbert Kämpfer，1651—1716）、沙米索（Adelbert von Chamisso，1781—1838）和洪堡就是代表人物。

德国从1884年开始，即在新帝国建立之后不久，通

---

① ［译注］远东共和国是苏俄在俄罗斯远东和西伯利亚贝加尔湖以东地区建立的一个受苏联控制的共和国，领土西起贝加尔湖，东至太平洋岸边的所有前沙俄的领土。远东共和国1920年4月6日成立，名义上独立，目的是在苏俄与日占的滨海地区之间建立缓冲地带，是以列宁为首的俄共（布）中央为避免与日本直接交涉而采取的权宜之计。日本从海参崴撤退后，1922年11月5日，远东共和国撤销，并入苏联。

过吞并部分新几内亚岛和邻近的岛屿，采取一种侵略型（aggressiv）——这个词绝不会用到英美身上，后者至多是"扩张型"（expansive）——殖民政策。此后不久，德国又攫取马绍尔群岛和萨摩亚群岛……1897年又诈取中国胶州湾以及周围领土，并将之建成一个庞大的海军和贸易基地。1899年，萨摩亚群岛属于德国的那部分分离出来，德国又从西班牙手中买到加罗林群岛、帕劳群岛和马里亚纳群岛。德国的上述所有领地在1914年大战爆发后的头几个月里全部丧失。上述地区如今受日本帝国和大英帝国托管。

这里先提到日本帝国，而未严守字母表式的优先顺序。大英帝国的自治领澳大利亚和新西兰攫取了原属德国岛屿的最大份额，但大英帝国本身仅仅与澳大利亚、新西兰共治富含磷酸盐的瑙鲁岛，而由新西兰接管了德属萨摩亚，①日本占领赤道以北的岛屿，而澳大利亚窃取了剩余全部地盘！

这幅图表中法国的曲线及其注解比德国还要简略。法国之所以能在太平洋获得一个主导地位，基础是印度和"新法兰西"（即加拿大和密西西比河以西的路易斯安那地区），可是上述地区早在"七年战争"中就已被英国人夺占。之后，法国开始再次殖民现在所谓的法属印度支那地区，并在1885年通过中法战争，迫使中国承认法国在越南地区（Tongking）的保护国地位。②之后，法国吞并南太平洋

---

① ［译注］19世纪后半叶，德国、英国、美国为争夺萨摩亚群岛发生严重冲突。最后，1899年的条约规定，德国和美国分割萨摩亚群岛：德国占领西萨摩亚，美国占领东萨摩亚。一战后西萨摩亚被新西兰占领，二战后成托管地，1962年独立。东萨摩亚则迄今仍是美国殖民地。

② ［译注］Tongking是越南河内以北地区的旧称。

上的新喀里多尼亚和几个小群岛。这些据说就是法国的全部表现：因此人们就认为德国的曲线比法国的强！

以英日为镜，可知美国在太平洋的利益始于与中国的贸易、西北太平洋沿岸的皮毛贸易和捕鲸活动。美国渴望在太平洋有一席之地的最早主张表现在：波士顿的格雷船长（Captain Robert Gray, 1775—1806）于1793年率船驶入哥伦比亚河，① 1803年购买路易斯安那；1804—1805年刘易斯（Meriwether Lewis, 1774—1809）和克拉克（William Clark, 1770—1838）的远征，以及夺取俄勒冈地区（Oregon）。② 而美国在太平洋上获得无可争议的立足点，则是通过与西班牙划定边界（1819年从西班牙手中购买佛罗里达），1824年宣布门罗主义后与俄罗斯划定边界，以及1846年与英国划定边界。接下来，美国在太平洋建立霸权的重要步骤是：1848年从墨西哥手中获取加利福尼亚（是年在此地发现金矿），1867年从俄罗斯手中购买阿拉斯加，1898年吞并夏威夷和菲律宾。[33]紧接着上述获取领地的行为，美国又于1899年提出在中国的门户开放政策（Open-door-Politik）并得到其他国家接受，于1904—1914年间建成巴拿马运河，于1903年和1916年分别迫使巴拿马和尼加拉瓜成为附庸国。之后，美国试图在整个泛美洲地区培植与其他美洲国家的友谊，以此

---

① ［译注］格雷最著名的成就是两次航行到北美太平洋一侧，并且是美国海上皮毛贸易的先驱。1792年，格雷在第二次海上考察中进入哥伦比亚河，并将之命名为Columbia River。

② ［译注］刘易斯与克拉克远征是美国首次横跨北美大陆西抵太平洋沿岸的往返考察活动，该活动由杰斐逊总统发起。1803年路易斯安那购地案后，杰斐逊总统主张向西扩张，美国国会拨款派遣探险队探索西部海洋。值得注意的是，刘易斯和克拉克皆为美国陆军。俄勒冈原先是印第安人聚居区，1846年被美国攻占，1858年成为美国第33个州。

掩盖建设由北至南纵贯美洲、从纽约到布宜诺斯艾利斯的泛美铁路这一全然帝国主义的想法。最后，美国准备让菲律宾人自治。①

美国在第一次世界大战期间显示出的"巨大力量"（tremendous power），连同一种与大英帝国诸自治领（加拿大、南非、澳大利亚、新西兰）共享利益的意识，以及对太平洋上未决问题的重要性、意义和危险的重新评估和鉴定，让美国获得了太平洋的霸权地位。这一地位在笔者看来无法超越。这幅图表也清楚表明这一点。

图表中尤为有趣的是荷兰的曲线，荷兰在荷属东印度群岛（即印度尼西亚）的欧洲占领地后来曾拥有充满传奇色彩的经历。1566—1648年间，荷兰人一直在努力斗争，设法从西班牙手中获得政治独立，并从葡萄牙手中夺取商业市场。荷兰人审慎地利用西班牙吞并葡萄牙的时机，占领原属葡萄牙的殖民地马来群岛（属东印度群岛），为他们庞大的岛屿帝国奠定了基础。1624—1662年间，荷兰人甚至占有台湾，但最后郑成功把他们从那里赶走。

非常典型的是，图表的作者洞察到荷兰影响力的顶峰是占领台湾时期。从那以后，荷兰的曲线一直保持水平，这是因为台湾岛对英国的太平洋帝国扩张不再构成威胁，并成了荷兰人得当行为的标志，直到"有色人种的崛起趋势"（the rising tide of color）迫使荷兰人与英美人结成利益共同体（Interessengemeinschaft）——或许甚至在未来也会如此。②至于荷兰在太平洋的前途，这位属盎格鲁-撒

---

① ［译注］1935年3月24日，美国建立菲律宾自治邦。

② ［译注］The Rising Tide of Color是美国历史学家斯托达德（Lothrop Stoddard，1883—1950）1920年出版的一本关于地缘政治和种族理论的书的书名，全名是 *The Rising Tide of Color: The Threat Against White World-Supremacy*。斯托达德在书中预言白人的世界帝国和殖民主义将崩溃，原因是非白色人种的人口增长迅速、各殖民地兴起的民族主义以及中国和日本的工业化运动。斯托

克逊的目光敏锐的曲线绘制者早已洞明。他认识到,从今往后,荷兰在太平洋的前途毋宁说是这个马来群岛帝国的自主发展,未来地缘政治大发展的这个核心,现在的受托人是荷兰人,未来的统治者则必定是马来-蒙古人。塔斯曼(Abel Tasman,1603—1659)1642年的航行以及别的荷兰探险者本有可能为澳大利亚的很多地方命名,但澳大利亚和新西兰皆失于英国人,更严重的是,1796年荷兰失去锡兰。①除此之外,荷兰在远东的霸权从17世纪到该图表绘成的1922年,一直没有发生实质或可观的变化。

图表没有显示出荷兰三百年间垄断与日本的贸易、荷兰与日本的关系,以及荷兰对日本复兴的强大影响。这看上去不够充分,因为绘图者本应该利用荷兰的曲线,一方面揭示荷兰与两个伊比利亚半岛国家的重要关系,另一方面揭示荷兰与日本的重要关系。因此,接下来将解说日本的曲线。

[34]日本首次与西方世界接触,是葡萄牙商人平托(Fernando Mendez Pinto)1542年抵达日本。但是,经过与西方一个世纪的交往后,日本再次关闭了自己的海岸(一位英国人称之为"德川家康的错误"),直到1853年才再次开放。在这段时间内,日本排斥一切外国人,只有荷兰人是例外。日本被美国海军准将佩里(Matthew Calbraith Perry,1794—1858)武力打开国门后,开始急切地渴望获

达德倡导,要限制非白人种族向白人国家移民,并禁止亚洲人向非洲和拉丁美洲移民。

① [译注]1606年,荷兰航海家扬松(Willem Janszoon,1570—1638)率杜伊夫根号(Duyfken)在澳大利亚登陆,并命名为"新荷兰"。1770年,英国航海家库克船长发现澳大利亚东海岸,宣布这片土地属于英国。1642年,荷兰航海家塔斯曼发现新西兰岛,以荷兰一个地区的名字将其命名为"新西兰"。1769—1777年,英国库克船长先后五次到新西兰,此地遂成为英国领地。1656年荷兰军队攻克科伦坡,1796年英军占领科伦坡,荷兰人的统治结束。

得西方的知识,然后,在短时间内奇迹般地成为一流强国。下述事件为日本在太平洋的几个霸权中赢得一个席位:1894—1895年战胜中国,攫取中国的台湾岛;1900年参与镇压义和团运动;1902年缔结英日同盟;在1904—1905年的日俄战争中取得决定性胜利,控制朝鲜和中国东北;第一次世界大战期间获取南太平洋上的德属岛屿;持续侵略中国和西伯利亚。图表中日本曲线的迅速上升就反映出上述事件。

这一证据足以表明,不能把太平洋地缘政治学的这些问题视作科学妄想,相反,这些问题可以在相当程度上改变舆论,改变这个充斥着权力、创造(Schaffens)和事实的世界。因此,我们别无选择:不管我们是否喜欢这门科学,太平洋地缘政治学已证明自己的实际存在,并证明自己符合拉采尔的人类地理学发展和空间扩张的法则,也符合美国人森普尔(Ellen Churchill Semple,1863—1932)对地理环境的影响的研究。

由此,我们面对非此即彼的选择:要么坦然接受一种无可否认已然存在的生活现象,即太平洋地缘政治的存在;要么否认它的存在。在我看来,我们应该服从这门科学,运用这门科学,并使之成为我们自己的太平洋地缘政治学。[①]不过,我们应该首先考虑自然的空间图景和自然的存在图景,然后考虑确定诸空间边界的历史过程,最后考虑太平洋宏大的自然景观内部的权力分配过程。

---

① 太平洋地缘政治学以及对太平洋巨大空间的意识,在别人那里实际上已是老生常谈。Mark Sullivan, *The Great Adventure at Washington*, XI,290页, London: Heinemann,1922; Henry W. Nevenson, *Manchester Guardian*,1922;此前有Dr. Frhr von Mackay, "The Pacific Ocean and the future problems of world power", 载于 *Greif* I, No. 5,1914年2月; Vignot, "Essai de géographie militaire maritime", 载于 *La marine française*,卷一,1899。

第二章　从面积、海岸和位置看印度–太平洋的空间图景

[35]我们德国人越来越远离"海洋是民族伟大之源"这一看法,①同时我们的生存却前所未有地依赖海洋的帮助;而我们越是受限于狭小的进口和出口渠道,就越是需要一种政治的海洋学,来满足我们将海洋视作政治生存空间的需要——而不仅仅是将海洋视作无关痛痒的无机地理学或生物地理学研究的领域。把海洋视作政治生存空间这种观点并不新奇:菲利普森(Philippson)之前已经如此看待地中海;②毛尔(Otto Maull,1887—1957)已经如此看待爱琴海;③不列颠人麦金德(Halford John Mckinder,1861—1947)已经如此看待北海和波罗的海,④以回应世界大战期间两位德国人默茨(Merz)和福斯(Foß)极富启发性的看法,因为他们二人也处理过北海和波罗的海这个主题。⑤

---

① F. Ratzel, *Das Meer als Quelle der Völkergrösse*, Munich-Leipzig, Oldenbourg, 1900,页16、17。

② A. Philippson, *Das Mittelmeergebiet*, Leipzig-Berlin, Teubner, 1914。

③ Otto. Maull, *Griechisches Mittelmeergebiet* (Breslau, Hirt, 1922)的参考书目。

④ Halford Mackinder, *Britain and British Seas*。

⑤ Merz, *Nordseegebiet als Kriegsschauplatz*,见Meyer, *Konversationslexikon*, 1. War supplement,页161–169; Merz, *Ostsee, Mittelmeer ibid*, with bibliography,见Meyer, *Konversationslexikon*,卷二,页106–130。Foss, *Seekrieg*, Chart to I,页269。

但是,我们仍然需要对各个海洋的海岸、边缘或边缘海域进行比较分析,澄清对印度洋、大西洋(尤其北大西洋)以及太平洋的现有描述,将它们当作政治生存空间来分析,并对各个大洋进行比较。与惯常主要从大陆视角出发描述国家的属性相反,这些描述必须从海洋的视角出发。相比于从自然地理学视角(physisch-geographisch)理解海洋的重要权威作品,迄今仅有一些勾勒政治地理学前景的初始努力,例如威尔茨克-维勒伯爵(Graf Wilczeck-Weule)对太平洋的论述。① 不过,这些努力仍需以自然探索这一预备工作为基础;这项预备工作从上一代人才刚刚开始,如穆雷(John Murray)、聚斯(Van Edward Sueß)、戈洛尔(Max Groll)和邵特(Gerhard Schott)等人充分地推进了这一预备工作,使得对地理进行政治和文化阐释变得可能。

拉采尔在1900年以两页的篇幅,为我们勾勒出一份自然地理学的宏大概述。班泽(Banse)的《地理学词典》(*Lexikon der Geographie*)对太平洋作了纯粹自然性的描述,里面仅有一段讲到海上交通。奇怪的是,里面没有提到一部基础性的预备作品,即戈洛尔关于各大洋深度图的著作,② 要是没有这部作品,是不太可能认识太平洋的空间图景的。[36] 班泽甚至没有引证穆雷和狄金森(H. N. Dickson)的重要著作。③ 戈洛尔著作中的空间图景包含1914

---

① Graf Wilczeck-Weule in Helmolt's *World History*, vol. I。

② Max Groll, *Tiefenkarte der Ozeane*, Part 3,页91,由Institut für Meereskunde出版。Heft 2. *Zeitschrift Gesellschaft für Meereskunde*, Berlin, 1913, No. 5。

③ John Murray (director of the Challenger Exp.), "Pacific Ocean", 见 *Encyclopedia Britannica*, XVIII (1885); H. N. Dickson, "Pacific Ocean", 见 *Encyclopedia Britannica*, XXXI v. 1902;对太平洋的总体概述,德语著作见Deutsche Seewarte, *Dampfer-Handbuch für den Stillen Ozean* (Hamburg 1922)。英语

年前已知的一切,为尽可能精确地确定太平洋在全球的位置的地缘政治图景打下了自然基础。1915年的《彼得曼通讯》(*Petermann's Mitteilungen*)仍然是对朗汉斯(P. Langhans)的图表的必要补充,①霍尔维格上将(Admiral Hollweg)和鲍曼(Bowman)也贡献了几份非常重要的概述。② 最终,邵特的著作给出一份坚实的考察:《印度洋和太平洋的地理》(*Geographie des Indischen und Pazifischen Ozeans*)。

上述对太平洋空间图景的描述,长期以来仅由零碎的无机地理学和生物地理学研究的成果拼凑而成,根本无法满足一种政治的海洋学的要求。政治的海洋学需要一种将太平洋视作政治生存空间的视野,并对太平洋边缘的陆地作比较研究,如此太平洋才可以与大西洋及印度洋比较。从位置、空间和边界来看,与大西洋和印度洋相比,太平洋的根本特征首先是无可匹敌的1.68亿平方公里的海域面积。成巨大三角形状的太平洋绝对是地球上最大的统一生存空间,具备最强的分离力量,但又最与世隔绝,这种与世隔绝反过来拥有一种联结效果。因此,太平洋兼具分离力和吸引力(trennt und lockt)。事实上,太平洋最重要的相对海岸在三角形的北部顶端彼此靠近,以至于双方皆在对方视线之内,尽管岸边近乎不毛之地;同时,太平洋的南部直抵南极洲,海岸遥遥相对。赤道附近的相对海

著作见James Johnstone, *The Riddle of the Constinents: An Introduction to Oceanography* (Liverpool 1924)。

① P. Langhans, "Chart of the Japanese Overseas Relations",见*Peterman's Communications*, 1915。

② 比较E. Banse, *Geographisches Lexikon*, 卷二, Pazifischer Ozean v. Wedemeyer,以及那里给出的参考书目,只有戈洛尔的图不在其中。另外,苏潘(Alexander Supan)的*Depth Chart of the World Ocean*,大可用来比较*Petermann's Communications*, 1899年版, T. 12。

岸距离最远，准确来说，在重要的洋流通道通向印度洋和大西洋的地方，相对海岸相距最远，以至于热带海域占了太平洋巨大洋面的52%。无疑，太平洋由于丰富的珊瑚丛，在所有大洋中最具热带特征，尽管与大西洋相比，太平洋北部的反气旋（Antizyklone）向南压了将近10度，且海水温度更低，不过，太平洋较低的成冰作用可以抵消这种影响。

如此，我们看到与欧洲空间对立的太平洋——太平洋不仅是从大洋出发来定义的、与仅由一条经向沟（meridionalen Graben）隔开的大片陆地对立的空间——如何与印度洋在许多方面形成一个生命的统一体。太平洋海岸类型经由巽他海域（Sundasee）伸进印度洋，正如动物地理学（Tiergeographie）也反对将印度－太平洋的区域范围延伸到大西洋区域。

关于太平洋的整个边界，首先进入我们视野的是独特的海岸类型（聚斯已经强调过这一点）；其次是火山活动，即太平洋火山带；[①] 最后，太平洋东西两岸形成鲜明对照，东部的美洲海岸类似于一堵绵延的墙，西部则是松散、破碎的东亚海岸线（Zerrungsbögen）以及各种群岛。[37]这些群岛环绕人烟稠密的东南亚陆地空间，直达最北端荒无人烟的西伯利亚。最后，独属太平洋的特征是边缘海构成的经向走廊（meridionale Küstenmeerkorridor）和澳洲附近的海洋边界空间：前者包括鄂霍次克海、日本海、黄海、东海、南中国海，这些海将环形群岛带与东亚大陆边缘相连；后者兼具亚洲海岸和美洲海岸的特征，政治上也被撕裂为此端和彼端，即亚洲和美洲两端。

---

① ［译注］"太平洋火山带"指北太平洋边缘、亚洲东部边缘和美洲西岸组成的环形地带。从陆地到海底，这一地带火山地震活动频繁。据统计，1900年以来，"太平洋火圈"平均每年发生19.4次7.0级以上地震。

这种统一的海岸类型,由前部深渊(Vortiefe)、褶皱边缘和松散的火山带规律地构成,东岸与西岸形成鲜明对照,我们愿意称之为一个生存空间,这一生存空间尽管尚属天真,但比大西洋-地中海生存空间更有直觉上的确信。这么称呼自有理由,因为与海洋空间的广袤相比,太平洋的海岸大部分相当窄,处处紧靠山脉,这些山脉将海岸与纯粹属于大陆的高原分割开来,更为直观地强化了大洋-大陆的对比,从而为个体生命形式提供了更为独特的环境。这不同于大西洋入口区域河流密布的陆地景观,这些区域实际上更深地进入大陆。

独特的太平洋陆地景观,让这里的民族如此长时间地持守自足的生活方式和经济方式。这一事实部分是由于他们害怕一旦洋流开始,就会身不由己地汇入无边无际的大洋命运——我们看到,这里的各民族将这种大洋命运视作强加的束缚而极不情愿。不管日本人和美国人,还是中国人和澳大利亚人,在相当长的时间内都不断地重复这种不情愿。大西洋海岸的民族就不大有这种不情愿。然而,一旦太平洋地区的民族凭借航海技术的发展,并通过轮船吨位的猛增和对远洋运输的精熟,征服了太平洋的分离力量,他们的地缘政治命运就更强有力地体现在表面、形式、边界和位置上,从而比其他地方更快地形成一种特定的一体感(Solidaritätsgefühl)。尽管还有许多张力,这种一体感已经变得显而易见,不仅体现为太平洋以一种迥异于大西洋的方式对待边缘地区的势力,体现为日美关系、美国对华政策、中美关系与中欧关系的不同,还体现为两股东亚势力(日本和中国)对待彼此的行为。

在太平洋边缘的各民族眼里,广袤的太平洋不可驯服,也不可控制。这种空间压力在推进太平洋的地理走向综合体的同时,也拥有一种平衡效果,比大西洋更平衡,后者的海岸诸民族皆成了死对头。因此,对太平洋的自然想象和地缘政治想象,应以这个无所不包的大洋的超级广袤的空间为起点,这个空间把从前居于东西两岸的、彼此隔绝的定居者聚合到一起。[38]这个现象甚至适用于美国,它用跨越广阔平原的铁路将大西洋海岸与迥异的、本质上不同的太平洋海岸联系起来。这种与制图学上可确定程度相关的相对陌生性(比较本书第四章),只能作为那极其强大、尚未被征服甚至没有得到充分考察的太平洋广袤空间的结果,才能得到理解。也只有这样,才能理解太平洋上仍然可能有真正的新发现和新占有,正如1922年5月10日发现金曼岛礁(Kingmansreef Island)那样;才能理解,所谓复活节岛(Osterinsel)因一场灾难性地震而完全消失的消息,连续好几个月在全世界范围内得到报道并且为人所信(仅仅因为广播-电报系统失灵);也才能理解,这样的得地、失地何以会被人们平静地接受。

当然,对蒸汽动力和航空技术在科学和经济两方面的开发,已大大加快克服太平洋空间的行动,快得我们几乎不可能感知到这种加速度的几何级数。航海图的进步已经急速地缩减太平洋的距离,而之前太平洋在海洋学方面要远远落后于大西洋和印度洋。这种进步由下述环境引发:帆船由于受惠于信风和可靠的西风,在太平洋有极为广阔的用途,可以发挥太平洋庞大力量的经济优势,尤其在大米、小麦和硝石贸易方面。近来,克服太平洋空间的行动已经升级到新的阶段,比如以极富冒险的进取精神飞越太平洋,为了缩短距离而开拓北极航线的想法,探索到无人居住的北极边缘有丰富的原材料等。这些都间接地有助于改善太平洋的空间图景。

来自洛杉矶的恩斯(Thomas Ince)已经提供1万镑奖金,奖励从旧金山至悉尼的首次飞行。发现每年的十月份是最佳飞行时间之后,摩根少校(Major Morgan)和哈斯拉姆上尉(Kapitän Haslam)已经开始为飞跃火奴鲁鲁、萨摩亚和斐济作准备。现在已有从旧金山飞跃夏威夷、关岛、马尼拉,到上海、澳大利亚和新西兰的航线。一支由吨位达2万吨的蒸汽船组成的快速舰队,以每小时20节的速度行进,一天可以航行740公里,两周就可以横渡北太平洋。驾飞机飞越太平洋的试验正在进行。再往北,世界航线汇聚于一处,朝节约航程、缩短航程的方向发展,可以预想,经北极环绕地球的航线将是最短的可行航线。还有从加拿大育空(Yukon)经白令海峡到俄罗斯勒拿河的铁路计划,美国人曾提出无偿资助沙皇俄国勘探铁路线两边50俄里(1俄里=2/3英里!)的土地,[39]虽然那时遭到俄国的拒绝,但未来定会重提这项计划。对勘察加半岛(Kamtschatka)和阿拉斯加的开发,以及对东北部西伯利亚群山的探索,已经再次提上日程。美国、加拿大和俄罗斯对弗尔格兰岛(Wrangelland)的所有权争议,看起来曾暂时有利于背后有大英帝国支持的加拿大,但是这个争议岛屿最终为苏联人所有,这证明需要多么严肃地对待北极绕地球航线的问题。

为了让中欧人(必须唤醒他们,让他们正确地在太平洋各空间中思考)对太平洋的面积有个概念,我们不得不从他们熟悉的东西开始,即用明确的测量数字,让这些陌生的空间变得对他们来说更为熟悉。但是,某些德国人甚至对自己国家的大小——不是指现今被扭曲、肢解后的领土面积(1918—1938年),而是指德国本应有的面积——也不甚明了。当然,一个中欧人可能对欧洲约1000万平方公里的面积有明确的概念,但太平洋及其边缘海完全可以容纳整个欧洲,其总面积达16800万平方公里左右,比欧洲的16.5倍还大。① 欧洲的平均海拔是720米,太平洋的平均深度是3850米,超过

---

① [译注]原文及英译均作17.5倍。

前者5倍。太平洋的最大深度如下：汤加海沟9184米，克马德克海沟（Kermadec-Graben）9427米，马里亚纳海沟9636米，菲律宾海沟9788米，最深处是10430米。埃姆登（Emden）号1927年测得的最大深度是10790米。①就算拿面积达5400万平方公里的欧亚大陆来比，并将之视作一个统一的地球空间，或者再加上面积分别为2400万和1800万平方公里的北美洲和南美洲，或者哪怕拿面积达9300万平方公里的亚洲、非洲、欧洲这整个旧世界来比，太平洋16800万平方公里的面积也始终占绝对优势（依邵特的测量结果，太平洋的面积是17730万平方公里，是欧洲面积的17.7倍）。太平洋是一战前的德意志帝国的48倍，是1938年的德意志帝国的336倍。②要是再加上入海口区域，情形还会改变。

　　大西洋吸纳欧洲大陆表面一半的河流，而太平洋的海岸线背负着大洋边缘的众多山脉，极大缩窄了入海口区域，以至于河口地带只占大陆表面积的七分之一。印度洋的这个比例只有八分之一，但欧亚大陆表面将近五分之一的土地是无法通过河流抵达大洋的沙漠（亦即与大洋毫不相连的空间）。太平洋由亚洲（4400万平方公里）、美洲（4200万平方公里）和大洋洲（900万平方公里）三个大陆块环绕，但这三个大洲都只有被沙漠隔开的狭窄的边缘海

---

　　① ［译注］现在已知太平洋的最大深度是11033米，位于马里亚纳海沟；平均深度是3957米。此处的埃姆登号是一战结束后德国新建的柯尼斯堡级轻型巡洋舰，1921年开工建设，1925年下水。

　　② ［译注］一战前，德国在欧洲本土的面积约60万平方公里，还有海外殖民地290万平方公里，共约350万平方公里，当时是欧洲大陆除俄罗斯外领土最大的国家。一战后，德国海外殖民地全部丧失，欧洲本土的领土被割去约8万平方公里，1938年时领土面积大约50万平方公里。二战后，德国的领土再度被分割。现在的德国大约有35万平方公里领土。

岸地带朝向太平洋。因此,太平洋比其他大洋更多受环太平洋海岸线的主导。

除此之外,我们如果想充分理解太平洋自然边界内相邻各民族的政治意志和行动,就必须考虑戈洛尔关于太平洋物理空间图景的图表。然而,这方面还没有取得任何进展。[40]我们只有靠创造性想象来确保矫正我们全球视野的空间定向。魏格纳(Alfred Wegener,1880—1930)的观点大大有助于我们的想象:西方的大陆正在渐渐远去,东方的大陆正像一堵墙般逐渐靠近,两个大陆之间的弧线非常契合,它们原本只是飘在一个不变的洋盆(Ozeanbecken)中的整体大陆。魏格纳的这种物理观点包含了与某种地缘政治想象(geopolitische Vorstellung)的奇特类比,眼下我们正需要这样的想象,也愿意制造这样的想象。

不过当然,地缘政治的空间图景与物理性的空间图景不是一回事。实际上,地缘政治的空间图景还有完全不同的目标。可以说,德国地图科学(kartogrnphischen Wissenschaft)的基本错误就是没有认识到这一点,且不管这门科学在地理学方面的高度发展和取得的成就,以及从大空间的角度对我们的民族在生存斗争方面施加的政治教育。地缘政治的空间图景必然导向动态的概念,物理性的空间图景则可以基于静态的概念,不过物理性的空间图景一旦确定下来,就会诱使我们轻易忽视空间图景由于内因和外因力量(这二者不间断地对空间图景的变化发生作用)而经历的变化是多么频繁,物理性的空间图景实际上在最终呈现出来的瞬间便已过时。

太平洋地缘政治的空间图景首先由海岸线决定,环形的、狭窄的海岸平原带和高耸的山脉构成海岸线的基本结构。北部弧形边界(参第十章)及其边缘海岸空间起于胡安·德·富卡(Juan de Fuca)海峡——在东太平洋将华盛顿州的奥林匹克半岛与英属哥伦比亚省的温哥华岛隔开——然后向北延伸至阿拉斯加湾和白令海峡,经勘察加半岛,直达津轻海峡(Tsugarustraße),后者在西边隔开日本的本州岛与北海道岛。这个半圆——仅仅被阿拉斯加和西伯利亚之间视野可及的92公里宽的白令海峡打断——将太平洋封闭起来,阻挡了绝大部分为浮冰覆盖的北冰洋。从政治地理学的角度看,这条半圆海岸带几乎完全丧失自决,因为无法保护这个广阔的荒凉空间消极的广阔性(die passive Weite);从文化地理学角度看,这个地带的原住民仍处于早期的迁徙阶段;从经济地理学角度看,这里仍是典型的采集和狩猎经济。原住民散居在一块地广人稀的区域,这里分布着游牧人口聚集处。他们之前极为适应这里的环境,但是现在看来将要因外来文明的侵略而灭绝了。一句邪恶的话也适用于这里:"与其说文明化(civilised),不如说梅毒化(syphilised)。"

太平洋北部这条从胡安·德·富卡海峡至津轻海峡的海岸带,分别沿着太平洋东岸的美洲海岸和西岸的亚洲海岸向南延伸,远远越过赤道。此处我们惯于看到我们这个星球上在地缘政治方面最大的差异:美洲和亚洲。太平洋北部的这条弧形海岸带,西边是地球上最自给自足的文化地区亚洲,东边是最近才开放的、由外来民族大规模移民并重铸文化的美洲。在津轻海峡这一侧,普遍状况是人口过密,定居条件狭窄,以及缺乏适宜耕种的土地和生存空间;在胡安·德·富卡海峡那一侧,主要特征则是稀少的人口和[41]广袤的空间。太平洋北部这条弧形海岸带的西侧看起来正忍受着人类的压力,亚洲的陆地景观由于文化压力已经受到过多的改变,某些部分甚至遭到严重破坏,精密机械的运用使地表植被遭到连根铲除。与之相反,美洲这一侧则仍然森林密布、植被茂盛,几乎就像在呼唤人类来辛勤垦殖。因此,古老的亚洲习俗形式上僵化,扎根于世界上最受人敬重的文化，不安而怀疑地看着仍处于文化形成过程中的北美民族简单粗暴的手段。

于是，在大多数欧洲人的想象中，太平洋东部是山脉封闭的美洲海岸，西部的亚洲海岸则是带有边缘海走廊的破碎海岸链（Küstenkette）以及在它面前延伸的环形群岛带（Zerrungsbogengirlanden）；欧洲人还认为，这二者处于不断的冲突之中。欧洲人的这种想象，正好对应于魏格纳的大陆漂移说描画的总体空间图景。依照魏格纳的理论，美洲远西的太平洋东岸，从自然以及人类地理学的视角看，特征都是侵略性地向前迸发，这就与亚洲远东的太平洋西岸形成鲜明对比，后者的主导趋势是从海洋向后撤退，迁离海洋，丢下破碎的土地在身后。东亚人在地缘政治上处在防守的一方，他们面对一堵墙似的美洲诸共和国，齐心协力，以柔术的姿态（Jujits'-Haltung）向后撤；后者在地缘政治上也心意相通，沿着美洲以火山为主的山脉赫然出现。由此，旧世界最古老的部分站在了横跨大西洋获得新生的新世界的对立面。

这个概念只不过是以地缘政治的方式来辅助想象，它或许只是诸多想象中的一种可能，但无疑是一种宏大的想象！

南太平洋的大门（通过冰层覆盖的南极大陆海底的两处延伸陆地与南极洲相连）仅仅部分地联结和平衡了东岸和西岸往南部的延伸。南太平洋是欧洲人所知最少的地区，在太平洋的空间图景中最富对比，也是一块联结两大洋之地。此处坐落着地球上最富大洋性的岛屿王国新西兰———一个岛屿群，以及澳大利亚大陆，后者作为大陆有些小，但极富大陆性。

我们已经称，南太平洋的界限在太平洋的空间图景结构中最富对比。但如果我们能够或想要纯粹从海洋学的角度来描绘这条界限，则并非如此！这条界限的自然边界非常清晰，也非常均衡：倘若匀称地绘制出生命的边界（Grenzen des Lebens），从自然角度探究这个区域，看它在无机地理学和生物地理学上与大多数有生命的区域在哪些方面形成对比，那么，该界限将由西澳大利亚洋流、西风漂流（Westwind-Drift-Strömung）和合恩角组成。① 从地缘政治上讲，越过这些洋流后，人实际上就航行到了外太平洋生活方式的海洋空间，亦即南印度洋、南极洲和大西洋。

[南太平洋]常规的北部边界是南纬40度。但是，这一常规边界的内部与外部空间之间存在巨大差异。[42]南极洲实际上是一块大陆，也是太平洋生存空间的南部边界，发挥着最具海洋性的作用。然而，这一边界的外围坐落着一块从大洋角度看尚未征服的坚硬异物，即极富大陆性的澳大利亚大陆。因此，这条边界线的内部存在极其剧烈的冲突，在地缘政治上产生了强大的作用。新西兰远离澳大利亚联邦并非没有原因。新西兰甚至改变自己依照大陆方式组织起来的内部结构，塑造了类似英国和日本的内部结构，由此，这个将来最富海洋性的岛屿国家，已经更多地调整自己去适应[英国和日本]这两个边缘国家。

此处问题出现，即对于政治地理学的空间图景而言，澳大利亚是否不应该附属于太平洋西部的亚洲海岸，这个问题在地图学上一再发生冲突。必须否定地回答这个问题，因为，澳大利亚在外来移民方面比较落后并非没有理由，这与魏格纳的理论一致。在这里，我们看到欧洲人如何受制于大西洋海沟的（Atlantikgrabens）空间概念及其相对的一致性和延伸的单调性。大西洋的入海区比印度洋和太平洋的更深、更大，比例是19∶5∶8.66；正是出于这同一个原

---

① [译注]西风漂流，又称南极洲环流，是环绕南极洲由西向东的洋流，把温暖的海水与南极洲隔离开来，保护南极大陆巨大的冰原。

因,欧洲更多为河流决定,而更少为大洋决定。与之相反,太平洋的主导特征则是广袤的海洋和独特的海岸景观。太平洋不像大西洋是一条海沟,太平洋区域广阔,呈多边性,形成一个太平洋三角。

因此,在更大的大洋框架内,太平洋南部门槛的地缘政治问题,仍然是连带着一片基本未被英国岛民驯化的内陆的大陆性核心。也正因为如此,澳大利亚的政策和文化长时间地保持在边缘地带。澳大利亚居民区位于边缘地带的特性、海岸地带的反常扩大、本可养活三千万人却只有几千人居住的未开发的北部热带地区、对德国成功的殖民政策的嫉妒,所有这些都与之有关。如英国的帝国政策制定者所言:

> 我们在地图上将那里标红,并让那里空着。

英国人已意识到那个艰难的地缘政治问题,其进一步的表征是,英国人试图把太平洋的南部边界确定在风力强劲的西风带,即南纬39度与50度之间常年刮着狂风的地带。此外,英国人还企图独占南极洲周围的大洋地区,企图通过占领一圈岛屿,来封锁南部的不毛之地和环绕南极洲航行的路线。这一企图表现为,新成立的从印度帝国分离出来的殖民行省,包括毛里求斯、塞舌尔群岛、锡兰、安达曼群岛和马来群岛,构成一个分离的行政体。从这种意识出发,英国除了为新西兰配备新的海军装备外,1936年还完成了对新加坡海军基地的修缮工程,花费超过2000万英镑。

[43]因此,永久地确立大西洋与太平洋空间图景的区分非常重要。不可强行把其中一个的任何方面转给另一个。古老意义上的大洋(Okeanos),如今只剩下太平洋南部的冰海(das Südliche Eismeer),那里包裹着冰层覆盖的原始南极大陆。但是,就连南极大陆也已经不得不把自身的科学奥秘交给一波波的南极探险队。然

而,这场科学知识的胜利与开发西北航道(Nordwestpassage)落得相似的命运。[1] 基于观察和探究得到的知识具有重大的地缘政治后果,达成的目标最终却与地缘政治几乎毫不相干,就如同实际上毫无用处的西北航道一样,滑入冰冷稀薄的穹苍。而纯粹科学的结果——不再是国家纷争的结果——作为全人类的共同财富在那里漂荡,远离对权力的无止境追逐。

---

[1] [译注]西北航道是一条经数百年努力寻求而形成的航道,指由格陵兰岛经加拿大北部的北极群岛到阿拉斯加北岸的航道,是大西洋与太平洋之间最短的航道。起初,加拿大宣称这条航道是国内航道,并声称对此拥有主权。但美国和俄罗斯认为西北航道是国际航道,主张向任何国家开放。

第三章 太平洋生存空间原生的典型特征

[44]我们可以冒险称之为太平洋原生的(autochthon)典型特征的东西,是指那些在太平洋生存空间一目了然、存在已久而太平洋本身对之还没有意识且没有受到外部影响的东西吗?要想获知太平洋空间图景在历史发展中的有意识开端,并借此得出地缘政治的结论,我们首先必须来思考太平洋的这些原生特征。这类特征是一种形塑太平洋儿童期的特征,太平洋开始形成后,这类特征——地球母亲无意识地赋予了太平洋这些特征——就发自本能地,或仁慈或猛烈地影响着命运,甚至早在我们可以将太平洋生命形式的行为和发展归因于文化政治或权力政治之前,这类特征就影响着命运。在我们尝试从文化政治或权力政治角度理解成熟的、进而能对自身的行为和发展负责的太平洋之前,我们必须尽力分析太平洋的根源。这些原生特征对于太平洋今天和未来持续和有意识的发展具有至关重要的意义。

为了发现这类典型特征,我们应首先考察大气环流的影响,直到发现太平洋海盆特有的、与地球其他区域都不相同的特征;然后考察洋流的影响,这些洋流乃源于地球的某些独特运动(如地震或火山);最后,考察独特的海岸类型、天然的特有矿藏或独特气候的影响,太平洋独立的地缘政治观念和类型就起源于这些影响。

如果说,在纯粹的自然图景中,我们已经认识到环境和空间的宏大壮观的影响，那么，此处还要加上无法抗拒的、定期的和有节奏的规律性——我们在[太平洋]季风气候中找到了这种规律性最明显的表现，同时，这种规律性也会被发生在陆上和海上的气象灾难和地貌灾难所打断。这种节奏及其遭到的猛烈阻断，一方面强化了人对全能自然的自然依赖感，向处于更大社会关系、部落和民族中的人灌输更强的政治服从，灌输非个人性（Unpersönlichkeit）；另一方面又教会人要密切关注灾难的征兆，如果可能的话就预先阻止，否则就更明智地接受不可避免的灾难：[45]例如海啸洗劫沿海繁华的城镇，如日本的镰仓（Kamakura）、釜石（Kamaishi）和智利的阿里卡（Arica）、伊基克（Iquique）；又如火山爆发吞没整个岛屿——印度尼西亚的喀拉喀托火山（Krakatau）；还有地震、龙卷风、大火毁灭巨大的人口中心和权力中心，如旧金山、瓦尔帕莱索（Valparaiso，智利中部港口）、东京、镰仓、歧阜—美浓—尾张（Gifu-Mino-Owari，位于日本伊势湾）一线以及中国汕头。火山和地震活动常常为这些地方带来灾难：日本每两年半就发生一次大地震，智利、中美洲、墨西哥和厄瓜多尔每九年都会发生一次大地震。

因此，人们一方面可以观察到持续性或周期性的信风——可以精确地计算到周和天——深刻的人类地理学影响和政治影响，另一方面也可以观察到广袤空间里降雨量的急剧增加："四十度啸风带"源于信风和季风的反作用，也是季风及其壮观节奏的常规、巨大的发条装置——这使瓦尔堡（Otto Heinrich Warburg，1883—1970）将亚洲季风区称为地球的一个特殊地区，也启发我将季风区理解为一个发挥作用的政治单位，跟东南亚自决运动的兴起有关。①

---

① K. Haushofer, *Südostasiens Wiederaufstieg zur Selbstbestimmung*; *Geopolitik der Selbstbestimmung*, Munich, 1923; *Einheit der Monsunländer*, 见 *Zeitschrift für Geopolitik*, I, 1.

在印度和中国，干旱与动乱之间经常重复出现的关系已经有了可靠的观察——即便没有穷尽一切研究。克雷布斯（W. A. Krebs）在他关于气候学如何影响政治的研究中已指出这种关系。① 另一方面，一些有利的反作用也弥补了某些自然灾害。例如，白令海峡对太平洋北部边界的保护作用，即阻挡北冰洋的浮冰进入太平洋，平衡了北太平洋反气旋位置靠南对航海的妨碍。龙卷风现象表现出一种奇怪的、既规律又反常的网络，该网络具有政治和文化地理效应。这种龙卷风每年发生两次，即在季风来临和离开之时，在日本主要是秋天发生，在中国南方是晚夏之时。也表现为东南亚陆缘海的气旋和台风，或表现为冬天猛烈的风暴夹杂着暴雪和极寒天气袭击俄罗斯大草原和西伯利亚，即著名的西伯利亚暴风雪（Burane）。②

凡了解东方的人，都不能否认这类周期性龙卷风影响政治和经济的程度之深，都会看到龙卷风如何指示了国家间通过统一的气象服务进行合作的方式。同时也会看到龙卷风如何影响且改变战争的先决条件和保卫政权的前提条件，例如阻碍交通：日本第二师

---

① W. Krebs, "Stuien über die politische Kompetenz der Klimatologie", 见 *Deutsche Rundschau für Geographie und Statistik*, Wien, 1892 和 1895, 这篇论文讨论中国历史上干旱与内乱之间的关系。

② ［译注］豪斯霍弗写下这句话时，可能想到 1919 年 11 月至 1920 年 2 月高尔察克（Aleksandr Vasilyevich Kolchak, 1874—1920）所率大军的悲惨遭遇。俄国十月革命后，原俄国舰队司令高尔察克上将纠集俄国军队残部，在英国援助下于鄂木斯克成立独立政府。1919 年 11 月，鄂木斯克被红军攻占，为了保存实力，高尔察克决定率部横穿西伯利亚，逃往太平洋沿岸，寻求日本的支持。高尔察克的大军共约 125 万人。整支大军从鄂木斯克出发，至 1920 年 2 月行进 2000 公里抵达贝加尔湖畔时，人数锐减到 25 万人，绝大多数死于严寒，仅在尼古拉埃夫斯克市附近的一晚就冻死 20 万人。这剩余的 25 万人全部冻死在贝加尔湖的冰面上。

团的登陆行动,1904年俄国的战争计划,1921年中国军队从蒙古撤退,① 慈禧太后利用暴风雪造成的压抑气氛发动政变——唯有她凭钢铁般的意志没有屈服于暴风雪,此外还有台风阻止蒙古对日本的入侵,② 以及萨摩亚飓风摧毁了三艘战舰,让德国的萨摩亚殖民政府惊慌失措。上述事件或暂时或永久地对太平洋的历史进程造成了决定性的影响。太平洋大规模洋流的影响强度,丝毫不亚于大气环流的周期性极端作用,[46]这些洋流影响到波利尼西亚、美拉尼西亚和日本的定居活动。

显而易见,这些冲击日本海岸的洋流具有的力量——如黑潮(Kuroshiwo)和亲潮(Oyashiwo),③黑色、温暖的洋流从西南方向流

---

① [译注]辛亥革命后,沙俄趁中国内乱,扶植以外蒙活佛为皇帝的大蒙古国。后经袁世凯政府与俄国交涉,1915年中俄签署协约,中国恢复对外蒙名义上的主权,俄国获得诸多实际控制权。随后,外蒙取消"独立",改称"自治"。1917年"十月革命"后,沙俄政府无暇顾及外蒙,面临诸多内外困境,外蒙王公于1919年8月向中国表示愿意撤销"自治",恢复清朝旧制。1919年11月13日,徐树铮率领边防军进入外蒙,武力收复外蒙。但是,其后由于民国军阀混战,无暇应对沙俄白军重新掌控外蒙的势力,驻外蒙中国边防军经过与沙俄白军的激战,于1921年不得不撤回中国。豪斯霍弗提及此事件,是因为中国军队在撤退时大概遭到异常天气。

② [译注]1281年元帝国第二次远征日本,战船近5000艘,约20万将士,分南北两支舰队会师于日本九州岛外海。八月初,洋面突然刮起猛烈的飓风,持续四天,南方舰队基本被毁,损失过半的北方舰队不得不撤退。

③ [译注]黑潮又称日本暖流,北太平洋西部流势最强的暖流,为北赤道暖流在菲律宾群岛东岸向北转向而成,沿中国台湾岛东岸、琉球群岛西侧向北流,直达日本群岛东南岸。在台湾岛东面外海宽约100—200公里,深400米,流速最大时每昼夜60—90公里,水面温度夏季达29℃,冬季20℃,均向北递减。与千岛寒流相遇后,在西风的吹送下,再折向东成为北太平洋暖流。
亲潮又称千岛寒流或勘察加寒流,白令海横向洋流的一部分与西岸的阿纳

向东北,寒流则从北向南流——导致了定居潮(Siedlerströme),例如日本种族的混合就源于对马暖流(Tsushimaströmung)。提勒纽士(Georg Thilenius,1868—1937)表明,洋流对波利尼西亚群岛和美拉尼西亚群岛的定居活动也具有类似的影响。①

不仅大胆的假设,还有为实践经验所支撑的结论,都鼓励我们寻求横跨太平洋的早期移民路线,不仅沿着亚洲海岸短距离范围内的北部岛环,而且跟随早期移民跨越太平洋本身,如西默斯巴赫(Simmersbach)所为。② 任何人只要见过波利尼西亚人难以置信地凭靠非常原始的船跨越那么遥远的距离——波利尼西亚人在这种船上以海中食物维生,在极端情况下,甚至航行同伴也[47]可能成为备用食物——就不会怀疑跨越太平洋的可能。进一步的证据来自下述历史事实:德川家康统治期间,在施行闭关政策前不久,日本船只曾于1610年和1613年到达墨西哥。

决定性的事实是,为了证明跨越太平洋的可能,一群勇敢之士效仿先人,以一艘重23吨的中国式平底帆船作了这样一次航行。沃德(George Ward)和科瓦库克(George Kavaltschuk)以及三名中国厦门人1922年6月22日从上海出发,经过艰苦而危险的航行,③于当

德尔寒流汇合,沿西伯利亚东部海岸流向西南,在勘察加半岛东部形成强大的寒流,经科曼多尔海峡进入太平洋,后经千岛群岛向南流动,把大量北冰洋冰冷的海水送到太平洋。最后,在北纬40°以北与黑潮汇合,形成向东流的北太平洋暖流。

① Thilenius, "Bedeutung der Meeresströmungen für die Besiedelung Melanesiens",见 *Jahrbuch der Hamburger Wissenschaftlichen Anstalt 5*, Beifeft, 1905。

② R. Simmersbach, "Alte Wandergege über den Stillen Ozean",见 *Asien*, 1918年10月,页7。

③ [译注]这艘帆船名叫"厦门号",长21米,宽5.8米,吃水深1.6米,吨位23吨。船主是乔治·沃德,出生于丹麦,后移居加拿大。沃德31岁时来到中国,

年9月10日抵达目的地——加拿大不列颠哥伦比亚省温哥华岛的维多利亚港。"厦门号"的航行首先向北经中国东海沿着朝鲜半岛海岸进入日本海,之后进入日本北海道南部的函馆港(Hakodate)。浓雾、风暴和逆向而吹的东风让航行变得极为艰难。在函馆港停泊两天后,"厦门号"重新起航,首先为了避开台风艰难地向南航行一段,之后又向北航行。8月6日,"厦门号"的船舵坏了,船员们匆匆做了一个临时船舵。8月9日,沃德一行在阿留申群岛北部的阿图岛(Attu)补充淡水。之后,他们不得不再次在海上修理船舵。有一次船在浓雾中航行时,一艘蒸汽船[48]就在他们船首前方一米处驶过。然而,"厦门号"最终作为一个不寻常的客人,驶入温哥华岛的维多利亚港。这已足以证明,纯粹东亚的、非近代欧洲式的船也能够横渡北太平洋,能够到达位于海岸山脉与大陆分水岭之间的太平洋美洲移民大通道。向南沿着美洲太平洋海岸的民族大迁移就发生于此。

1922年这艘中国式帆船的勇敢航行之所以值得特别关注,是因为这样的航行对太平洋地缘政治的过去和未来皆有重大意义。如果一艘中国式帆船依赖随季节变换的日本暖流,从日本中部海岸出发能完成这样的航行,那么,同类型的大型支架独木舟,比如无甲板的印度尼西亚式三角帆船,在1000年前也可以完成这样的航行。而未来的潜艇和航空母舰当然也能完成这样的航行,更不必提像风一样迅速的小型巡洋舰,太平洋的未来可能属于这类巡洋

娶中国人为妻。1922年5月17日,沃德一行从厦门起航,出发时船上共有7个人,船长乔治·沃德(49岁),妻子玉·沃德(36岁),儿子罗伯特·沃德(9岁),乔治·科瓦库克(36岁),陈泰(47岁),罗福(24岁),王富(20岁)。到达维多利亚港后,三名厦门人被加拿大当局驱逐出境。

舰。20世纪30年代出生的一代人可能会看到这一天，到时候，一艘小型巡洋舰只需9天，就可以沿着亚洲北部海岸从达达尼尔海峡（Dardanellen）到达勘察加半岛，如1935年苏联商船反方向从符拉迪沃斯托克航行到英国北部的港口一样。

  太平洋尽管比大西洋广阔得多，却从未像大西洋那样长期以来成为原始民族迁移的障碍。太平洋地区遍布早期文化的好些共同特征，例如动物日历，杆式铠甲（Stäbchenpanzer），数字2、3、4到8在文化中的作用，阳性和阴性太阳的崇拜以及由此而来的相对应的月亮概念。从文化形态学的角度看，上述特征有层次地分布于整个太平洋，可以从印度群岛追溯到各早期美洲文化。更可能的是，在旧石器时代与青铜器时代之间，太平洋构成第一次文化摆动（Pendelbewegung）的传播中介，未来有一天或许可以基于神话形态证明这一点，基于马来-波利尼西亚人的早期迁移史和英雄传说也可以证明这一点，后者仍有待学者发掘。因此，太平洋曾经是一个中央海盆，大西洋则从未扮演过这种角色。从地图学角度可以理解，在巨大的印度-太平洋区域，丰和-马达加斯加（Howa-madagassischer）文化与美洲太平洋文化之间传播了许多相关的影响。等到我们获得这方面更为精确的信息后，我们就可以正当地把我们在这些精微且复杂的问题上已知的东西，尤其是弗罗贝尼乌斯（L. Frobenius）的研究最近呈现出来的东西包括进去。① 今天我们必须承认，地球上各大生存空间之间存在原生特征方面的差异，即便我们还不能准确判断各个空间完整的特征和形成的原因。

---

  ① L. Frobenius, "Die Kulturformen Ozeaniens", *Peterman's Mitteilungen*, 1900, 页204、262, 地图T. 18; *Ozeanische Bautypen*, Berlin, 1899; 地图序列参 *Vom Kulturreich des Festlandes*, Münich, 1923。

但是,太平洋海盆中发生的地震和火山现象,[49]即看似坚固的地壳的运动,甚至在太平洋空间意识到自身特殊的历史地位之前,也属于这些影响太平洋生存空间的无意识存在的原生典型特征。太平洋地壳运动的空间广度和影响深度都超过大西洋地区的类似现象。在太平洋周边国家的旗帜、盾徽和盾牌上,常常见到有火山与太阳、星座在一起,可见火山也是一个理所当然的象征符号。

大西洋任何地区的火山活动,都没有对世界重要交通线的选择产生过决定性影响,不像在太平洋,修建运河时选择了巴拿马线而没有选择尼加拉瓜线。① 在太平洋,地震和火山活动引起的百年一遇的灾难和瞬间发生的灾难,都会导致海岸变迁,或引起地质板块边界和大洋中脊系统的变迁和地表变化,这些已决定性地影响了人类居住区的范围。在大西洋,火山存在于冰岛、爱琴海上的桑托林岛(Santorin)和意大利半岛南部。1902年爆发的马提尼克岛(Martinique)上的培雷火山(Mont Pelée),② 从火山学角度讲属于太平洋火山带;但是,大西洋的火山从未如太平洋的火山那样产生空间和时间上的影响,如夏威夷群岛火山、萨摩亚群岛火山、巽他群岛的坦博拉(Tambora)火山、喀拉喀托火山和克罗伊特火山(Keloet)、菲律宾群岛火山、日本群岛的磐梯火山(Bandaisan)和樱岛火山

---

① [译注]19世纪20年代就有人提出修建尼加拉瓜运河的设想,1884年美国与尼方签署政治意向书,但最终因境内的火山隐患而放弃。尼加拉瓜西部多火山,著名的摩摩通博火山(Momo tumbo volcano)就位于马那瓜湖西北岸,1902年、1905年、1952年、2015年都爆发过。不过,20世纪90年代以后,尼加拉瓜运河方案再次提上日程,2014年12月22日正式开工建设,由中国公司负责修建工程。

② [译注]马提尼克岛位于加勒比海向风群岛最北部,是法国的海外省。培雷火山位于该岛,1902年5月8日猛烈喷发,喷发物覆盖全岛六分之一,其南6公里的圣皮埃尔城被毁,全城3万居民全部丧生,仅3人幸存。

(Sakurashima),以及千岛群岛、阿拉斯加和中美洲的火山等。在大西洋和地中海地区,百年一遇的陆地扩展或收缩仅发生在少数地方,只有在北海海岸、瑞典和波佐利(Pozzuoli,意大利南部港口城市)才可以凭借最仔细的观察注意到。但这些小变化不具有实际的地缘政治意义或战略意义。相反,在太平洋地区,陆地的扩展或收缩嵌入这里的民族为权力、经济和文化而斗争的意识,他们不得不将自然对人类活动的持续阻碍考虑在内。

地震和火山活动会导致海岸和地表的灾难性突变,这类例子,只要回想一下巽他海峡的灾难或日本川崎和镰仓的海啸就足矣。镰仓的海啸导致日本首都和权力中心的迁移。此外,加罗林群岛和马绍尔群岛的台风、美浓—歧阜—尾张一线的地震灾难,皆引发了地表的改变。尤其明显的是,1933年的关东大地震导致相模湾(Sagami-Bucht)深度的变化和东京周围的陆地抬升;塔拉韦拉(Talavera)火山1886年的大规模喷发,导致新西兰著名的自然景观"粉红与白硅土台阶地"(Sinterterrassen)一夜之间消失。

在太平洋地区,就连河流的影响也会异常剧烈地引发居住空间的某些变化。只需记住中国长江入海口的数度变迁,这样的变迁导致中国人重视通过水利工程和经济建设与长江巨大的冲击流作艰苦斗争,并将其作为恒久的目标(Heidenstamm);又或者中国黄河河道的剧烈变迁——历史上黄河在人类居住区内多次改道,范围广达数百公里。过去三千年间,每当中国人治理河道无力时,黄河就仿佛报复性地大幅度改道。①[50]这一切在人类地理学意义上的重要

---

① Heidenstamm et al, *China Year Book*, "über die Arbeit am Unterlauf des Yangtze"; A. Hernmann, *Hwangho-Problem*, *Zeitschrift der Gesellschaft für Erdkunde*, 1916, 2。

性在于,帮助我们看到生物地理学如何适应这些影响人和动物迁徙以及植物变迁的自然现象:人、动物、植物永不停息地在各自扩展区域的边缘上彼此斗争。我们能够、我们必须从中学到什么呢?是学到完美的适应能力,还是杂乱不明的变动状态,还是完全屈服,面对海上和陆上巨大、暴虐、强有力的自然节奏毫不抵抗,又或者去认识太平洋的特殊环境?我们也许由于下述事实而难以得出正确的判断:自远古以来,上述现象在太平洋的某些地区已得到细致观察,其他地区则还没有此类观察。这种早期观察依据的原则和方法,完全不同于我们欧洲人素来习惯的原则和方法,因为我们尚未完全掌握古老的东方文明民族在漫长的历史中积累而来的观察技巧和发现。

而另一方面,用我们熟悉的方法进行的现代科学观察,又由于太过新颖而无法得出结论性的论断,[51]尽管现代科学观察在某种程度上利用了更优越的物质手段,例如对美洲的科学考察。

偶尔也有一些对火山活动的细致观察可追溯至罗马帝国晚期,但是,我们必须首先从这种观察中清理掉大量使人迷惑的迷信和神话。在一位日本僧侣的编年史作品中,可以找到对日本九州岛阿苏(Asosan)火山活动的记述(Friedländer)。另一方面,像霍尔登(Edward Holden,1846—1914)的《地震目录》(*Earthquake Catalog*)这样的作品(一份美国人的研究),① 就其系统性和完整性而言,在相对的亚洲海岸却找不到可以与之匹敌的类似作品,尽管日本有我们这个时代最杰出的地震学家之一大森房吉(Omori Fusakichi,

---

① Friedländer, "Über einige japanische Vulkane", 见 *Mitteilungen Deutsche Gesellachaft Für Natur-und Völkerkunde Ostasiens*, 卷十二, Tokyo 1909–1910。Holden S. Edward, *A Catalogue of Earthquakes on the Pacific Coasts*, Washington 1898。

1868—1923)。实际上,我查阅文献发现,没有哪部东亚人的作品能在综合性上与聚斯的《地球的面貌》(Antlitz der Erde)相比。① 聚斯在这部作品中宏阔地比较了大西洋和太平洋的海岸线,就连政治地理学家也难以超越。凯泽(Friedrich Heinrich Emanuel Kayser, 1845—1927)以一种与聚斯类似的方式,远距离考察太平洋海盆中两条最大的火山带,生活在邻近地区的人则较难有这种距离感。就西太平洋的情况而言,凯泽列举了绵延近16000公里的地带上的150多座活火山,几乎占地球上活火山总数的一半;太平洋东岸大约有100座,这一数字对我们欧洲人而言不是太低,而是太高。不管怎样,这些研究表明,火山活动必然在太平洋地区的历史生活中发挥何种作用,以及火山活动如何也必然共同决定着这样一片颤抖的大地上的权力关系,其程度不亚于气候和海洋导致的周期性大洪水。

至于太平洋空间的日本部分,夏伯纳(E. Scheibner)已经统计出火山活动在人类地理学方面的这种影响:② 在过去一千五百年间,日本共发生223次大灾害,平均每两年半爆发一次毁灭性的大地震,每天平均发生四次轻微的晃动。所在陆地如此频繁的地震活动,必定对人的总体生活情绪产生深远的影响。此外,这一特征一方面创造了对受到类似方式影响且具有相似结构的生存空间的理解,另一方面也让拥有类似遭遇的不同民族——这种遭遇将这些民

---

① E. Suess, *Antlitz der Erde*,第二章,页181-247;第三章 "Die Umrisse des Pazifischen Meeres";第四章,页256, "Vergleichung der atlantischen und pazifischen Umrisse"。E. Kayser, *Allgemeine Geologie*, Stuttgart 1922,页206。

② E. Scheibner-St. Gallen, in "Natur", gekürzt, *Deutsche Japan*, Post, 1914年5月。

族与不受地震影响的民族区分开来——产生某种友谊,从而必然也具有政治影响。

另一类自然地理条件也深刻持久地影响着经济生活和地缘政治生存,即太平洋世界的海岸带所蕴含的矿物资源。下述四大组矿物资源会产生地缘政治效应:1.煤炭和油田,这是重工业的基础;2.铁矿;3.稀有金属;4.有助于建立精炼化学工业的原材料,如钾、硝石、硫磺、瓷土等。

[52]显然,工业化的可能,以及超越自然最佳值的人口集中的可能,取决于这些矿产资源之间的位置关系,再加上大规模运输便利的水道。

在整个太平洋地区,迄今为止,一般而言难以直接从海岸到达煤矿,油田也没有得到充分开发,除了某些已经探明的储量,这些油田直至1936年仍掌握在殖民列强手中。石油和煤炭一般都远离铁矿,这三者又与稀有金属矿隔开。世界上最大的产铜国除了西班牙,就是美国、安第斯山诸共和国和日本,这些国家皆属于太平洋的影响范围。

从海岸就可以到达的煤矿难以统计。俄罗斯远东地区的煤炭储量据一般估计是7.5亿吨,不过这个数字可能远远低于实际,因为乌达和楚库(Uda und Chikoy)地区拥有显著的矿石迹象,但还未得到勘探,① 且由于这个地区太过遥远,短时间内也不会有人去勘探。日本可以供应的煤炭储量,估计最多是17.5亿吨,最少是12.38亿吨。人为和强制地发展重工业,意味着耗尽日本帝国的备用煤矿储量,同时日本缺乏铁矿,石油储量极少,唯独铜、硫以及化学品储量

---

① [译注]位于俄罗斯贝加尔湖附近,俄罗斯著名的伊尔库茨克煤田就位于此处。

丰富。

在朝鲜半岛，平壤煤田开始显现出超出当地的重要性；中国东北的煤炭储量可能非常丰富，眼下只有抚顺煤矿、烟台煤矿、[①] 本溪湖煤矿在生产，1921年的出口量是400万吨，这些煤矿都靠近铁矿。德拉克和约努耶（Drake und Inouye）估计中国的煤炭储量是450亿吨，而澳大利亚跟日本一样只有40亿吨。[②] 中国的煤矿位于吉林、辽宁、山西和江西四省，前三省位于中国北方，后者位于南方。这些地方皆远离海岸，但走内陆水道可以抵达。上述煤矿皆与铁矿隔开，不过铁矿散布于整个中国，就像锡矿散布于中国南方。这些铁矿和锡矿也往往靠近水道。

在太平洋东岸，稀有金属和铜储量丰富，铁和煤炭则相对稀少，从大洋无法到达这些矿藏。这一特征在美洲的太平洋海岸，沿着西部岛屿链、东太平洋海岸（紧贴环太平洋山脉）创造出相似的经济条件。英国外交部的档案清晰描述了美国西部和阿拉斯加地区开采矿藏的状况。[③] 今已探明犹他州、阿拉斯加和华盛顿州的煤炭储量都极为丰富。不过，煤炭的开采仍处于初级阶段。尽管在亚利桑那州、内华达州、犹他州、爱达荷州以及阿拉斯加，铜矿石和铅矿石的储量都非常大，但似乎没有建立一个冶金工业的需求。光犹他州的煤炭储量估计就有110亿吨，1919年生产460万吨，[53]占比不到美国煤炭总产量的1%。

---

① ［译注］烟台煤矿位于今辽宁省辽阳市下属的灯塔市。1851年至1874年，清政府开发烟台煤田。1896年，沙俄攫取烟台煤矿开采权。日俄战争后，日本攫取中国东北地区。1906年6月29日，中日勘测烟台煤矿区域。1909年，中日签署《抚顺、烟台煤矿细则》。

② Drake and Jnouye in the *Coal Resources of the World*.

③ Bl. Nr. 197 IV: *Deutschland und die Weltwirtschaftliche Lage*.

在加利福尼亚州,矿藏开采的总值1920年占农业产值的一半,1921年则为三分之一。1920年,矿藏开采量比石油产量多四分之一;1921年,石油产量翻倍,实现反超。在节骨眼上,美国西岸四个矿石州就在全球市场上贡献出世界铜产量的30%,以及全球铅产量的六分之一,并且这是在有限生产的情况下。世界大战期间因生产武器装备而对金属的大量需求,在战争结束后中止。加利福尼亚、阿拉斯加、亚利桑那、爱达荷、内华达、犹他诸州中,只有加利福尼亚州没有采取单一产品政策,将整个经济确定为单一取向,只为世界市场提供一种主要产品。因此,加利福尼亚州也是世界大战后的经济危机中唯一没有整体崩溃的州,而亚利桑那州则相反。

集中于开采稀有金属并采取单一产品政策,基本上意味着受制于外国势力。这种状况就发生在西班牙殖民的美洲。来自大西洋地区的西班牙殖民者在征服美洲后采取的经济政策,导致经济地理的严重失衡。安第斯山中部和太平洋南美海岸的国家独立后,这种状况仍在持续。此外,能够确保民族自决和经济实力的铁矿和煤矿,在一段有限的时期内还成了国家纷争的背景,尽管储量已经探明,且有一些矿区已运行投产,例如秘鲁内陆的特鲁希略(Truxillo)、利马东部,智利北部的安托法加斯塔(Antofagasta)、南部的彭塔阿雷纳斯(Punta Arenas)。1879—1883年间智利、玻利维亚和秘鲁之间进行的南太平洋战争(Salpeterkrieg)充分证明,[①] 在智利北部海

---

① [译注]南太平洋战争,亦称硝石战争、鸟粪战争。阿塔卡马(Atacama)沙漠位于玻利维亚、智利和秘鲁交界处。三国独立后,玻利维亚占有沙漠中部,秘鲁占有北部,智利取得南部。三国均宣布对阿塔卡马沙漠拥有主权。由于在阿塔卡马沙漠中部和北部发现丰富的鸟粪石和硝石矿藏,三国的争执更加激烈。鸟粪石是一种优质的有机肥料,硝石则是制造火药的重要原料。智利于1879年4月5日向秘鲁和玻利维亚宣战。战争的结果是玻利维亚和秘鲁战败。

岸和秘鲁南部海岸发现的硝石矿藏具有何种地缘政治意义。这次战争最终使硝石产业的利润几乎成了智利的全部财源。此外,智利与秘鲁之间的塔克纳—阿里卡(Tacna-Arica)争端一直持续到1929年。① 玻利维亚则仍然缺乏一个太平洋出海口,尽管与智利共享阿里卡港口,并建有到阿里卡的铁路。

大规模的工业化及其制造的钢铁产品的快速扩大,肯定不会顺着大自然给定的、沿着太平洋边缘陆地或群岛的原初发展路线前进。工业化也并非建基于这些土地上由自然恩赐的丰富矿藏,且对原住民来说完全陌生。安第斯山的印第安人更为熟悉的是与土地密切联合带来的大地的力量,内部有限的商品交换,以及盈余物品的小心交换。

同样在安第斯山地区,较早的石器时代文化已经发展到能制作精巧的软金属制品——金器、铜器和青铜器,随后是西班牙征服者带来的铁器。

[54]古日本文化也能够制作铜器和青铜器,但直到19世纪中期都一直偏爱铜器和青铜器而非铁器,武器制造是唯一的例外。日本工艺品的精美和魅力,很大程度上要归因于炭火和少量铁砂。日

玻利维亚丧失安第斯山脉与太平洋沿岸之间的全部领土,成了没有出海口的内陆国家;秘鲁割让塔拉帕卡地区给智利,并将塔克纳地区和阿里卡地区交给智利管辖10年。值得一提的是,原属太平天国侍王李世贤(1834—1865)、后流亡南美的太平军余部,作为智利一方的盟友(1862年流亡南美时有10000人左右,1879年参战时约有6000人)参与了这次战争。太平军余部作战英勇,是智利取得战争胜利的重要原因。这批太平军的后人现居于智利北部的伊基克地区。

① [译注]南太平洋战争后,秘鲁将塔克纳地区与阿里卡地区交与智利管辖10年。到期后,智利拒不归还。1929年,在美国总统胡佛(Herbert Clark Hoover,1874—1864)的调解下,秘鲁与智利达成《塔克纳-阿里卡协议》,协议规定秘鲁收回塔克纳地区,智利占有阿里卡地区。

本武士刀的刀柄就源自此种工艺，其坚韧度和完美度可能是小型金属工艺的顶级产品，与古希腊青铜器和哥特式装饰铁器并列；这是对原材料的完美烧炼，依照预定的文化形式来锻造金属材料。

详尽考察植物地理学和动物地理学的原生特征的地缘政治影响范围，会超出本研究的范围，因此这里只蜻蜓点水般地呈现这些特征。被迫向西方开放前的中国和日本在植物生物地理上（pflanzenbiogeographische）的自足就属于这一范围。人与植物的共生，大型牲畜饲养的近乎完全消失，以及伴随新民族迁入及原住民离开的迁移植物的重要性，皆证实了这种现象。例如，与马来人共生共存的竹子，今天已经成为日本列岛的典型植物。竹子对日本人而言原本是外来植物。与之类似的还有水稻和茶树。这三种植物在当今日本的农业经济中恰恰成了主要培育作物。本为外来植物的竹子，现在成了日本人的必需品，以至于无法想象要是没有竹子，日本的文化和经济会是什么样。

指出这一重要现象的首推施佩里（H. Spörry）的著作。[1] 施佩里通过他的著作以及独一无二的竹子收藏，证明这种植物的多重功能及其优雅形式对贸易和工艺的交互影响。竹子可以用于制作竹筏、船只、捕鱼装置；竹子也是建房材料，可以用于盖屋顶、围栅栏、铺设水管、制成各种各样的容器。竹子还可以制作武器，如长矛、箭和旗杆。竹子也可以编成各种篮子、餐具、衣服、床。当然，竹子还是食物和燃料。这种有用的草种下去后，只需三年便能长成，用途丰富。

其他栽培植物尽管都有自身的价值，但在用途广泛方面无法跟竹子相比，不过竹子对土壤和湿度的要求很高。蜡树产生植物蜡，漆树的树皮会渗出漆液。这些树以及其他各种实用和装饰树

---

[1] H. Spörry, *Verwendung des Bambusin Japan*, Zürich 1903。

种,包括日本神道教的圣树和佛教的菩提树,对丝绸文化必不可少的桑树,朝鲜橡树,与多种其他植物共同构成生产性植物种群(Wirtschaftspflanzengemeinschaft)。日本这个岛屿王国的植物经济自足(pflanzenwirtschaftliche Autarkie)就依赖于此,这种自足在地缘政治上也相当安全,就像在其他地方,这类生存条件与椰子树、面包树和芋头连在一起。

[55]植物是人类的伴侣,植物迁移并形成自足群体的趋势非常缓慢,只有追溯历史才能确定。与之形成对比,我们今天仍然可以观察到太平洋海洋动物的习性,这些动物的迁徙距离异常遥远,常常造成地缘政治摩擦。1936年,日本与俄罗斯再起渔业争端,涉及勘察加半岛沿海水域的划界,包括海豹问题、深海捕鱼、繁殖地的保护条约,以及贝类生物和产珍珠类生物的浅滩。1922年,加利福尼亚科学院的博物馆馆长艾弗曼(B. W. Everman)在举办于火奴鲁鲁的泛太平洋会议上列出44种大型海洋哺乳动物,这些动物生存的生物地理条件很大程度上还不为人知,如果不想让它们灭绝,就需要找出它们的栖息地。

1741年,白令(Vitus Jonassen Bering,1681—1741)在后来以他命名的岛上发现海牛。[①] 新发现的北极地区新发现的大量皮毛动物,招致渔民的大肆捕杀,速度之快令人难以置信,到1754年,海牛几近灭绝。最后一头海牛据说在1768年遭到捕杀。海牛能为人类提供一种有价值的营养,因而沦为掠夺者贪婪捕猎的目标。有人可能会问,海豹的迁徙范围从白令海延伸到下加利福尼亚和墨西哥的

---

① [译注]白令,丹麦探险家,1701年至1741年间服务于俄罗斯海军。白令岛位于勘察加半岛以东,是科曼多群岛中最大的岛屿。1741年,白令死于该岛。

沿海岛屿,这是否可能影响到人类从亚洲到美洲海岸的殖民？还有海獭,1803年至1806年间,渔民在这个区域捕杀了9726头海獭,最后一头消失于1914年。

读者若去读弗里德尔(J. Friedel)的《诸大洋经济形式知识丛稿》(*Beiträgen zur Kenntnis der Wirtschaftsformen der Ozeanier*),就可以找到对太平洋典型特征的精妙观察。[①] 尤其第二章"渔业",作为一项起始研究非常有价值,能让我们看到,在太平洋生存空间的无意识典型特征向有意识存在转变的当儿,仍有多么巨大的工作领域有待开启,有待在地缘政治学上得到承认,正如弗罗贝尼乌斯在他论太平洋早期文化的研究中所述。

---

① J. Friedel, *Beiträge zur Kenntnis der Wirtschaftsformen der Ozeanier*,见 *Petermann's Mitteilungen*,1903:第一章,"Der Landbau der Ozeanier",页123;第二章,"Fischfang"。另参P. Hambruch, *Meer in Seiner Bedeutung für die Völkerverbreitung*,见 *Arichiv für Anthropologie Braunschweig*,1908; Gerland, *Das seismische Verhalten des Atl. U. Paz. Ozeans*,见 *Beiträge zur Geophysik*, Bd. IX,1908; W. H. Hobbes, *Earthquakes*, New York: Appleton,1907; Omori, *Erdbeben-Bulletins Tokio seit 1907*; K. Sapper, *Die geographische Bedeutung der Mittelamerikanischen Vulkane*,见 *Zeitschrift der Gesellschaft für Erdkunde*,1902,页512; A. Bordeaux, *Sibérie et Californie*, Paris,1903。对南太平洋的艺术呈现,参R. L. Stevenson, Walter von Rummel, *Sonnenländer*, Leipzig-Brockhaus,1922; Frederick. O. Brien, *Atolls of the Sun*, London,1923; Richthofen的 *Japan Diary*;以及Laurids Brunn, Van Zanten等人的作品。

第四章　太平洋空间图景意识的历史嬗变

［56］到目前为止,我们已经尝试把握太平洋及环太平洋陆地纯粹自然的空间图景和原生特征。接下来,我们将致力于从地缘政治学角度概述太平洋空间图景的历史谱系(geschichtliche Entstehung)。因此,我们要继续前进一步。这一步将教我们明白,对太平洋原生典型特征(就世界其他地区而言)的意识如何从生存本能(triebhafte Leben)中觉醒;亦即,这一新开放的地球空间,至少就这个世界的剩余部分而言,一开始绝不总是处在来自外面的慈爱的教导之下,但它逐渐理解了自身的这些特征,然后开始运用自身对世界的影响并最终让太平洋胜出。在此,我们或许有正当理由,来严格区分某个老帝国新发现的空间或地区的作用,与该空间或地区在地球空间概念中的位置。我们应该试着理解新发现的空间在世界意识(Weltbewußtsein)中发挥何种作用,在其自身的地球空间意识(Erdraumsbewußtsein)中又扮演何种角色。就上述两种情形而言,我们德国人中间只有极少数人认识到太平洋的这种新角色对政治思想施加的影响,大多数人则对此一无所知,然而正是这大多数人决定了1919年至1933年间我们在魏玛民国时期的政治命运。

人若熟谙太平洋显现出的重要性,就会觉得对太平洋的此种无知很有意思。但是,作为一个太平洋人,如果他弄清这种世界图景的变化如何在同时代人——尽管科学研究卓有成效,他们却无视这种变化——的意识中产生,他在政治上的优势必定会大得多。非常奇怪的是,这种变化首先来自外部。大致正确的太平洋世界图景一开始出自太平洋之外的地球空间,后来才在太平洋国家那里变得清晰起来。要形象地想象空间图景的变化并对之作出丰富的呈现,莫过于阅读泰莱基伯爵(Count Paul Teleki)的《地图集》(Atlas),①[57]这部著作论述日本的地图发展史。这种方法比较在西班牙、葡萄牙、荷兰和英国的档案中发现的海航图,并研究其航海指南。换言之,这是一种视野上的进步,该进步始于第一批边缘接触(Randberührungen)。

将每一幅地图与整个地缘政治图景联系起来,就能看到这样一部预备性的历史著作具有何等价值。纳霍德(O. Nachod)的《地图批判研究》(Kartenkritik)显然做了这一工作。② 这部著作在我看来是最完美之作,能够成为一系列地缘政治研究的基础材料,但正是出于这个原因,这类著作太少。我有一本书讨论德国在日本地理开放过程中扮演的角色,谁要是尝试过我在那本书中的方法,③ 就会懂得这样的研究有多困难,更不用说将研究政治性地应用于太平洋的某个区域了,因为这样的指路牌少得可怜。由泰莱基或纳霍德确立的指路牌,或由伍德(G. Wood)的澳大利亚研究确立的那种指路牌,实在少之又少。④ 伍德的著作阐明了库克船长如何在1775年终结太平洋上存在一块大陆的传说,这块大陆到那时一直幽灵

---

① Count Paul Teleki, *Atlas zur Geschichte der Kartographie der japanischen Inseln*, Budapest 1909。

② O. Nachod, Vortrag a. d *Geographenkongress in Rom*。

③ K. Haushofer, *Der deutsche Anteil an der geogr. Erschliessung Japans*, Munich 1914。

④ G. Arnold Wood, *The Discovery of Australia*, London: Macmillan 1922。

般出没于所有全球航海图。从库克船长开始,对太平洋宏大形式(Großform)的大致正确的观念才出现在对世界的意识中;至于对微型形式(Kleinformen)的观念,今天仍然缺乏。

对于澄清这一点极有价值的贡献是巴塞洛缪(I. G. Bartholomew)的地图学著作,① 以及卡瑞尔(Ludwig Carriere)对我们关于地球的知识的极为有益的研究,② 这二人的著作讨论墨卡托(Gerardus Mercator,1512—1594)的世界地图以及实地考察,③ 后者利用了彩色、精心设计的想象地图,可用于近东美索不达米亚和远东的战争实践。

对人民进行地理学教育需要严肃认真的持久努力。我们不能让人民处于对世界无知的黑暗之中。我们必须一再向人类表明,拥有关于地球的略为充分的知识是多么新鲜、多么罕见。德国人民忽视这种知识,而且他们选举和任命的代表也浑然不知德国在太平洋所占份额之小,这常常令我感到恐惧。

在何种程度上,德国人对太平洋的忽视是长期以来低估太平洋

---

① *Geographische Gesellschaft*, Berlin 1891;这部著作重画了墨卡托的世界地图,麦金德在《历史的地理枢纽》(London 1904)中再次重画了墨卡托的地图。

② Ludwig Carriere,*Unsere Kenntnis der Erde*,见*Petermann's Mitteilungen*(1911),页 347, T. 46;关于麦哲伦的航行,见 Edw. Heawood, "The World Map before and after Magellan's Voyage",见 *Geographical Journal*, Vol. LVII,1921年6月6日,页431以下。

③ ［译注］墨卡托,荷兰地图制图学家。1537年绘制第一幅地图(巴勒斯坦),后采用哥伦布发现的磁子午线为标准经线,为实测地图的开端。1540年制成依比例的实测地图,并制成地图仪。1568年制成著名航海地图"世界平面图"。该图采用墨卡托设计的等角投影,可使航海者用直线导航,并第一次将世界完整地展现在地图上。晚年所著《地图与记述》是地图集巨著。墨卡托是地图发展史上划时代的人物,开辟了近代地图学发展的广阔道路。

规模的后果,这一点很难说。当然,之所以低估太平洋的规模,是因为比起那些位于大洋边缘的民族,中欧人原是不怎么习惯航海的民族。但是显然,在中欧人的精神生活中,早该淘汰的空间观念拥有非常持久的生命力,其持久程度超过拥有有效空间概念的地缘政治学家的想象。因此这位地缘政治学家必须考虑到这一点,他必须不断重复正确的、令人印象深刻的、不太密集的地图,重复要么彩色要么黑白色的吸引人的地图,借此与早该淘汰的空间图景作斗争。简言之,需要一幅富有启发的地图!

与太平洋的地缘政治开端密切相关的、不可思议的空间谬误,对今天的我们仍具有至关重要的影响。[58]这些谬误影响的不仅是庸人,还有那些伟大的探险家本人,如马可·波罗和哥伦布,甚至影响到教廷那些审慎的外交家,后者曾帮助教宗亚历山大六世(Alexander VI,1431—1503)画出著名的划分西班牙和葡萄牙殖民地的分界线,① 这些人可是那个时代最富教养的人。两项空间谬误的综合效应如下:对太平洋空间范围的低估和马可·波罗对"黄金日本国"(Goldland Zipangu)完全错误的描述,对西班牙资助哥伦布的探险航行起了决定性的促进作用,因为西班牙是最缺乏黄金的国家之一,又由于"黄金日本国"传说提到某位日本幕府将军拥有一座金阁,从而使日本看起来是个诱人的目标。

以缩略的方式和一种给探索的历史步骤分期的方式,再一次将

---

① [译注]1494年6月7日,由教宗亚历山大六世仲裁,西班牙和葡萄牙签订《托尔德西里亚斯条约》(Treaty of Tordesillas)。条约规定两国共同垄断欧洲之外的世界,将佛得角群岛以西370海里、大约位于西经20度的经线作为两国势力分界线:分界线以西新发现的区域归西班牙,以东新发现的区域归葡萄牙,这条分割线也被称为教宗子午线。参施米特,《大地的法》,刘毅、张陈果译,上海:上海人民出版社,2017,页57—60。

这种类型的自我认识作为一个空间问题置于读者面前，可能是正当的。

托勒密（Claudius Ptolemaeus, 90—168）制作于公元2世纪的地球图没有绘出太平洋，太平洋在他的地图中完全缺席。托勒密的"大海湾"（Magnus Sinus）实际上画的是暹罗湾（Golf von Siam），充其量是对"澳洲-亚洲地中海"（australasiatischen Mittelmeers）之一部分的预言。这个巨大的空间、所有"地中海"中最大最重要的海域，仍是西方世界的意识之外的朦胧区域。基督教世界通过与中国和阿拉伯世界交往才缓慢获知这个模糊观念，直到阿拉伯商人苏莱曼（Suleiman）在公元9世纪驶往太平洋的某个区域，以及马可·波罗于1275年至1281年间在太平洋西岸旅行并首次将这个海域描述为秦海（Meer Cin），并描述了季风现象，西方人才最终确切知晓这个区域。从这时开始，靠预言描述未知区域的时代（Ahnungszeitalter），即太平洋的神话时代，才告结束。

从此，太平洋空间问题的地缘政治视野初露曙光。更亮的光束也开始从对岸投来，并在巴尔布亚（Vasco Nunez de Balboa）于1513年9月29日来到圣米迦勒湾（St. Michael）之时穿透黑暗。这一天，巴尔布亚举着西班牙的旗帜踏入太平洋的波浪，显然他已清醒意识到他的发现的重要性。巴尔布亚可能是第一位看到南海（Mar del Sur）的人，直到1520年11月27日，麦哲伦的船队才从大西洋西岸颤颤巍巍地进入太平洋（Mar Pacifico）。① 发现太平洋让伊比利亚人

---

① ［译注］1519年8月10日，麦哲伦率领探险船队从西班牙出发。1520年8月底，船队从圣胡利安港出发，沿着大西洋海岸南航，准备寻找通往巴尔布亚发现的"南海"的海路。经过三天航行，船队在南纬52度的地方发现一个海湾。当夜船队遇到一场风暴，两天后他们发现一条狭窄的海峡，即后人所称的"麦哲伦海峡"。经过20多天艰苦的航行，麦哲伦终于进入一片风平浪静的"南

对海洋的垄断迅速达到顶峰。1511年,葡萄牙人打开通往马六甲的海路。1526年,黄金国度秘鲁屈服于一小群西班牙人。教宗亚历山大六世和克莱蒙特七世(Papst Clemens VII,1478—1534)分别于1494年和1529年将太平洋世界在西班牙与葡萄牙之间作了划分。

几乎同时,莱加斯皮(Miguel Lopez de Legaspi,1502—1572)从秘鲁出发,大胆地发起攻占对岸的菲律宾群岛的行动,并于1572年在马尼拉建立权力中心,以此为西班牙在太平洋的地位加冕。之后,德雷克爵士(Sir Francis Drake,1540—1596)在1577年动摇了伊比利亚人的垄断地位,暂时从西班牙人手中夺取地缘政治要地,① 因为这一举动,他在那个时代被富格尔家族的报纸(Fuggerzeitungen)② 描述为海盗。这些对太平洋的入侵开启了长达两百年的在边缘接触和突破方面的探险(Abenteueralterder Randberührungen und Durchstöße),[59]从大西洋来的所有越洋民族开始彼此争斗,都想建立太平洋的海上霸权。在西方民族缓慢地侵入太平洋的过程中,掠夺性文化和机运起了很大作用。这是一场近

海"。此后历经100多天的航行,船队一直没有遇到狂风大浪,他们就将这个大洋命名为"太平洋"。

① [译注]德雷克率舰队于1577年从英国出发,乘着旗舰"金鹿号"一路打劫西班牙商船。在西班牙军舰的追击下,德雷克的舰队沿着南美洲海岸一路南逃,由于西班牙的封锁,他无法通过狭窄的麦哲伦海峡,在一次猛烈的风暴中,"金鹿号"同舰队失散,被风向南吹了5度之多,由此发现一片西班牙人未曾到过的地方,即后来以他名字命名的南美大陆与南极洲之间的德雷克海峡。德雷克发现德雷克海峡,为英国开辟出一条从大西洋进入太平洋的新航路。

② [译注]富格尔家族是16世纪德意志最有势力的商人世家。该家族因为金融工作的需要,在全欧洲各个重要的地区和城市均设有专业的信息管理人员,搜集、整理、传播各种有用的信息,达成经商的目的。除了自用,富格尔家族还雇人将得到的消息抄写编成《富格尔新闻》对外出售。

乎本能地想要霸占整个太平洋空间的地缘政治行动,只有少数几个民族笑到最后。可以被认为在有意识地获取海洋空间的民族寥寥无几。下述两次具有地缘政治意义的重要的有意识的行动,成了后来时代更为有意识的行动的先驱。

那个时代最重要的出于本能的行动是,日本经过1549年至1600年这段自愿开放的时期后,在德川家康统治期间出于自卫的目的而施行闭关锁国政策。这一行动的对错众说纷纭,一个澳大利亚人称之为"德川的错误";但这一行动或许使日本得以避免印度的命运。顺便一提,日本直到德川的第二位继承者时才在1636年至1638年间严格执行闭关政策。第一次从本能的向有意识的地缘政治海洋空间概念的转变,出现在1768年至1779年的库克船长时代。不过,本能的海洋空间概念与有意识的海洋空间概念此时互相补充;典型的事件是库克暴死于夏威夷,以及有"南太平洋的拿破仑"之称的卡米哈米哈一世(Kamehameha I,1736—1819)创建了一个内生的南太平洋帝国,这都是太平洋原住民族反抗西方人入侵的结果。

库克之后是一段过渡期。最终,美国人、俄罗斯人和法国人带着更为强大的海军舰队于1841年左右侵入太平洋,并引发了有意识的地缘政治行动和从外部对太平洋的瓜分。这一时期看起来于1898年终止,标志是美、德、英解决了三国共管属地萨摩亚群岛的政治紧张,并首次瓜分这一群岛。此后从1901年至1919年是又一段过渡期。1921年至1922年是个转折,开启了新的时代,即进入了太平洋自治(Selbstorganisation)的时代。太平洋似乎已找到自身的法则,根据这些法则的效力,彻底驱逐尚未逐出的所有外来国家应该只是时间问题。

未来的人评价世界历史时,可能会把纯粹大西洋时代的终结放在19世纪与20世纪之交,将白种人强国掠夺性远征中国遭到失败视作过渡时期的开端,并将欧洲的衰落视作过渡时期的终结。未来的史学家会判定,英国和美国这两个帝国转向太平洋寻找自己的生存条件,乃是正确的本能和前瞻性调整[国家战略]的标志,其他强国则欠缺这些。

[60]从大西洋时代到太平洋时代的过渡时期的典型历史特征是,美国从一个完全大西洋性质的霸权,转变为一个全然太平洋性质的、美洲–地中海导向的霸权。没有什么比完成太平洋的重组且对美国舆论产生影响的一系列会议更令人确信这一点。1919年的《凡尔赛和约》对试图解决的一切事情都未能提出一个广为接受的方案,美国、中国和日本都拒绝接受。而1922年的华盛顿会议,以及此后在火奴鲁鲁、上海、巴达维亚(Batavia,即现在的印尼首都雅加达)、班夫(Banff,加拿大西南部城市)、约塞米蒂(Yosemite,位于美国加州)召开的泛太平洋会议,则就太平洋产生了一系列富有成果的区域协议。姑且不管太平洋两岸的国家为此付出了什么代价,这些协议已经被接受,也会继续得到尊重。产生同样效果的还有1923年在智利圣地亚哥、阿根廷布宜诺斯艾利斯召开的泛美洲会议,以及学者们在旧金山和悉尼召开的泛太平洋会议。与之相反,美国和日本都参加的凡尔赛和会提出的重组大西洋的议案似乎值得怀疑,因为重组大西洋对这两个太平洋霸权来说并非最紧迫的问题。

然而,美国直到1800年仍完全拒斥太平洋,日本则在19世纪中叶前一直禁止国人到公海航行。第一次伟大的欧洲变革打开了美国通向太平洋的道路。然后,一个世纪后,第二次欧洲变革打开了美国掌控太平洋的道路。佩里的东印度之行发生于1853年;但美国早在1841年就发表夏威夷声明(Hawai-Erklärung),这是门罗主义的太平洋翻版。欧洲人没有及早认识到美国这些基于宏大的地缘政治视野的行动,因为美国起初力量相当小。但是美国拥有追求这些目标的坚定意志,正是这种意志让一个民族实现自己追求的目标。

驱使美国的典型动力是对目标稳步坚定的追求。尽管实现目标的过程曲折,但最终能取得成功。1890年,马汉(Alfred Thayer Mahan,1840—1914)奏起美国霸权政治的序曲,同时,亚当斯(Henry Brooks Adams,1838—1918)敲响美国经济政治的前奏。1893年出现停顿,克利夫兰总统(Stephen Grover Cleveland,1837—1908)没有胆量一举吞并夏威夷;此后在1894年至1898年间,美国采取意义深远的迅疾行动,占领了夏威夷和菲律宾,在粉碎一个大西洋霸权即西班牙的同时,击退了另一个太平洋霸权即日本。另一方面,与德国舰队出现在马尼拉有关,美国的仇德倾向剧增——这件事本应得到更大的注意。美国的这一系列步骤令欧洲震惊了吗? 至少本应如此。

[61]欧洲人是否还记得,墨卡托1569年绘制的《地球航海新图》(*Nova et Aucta Orbis*)将北美洲和南美洲画得过宽,而将太平洋的空间图景画得过小?① 墨卡托以大西洋为中心的描述既然阻碍了欧洲人对世界的正确想象,那么它是否也同样阻碍了16、17及18世纪对南方大陆(Terra Australis)的想象? 就连塔斯曼(Abel Tasman,1602?—1659)也相信他发现的新西兰就是未知的南方大陆。直到1775年,才由库克船长正确发现这一南方大陆,据此,麦金德爵士于1904年大胆重画世界地图,该地图超越了墨卡托对世界的想象。麦

---

① *Geographische Gesellschaft*, Berlin 1891。[译注]墨卡托的这幅世界地图的全名是《适合航海运用的对地球的新的、完整的描述》(*Nova et Aucta Orbis Terrae Descriptio ad Usum Navigantium Emendate Accommodata*)。

金德的世界地图将美洲置于地图的东西两边,从而让亚欧大陆和太平洋空间都可以看成一个整体。麦金德对世界的描述今天已经成为主流。只有德国人例外,他们直到最近才开始运用这一描述。

但是,对最新的政治地理和经济地理描述的需求,以及国内制图学在何种程度上能够满足这一需求,当然是一种标准,可以据此来衡量绘制地图的国家对某块地球空间的理解。此外,国内制图家描绘国外地球空间时的精确程度也提供了一个线索,可以衡量一个国家在地缘政治和文化地理方面的精细感和空间感。

如果我们接受卡瑞尔著作中实用的基本评价,[①] 以此作为起点,来研究世界大战之前对太平洋沿岸进行精确描绘的状况,那么,太平洋地区绘图水平领先的国家就是日本。1807年至1827年间秘密绘制的日本海岸图,也使日本首先拥有了相当令人满意的日本列岛海岸图。美国的绘图水平得排在日本后面,且精确度低得多。日本绘图技术的领先表现在:非常详细的、单一项目的勘察地图的比例尺是1:20000,详细的、用于农业目的的土壤类型图的比例尺是1:100000,简明地图的比例尺是1:200000,地质地图的比例尺是1:400000,世界地图的比例尺是1:1000000。在这些方面,目前没有哪个太平洋国家能够与日本匹敌,尽管别国的地图上也已经绘出美国的个别部分特别是太平洋沿岸地区,以及英国航海图的部分内容,再加上印度尼西亚的广大区域。

因此,我们可以说,唯独日本展示出身处太平洋的处境意识(Lagebewußtsein)。此外,日本也产生了真正的太平洋空间图景。在荷属东印度群岛和澳大利亚地区,超大的空间超出了西方国家的

[①] Ludwig Carriere, *Unsere Kenntnis der Erde*,见*Petermann's Mitteilungen*(1911),页347,T. 46。

殖民力量和绘图力量,尽管飞机、光学记录设备以及跨地区救援的能力创造出了新的可能。但是,对于理解太平洋地缘政治的教益而言,今天中欧的制图学还缺乏将太平洋视作地球中心的想象。[62]如果说这种想象实际上已经呈现在我们的地图中,那一般也只见于对太平洋自然空间的描绘;而且,这种描绘完全放弃了发挥政治影响的诉求,直到最近还是这样。由此极易产生一种倾向于保持永久不变的印象:一边是东亚,另一边是美洲的太平洋海岸,这种分离局面可能会万古不变。事情已经"终结"。不过这与现实并不相符。此外仅有些孤立的尝试,例如朗汉斯(Paul Langhans)在《彼得曼通讯》(Petermanns Mitteilungen, 1915)中徒劳地与一种想象作斗争,该想象顽固地植根于感觉和幻想中,而且美国人和远东人从来不知道这种想象,亦不会像中欧人可能乐见的那样,承认这种想象是一种习传的谎言(Fable convenue)。

我们并不想复活旧式政治地理地图这种过时的、五颜六色的地表图——没有什么比这更远离我们的目标!至少,必须依照地缘政治力量、居住区的密度和人口密度,用强烈的色彩对比制作新的地图,叫人一眼就能看清,在哪些地方,意志已经通过定居、交通和文化的强度战胜了空间,哪些地方还没有。但是,人类地理学的各种地图,即种族构成图、文化地图、权力分配图、海上交通图,也必须把一个个海洋呈现为其周围生命体[译按:指诸民族和国家]的生活中心。这些不单是一个个自然的海洋,也指示着其中的某种生命结构。

第五章　原生民族的基本信仰

[63]一位聪慧的人种学家曾经告诉我,他从未用过"原始人"(Primitiv)和"异教徒"(Heiden)这两个词。吉普林(Rudyard Kipling,1865—1936)谈到,一种环环相扣的理解上的误区,导致我们把这个世界上十分之九的人一股脑儿归到"异教徒"这个标签下,他还谈到"西欧世界和教会观念的傲慢"。①

不过,这里难免使用"原始人"和"异教徒"这两个遭到禁止的词,也难免不仅说到原始种族,甚至还要说到原住的异教徒(因为毕竟异教徒之间也有区别——吉普林谴责得对,我们绝不能将儒生或佛教徒与拜物教的崇拜者一锅煮)。这些原始种族乃是所有太平洋政治体底下的支撑性根基,例如南太平洋的尼格利陀人种(negritos)、北太平洋的古亚洲人种(Paläoasiaten)。这些原始种族在日本是阿伊奴混合人种,在中国南部是客家人,有时他们作为一股力量,一再让人想到他们在墨西哥、秘鲁、玻利维亚、厄瓜多尔、巴布亚、斐济等地的存在,就像菲律宾的摩洛人(Moros)那样。但是,外部征服者不管在哪里愚蠢地灭绝这些原始人种,该征服者都将在那里持续面临缺乏劳动力的麻烦,最终发现不得不靠自己来弥补劳动力的缺口。在夏威夷与南太平洋诸群岛的交道(Wechselspiel)中、

---

① R. Kipling, *Kim*, London: Macmillan 1902,页124。

在所罗门群岛上、在澳大利亚和塔斯马尼亚岛上,情况都是如此。因此,能在多大程度上完美、持续地把支撑性根基整合入国家生命体的种族结构,就显现为一个至关重要的地理问题。但是,对之作正确的批判性考察,属于极富建设性的治国术难以对付的领域,印度和东亚同质的众多形式与中欧的分裂形成对照,便是证明。

　　早在有意识的太平洋空间图景首次在西方出现之前,原始种族——岛屿和海岸边缘地带的种族结构的支撑性根基——就已遭到移民的压制和侵占,从而不得不退入内陆。只在少数地方,如斐济、菲律宾、苏门答腊、[64]加里曼丹和苏拉威西等岛,才发生了原始种族与新的外来者的直接接触。所有的观察者都提到,这些遭迫害和被驱逐的民族具有死板、野蛮和不信任外来者的典型特征,此外,他们还提到这些民族具有仁厚、慷慨、令人感动的性格和性情。同时,这些原始民族拥有明显的家族意识,行事正义,殷勤好客。此外他们还拥有非凡的能力,可以通过捕鱼、采集果实和用锄头(传统的技艺,尤其是木刻技艺,将锄头雕得非常漂亮)耕作,将地球空间的赠予开发得最适宜他们的生活需要。

　　但是,海岸地带的敌对人口,几乎总在破坏并摧毁这些最底层的原住民的生活。依靠其他观察带来的发现、歪曲的传说及残缺的传统来复原这些原住民的生活,非常困难,迄今仍然处于初始阶段。这些原始种族极少遇到友善、耐心的观察者,如萨拉辛兄弟(Brüder Sarasin)之于苏拉威西岛、盖革(Geiger)之于锡兰岛上的维达人(Wedda)、马丁(Martin)之于马六甲的赛诺伊人(Senoi)和塞芒人(Semang),还有塞贝斯塔(Sehebesta)和贝纳齐克(Bernatzik)。此外,非常难得的还有惠特曼(Whitman)对这个问题极富建设性的评价,弗罗贝尼乌斯(Frobenius)和弗雷德尔(Friedel)也尝试对太平洋的原始民族进行分类并制作谱系树。遗憾的是,甚至一个较大地球空间内(例如塔斯马尼亚岛)的石器时代文化的最后的见证者,其证词也已出场,此时这些见证者的最后一批代表正在离世,厌倦了生活,罗特(H. Ling Roth)的研究便是明证。①

埃文斯(Evans)、②德茨纳(Detzner)③都是优秀的观察者,他们能清晰地讲述今天仍在经历以及可能经历的事,这种情况较为罕见。其他观察者,如汉布鲁克(Hambruch)、④史蒂文森(Stevenson)、詹特(Van Zanten)等人,已经就"石器时代的诗歌"写了不少东西,这些诗歌描述人们昔日对故乡的忠诚,描述复仇欲、残酷、虚伪以及过往时代完全未受束缚的自然力量。

然而,我们追求的不是人类学知识,而是地缘政治学知识。我们的兴趣主要在于,凭借气候和土壤的影响,亦即凭借大地给定的条件的支持,这些原始种族何种程度上甚至会迫使今天[太平洋]各国的统治者在权力的保存和再分配中,把他们纳入考虑。当然,人类学和人种学必须首先回答一个至关重要的预备问题:巴布亚人或古亚洲人潜藏在基本人口中的比例有多大? 或者,他们是否在后来的次级迁移(spätere Untenwanderung)中与人口的混杂有关? 我们必须把地缘政治学上非常重要的后来的次级迁移和融合(Zumischung)这个概念,与最初的基本要素及能够回溯到这些要素的返祖现象(Rückschlagserscheinungen)区分开来。然而,次级

---

① H. Ling Roth, *The Tasmanians*, 1899。

② Ivor H. W. Evans, *Head Hunting Folk Among Primitive Peoples in Borneo*, London: Shelley, 1922。

③ 德茨纳是巴伐利亚的轮机官,整个世界大战期间都待在新几内亚的内陆,他通过口述和写作,以最有魅力的方式讲述他与当地人的交往以及后者的忠诚。

④ P. Hambruch, *Südsee-Märchen*, Jena 1916。

迁移和新的融合（Neubildungen）在太平洋的许多区域都存在，例如满族人在中国东北的融合、夏威夷群岛上的种族融合、马德拉西人（Madrassi）与缅甸人（Birmesen）的融合、锡兰人（Singhalesen）与泰米尔人（Tamilen）的融合，以及中美洲和南美洲热带国家的多种族融合。

非常典型的是，与太平洋岛屿世界的边缘文化和边缘政策（Randkultur und Randpolitik）及其海上漫游者形成对照，"内部的民族"（Menschen des Innern）向我们呈现为一个地缘政治概念。我们[65]进一步从这个视角研究亚热带岛屿空间，就会发现，居住密度的起伏表明这些空间仍处于人口平衡的变动之中。此外，最引人注目的是马来-波利尼西亚人及海岸附近的白人与内陆黑人之间的彼此隔离。

原住民族在人口中所占比重有多大——这一点在地缘政治上可能变得极其重要——可以随着选举权的扩大、民众的自决或权力的转移显露出来，如在日本、夏威夷和秘鲁发生的情形。种种现象，如日本的阿伊奴人和贱民问题，权力在中间阶层间的摇摆，马来人主导日本西南部而东北部则以古亚洲人为基础，华中、华南的中国人与华北中国人的差异，基本上皆可以追溯到种族构成的差异。这些现象表明，这些基本的力量能凭借返祖现象再次赢得意想不到的活力，并产生重大的政治影响，尤其像日本的贱民问题已显示出，种族分离已经与阶级斗争联合起来，就如同在法国和英国，凯尔特民族和罗曼民族的复兴与一个日耳曼上层圈子融合起来。

种族结构内部的这类变动也可以从经济角度显明出来，黑人人口的比例和南太平洋的劳工问题就是证据。但这类种族结构上的变动也显现在最高级的文化和权力这类无法估量的（feinsten Kultur-und Machtimponderabilen）领域中，如万物有灵论的盛行以及对精灵的信仰持续影响着现代大国国家宗教的重塑,影响着日本和其他地方的某些帝国主义倾向。如今日本的神道教中有相当浓厚的社会－贵族色彩(sozial-aristokratischen Prädisposition),实际上它直接源于这个岛屿帝国的种族混合体中来自南太平洋的添加成分(Südseezusatz)。中华帝国热切渴望重新统一,但过程中遇到诸多困难和许多地方性摩擦,这些也都可以在相当不同的程度上追溯到外来民族的成分。

对太平洋诸大帝国的未来存续而言,一个意义更为深远的问题是:南太平洋的黑人,以及隐藏在狭长的发达文化带两边的种族基础中的古亚洲人,仅仅被推到边上,如乌拉尔－阿尔泰人那样?或者说,他们在品质上如此不同,从根本上处于敌对位置,以至于在从热带到北部蛮荒之地的各大帝国的形成中,持久的种族融合根本不可能,不会有任何成功的机会?这是今日中国人的生活方式以及大日本帝国的生活方式的存在问题。这一问题也已经为美国蒙上阴影。

在这里,我们再次面临重大的地缘政治的决断,同时也是历史哲学的决断:[66]生命进程到底是单一的正弦曲线,即伴随着发芽、开花、成熟、结果以及不可避免的衰败和死亡,还是有规律的摆动,如佛教的永恒轮回,其间伴随着不断更新和返老还童的可能?就太平洋的特殊情形而言,如果我们尝试就上述问题得出答案,就会看到太平洋显示出一种返老还童的力量,同时也伴随着许多疲乏特征。国家生命形式上的这种可证明的返老还童现象,似乎与它起源自多类型构成(Entstehung aus mehr-typischen Gebilden)存在联系,原始种族在种族构成的基础中变得非常重要。这一点对中国和日本而言最显著,两国不得不尽快作出选择:要么在军事力量和经济的战场上,要么在婚床和家庭结构中,东亚人是否情愿决定将自身独特的生活方式融入世界结构,并同化到世界文明之中。

在这方面的观察中,尤其显著的现象是日本活力的骤然复兴,日本本土的人口从之前一直维持的2700万猛增到7000万;同时,爪哇岛和锡兰岛上的人口,新西兰的毛利人和中国南方的人口,都出现急速增长。简言之,只要是原始种族在人口的基础结构中仍明显存在的地方,看起来也都具有清晰可见的地缘政治上的重要特征,具有太平洋地区特有的文化地理上的本性(Wesensart)。因此,在太平洋存在一种强有力的相互容忍的努力,努力通过和平仲裁达成妥协,这样做的目的是实现不同种族类型的共存,寻求各种族生命力的和解。尽管种族的基础结构中具有"阳刚的高贵",但是,在太平洋生存空间中,更大的互相容忍仍是太平洋诸生命形式的共同特征,不仅对马来人来说如此,在较低程度上,对尼格利陀黑人部落和古亚洲人来说也是如此。

更进一步,需要格外留意太平洋-波利尼西亚人口的某个特征。就作为支撑性根基而言,这些人口出于地理本能,在波利尼西亚群岛的内陆与海岸之间似乎发展出一种鲜明的对比;① 这种两极意识能够转化为某种力量。然而,诸世界霸权在首次瓜分波利尼西亚群岛空间的过程中,不可饶恕地忽视了这种内陆和海岸的

---

① [译注]波利尼西亚群岛是太平洋三大群岛之一(另两大群岛是密克罗尼西亚群岛和美拉尼西亚群岛),意为"多岛之岛",位于太平洋中部,分布遍及太平洋中东部洋面上一个巨大的三角形地带。三角形的顶角为夏威夷群岛,两个底角分别为新西兰和复活节岛,主要包括夏威夷群岛、图瓦卢群岛、汤加群岛、社会群岛、土布艾群岛、土阿莫土群岛、马克萨斯群岛、库克群岛、托克劳群岛、莱恩群岛、菲尼克斯群岛、瓦利斯群岛、富图纳群岛等,陆地总面积约2.7万平方公里,原住民多为波利尼西亚人。新西兰的原住民毛利人也是波利尼西亚人。

两极区分,而这种区分对未来的太平洋地缘政治具有重要意义,尽管某些优秀的观察者,尤其是库克和几位传教士,曾一再强调这一点。在对太平洋的瓜分中,首先是法国1841年夺占马克萨斯群岛(Marquesas),① 其后是美国1898年首次吞并夏威夷群岛,② 以及德国和美国1899年分割萨摩亚群岛,数次瓜分中这一现象实际上都没有得到重视。之前属于一体且互相补充的区域,被各世界霸权任意地分割开,某些岛屿从整个群岛中随机分离出来,[67]例如关岛(Guam)、雅浦岛(Yap)、图图伊拉岛(Tutuila)。③ 其他如库页岛、琉球群岛和千岛群岛,皆遭到分割。④ 甚至有人计划把对马岛和北海道岛这样的岛从极为同质的日本群岛中分离出去。不过,德国与英国就所罗门群岛(Salomonengruppe)达成的协议则表现出对这一点的卓越理解。⑤

认识到下述事实极有教益:在辽阔的岛屿空间中,面临这些问题的人数是多么少,与1.1至1.2亿马来-蒙古人或数量巨大的中

---

① [译注]马克萨斯群岛现在是法属波利尼西亚的一部分。

② [译注]原文作1893/1898。

③ [译注]在1898年的美西战争中,美国从西班牙手中夺取关岛。1941年12月,日本占领关岛。二战之后,关岛成为美国的海外领地。雅浦岛是加罗林群岛的一部分,1899年被德国占领,1919年后被日本控制,现在是密克罗尼西亚联邦的一部分。图图伊拉岛是美属萨摩亚最大的岛屿。

④ [译注]1855年,俄罗斯与日本决定,千岛群岛南部归日本,北部属俄国。1875年,两国签订条约,将日占库页岛南部与俄占千岛群岛北部交换。1905年日俄战争后,日本夺回库页岛南部。二战胜利后,苏联夺回库页岛南部和整个千岛群岛。

⑤ [译注]1885年,北所罗门群岛成为德国的保护地,同年转归英国(布卡和布干维尔岛除外);1893年,英国占据南所罗门群岛。1899年,英国独占整个所罗门群岛。1978年,所罗门群岛独立,现在是英联邦成员。

国人相比可以忽略不计。19、20世纪之交,南太平洋上的密克罗尼西亚群岛上的本土人口,在英属部分是71000人、在法属部分是32000人、在德属部分是42000人、在美属部分是113000人,在智利只有100人(1860年复活节岛上还有3000人)。同样,在亚北极圈(subarktisch),古波利尼西亚人随着现代城市居民的到来而几近消失,他们在政治实在中几乎无足轻重,只不过作为纯粹的人种类型,成了博物馆的陈列品。在中国东北,原住民在人口占85%的中原移民面前逐渐消失。即便那些处于封闭空间中的最强大的种族,比如日本的2万阿伊奴人、菲律宾的13万摩洛人以及从巴布亚迁往斐济的黑人劳工,也正在消失于更大规模的种族融合中。例如,北海道岛的阿伊奴人就被强大的移民潮淹没,这一移民潮以缓慢、勉强但不可抗拒的方式,用马来–蒙古人填满了北方列岛。美国人为了达到自己的目的,狡诈地用塔加路人(Tagalen)对抗菲律宾的摩洛人。类似的明显动机也会在马来–波利尼西亚人区域的其他部分导致种族"尸体"的复活(Rassenleichen zu galvanisieren)。

我们如此强调在封闭种族的(eingemauerter Rassen)基础结构中呈现这个问题,是因为我们正在讨论复活。然而,一旦讨论返祖现象,一种不同的力量就会再次证明这些种族的影响。以这种方式看,太平洋问题只是有色人种的再生问题。从长远看,在地球的热带岛屿地区,只有黑人才具有竞争力。只有黑人能在户外长时间劳作,正如澳大利亚北部本能养活3000万人,实际上却只生活着几千人;在新几内亚–巴布亚,人口极度不足;在许多其他区域,要是没有黑人劳工,那里就得不到充分发展。然而,劳动力由作为根基的原始种族提供,出于这个原因,黑人肯定会在新的种族融合中复兴。因此,在我们思考太平洋陆地空间的地缘政治时,黑人有权获得自己的一席之地。

[68]这种支撑性根基,连同自己的吸纳能力、对某些文化形态现象的偏爱或厌恶——这些也可能变成政治上的影响力——在最近的权力形式中以相当不同的比例在场,在某些地区多些,在另一些地区则少些。文化形态学研究所创立于慕尼黑,如今在法兰克福。该研究所基于自己搜集到的丰富材料和各种地图——这些材料和地图可以证明许多个别现象——阐明了母权和父权各自占据优势的范围,以及数字2、4、8在马来人的世界中和数字3在地中海—北欧人的世界中的主导地位,同时也阐明了生肖日历如何在整个太平洋陆地空间中扩散——太平洋不但没有阻止反而促成了这种扩散。与之相比,大西洋在最近的历史中发挥的完全是分离作用。我们不得不暂时承认并接受这些奇怪的现象乃是太平洋社会学中的事实,即便我们还不能令人信服地解释这些现象与种族问题的联系。

就种族融合而言,我们只在一个确定的区域,即日本,通过当地学者细致的本土观察和学术研究取得了突破。我们或许可以带着应有的谨慎冒险宣称,某些波动可以归因于日本的种族融合。在日本的西南部和南部,来自南太平洋的人口占多数,依照某些特定的种族特征,这些人口目前在种族上仍然是相对纯正的品种,约占总人口的七分之一。在日本东北部,古亚洲人在基础结构中居支配地位,只在中部零星地区和西北部的出云市(Izumo)和越后市(Echigo),才主要是中国人、蒙古人或朝鲜人,史学上也能证明这里的移民来自大陆。

我们甚至可能从历史-政治生活中的这些种族融合中得出一些结论。在日本,当偏北部的、内部连续的地区及其强大的古亚洲人血统获得政治上的主导地位时,日本就会寻求巩固。这时日本会从南太平洋撤出,以北方人的方式悄无声息地继续殖民;然而,当西南的部落或者更喜怒无常、更吵闹的南方人(凭靠修改选举权)获得优势时,日本就会扩张,就会有跨过海洋向南征服的压力和动力。

由于政治意图和目标之间持续的相互作用,这类特征会自然而然变得模糊,但仍能观察到并成为我们关注的中心。在日本或中国这类重要国家的内部运动和活力转移中,在夏威夷或菲律宾将来可能被纳入其他强权的种族体这一结果中,在像墨西哥要么南方元素要么北方元素占优势的局面中,这些特征可能变得具有决定意义。

[69]支撑性根基迄今未获得表达自己意志的手段,但它若突然获得话语权和影响力——如在日本是通过选举权的扩展,在智利是通过改革的努力——就会变得特别有分量。因此,对于迄今在这些问题上获得的知识,例如沙尔迈耶(Schallmayer)提供的中国研究,① 未来的政治人物绝不可不晓,尽管直到现在他们仍不知道这类知识。无论如何,确定无疑的是,在亚欧大陆的三大人口密集区(大西洋、印度洋和太平洋地区),原始种族融入今天的种族和国家形式这一地缘政治问题,已经以迥然不同的方式得到解决。世界大战的结果,尤其那些临时和平条约的工作,并不允许人预先得出下述结论:大西洋的手段始终配得上享有特权随时碾碎受压迫的根基——不管是人口少的民族还是人口多的民族。我们现在要转而研究,太平洋原生的种族结构如何通过发酵(Fermentirung)和迁徙而变化。

[原为脚注]某些研究结果可以特别从地缘政治学的角度来评价,例参 H. Schurtz, *Urgeschichte der Kultur*, Leipzig/Vienna,1912年重印,页45、59,页63以下,尤参页73和79;页81论灭绝和根除;页84、86、87。Gerland和Waitz,

---

① W. Schallmayer, *Heredity and élite*,第三版,Jena 1918,尤参第六节(页282-310)"反思现存最古老的文化民族"。

Anthropologie der Naturvölker, 卷五; Martin 和 Meinicke, *Die Inseln des Stillen Ozeans*; F. Sarasin 和 P. Sarasin, *Celebes*, Wiesbaden 1905, 两卷本; Dr. Margarete Schwörer, "Zur Kraniologie der Malaien", *Anthropologische Zeitschrift*, 1919 年 12 月 31 日, 论马来人的来源; Patkanow, *Essai d'une géographie des peuples palaeoasiatiques*, Petersburg 1903。阿伊奴人方面的文献,参 Dröber, *Die Ainos*, Munich 1909; Koganei, *Contributions to the physiological Anthropology of the Ainu*, Tokyo 1893; Thomas, *Natives of Australia*, London 1906。Sir James George Fraser, *The Belief in Immortality and the Warship of the Dead*, 卷二。我认为,波利尼西亚人的信仰对于理解日本宪法以及神道教教义的某些持久的基础具有非常重要的启发,因此值得作为泛太平洋范围内部联系的类推证据。也参 S. G. Morley 在 *National Geography Magazine* 上发表的关于古代中美洲人的向心文化类型的论文。对原始种族的迁移路线的勾勒,参本书页 68–69 的图表。

第六章 作为迁徙场域的太平洋

——岛屿民族和岛屿国家的起源：
诸群岛、冒险者、马来人和海上漫游者

[70]民族迁徙浪潮在支撑性根基之上涌动，但无法永久遮盖这些根基，这一章意在讨论迁徙运动，目标是将这个最大的海洋视作一个迁徙场域。尽管我们给了本章一个长长的标题，但是，把马来族的名称Orang Malaiu翻译为"海上漫游者"，再加上"诸群岛和冒险者"这两个词，已经暗示出谁是形成岛屿民族和岛屿国家的主要原由。他们从单个岛礁的小世界出发，经过部落迁徙的发酵，迷失在浩瀚的太平洋，进而形成日本帝国。

这些海上漫游者就是洪堡所说的马来-波利尼西亚人。这群人分布在太平洋各处，尤其在种族分布和人口迁徙的直接线路和交叉地带，是形成新民族的核心，至少在白种人侵入这个全球最广阔的社会学试验场域之前是如此。拉采尔用精彩的描述向我们证明了他们的航海能力。例如，哪里还能找到比马绍尔群岛的棍子图更简单的方法，来绘制跨越从马六甲海峡到夏威夷群岛和复活节岛这样遥远距离的一条航线？① 这尽管是对过去时代的地缘政治论说，

---

① ［译注］棍子图(Stäbchenkarte)是马绍尔群岛人用独木舟在马绍尔群岛航行时用的图表。这些图表代表海上波峰的主要模式以及岛屿破坏这些波

毕竟证明了下述巨大努力的正当性：尝试描绘波利尼西亚人的历史谱系表（如 S. J. Withmer），以便从谱系上确定在边缘地区诞生的、原生的太平洋的文化来源、种族形成和复兴。泰勒（Griffith Taylor）出版于1927年的综合著作《环境与种族》（*Environment and Race*），以宏大的风格展望了一个相关的目标。这本著作表明，除了已经达到的研究阶段，尤其是他绘制的人类迁徙彩色地图，要想为各种地球跨越理论（earth-spanning theories）找到一个坚实的根基，还有许多研究要做。

研究者们不管各自会如何表达这些理论，都不断面临马来人是太平洋种族迁徙的酵母这一事实。这群海上漫游者能以最小的人数实现最大的空间效应，这种能力让研究者一脸茫然，尤其在亚洲高原的一支陆上游牧者加入这群海上漫游者的地方，例如日本帝国和华南地区——也就是说，在这幅大空间图景的两大支柱，海洋和高原，效应上合二为一的地方，如拉采尔所述。①

我们也看到，在整个太平洋的迁徙场域，一再呈现出另一个根

涛的主要路线，这些路线通常通过感知海上航行期间岛屿破坏波涛的特征来确定。大多数棍子图由椰子叶的中脉做成，这些椰子叶被捆在一起形成一个开放的框架。岛屿位置由框架相连的壳体或多根棍子的交汇处表示。这些线代表海上波峰和它们接近岛屿时的方向，以及由波浪起伏碰撞海岸形成的其他类似波峰。每个图表的形式和含义大有不同，因而制作图表的人是唯一能完全解释和使用它的人。

① 拉采尔在《国家成长的空间法则》（*Laws of the Spatial Growth of States*）以及别的许多地方提到，马来-波利尼西亚人对海上漫游生活方式的偏爱使他们一次又一次地突围，而盎格鲁-撒克逊人也是如此，他们都本能地意识到不连贯的、大陆性僵化的生活方式具有的危险。在麦金德的《历史的地理枢纽》中，我们也能看到相当类似的思路，麦金德说得大胆、毫不留情，没有夹杂丝毫伪善。

本的地缘政治特征,即大体定居于边缘地带的海上流动民族,与逐渐被推入内陆的早期或古老的定居者之间,总是存在矛盾,后者尽管人数更多,却始终受到辖制,在外交政策上受到压制,直到民主制使人数又在议会中发挥作用(如,日本选举权的扩大);或者外来的新压迫者通过暴露统治阶层下的结构中原住人口的基石而得到某种利益,例如美国人在菲律宾身上施行让莫洛人与塔加路人相争的策略。无论如何,即使没有相互渗透,多民族混合也会产生多类型的影响以及复兴和再生的可能,在成功的混合中则会产生更多此类影响和可能。这种多类型的影响可以追溯到日本和中国的起源传说、波利尼西亚人的迁徙传说,甚至可以追溯到部落形态和政治形态两方面的太平洋的宇宙起源论和神秘论,毕竟,这是一种绝不可低估的政治力量(例如日本神道教的更新)。与此同时,马来-波利尼西亚人的这部分影响清晰可辨,他们凭借封建-共产制度(Feudal-Kommunismus)、社会-贵族特征以及高度强调领袖责任,将他们的独特创造带到各地。

太平洋上大多数岛屿民族和岛屿国家的起源——马来-蒙古人和马来-波利尼西亚人皆由此起源——可以追溯到将部落形态和政治形态跨过大海带到更远地方的努力,尤其在人口压力迫使他们向令人不安的人口过剩屈服之前。冯特(Wundt)如此热切地提出这一问题,[①] 是为了判定岛屿民族和岛屿国家起源的发起者是不是民族迁徙或部落迁徙(不过,各个国家以高度多样化的方式在地缘政治上发展)。这个问题将南太平洋的大多数岛屿民族和岛屿国家的起源追溯到部落迁徙——这种迁徙以如今已成我们这个时代

---

① Wilhelm Wundt, *Elemente der Völkerpsychologie*, Leipzig, Kröner, 1912,页286。

一流强权的日本帝国为领头羊——以此将太平洋上各个岛屿民族和岛屿国家置于与大西洋诸强权的对照之下。在冯特看来,要是没有民族迁徙,大西洋诸强权就不可想象。这是一种和谐的混合,内部仍有充分的张力,这一点恰恰对日本民族的内部结构具有决定性的重要意义,同时在相当长时间内保护着日本民族免于源自种族差异、在别的地方不可避免的阶层分裂,从而保持自身的统一。[72] 从中也产生出对日本天皇的政治–法律地位最强有力的支持,天皇被人数达数千万的整个民族视为祖传大祭司。今天,这在某种程度上仍是一种扩大的部落式保护制度,只不过原先整个种族兄弟般的情感现在开始让位于阶级斗争的煽动性动机(例如片山潜[Sen Katayama,1859—1933])。①

之后,有必要研究个别地域较小的典型国家的形成,例如在历史上非常著名的望加锡(Makassar)王国、特尔纳特和蒂多雷(Ternate und Tidore)苏丹国(拉采尔!),以及汤加王国,后者迄今尚存,是大英帝国的一部分,还有夏威夷问题。在这个方面,必须首先处理两种在种族–政治方面最有教益的现象:一种是日本人的种族图景,从地缘政治上看最强,形成了纯粹的太平洋种族,贝尔茨(Baelz)对之或许作了最佳解释(遗憾的是这种解释分散在许多个别的描述中);② 另一种是南部马来人的种族图景,他们从地缘政治上看最分散,最多四处迁徙,如詹森(Jensen)所述③——准确地说是

---

① 片山潜如今在莫斯科,最近出版一部自传,解释他为何反对自己的祖国。也可以比较他对日本土地问题的论述,于1923年在莫斯科出版,倾向相同。这种情况下,结果是日本人彻底变成布尔什维克主义者,如河上清(Kiyoshi Kawakami,1873—1949)成了和平主义的马克思主义者。

② E. Baelz, Über die körperlichen Eigenschaften der Japaner, u. a. O.

③ 詹森(J. V. Jensen)在注释中提到他在马来半岛和日本的观察。

根据坎宁安(Cunningham)和斯韦特纳姆(Swettenham)的说法。

詹森这位敏锐的观察者以精准的对焦方法——我们一般只会在最近某些日本学者那里遇到这种观察方式,与之相反,其他学者几乎都明显在有意回避这个问题——表明马来人问题在今天的重要性,这证明我们花这么多时间在这个问题上面是合理的。马来人问题会扩展为马来-蒙古人问题吗?或者,此种扩展是必然的吗?假若如此,这个问题将以惊人的速度发展,在一个无比有利的自然空间内,出现在至少1.3亿种族类型罕见地统一的人面前,这些人将以一个主要的现代大国为核心,这个大国的周围是支持这个大国的以百万计的人口,共同掌控未来。这一未来发展的敌手是一个有着共同利益的集团,即今日的两个盎格鲁-撒克逊帝国和法国,可能还有俄罗斯。

李希霍芬说,形成一个岛屿强权的上述条件已经成熟,他的不祥言辞[1]此刻在我们脑中闪现。我们看到,这第三个生命共同体与印度和中国的自决并排,且能与这两者兼容共存,它生机勃勃,具有卓越的航海能力,由极具天赋却四处分散的海上游牧民族、由来自马来-蒙古人曲弧处(malaio-mongolischen Zerrungsbögen)的密克罗尼西亚帝国混合熔铸成形,地域北起千叶群岛,南抵新加坡、苏门答腊和汤加。孙中山认为,日本如果在[第一次]世界大战中加入同盟国一方,本可以创建出这样一个帝国,与亚洲的自决同时发生。一战开始时,孙中山通过致日本代表犬养毅(Inukai Tsuyoshi, 1855—1932)的一封信,试图在关键时刻实现这一想法,却徒劳无功。孙中山现在认为,[73]在日本没有抓住机会或出于恐惧让这一

---

[1] Richthofen, *Das Meer und die Kunde vom Meer*, Berlin, 1903;豪斯霍弗的《日本帝国》(*Das Janpanische Reich*, Vienna 1920)一书的前言逐字引了李希霍芬的话。

机会溜走之后,中国将与俄罗斯共同实践这一想法。孙中山于战争初期致犬养毅的信和致其他主要政治家的信,确实存在。尽管孙中山是个太富于想象力的人,但他仍然是中国智识人和这个民族的偶像,有一段时间是富饶的南方的总统,成为整个中国的总统也不是没有可能。1922年,孙中山向日本时事通讯社(Jiji)上海分部的一位代表发表了耸人听闻的言论,这些言论当然不会被视为某个个体国民毫不重要的意见。他的言论揭示了在南太平洋迁徙的原始部落之间的关系,马来–蒙古种日本人与马来西亚、中国、印度甚至俄罗斯的泛亚洲理念的支持者的种族亲和感也不断得到重复。

让我们从孙中山上述设想的前提出发,看看新加坡诸民族正在发酵的不安以及最重要的骚动聚焦于什么,如此,我们就能看到这个今日世界贸易的中心、大英帝国主要的海军基地(1936年完工)未来会如何建构。在新加坡,8000名白人统治着超过50万的人口(1927年的居民是511500人),其中三分之二是中国人,剩余的三分之一,一半是马来人,另一半是泰米尔人(Tamilen),此外还有南印度人、阿拉伯人、亚美尼亚人和日本人。单单后几种人的总数就超过白人。在不停流动的移民的影响下,这个混合体仍在不断变动。

> 如美利坚民族的形成,那里正在形成一个新的马来民族,将所有移民联合起来,在英联邦的最高传统中形成一个民族……

美国《时代》周刊十分乐观地希望,这个新民族的感觉会不同于马来–蒙古人——但这个新民族超过六分之五的人口皆源于马来–蒙古人。尽管这一富有技巧的构建新民族的行动,采用了英国人与马来人共生这一大胆虚构的方式,但一股强大的逆流也绝非不可见。最终哪个民族将引领这个在两极间摇摆的新民族?无疑,从长远看,引领这个新民族的一定是那个受到地理位置优势支持、能适应当地自然环境、更土生土长、享有天时地利的民族。确切地说,在种族亲和力这个领域,最新风尚是一个交织着幻想的织体中的小小细胞核,它在民族间的交往中、在地球上的权力斗争中罕有决定性作用,但对一大部分人类、对民族统一体而言乃是真正活着的信念和驱动力。在种族-政治问题上,人民对自身未来的想象常常比他们实际所是的样子更具影响力。从这种观点出发,[74]若想处理太平洋的地缘政治暗流,就有必要明确概述各种用来解释波利尼西亚人迁徙的现存理论。

第一种迁徙理论认为,马来-波利尼西亚人起源于一块古老的、已逐渐沉没的大陆。持这种理论的人主要是库克、温哥华(George Vancouver, 1757—1798)、迪尔维尔(Dumont d'Urville, 1790—1842)、莫伦豪普(Moerenhaupt)。今天这种理论实际上已被抛弃。皮埃尔(Edmond Pirrier)顶多只承认,苏拉威西岛、新几内亚、澳大利亚、塔斯马尼亚、新西兰和新喀里多尼亚等地之间可能存在原始的大陆连结。

第二种理论认为马来-波利尼西亚人起源于美洲。加尼叶(J. Garnier)极力阐述这一理论,并用信风和洋流来支撑他的解释。依照这一理论,北赤道洋流经过夏威夷、马里亚纳群岛、台湾;南赤道洋流经过马克萨斯群岛,一支流经新几内亚岛,另一支流经土阿莫土群岛(Paumotu)、塔希提岛、萨摩亚群岛、汤加和斐济,可能形成一条每天移动16至36英里的流动通道(Trottoir roulant)。信风的帮忙也被用于这一解释。因此,这个航海种族能够凭自身完成迁徙的壮举,因为甚至原始的独木舟也能在大海的波涛中轻易航行20到30天。早在1816年,柯策布(Otto von Kotzebue, 1787—1846)在拉塔克群岛(Ratak,位于马绍尔群岛,又名日出群岛)碰到一个加罗林人,后者在海上漂了2700公里。这一理论的语言学证据非常贫乏,问题颇多。与之类似,莱森(A. Lesson)勉力支持的新西兰起源假说,已经遭到卡特勒法热(Jean Louis Armand de Quatrefages,1810—1892)的反对。

关于太平洋早期的土著和文化,相对而言最有力的理论仍然是亚洲起源说。持这种观点的人有拉佩鲁兹(de La Pérouse,1741—1788)、莫利纳(Molina)、黎恩齐(Rienzi)、沙米索、卡特勒法热等人以及最近的几乎所有学者,①不过他们中的大多数人主要是在谈论地球空间本身。

东马来人与波利尼西亚人的这种联系无可否认。北纬2到8度区域内的赤道逆流也表明这种联系,并得到持续3至14天有规律的西风的支持。在季风与信风之间,例如从赖阿特阿岛(Raiatea)到塔希提岛的航程就非常可行。他们之间也不乏语言上的联系,例如夏威夷叫Hlavaiki,萨摩亚群岛叫Sawaiki,赖阿特阿岛叫Avaii,汤加岛叫Avaiki-Raro,塔希提岛叫Avaiki-Runga,新西兰叫Avaiki-Tautan,都是源于日落之地即亚洲的语言在四处迁徙时期留下的证据。

当然,南太平洋诸族嗜好发明各种故事(参本书第二十二章),这常常造成干扰,并使各种神秘的附着物遮盖真实的历史联系。但是无疑,从马来-波利尼西亚人的谱系叙述中,也能识别出许多确实彼此相关的事件。批判地评价他们的部落传说,仍能为我们提供弗罗贝尼乌斯的那类阐释,近来美国人也试图理解这些部落传说。对今天的我们而言,[75]在地缘政治上最重要的是由此产生的统一意识,以及这种意识是否足够强大,能否凭自身的冲动,或作为其回

---

① [译注]拉佩鲁兹,法国航海家,1785年受法国国王路易十六委派,率海军舰队进行环球探险。

应外部压力的效果,而领导这一区域的原生种族,使之获得重生。

此种重生当然是南太平洋人口发挥更大地缘政治影响的先决条件。这些人口眼下无疑遭遇了一些严重的退化现象。在文化生活的所有方面,马来-波利尼西亚人之前非常擅长的航海、造船、观星象、创作各类传奇诗歌,甚至在日常生活的趣味和技术成就方面,乏力迹象愈发明显。英国人类学笼统地称棕色波利尼西亚人为所谓的Sawajori族,这整个种族现在面临关键的转折点。锡兰人的历史和他们反复受到泰米尔人蹂躏的事实也表明,太有利的生存条件会多么危险地加剧退化过程。但另一方面,事实上,即便在过度发展的文化土壤上,生长力的更新和重生也可能在极短时间内发生。东南亚的热带和亚热带空间为这种更新和重生给出了一系列令人信服的证据,即在这整个生物地理区域内,原始丛林失去原先的各种培育手段后,能凭自己的生长力完成更新(据可靠的观察,在过去一个世纪内,此种更新发生在巽他群岛),日本人口在最近这段历史时期(1850—1936)的急剧增长也展现出此种更新。因此,可以肯定,这种惰性停滞状态能够迅速改变。

同样,面对日本种族活力的重新爆发和爪哇、锡兰、菲律宾人口的增加,"退化还是复兴?"这个问题已经有了答案。在日本稀少的耕地上,居民在一代人的时间内由3000万增加到7000万,如此大规模的人口增长为"退化还是复兴?"这个问题也给出了令人意想不到的回答。在这块地球上最大的岛屿区域的其他地方,也会产生类似的现象。在这一点上,我们最艰难的任务之一是统计太平洋各岛屿种族和王国的人口变动幅度,即人口密度变化的规律。而因着这些统计数字背后的价值,尤其因着自由感、土地所有权、生活的欢乐、活力之间的关系——当然也有相反的一面,即依赖感、对生活的厌倦、生育欲望和生育力减退之间的关系——若以相应的谨慎态度去接近这些问题,会是一种极有教益的尝试。

在所有关于人口变动的问题中,必须牢记常常提到的责任品质,因为在太平洋地区,责任比特权和要求得到更多强调。甚至南太平洋的封建制度也建基于一种原始的共产经济(Gemeinwirtschaft)。在一种理想主义的基础上确立的贵族制与财产公有制并不总是互相矛盾;[76]甚至极右派和极左派也可能为了权力偶尔联合起来反对juste milieu[中间派],例如日本监察制度(Kenseikai)的形成。这个种族的基调是此种社会-贵族制,这可以解释自觉的调节尝试会为了维护秩序而干预甚至在必要时阻碍秩序。由于南太平洋诸岛生存空间有限,新马尔萨斯主义(Neumalthusiarnismus)是那里的一项古老制度,杰出的专家贝尔茨认为日本也是如此。①日本在250年间,人口平衡始终在2700万至3300万之间来回波动,例如在某个世纪内只增长了90万,在另一个世纪中只增长了10万。直到被迫对外开放后,受西方人肆意运用武力的冲击,日本人口才出人意料地飙升,古老的日本列岛人口增长到7000万,整个帝国人口则达到1亿。过去几个世纪内的人口增加数都不及如今一年内的人口增加数。菲律宾的人口也从之前的600万迅速增长到1300万。1521年发现的马里亚纳群岛,1668年时大约有4万至6万人;②这是针对查莫罗人(Chamorros,马里亚纳群

---

① [译注]新马尔萨斯主义以马尔萨斯(Thomas Robert Malthus,1766—1834)人口学说为基础,主张实行避孕以节制生育,限制人口增长。19世纪初,英国社会学家普雷斯(Francis Place,1771—1854)拥护马尔萨斯人口学说,但反对马尔萨斯提出的通过禁欲和晚婚来节制生育,而主张实行避孕来节制生育。

② [译注]麦哲伦1521年发现该群岛,命名为小偷之岛(Islas de los Ladrones)。这个名字一直沿用到1668年,这一年西班牙传教士维多列(Diego Luis de San Vitores,1627—1672)在关岛建立第一个欧洲殖民地。

岛的主要居民)的灭绝战争开始前的统计数字,这个半开化的民族具有高尚、友善的性格特点。但是,到1741年,经过西班牙人长达30年的灭绝战争,人口锐减到1816人。到1856年,查莫罗人又增加到9500人,不过在同一年又降到6000人;到19世纪末,西班牙将整个群岛卖给德国时岛上仍有1950人。

1778年,库克估计夏威夷有30万至40万居民,不过这一估计可能超过真实数字。无论如何,依照库克的描述,夏威夷是一个人民幸福的繁荣国度。西方文明占据该岛后,土著人口稳步减少:1832年仍有13万,1878年只剩4万,这只有近百年前发现该岛时的十分之一。1900年,夏威夷岛的总人口是15.4万,原住民只有3万。今天夏威夷的总人口是36万,其中光日本人就有15.2万,是原住波利尼西亚人的数倍。

汤加本来受精神-世俗的双重统治(geistig-weltliche Doppelherrschaft),类似于日本,1643年首次进入我们视野时是一个恢弘的帝国,统治疆域包括纽埃岛(Nine)和萨摩亚群岛。最后,汤加人面对入侵者采用的保命策略是将自己的土地租赁给入侵者而不是卖掉,由此在自己的150个小岛上至少保住约2万至2.5万人口,因此,进入本世纪时,那里仍有1.9万人,至1931年又增加到29610人,其中只有481名白人。

250个岛屿构成的斐济群岛的情形则不同,其中约80个有人居住。斐济原来的人口大约有20万,后来由于两次人口灾难而锐减:1874年的麻疹流行病夺去4万人的生命,[77]只剩下14万人;另一次灾难由白人买走五分之一的上等土地而导致,到1900年,岛上人口只剩12.3万,但其中10万是巴布亚岛人与波利尼西亚人的混合种。1925年时,岛上人口为16万,其中白种人4000,中国人1.1万,东印度群岛人6万。塔希提人可能是文化上最柔弱的人,同时他们的方言是最柔软的波利尼西亚语,他们的人口一直在减少。萨摩亚群岛的情形也似乎与之相同,不过那里的人口衰退趋势并非不可逆转,因为本世纪初开始出现轻微的增长势头。在那些既没有种族融合也没有外来酵素的地方,那些较小的岛屿形态无一例外都在经历人口的退化、衰落和减少。只有汤加王国,这个最后的微型世界以封闭的方式存活着;这个王国由约100个岛组成,是世界上唯一完全没有债务的国家。但是,形成国家的能量似乎暂时完全消散在环太平洋地区,日本帝国也必须算在内,因为日本与亚洲大陆绑在一起。

起源于马来-波利尼西亚人的最后一个非边缘的主权帝国是夏威夷。因此,夏威夷的历史反映出试图从太平洋自身的世界出发决定太平洋的政治命运的努力。尽管西班牙人可能早就到过夏威夷群岛,库克仍被认为是该群岛的真正发现者。库克在1778年死于该群岛。然而,后来岛民在库克战死的地方赠予他神圣的荣誉。之后,夏威夷成为波利尼西亚人努力实现政治统一的起点。在这一努力中,卡米哈米哈一世(1810—1819在位)统一了直到那时仍纷争不已的整个群岛并成为统治者。这位国王当时能凑齐一支20艘战舰的舰队,1819年去世时被尊为南太平洋的拿破仑。这个封建国家起源于一种古老的共产经济,一直保留到19世纪40年代,这是太平洋政治形态的典型特征,本书已描述过多次。1820年,美国传教士出现在夏威夷,其时卡米哈米哈二世(Kamehameha II,1797—1824)在位。这位国王与前任不同,是一位温和的和平主义者,美国传教士在他那里没有遇到任何困难。1823年时,卡米哈米哈二世仍统治着14.2万夏威夷人,到1832年锐减到13万。1848年废除传统禁忌和偶像崇拜,并实施新的土地秩序。由于英、法争夺该群岛造成的压力和美国1841年不许他国染指夏威夷的政策,夏威夷于1844年颁布所谓的独立声明。然而,真正的独立迅速寿终正寝。1876年,夏威夷与美国签订一份商业贸易条约;1878年,卡拉卡瓦一世(Kalakaua, 1836—1891)国王开始了他作为统治者的悲喜剧生涯,其时他治理的人口只有4.4万,夏威夷的总人口是5.8万。[78]人口锐减是劳动力急缺的预兆,导致对东亚移民的需求。

1881年,卡拉卡瓦一世进行环球旅行,过日本、暹罗、柔佛(Johore,在今马来西亚),抵埃及会见埃及总督。这位国王徒劳地呼吁这些当时仍旧强大的兄弟们帮助一个即将消失的有色人种。其时,"有色人种的涨潮"还不是墙上的一个警告标志,因此卡拉卡瓦一世的呼吁没有得到任何回应。也因此,夏威夷王国的首相吉布森(Walter Murray Gibson, 1822—1888)只能将"太平洋的首要性"(primacy of the Pacific)这一理念转化为仅仅持续了几年(1882—1887)的政治运动。

类似的太平洋联邦的思想也活在汤加一位白人首相身上。这一思想在整个南太平洋上出没。这些起点基于古老的文化共同体和语言的亲缘关系,这种亲缘关系确实遍布整个太平洋,例如毛利人和夏威夷人可以互相理解,尽管有些勉强(撇开容易混淆r和l这一麻烦不谈,中国与日本之间也存在这种麻烦)。最终,政制问题与种族问题的不幸混合罩下阴影,而鉴于岛民的活力无望地锐减,这种阴影尤其严重,并加剧了本土君主制的终结。1883年,两位夏威夷代表来到吉尔伯特群岛(Gilbertinseln)——从1878年至1884年,夏威夷已从吉尔伯特群岛输入2000名劳工——希望吉尔伯特成为夏威夷的附庸。这是劳工需求问题典型的远程效应,即较柔弱的沿海种族依赖较黑且较强壮的内陆种族。1886年,夏威夷一位名叫布什(Bush)的全权代表大臣出现在汤加和萨摩亚的"国王们"面前,请求组成联盟。命运共同体的感觉看来在最后时刻觉醒于密克罗尼西亚人的世界。作为类似的补救尝试,日本移民于1884年至1886年间在夏威夷采取了经济上的权宜之计。1887年,夏威夷与萨摩亚国王劳佩帕(Malietoa Laupepa,1841—1898)签订联盟条约。此举随后引发与德国政府的摩擦,最后以召回夏威夷使节、撤走夏威夷舰队而结束。

在这一切事件组成的地缘政治悲喜剧背后,是一场可怕而严肃的、惊人的种族悲剧——这场悲剧在整个庞大的空间内上演,西起马达加斯加,东到新西兰,南起塔斯马尼亚岛,北至中途岛,唯一的例外是日本群岛——但滑稽剧将主导剩余的清算行动。卡拉卡瓦一世的舰队胚胎(Flottenembryos)即170吨的"夏威夷探险家"(Kamiloa)号的故事,史蒂文森(R. L. Stevenson)有充分的理由称之为"一条由诱惑、叛乱和对公共财政的浪费组成的浪漫之链",尽管其中交织着一个正在衰落的小国的命运线。鸦片贸易、债务和日本移民的成功涌入,加上美国的强权手段把日本官方吓走,导致夏威夷在1887年7月7日颁布新的宪法,尽快一再延迟,个人统治最终还是落幕了。①[79]卡拉卡瓦一世于1891年1月20日在旧金山去世,其时他的同胞已经缩减到3.4万人。1893年,夏威夷君主制垮台的戏剧上演,在此之前,美国总统克利夫兰(Grover Cleveland,1837—1908)曾数次羞答答地尝试隐瞒真实意图。②

这一系列事件导致夏威夷被美国接管,随后被纳入美利坚联邦。美国吞并夏威夷的一系列步骤在道德上绝不比日本吞并朝鲜

---

① [译注]即所谓的刺刀宪法(Bayonet Constitution),该宪法由美国人策划制定,大大限制国王的权力。

② [译注]豪斯霍弗指的是1893年美国海军陆战队支持在夏威夷的美国人发动军事政变,推翻夏威夷末代女王利留卡拉尼(Liliuokalani,1838—1917,卡拉卡瓦一世之妹),建立夏威夷共和国。

更正当。1895年1月24日,末代女王利留卡拉尼正式退位,共和国宣告成立,此时夏威夷已经笼罩在日本干涉的危险之下。彼时本土夏威夷人总共不到3.1万。1897年6月16日,美国总统麦金莱(William Mckinley,1843—1901)将一份新的吞并条约强加给夏威夷;1900年4月30日公布的声明宣称,所有夏威夷国民自1898年8月12日起成为美国国民。

美国吞并了夏威夷群岛,由此,南太平洋岛屿实现独立自主的梦想,以及作为迁徙场域的太平洋的自由,都落下了帷幕。最后一批小型岛屿王国被剥夺政治自决权后,这个海上漫游种族便告灭亡。唯一兴盛的支脉保留在日本的种族结构中。日本国旗是唯一仍然飘扬在马来-波利尼西亚人上空的原生自太平洋的国旗。马来-波利尼西亚人的政治魅力就从这里散发出来。外国绅士们可能竭力蒙骗昨日那些淡棕色皮肤的统治种族,尤其是蒙骗那些属于巽他群岛一部分的菲律宾人以及马来联邦的人,让他们看不到自己已失去自决,看不到自己再也不可以在昔日迁徙场域的最大部分自在地漫游这一事实——只要这样,马来-波利尼西亚人就被合法地反锁在太平洋外面。

[原为脚注]我还从马来人的地缘政治问题中获得了宝贵的线索:Bastian, *Reisen im Indischen Archipel* (Jena 1869) and *Indonesia* (Berlin 1884—1894); Wallace, *Malay Archipelago*, Braunschweig 1869 and *Island Life*, London 1880; de Quatrefages, *Les Polynésiens et leurs migrations* (Paris 1864); Dr. A. Lesson, *idem* (Paris 1880); H. Blum, *Bevölkerungsproblem im Stillen Weltmeer* (Berlin 1902); Leo Frobenius, *Petermann's Mitteilungen*, 1898,页265, Table 20, *Ausdehung und Begriff der altmalaiischen Kultur*; Swettenham, *The Real Malay* (London 1899) and *Brit. Malaya* (London 1906); Fornander, *The Polynesian Race*, vol. I,页168,在这里作者将夏威夷的历史开端追溯到公元5世纪; Sir James G. Frazer, *Belief in Immortality and the Worship of the Dead* (London 1913), vol. I, "Australians and

Melanesians", 1922 in vol. II, "Polynesians appeared"; T. R. St. Johnston, *South Sea Reminiscences* (London 1922), 此书看似肤浅但观察细致: 涉及战争期间的斐济、那里的印度人问题以及发生战争的可能。

Renward Branstetter, *Wir Menschen der indonesischen Erde* (Luzern, E. Haag, 1922), 该书以讨论语言为主, 但书中充满对我们所谈问题也有用的精确观察点。荷兰殖民文学的无意识的地缘政治特征从中浮现出来, 警示了[东印度群岛追求]自决的危险。与中日两国相关的文献也非常丰富。

第七章　太平洋社会学

[80]某部仍未写出但会极其迷人的著作——就像那些充满真正幽默的著作一样——同时也可能成为这个世界上最令人伤感的著作,其标题是"太平洋社会学的地理基础"(Die geographischen Grundlagen der pazifischen Soziologie)。这本著作将处理白种人侵入之前[地球上]最大的大洋试验场中的社会学试验。这样一本著作的知识价值,仅仅透过库克和福斯特(Johann Reinhold Forster, 1729—1798)的航海日志的几页内容,就能显示出来。这种价值回响在沙米索(Adelbert von Chamisso)对萨拉·戈麦斯岛(Salas y Gómez)的描述中,也闪耀在赫恩(Lafcadio Hearn, 1850—1904)身上。① 这种价值点燃了詹特的《欢乐时光》(glücklicher Zeit)和《应许之岛》(Insel der Verheißung)中的幽默和痛苦,也唤起了德克尔(Decker-Multatuli)的严肃责难。谢尔(Scherr)的《人类悲喜剧》(Menschliche Tragikomödie)中关于印加帝国的两三页精彩内容也说出了这种价值。这一价值也构成了史蒂文森(R. L. Stenvenson)著

---

① [译注]萨拉·戈麦斯岛,位于南太平洋波利尼西亚群岛最东端,1793年被西班牙人发现,现属智利。赫恩,生于希腊,长于英国,19岁到美国打工,后成为记者,1890年赴日,与小泉节子结婚后,加入日本籍,改从妻姓,名为小泉八云,著有《日本:一个解释的尝试》(Japan: An Attempt at Interpretation, 1904),从历史与宗教信仰的角度探讨日本文化。

作中论"人口衰减"(Depopulation)的一整章。这本书将表明,除影响深远的财产公有制度外,远在布尔什维克主义者之前,秘鲁、日本和中国就尝试过国家主义原则(Großmachtprinzip);不过日本和中国早已经抛弃这一原则,现在莫斯科强制推行的试验只对西方人来说才是新鲜之物,而莫斯科的这一做法未来必将面临日本大化革新和中国王安石改革带来的相同危险。

绝非偶然,达尔文(Charles Robert Darwin, 1809—1882)、华莱士(Alfred Russel Wallace, 1823—1913)、卢博克(Percy Lobbock, 1879—1965)皆熟悉太平洋的状况(典型的是,这些社会学家皆是搞自然科学出身,并将社会学作为科学引介到英国)。基德(Benjamin Kidd)对社会演化论所作的考察见于1902年版《不列颠百科全书》(*Encyclopedia Britannica*)第32卷,对这个主题非常有启发。大西洋-地中海地区的人(atlanto-mediterranen)不可能不偏不倚地考察源自地中海的(mediterranogene)社会学形式,这一事实就使早期太平洋的试验场对我们来说很重要,因为它使不带偏见的观察成为可能。当然,这种观察不久便使人尴尬地认识到,大西洋世界倾向于在政治、社会学和种族技术方面对太平洋世界进行扩张。但是,此处实际上存在一个社会学悖论、一个根本的错误,它源于太平洋世界与大西洋[81]世界在基本观点方面互不理解这一现象,而此种现象又源于两个世界在地理上完全不同的生存条件。

中国和日本有充分理由严厉批判整个西方文化政治科学上的虚伪及其险恶意图。在这一政治科学对待半开化文明的实际行动中,我们也遇到一种类似的虚伪,这种政治科学毁灭这些文明的行动无一例外都已奏效。无可否认,朝向诚实洞察的初步努力和作客观表述的尝试也无处不有。法国人对其南太平洋领地的粉饰之词与真实状况之间的鲜明对比,已经让某些观察者清醒过来,开始准确地评估并诚实地呈现他们的殖民属地(Schützlingen)愈来愈糟糕的社会学变化,其中的佼佼者是博维斯(deBovis)。①

琉球群岛在社会学的眼光看来非常有趣,作为文化桥梁也同样有趣,一位叫西蒙(Simon)的德国领事对之作了杰出的观察和描述。②作为一个岛屿世界,琉球群岛安于自身的生活方式,没有受到白人恩主的任何干预,社会秩序几乎完美。美国人当中有伍斯特(C. Worcester)和罗塞尔(Russell),他们试图以对预先拥有大西洋世界立场的人来说尽可能客观的态度,来观察菲律宾人及其自然的社会结构。

但是,本章开头憧憬的那本还未写出的著作,其最佳开端方式却是在史蒂文森的作品中找到的,尤其是他的《在南方诸海》(In The South Seas)一书。③在论南太平洋诸岛人口衰减的那一章,史蒂文森直截了当、令人震惊地告诉我们,人口衰减不仅源于空间匮乏与[民族]活力之间的斗争,而且是[西方]人侵略者无情干涉当地发展的结果。与自古以来就已经在太平洋社会学试验场中提炼出来的经验——即如何使人口增长与狭小生存空间内努力求存的要求和谐一致——相比,新马尔萨斯主义的武器库几乎无法提供任何应对措施。例如,依照威尔斯(H. G. Wells)和桑格尔(Margaret Sanger)这两位控制生育——不过,应当更恰当地称之为控制怀

---

① De Bovis, "Etat de la société tahitenne à l'arrivée des Européens", *Revue coloniale* (Paris 1885);比较 Vincendon Dumoulin Tahiti, 1843, Seurat (1806) and Froment-Guieysse (1910)。

② Dr. Simon, *The Riukiu Islands* (Leipzig 1914),该书在社会学领域是一部杰出的作品。

③ R. L. Stevenson 对南太平洋的描述,上文已提及,尤参 *In The South Seas* (Leipzig, Tauchnitz 1901)第五章及别处(页79、90、98、99、109、120)。

孕——的最新拥护者的建议,① 应该同时采用新马尔萨斯主义及其他某些学派的倡议,来帮助诸如德意志人、中国人、意大利人和日本人这些生育力强到令人不安的民族控制生育。太平洋种族在漫长时期内如何成功解决此种矛盾,即它落得怎样的最终解决,是社会学的一曲古代悲歌。

太平洋种族为此尝试过各种方法:在过于漫长的航程中通过互相吞食来解决食物问题;残忍地杀死过剩的人口,抛弃老人,将年轻人、处女和能够战斗的人留下;过剩人口高贵地自我牺牲,要么跳进火山口和火湖,要么带着有限的补给乘着鲜花环绕的木筏和小船漂向广阔的大洋;限制生育,只生一到两个孩子;将两性隔离在不同的岛上。因此,一方面是种种无比严苛的自我牺牲,另一方面是逃离过度拥挤的岛屿,带着女性或男性或混合的 Ver Sacrum[春之祭]向几万[82]公里外的其他岛屿扩张。② 在太平洋,最严苛的节育与放荡并存,从早婚到滥交,再到非常严格地遵守一夫一妻制,即在毫无限制的相互交合之后,从所有人都是兄弟姐妹的状态,转换到严格地维护婚姻制度。

母权制与父权制,艺妓和朴素的埃尔皮尼丝(Elpinike)这种类型,③ 神圣的家庭与家庭之外的淫荡生活,高贵的忠诚与放荡的生

---

① 威尔斯的建议,参他在华盛顿会议上作的报告;桑格尔的建议出现在她的东亚旅行记述中。

② [译注]Ver Sacrum是古代意大利人尤其萨宾人及其后代萨莫奈人(Samnites)将成员驱逐出殖民地的一种宗教习俗。

③ [译注]埃尔皮尼丝,古雅典贵妇,政治家克蒙(Cimon)之妹,生活放荡。据说,埃尔皮尼丝与哥哥苟合,后来嫁给卡里阿斯(Callias)。克蒙遭流放后,埃尔皮尼丝又与伯利克勒斯通奸。故埃尔皮尼丝是西方文史上著名的生活放荡的贵妇之一。参阿忒纳乌斯(Athenaeus, 170—230), *Deipnosophistae*。

命本能——这一切都紧密相关,令人惊奇地与法律和习俗交织在一起。一位德国诗人讲过一个完全幻想的故事,内容是男人和女人分别住在土星和土星的行星环上,每年只在疯狂之日那天相会一次。多年以后,位于日本东京南部洋面的八丈岛(Hachijo)上的一个传说告诉我们,历史上真有这样的事。据说,一群男人和女人分开居住在附近几个岛上,只在固定的季节双方才能见面,即季风变换期间。靠里侧一些、土地更容易耕种的岛屿留给女人居住,靠外侧那些崎岖不平、峭壁耸立且被巨浪包围的岛屿,则留给主要靠捕鱼为生的男人居住。只有在特定的时期,依靠季风的帮助,男人才能到靠里的岛屿,与他们的女人相会。待这些男人离开时,那些已经长大的年轻男子也会跟随他们到靠外的岛屿居住。①

这些只不过是取自地理学家的记忆的少数几个例子,此刻恰恰被我想起来了而已。辅之以出自社会学视角的计划好的研究,还可以轻易找到成倍的这类例子。比如,在所有品质中上的游记类作品中,社会学的材料都非常丰富,鲁梅尔(Walter von Rummel)在他的旅行日志《太阳之国》(Sonnenländer)中就优雅生动地呈现了他在南太平洋的经历。②

太平洋这一地球上最大的生存空间,一方面凭借海岛的可通达性(Durchdringbarkeit),另一方面凭借海岸类型的封闭特性,同时呈

---

① [译注]八丈岛位于东京南部海上287公里处。豪斯霍弗此处提到的这个传说与中国的徐福有关。徐福带童男500人、童女500人出海求不老仙药。途中船只被海浪冲散,乘坐童女的船漂到八丈岛,乘坐童男的船漂到附近的青岛(Aogashima,八丈岛以南65公里处)。每年季风来临时,童男渡海去八丈岛与童女相会。诸多日本文献称八丈岛为女岛,青岛为男岛。

② Walter v. Rummel, *Sun Countries* (Brockhaus 1922),这部著作在人类地理学上颇有价值且语言非常优雅。

现出被外面的世界隔离和使外面世界与它隔离(abgesondertes, wie absonderndes)的现象。不过,太平洋海盆仍是一个彼此联结的文化地理学和社会学一级试验场,提供了大量引人注目的独立的案例,这是广阔的空间、交流的可能与迄今仍保留的[生育]限制和[种族]混合并存的结果。

但很显然,太平洋到处充满预防紧张局势的尝试,发自本能的对均衡的渴求,以及一再出现的、作为前导音符的反思行为。一个主导的地理特征在此也有自身的社会学效应:将多余人口从过于狭窄的岛屿居住区以及边缘空间,以一种补偿的方式扩散至交通可达的大区域——要么反抗空间和海上的危险,要么屈服于这些危险——这既是可能也是义务,但大部分时间伴随着人类对平衡的必要性的更深刻理解。

在这个方面,必须考虑到源自太平洋这一独特性的一种伟大构想的地缘政治影响:即构建泛太平洋联盟(die panpazifische Union),[83]这一构想起初在福特(A. Hume Ford)明智的领导下,试图以大视野和大手段促成太平洋在地缘政治和种族生物上的平衡氛围。泛太平洋联盟这样做时也利用了经济上互相依赖的感觉,还利用了对某学派的思想试验和对几个主要协约国强加的解决方案的厌恶。这种为独特的太平洋联盟和联合所做的准备,表现为三个大型岛屿帝国间长期的互保关系,即美利坚帝国、日本帝国和大英帝国。依照人口总数,这三个帝国在太平洋的实力顺序是:美国人口将近1.38亿,日本人口1亿,大英帝国目前在太平洋的人口为2500万至3000万。

我们不得不称赞泛太平洋联盟的另一点是,泛太平洋联盟是两个盎格鲁-撒克逊帝国最漂亮、最有效的文化战略工具,同时审慎地掩饰了帝国主义的精神本性。毫无疑问,这一工具的力量之源在于,太平洋生存空间对生命力与生存空间的比例和平衡问题,以及几乎全部环太平洋邻国对此问题的意识,存在不同的态度。恰恰在这些重要领域,地理学、地缘政治学、社会学的研究对象互相重叠。

此种太平洋实践的一个例子是,美国传教士对中国1920年至1921年的饥荒施以大量援助。这一年,中国有317个县遭受饥荒,受灾人数达4000万人,其中2000万人面临完全没有任何食物可吃的状况。具有了现代形式的泛太平洋感觉的共同体,明显强于整个欧洲的共同体感觉。后者对中欧封锁期间和俄罗斯饥荒期间数百万濒于死亡的饥民,态度始终要冷漠得多。① 与之相反,那时将近2000万的中国饥民中,不少于800万人靠大洋彼岸的援助活过整整两个月;1.2亿美元的援助使直隶、河南、山东、陕西和山西的大部分人口得以活下来,其中1700万美元来自传教士圈子。无论如何,这是泛太平洋共同体的社会学洞见和积极的人道精神的杰出丰碑。

与大西洋的视野相当不同,太平洋的视野凭借自身的地理独特性,早已使自己的居民看到生存空间的限制,以及生命保存力量的波动所造成的共同危险——不管这种限制和危险多么不均等。一般来说,这意味着太平洋各民族在早期就需要明白,他们不得不面临选择:要么屈从于生存空间的限制,通过限制人口增加来寻求人口的平衡;要么[84]在生存斗争中寻求一块新地方,或征服一块新地方。总之,他们必须选择要么成为铁砧,要么成为锤子。他们不能从和平主义的视角来思考解决困境的办法,不能继续在挤满穷人

---

① [译注]一战后,协约国集团封锁中欧,导致大量饥民。1921年初春,由于政局动荡和极端天气,俄罗斯爆发历史上最严重的饥荒。整个饥荒持续到1922年底,一年半的时间里超过500万人死于饥饿。中国1920年至1921年的灾荒遍及五省317个县,共饿死1000万人。

的有限生存空间中随意生育孩子,因为从长远看,即便工业化也无法改善他们的命运。自觉处理人口问题,要么由于人口压力不断增大而接受扩张生存空间的想法——至少对现有空间进行最有效的经济利用和集中,要么由于生存空间无法扩张而主动限制生育本能——对由此产生的结果的认识,在印度-太平洋生存地区比在大西洋生存地区出现得更早,方式也更为多样。这种对地理现实的接受,取决于太平洋周边更为狭窄的可居住空间,这与太平洋海域的广阔及由此激发的远航诱惑(Verkehrsreiz)形成对比。

不过,如要不偏不倚地呈现太平洋空间源源不断地提供的各种试验条件,会触及人类地缘政治的未来这一决定性问题。例如,凯恩斯(John Maynard Keynes, 1883—1946)积累的笔记体现出最有经验的专家如何讨论和描述人口问题,即如何在人口压力与空间限制之间找到一个可接受的平衡;首要的是,在那些不可能屈服于人口压力的地方,例如中欧、意大利、日本,还包括中国和印度的部分地区,如何推进此种平衡。对人口问题的这一面相的科学探究,不只在南太平洋具有政治经济学的重要意义,还有巨大的艺术魅力。社会学形式极为丰富,必须由真正想要公正对待所有层面的人来把握,遗憾的是,迄今为止,更多的观察者都不过是有才干的业余人士,而非受过科学训练的政治经济学家。对那些受过大西洋式教育的政治科学家来说,在大西洋生活方式抵达[太平洋]之前,掌握由地缘政治决定的[太平洋]丰富的社会学的观察材料,并保住这些材料,应该是一件充满吸引力的事。

在观察者对那个时代的描述中,我们首先会碰到自然提供或自然要求的丰富的解决办法。如莱桑(Leysan)从动物界的生物地理学类比开始,对鸟岛的经典描述提到鸟类永远需要栖息地,以及幼鸟由于到达哺育地太晚而遭受的不幸。华莱士和达尔文曾论到生存动力与获取生存空间的关系,从中我们也看到类似的观察。这条线一直延伸到最近的某些先知式人物,他们将那些最具非理性色彩的本能理性化,即威尔斯和桑格尔二人。他们最近一直在宣扬下述残酷的选择:要么通过不顾一切的生存斗争来维持生存,要么通过从创生源头限制生命来减少此种斗争。

令人安慰的是,一些尚无人类居住的广阔空间(保护区),与这类古老的、经济上枯竭的战场和空间受限的岛屿并存。它们在过去曾经显得遥不可及,现在却由于交通的发展[85]而变得可以到达。例如,[俄罗斯]阿穆尔州、中国西北、新几内亚和[澳大利亚]昆士兰州,能相当好地吸收其他长期以来人口过剩的国家的过度压力。事实上,有些地方甚至似乎主动要求迁入移民,如果那些地方的现任统治者没有人为地维持地广人稀的状态的话,如布迪斯洛勋爵(Lord Bledisloe,1867—1958,他于1930—1935任新西兰总督)对新西兰的谴责。

因此,太平洋地区也呈现出社会学上无限丰富的等级类型:一些岛屿分布在广阔的生存空间内,如萨摩亚群岛和夏威夷群岛,作为起调节作用的分配中心和[整个太平洋]海路的发电站和灯塔;个别权力重心则发展为经济增长的中心,如新加坡、香港和辽东;嵌入二者之间的是一些禁止进入的空间,最重要的是澳大利亚北部地区,以及某些前沿性和缓冲性的空间(Glacis-und Pufferräume),如长期以来你争我夺的库页岛和新赫布里底群岛(Neue Hebriden)的共管区(condominium),以及持续大概两年的临时远东共和国。还有一些安全策略可以应对未来预期的人口压力,例如日本认为必须夺占北海道和中国东北来安置自己的人口。从政治角度来预防人口压力,日本总表现得极富远见。

温室般的(Treibhausartige)社会学上的早期发展,与人口活力的过早僵化和复兴[在太平洋]并存；在你已经假定惰性停滞开始了的地方，或者在你现在必然相信规律的人口波动的地方，会突然出现返老还童。新西兰和复活节岛为此提供了丰富的材料，不过最重要的还是最大的岛屿国家：日本帝国。

但是，紧挨着岛屿国家的大陆国家在发展方面也绝非失败者，不管是沿海类型的国家，例如我们可以在秘鲁和智利看到的原型，还是河流类型的国家——后者一般被视作大西洋空间的特性。中国沿着黄河及其非常独特的社会学形态而分布，同时随着黄河河床的改道而迁移，这为黄河完全不同于大西洋的、更具社会性的太平洋特征给出不止一个绝妙的证据，证明了这种由河流决定的古老的社会学思想在今天多么有效。例如，1919年黄河在天津决口就是证明。这场洪水引发对天津日本租界的仇恨，因为日本人派驻黄河的守军为了保护租界才将堤坝掘开，引水入农村。但是，依照沿河居住区古代的司法惯例（Rechtsgewohnheiten），所有居住区具有均等的司法价值（Rechtswert）。因此，掘开河堤构成一种社会学上的犯罪，即便这样做能够以少数人的财产权为代价保住多数人的生命。

[86]日本和新西兰一直是最领先的太平洋岛屿国家，日本是一个太平洋边缘的国家，新西兰则是一个纯粹的太平洋中的岛国。这两个国家或许都能吸引人在太平洋进行一流的社会学研究，不过，研究者在其他群岛上也会遇到不应受到忽视的材料。尤其因为，太平洋通过各种各样的混合文化相互碰撞而拥有独特的魅力。不过，此种魅力具有一种令人悲伤的特征：因为整个生命现象到处触及的悲剧是，事实表明那些正在觉醒者往往也是毁灭者——当人类去有意识地处理关涉本能的社会学问题时，很容易出现此种危险。

具体而言，那些觉醒者不仅为了权力本身的缘故（如第六章所示），也为了给更大的空间清理出地基，为了把自己组织起来以便依照自己的愿望形塑未来的生活,而故意施行毁灭。至于违背自身意志的毁灭者,我们在他们身上也常常看到高贵的和解天性(Vermittlernaturen),他们单纯怀着最好的人道意图(menschlicher Absicht)谈论自己所经历的事,往往相信自己在施行保存。但是,准确而言,他们这样做会使那些迄今为止仍能生存的形态受到危险的关注,或者会吸引陌生人来到自身所在的空间,而那些陌生人会以加速的发展,毁灭许多还未成熟到足以接受此类发展的种族,例如汤加和夏威夷的白人首相,以及史蒂文森对萨摩亚之命运的洞见。

从太平洋世界最早的传说时代,中经古代,到眼下的历史,太平洋地区始终存在一连串足以证明为争取呼吸空间和生存空间而斗争的理由。甚至比西方历史更令人震惊的是,太平洋各民族始终担心空间会变得不足,尽管他们更愿意尽可能地屈从并接受空间的拥挤,或者从过度拥挤的地区迁走。但是,毁灭阿兹特克帝国(Aztekenstaat)的那种最宏大(großartigsten)最可怕的方式,几乎已经在太平洋各地变成现实,也有人预感,白种人这种压倒性的入侵将以某种方式带来神奇的变化或救赎。接下来,我们就转而探讨这种突变的后果。

[原为脚注]英国一流社会学家和"社会演化论"的代表人物的作品,把我们带回对太平洋的最初印象,从而已经表明上述联系。在日本文献中可以找到与之对应的对"日本帝国"的批判,参 Dr. Kuwada, "Social Politics and Labor Problems", *Japan Year Book 1921-1922*, 页 168-182。Cunow, *Soziale Verfassung des Inkareichs* (Stuttgart 1896),给出了太平洋东部边缘文化的一种类型;伍斯特的《菲律宾:过去和现在》(*The Philippines, Past and Present*)一书表明,如果完全不想让太平洋社会学占上风,找到妥协有多难。福特就泛太平洋联盟而发表的文章,可参他1923年4月21日和28日在泛太平洋会议上的演说,刊于 *Jap. Times and Mail*, Nr. 19. 1923,福特的演说同样洞见到太平洋社会学对那些最初以陌生人身份面对它的人的影响。

第八章　白种人的入侵

[87]有一部书专门研究东南亚近来为重获自决而作的努力,①书中一个尝试是比较欧洲人侵入东南亚和印度-太平洋地区的两种不同类型:太平洋型与印度洋型。西班牙通过突入太平洋取得重大进展,是典型的太平洋型。与之相反,葡萄牙和荷兰通过边缘推进、摸索前进而达到顶峰,是典型的印度洋型。西班牙在政治上更有活力,追求迅疾的决断。葡萄牙和荷兰则在文化地理和政治上更能适应被侵犯空间的独特存在方式。从长远看,葡萄牙人和荷兰人的入侵有着更为慢性而非灾难性的影响。大英帝国以及盎格鲁-撒克逊领地的殖民者中的优秀领袖和富有教养的政治家们,同时掌握了上述两种方式,就像吕山德(Lysander, ？—前395年)能在狮子的威猛和狐狸的狡黠之间自如切换,②因此他们最强有力,也取得最大的成功。西班牙殖民者和盎格鲁-撒克逊殖民者在攻占殖

---

① K. Haushofer and J. März, *Concerning the Geopolitics of Self-determination* (Munich 1923)。

② [译注]吕山德,斯巴达政治家和军事统帅,公元前405年指挥斯巴达海军在博斯普鲁斯海峡击败雅典海军,随后迫使雅典人投降,结束伯罗奔半岛战争。随后十年间,吕山德在斯巴达夺取希腊的霸权事业中发挥了关键作用,公元前395年战死于哈里阿图斯战役(battle of Haliartus)。参Xenophon, *Hellenica*,卷二,1.27–28;卷三,5.18–19。

民地时则往往更富侵略性,例如西班牙是从墨西哥出发而非从本土直接出发征服了菲律宾。

分析个体殖民者在打开、解锁和侵入太平洋的过程中经历的变化,即从最初的接触和渗透开始,到冲破传统精神枷锁这一整个过程,直至今天仍极具教育意义。但是,这将是一部多卷本史书的任务,且许多开端确实已然存在。大多数分析只覆盖单个特别引人注目的时期,而非整个发展过程。一些作者写下并发表的个人印象,其中包含着远远多于我们所知道的真实。尤其是佩里准将,他对他[1854年打开日本国门]的使命直言不讳。①

欧洲人的入侵与原住民迁徙路线之间的关系这一问题,迄今仍未得到回答。波利尼西亚人和印度-阿拉伯人沿着惯常海上路线的迁徙,在多大程度上吸引欧洲列强紧随其后?在欧洲人抵达太平洋后仍不断退让的日本人、中国人和秘鲁人,在多大程度上也在吸引欧洲列强到来?面对新的入侵者,不管古老的太平洋诸文化[88]多么努力地试图收起触角、封闭自身,都没有任何逃避途径能让这些文化摆脱强加于己的生存斗争。这些文化最终都发现,在这个星球上绝无可能逃避对抗,要么抵抗要么死亡,要么吃人要么被吃,没有别的选择。但是,这种非此即彼的选择无疑表现为极其多样的形式。源于个体的一浪接一浪的入侵动机在许多情况下互相重叠。巴尔沃亚(Vasco Núñez de Balboa,1475—1519)、麦哲伦、科特斯、皮萨罗(Francisco Pizarro González,1471—1541)、莱加斯皮这些西班牙人,②德雷克、安森(George Anson,1697—1762)以及后来为西北航

---

① A. C. Perry, *Memoirs, As Opening of Japan*, German translation by Wirth and Dirr(Hamburg 1910);尤其比较页33。

② [译注]巴尔沃亚,1500年前往新大陆殖民,1510年在现在的巴拿马地区建立永久的殖民据点,是第一个在美洲建立永久殖民据点的欧洲人。他最著

道而斗争的英国人,在东西方向上突入太平洋;最后,古德弗罗伊家族(Haus Godeffroy,德意志人)从瓦尔帕莱索(Valparaiso,属智利)打开南太平洋。上述行动似乎作为显示权力的典范,给那个时代留下了更深刻的印象。而荷兰的东印度边缘地区则最显著地显示出永久的经济吸引力。

当然,世界观(基督教、伊斯兰教、布尔什维克主义、法西斯主义)的扩张欲望与经济影响力的扩张欲望,常常有一种同等强大的影响。但是,世界观沿着直线的征服更有效、更直接,所以显示出更强大的延伸效果。商业贸易和易货贸易的吸引力则摸索前进,更多是通过各地港口,从一个权力中心到各个连接点——远东的商人就体现出这一点——而并非货物在各个原产地之间直接贸易。这要求商人既具备领袖天才也要有战略头脑。进一步遵循这一思路,我们差不多就可以区分由地理轮廓决定的自然迁徙,与由意志决定的更加帝国主义式的迁徙,也可以区分国家干涉的不同类型——但是当然,意志和吸引力通常以隐蔽的方式一起出现。很多时候,有远见却对土地贪婪的人,会超前他们的时代数十年甚至几个世纪,便力求通过谎言(cant)隐藏他们的真实目标:美国侵入东亚的隐蔽历史就是这方面的典范。此外例如波特(Peter Buell Porter,1773—1844)早在1813年就出现在马克萨斯群岛的瓦普岛(Haiohai),美国1842年对夏威夷提出声明,佩里准将出现在日本。但日本也早在1884年就介入朝鲜,为其争取所谓的独立,1894年再次介入,到

名的事件是1513年率领一支远征队穿越巴拿马地峡抵达太平洋,是第一位从美洲大陆出发抵达太平洋的欧洲人。皮萨罗,西班牙殖民者,主要事件是征服印加帝国。莱加斯皮,西班牙殖民者,主要事件是征服菲律宾,建立西属东印度群岛殖民地。

1904年，朝鲜这块肥肉已经熟到可以直接吞下。

与这些起止点相反，最富教益的相反现象（Gegenerscheinung）是日本的进退之法。然而，在过去两个多世纪内，这个岛屿帝国的决定性行动却是彻底闭关锁国。一位英国批评家称之为"德川家康的错误"，因为日本没有继续扩张到澳大利亚。但是，将这一错误与德川家康的名字联系起来并不公正，因为"错误"发生在驱逐西班牙和葡萄牙这两个［89］天主教殖民霸主之后，其时德川家康早已死去。德川家康任德川幕府首任将军时，直到1610年和1613年还允许两艘船航往墨西哥，之后，到了17世纪中期，德川幕府的第三任将军德川家光（Iyemitsu，1604—1651，1623—1651年任幕府将军）才于1637年颁布锁国令，禁止建造远洋船只。

对这个擅长航海、天生大胆进取、地球上最需要以海为生的大民族来说，禁止航海是一件痛苦的事。日本曾在相当长的时间内统治着公海，例如日本的据点，即所谓的日本町（Nihon-machi），①不仅分布在朝鲜的釜山、元山和中国南部沿海，甚至远至马六甲和爪哇；不仅如此，日本还让臭名昭著的海盗劫掠和破坏公海，如对［中国］台湾和海南两岛的劫掠和破坏。总而言之，在相当长时期内，公海对日本人来说并非禁区。萨摩藩谋取了与中国共治琉球群岛的地位，在北方诸岛建立据点；流亡者在博宁群岛（Bonininseln，日本称小笠原群岛）建立殖民地；上文提到的在釜山和元山的定居点也仍

---

① ［译注］日本町指的是历史上位于东亚和东南亚的日本人社区，尤其是商贸意义上的定居点。16至17世纪，日本人的海外活动开始在东亚、东南亚等地逐渐繁盛。因此，一些日本人为了方便海外活动而移居他国，日本以外的日本人社区陆续出现，其中稍具规模的被称为"日本町"。在这个时期，日本町存在于这一地区的很多主要港口，包括荷属东印度的巴达维亚，越南阮氏政权的会安，西属菲律宾的马尼拉以及柬埔寨的金边等。

旧保留。不管怎样,通过这些记忆,日本过去的航海传统能够保持活力。随着时间的流逝,日本在预定路径上也许会再次向海外冒险挺进。

因此,西方人现在正经历来自远东的反向压力,在这方面已有那么多抱怨之声。实际上,这一压力仍是马来-蒙古人对之前欧洲人的单方面压力、对一次又一次攻击的可预见的反应。来自远东的反向压力也只是一个更大的普遍运动的部分。斯托达德(Lothrop Stoddard)将这个更大的现象概括为"反抗白人霸权的有色人种的涨潮"。①他在一部论新伊斯兰教的书中进一步详细阐释过这个论题。西方人不愿看到的影响之一,就是[第一次]世界大战的后果和太平洋问题的重新出现。基奇纳(Horatio Herbert Kitchener, 1850—1916)早在1909年就担心这一后果,并在一次交谈中向我预言过这一后果。②白种人和其他高等文化种族——后者要么是这一地球空间的某些原生种族,要么是像印度人这样位于太平洋西部边缘的种族——现在都面临太平洋的觉醒。请比较萨卡尔(Sarker)的两部著作:《年轻亚洲的未来派》(*The Futurism of Young Asia*, Berlin, 1922)与《人口社会学》(*Sociology of Population*, Calcutta, 1936)。

因此,对白种人来说可疑惧的事情是,太平洋的岛屿原住民和环太平洋民族正在以并非那么无害的眼睛,检视侵入印度-太平洋世界的欧洲人带来的积极和消极方面,这类检视带着相当尖锐且不

---

① Lothrop Stoddard, *The Rising Tide of Colour Against White Supremacy* 和 *The New Islam*,后一部著作出版于1922年。

② [译注]豪斯霍弗1908年底被派往日本任德国驻日使馆武官。从欧洲前往日本的途中,豪斯霍弗在印度短暂停留,与时任英国东印度群岛总司令的基奇纳共进过午餐。

信任的目光。例如,马文(F. S. Marvin)的《西方种族与世界》美学论文集,①或图恩爵士(Sir Everard im Thurn,1852—1932)关于欧洲人对太平洋的影响的研究,均表明这一点。②仅有那么几次入侵适合教导现代的客观观察者区分意欲产生的印象与真正产生的印象,例如,佩里准将在日本的行动是一个象征,可以区分美国(今日侵犯太平洋的主犯)希望以何种方式在太平洋被认知与美国实际上以何种方式被认知。泛太平洋联盟是[美]帝国主义的一个奇妙面相,也是巧妙构思的工具,用于掩盖[侵略太平洋]这一事实。

我们首先来检验一下图恩的论述。从严格的科学客观形式看,我们会认为,这位秉持欧洲中心论和大英帝国立场的研究者,[90]显然旨在阐明那个时代的地缘政治挑战。当然,我们也可以对任何一部关于太平洋的政治著作作此种地缘政治考察。例如,可以参看斯科菲尔德(Scholefield)、科尔维尔(Colwell)或弗莱彻(Fletcher)的书,最后一位是尖锐的反德学者。不可能模糊现实语言和入侵事实,让常常遭诽谤的德国人在为入侵后果负责的诸国家中不只列第七位——而我们显然只排第七。图恩的研究涉及打开并侵入太平洋的四百年历史,以及欧洲民族在其中扮演的角色。[太平洋上的]岛屿被理解为[欧洲人的]"跳板"和"预留空间"。图恩尤其强调加拉帕戈斯群岛的重要性,这里是第一批欧洲冒险者的藏身和休息之地,还是德国海军上将施佩所率舰队1914年藏身和休息的地方。

一切带侵略意图的民族都面临共同的难题:如何处理他们的

---

① F. S. Marvin, *Western Races and the World* (London 1922)。

② Sir Everard im Thurn, "European Influence in the Pacific, 1513–1914", *Geographical Journal Royal Society* XLV,页301。这是一份中肯的总结,对第一次世界大战起源时期的分析不偏不倚。

战利品和侵略所带来的错误。"托管对剥削"(Trusteeship against exploitation)是一个人们爱用的对立表达,尤其那些强烈反对德国、充满偏见的传教书籍特别爱使用这个表达,例如扬(Allen Young)的著作。①

南太平洋野人(此处的"野人"不是指一种残忍的半动物性的人,而是指未经规导驯服的野居人,就像"森林人")与侵入此处的、或好或坏的文明欧洲人在思想上的差异如此巨大,以至于这两种人永远无法互相理解,也不会有共同的交流基础。因此,如果对这些状况没有较以往更为清晰的洞察,我们就不能去评判下述事件:这些野蛮人偶尔表现出兽性,随后又将自己的权利让渡给文明人,而文明人没有一丝悔意地剥夺野蛮人的这些权利。②

无疑,那些与殖民政策打交道的国会议员每天都应该如此提醒自己!然后,他们才能全局性地处理殖民地势力范围的发展和欧洲列强占领群岛的问题。殖民者通过犯罪手段侵占澳大利亚这件事在书中得到下述辩护:

从理论上讲,为了开发一片新的、没有可用劳动力的土地,并为后来的移民作好准备,这是一个明智甚至人道的体系。当

---

① W. Allen Young, *Christianity and Civilization in the South Pacific* (London 1922); Humphrey Miltord, or also E. B. Fletcher, *Stevenson's Germany: the case against Germany in the Pacific* (London 1920),就像他的《新太平洋》(*New Pacific*)和《太平洋问题》(*The Problems of the Pacific*)一样,夹杂着对德国人的强烈敌意和战争狂热,邻近民族毫不费力就可认识到里面的夸张之处。

② [译按]引文括号中的内容是豪斯霍弗插入的解释,下同。

然,执行这一政策带着相当多的残酷之举。但是最后结果仍令人满意。(尽管,有色民族"在这一过程中被屠杀殆尽"!)而且,难以想象另一套体系能在殖民的第一阶段创造出如此辉煌的成果。

到18世纪末,海上交通显著增加,扬将此描述为"迅猛的发展"。

> 美国宣布独立,结果新英格兰人[91]——他们天生全都是训练有素的海员——与他们的船只迅速从主要航道上消失。(这是对新英格兰人在英国统治的海洋中被俘虏这一现实的非常委婉的解释!)远在18世纪末之前,新英格兰人频繁驶入太平洋,朝各个方向航行,在此过程中发现并命名各个岛屿……

[海上]交通出现全新变化的地缘政治原因是,新兴强权必须挤走之前的垄断霸主;可以说,这也迫使大英帝国成长为一个殖民强权。1795年,英国成立伦敦传教会(London Missionary Society),明确意在使南太平洋的异教徒归信基督教,这件事进一步推动了政治权力。紧随其后,意识形态宣传与商业剥削实现非凡联合。扬在1922年出版的《南太平洋的基督教与文明》(*Christentum und Zivilisation im Südpazifik*)一书中仍带着赞许强调,这是英国与法国传教事业的独特功绩。在这本书中,扬找到了蔑视德国人的凭据,即德国人拒绝这种预备工作。地缘政治上值得注意的是接触变质(Kontaktmetamorphose)中的显著差异,此种差异已经开始在太平洋的西部群岛与东部群岛上发展。

太平洋野人与欧洲人的接触在西部群岛与东部群岛造成不同的影响。在东部群岛,传教士尽一切努力让原住民中有能力接受教育的人,滑稽地模仿欧洲范式建立一种新的社会秩序。(然而,这也把他们毁了。)要是他们内部没有各种各样的争吵,本来能取得更大的成功。(即,欧洲人已把自己由于教派分歧和党派争斗造成的全部仇恨,传给了南太平洋的自然之子们!)

……

然而,在西部群岛,由于在传教士到来之前,探险家们已抵达这个地方,因此传教士没有丝毫创造新秩序的欲望,反而把野人中仅剩的一点秩序打消殆尽,占上风的是一种完全混乱、无法无天的状态。这种状态让后来抵达的传教士更难站稳脚跟。

欧洲大国欲终结此种无法无天的状态,首先迈出的关键一步是法国1841年侵占塔希提以及其他岛屿。(即,法国传教士认为自己不能与英国传教士更高的自我组织天赋相竞争,所以首先向军队和政府求助。)只有一点特殊,法国凭借在太平洋的领地,实现的政治目标更多是保护法国传教士,而非安定原住民。(即,法国以最愚蠢的方式毁了原住民。)而英国的政策局限于,[92]无论是否有理由仅仅获取对于保护原住民来说似乎必不可少之物(?!),只在最紧急的情况下才占取对欧洲入侵者有利的某些东西,甚至只在有可能不对原住民造成损害的情况下才如此行事。(当然,尽可能在不造成损害的情况下剥夺某个民族的生存基础!我们德国人知道这种事。)第三个在太平洋获取领地的强权,即德国,似乎既不考虑原住民的福祉,也不关注所占岛屿的商业-政治价值,而仅仅从战略考虑出发(?!)。

按图恩爵士的说法,在美国对夏威夷提出声明中、在尾随德国而来的列强分配海底电缆的事情上,都不曾有过这种战略考虑。倘若如此,鲍曼(Bowman)书中所谓的美国霸权在太平洋的四边形(Machtlinienviereck),①即由荷兰港(Dutch Harbor)、关岛、帕果帕果(Pago Pago)、珍珠港组成的四边形(American Quadrilateral),②岂不就成了排字工的一个错误,即一个巨大的印刷错误?但是,说出此种大力隐藏的真相所要求的不动声色,就像在听到轻蔑的笑声时能控制面部肌肉,表明这显然属于地缘政治教育的外在表现。故此我们要继续引用图恩爵士的说法,因为他的说法是伪善(cant)的典范,这一点在他自己的话中表现得极为明显:

在1874/1875年之前,就有许多诱惑摆在大英帝国面前。但是,直到那时,大英帝国才开始吞并太平洋的岛屿,或者毋宁说开始接受太平洋岛屿的转让。

就1859年吞并斐济群岛,③图恩说:

---

① J. Bowman, *The New World, Problems of Political Geography*, London-Sidney, 1922。

② [译注]荷兰港,位于美国阿留申群岛的阿马克纳克岛,是美国在北太平洋最重要的海军、空军基地。帕果帕果是美属萨摩亚首府和港口,在图图伊拉岛中部帕果帕果湾内,1872年被美国海军选为加煤站,1951年以前一直是一个活跃的海军基地。这四个战略位置形成一个四边形,是美国太平洋地缘战略的关键,如今这个四边形仍然存在。

③ [译注]19世纪50年代,斐济群岛的诸部落形成两个彼此为敌的联盟,一个以斐济人萨空鲍(Seru Epenisa Cakobau, 1815—1883)为首,另一个以汤加人马阿富为首。1858年,英国在萨空鲍政权的首府莱武卡(Levuka)派驻领事。1859年,美国寻找借口向萨空鲍索取巨款,并以炮击威胁。萨空鲍随即以斐济

英国政府尽管受到来自澳大利亚和新西兰的大量压力……仍然不情愿吞并这些岛屿,主要因为英国政府不愿意做任何可能违背原住民真实利益的事情(!),也不愿意控制远离英国本土的当地事务。

德国占据南太平洋领地的开端,出现在第319页,内容大体上没有敌意。图恩的意图,甚至是要让人感觉仿佛不是英国,而是澳大利亚对德国的扩张疑虑重重。

澳大利亚长期以来以各种手段,试图让大英帝国吞并[93]新几内亚岛不属荷兰的部分。因此,当有迹象初步暗示德国正试图将旗帜插在离澳大利亚海岸如此近的一个大岛上时,澳大利亚就再次煽动英国吞并巴布亚新几内亚。

图恩1914年8月4日在澳大利亚作的报告称:

澳大利亚和新西兰爆发出冷酷的欢乐,因为突然出现意外的曙光,给了澳大利亚人和新西兰人机会,让他们不仅证明自己无限依恋母国,而且清除了这个入侵者在太平洋的任何痕迹——这个相对较晚的入侵者从一开始就极大地冒犯到他们。最终,他们迅疾且彻底地实现了这一目标。

但是当然,他们也向其他近邻表明了如何实现这一目标!

为英之保护地为代价,请求英国代付。当时英国忙于镇压新西兰毛利人的反抗,萨空鲍乃求助于澳大利亚。澳大利亚墨尔本集团同意提供借款,组成波利尼西亚公司,在斐济掠得约8万公顷良田。斐济人被迫交纳人头税以偿还借款和支付利息。1874年9月,英国与斐济谈判;10月,斐济沦为英国殖民地。

在图恩爵士的演讲(他的地缘政治洞见源于[英国]皇家地理学会,后者常常提供最有价值的洞见,因此,与许多其他学会的讨论相比,我们必须始终留意这一学会)结束之后,主持者在讨论时承认:

> 我们对德国侵占新几内亚的历史尤其感兴趣。如果你从德国人的视角读一读德国人对此事的看法,例如《德国评论》(*Deutsche Rundschau*)的报道,你就不会因为德国人去那里而责备他们。

显而易见,早在那个时候,英国就开始巧妙地把这种卑鄙掠夺引起的谴责转移到其他当时还不那么狡猾的掠夺者身上。今天,我们看到,英国巧妙的手法让整个德国在战后将敌意倾倒在法国身上,这是英国人的治国术达成的地缘政治成就。

兴许,比较下列地缘政治事实是公正的:一边是德国在太平洋的整个表现,另一边是比如美国[在太平洋]的突入和权力扩张。梅尔茨博士(Dr. März)的说法或许能为这一比较提供很好的基础。① 维内塔号(Vineta)的航行当时仅仅促使普鲁士政府在1868年考虑占取加拉帕戈斯群岛、厄瓜多尔的派仑(Pailon)、新喀里多尼亚、社会群岛、斐济群岛和萨摩亚群岛。1869年,奥伊伦堡使团(Mission Eulenburg)勘察[中国]台湾岛后发回报告。② 苏

---

① Dr. J. März, "The Fate of Overseas Peaks of Growth", in *Zur Geopolitik der Selbst-bestimmung* (Munich1923).

② [译注]奥伊伦堡使团是普鲁士王国1860年派出的一支东亚远征舰队,由奥伊伦堡伯爵(Friedrich Albrecht Graf von Eulenburg, 1815—1881)率领。这支远征舰队由三艘军舰组成,意在开拓与东亚国家的关系。1861年5月,远征队抵达天津,开始与清政府代表谈判,9月2日模仿中法《天津条约》与清政府

禄群岛（Suluinseln）在1866年和1876年两次想将自身置于德国的保护之下。1867年的备忘录已经提到菲律宾和［中国］海南岛。1870年，在普法战争期间，一开始是把胡安·费尔南德斯群岛（Juan Fernandez），后来在冲突将近结束时则是把西贡、留尼旺岛（Reunion）、马达加斯加岛、印度半岛的几个地方、马克萨斯群岛、塔希提岛这些地方，视作德国可能对法国提出的战争赔偿。此后德国列入考虑的是租借澳门或马尼拉。1879年德国提出在萨摩亚群岛获得一个加煤站的计划，实际上，这一令人神往的计划早在1871年就已首次提出。但是，1889年德国彻底放弃了这一想法。如同针对阿塔富环礁（Neulauenburg，现名Atafu，属托克劳群岛）和贾卢伊特环礁（Jaluit，属马绍尔群岛），李希霍芬早在25年之前就建议实际占取胶州湾。1885年，德国意图[94]在马里亚纳群岛和帕劳群岛获得加煤站，但是，相关的购买条约直到1899年才缔结。1899年，德国放弃新西兰北部的萨维奇岛（Savageinsel），以交换所罗门群岛的韦拉岛（Varaninseln）。但是，1890年，马汉（Alfred Thayer Mahan，1840—1914）已在他的《白种人与海军霸权》（*Die weiße Rasse und die Seeherrschaft*）一书中，①可恶地嘲讽了在南太平洋占地的德国人。早在那时就有了对德国人的指控！

美国对太平洋岛屿的入侵始于1813年侵占马克萨斯群岛（Supan），这比德国人首次意欲在太平洋占地早26年。1842年，美国总统泰勒（John Tyler，1790—1862）写信给国会，说他将阻止别的

代表崇纶签订《中德通商条约》。这支远征队中就有年轻的德国地理学家李希霍芬。

① Mahan, *Die weisse Rasse und die Seeherrschaft*, German by J. Sachs, Vienna-Leipzig, 1909。

国家占据夏威夷，由此宣布了以太平洋为中心的门罗主义，即"不许染指"。这一宣言当时没有得到充分理解，该宣言也是法、美在墨西哥爆发冲突的序幕，①让我们能够理解美国何以对拿破仑三世（Napoleon III, 1808—1873）的垮台欣喜若狂。时至今日，墨西哥仍然是美利坚人、法兰克人、罗曼人（amerikanisch-französisch-romanische）的摩擦地带。1848年，美国控制中美洲丰塞卡湾（Fonseca Bay）的蒂格雷岛（Tigerinsel），在太平洋海岸站稳脚跟，以反对野心勃勃的英国人。1850年，英国凭借《克莱顿–布尔沃条约》（Clayton-Bulwer Vertrag）巩固了自身在巴拿马地峡的地位。1867年，美国向俄罗斯购买阿拉斯加（参第十章），之后控制关岛、萨摩亚群岛的图图伊拉岛，最后是夏威夷群岛。

自1842年起，美国每次侵入他国法律和经济领域都会预先警告。美国从1874年开始逐步蚕食夏威夷（要求"特殊权利"——非

---

① [译注]1848年，美墨战争结束。墨西哥惨败，被迫与美国签订《瓜达卢佩–伊达尔戈条约》（Treaty of Guadalupe Hidalgo），向美国割让230万平方公里的领土。战争期间，墨西哥向法国、英国和西班牙借了高额贷款。财政危机和政治危机使战后的墨西哥陷入动荡，1861年，胡亚雷斯政府宣布不再支付外国借款的利息。1861年10月31日，法、英、西三国签订条约，以法皇拿破仑三世为领袖，决定发起一场武装"讨债"远征。此时，美国爆发内战，在拿破仑三世的谋划下，法国与美国南方蓄奴州建立隐秘同盟关系。因此，此次对墨西哥的战争一是要使墨西哥沦为法国殖民地，二是为干涉美国内战提供一块踏板，三是要促成美国的分裂。1862年，法英西联军开始进攻墨西哥。法国透露出征服墨西哥的意图后，英、西军队迅速撤出。法军开始单独征服墨西哥。1863年5月31日，胡亚雷斯政府逃出首都墨西哥城。7月10日，在拿破仑三世授意下，哈布斯堡家族的马克西米利安成为墨西哥第二帝国皇帝。至此，法国征服墨西哥、在美洲立足的前景一片光明。然而，随着美国内战的结束，墨西哥人开始在美国的支援下反击法军。1867年，墨西哥军队收复首都，剿清法军残余势力。马克西米利安皇帝被枪决，法国征服墨西哥、染指美洲事务的意图失败。

常类似日本在《石井－兰辛协定》[Ishii-Lansing-Abkomment]中的做法！），① 直到1898年完全吞并夏威夷（不顾日本反对）。这个过程早在1890年，即在有色种族徒劳地向其他有色种族恳求帮助后，就已由马汉提出过。菲律宾是美国在太平洋攫取的最大一块宝贝，巴拿马则可能是美国从国外土地上撕下的一块最具地缘政治价值的要地。随后，美国试图获得奇里基泻湖（Chiriquilagune）；最后，美国在获取加拉帕戈斯群岛时暂时遭到失败。

相比德国在太平洋的出现，美国的表现实际上有一个非常明显的差异。美国有一个连贯而强有力的地缘政治布局，与之对应的是一种非常不同的目标，即切实扩张霸权并获取经济利益。仅仅在太平洋，美国通过阿拉斯加半岛就获得150万平方公里领土和5.5万至6.5万居民；夏威夷的面积是1.67万平方公里，居民为38.02万；菲律宾的面积是29.63万平方公里，居民超过1300万；关岛面积800平方公里，居民17650人；图图伊拉（萨摩亚）面积157至200平方公里，居民10055人；巴拿马运河区面积1160平方公里，居民2.8万，同时，作为美国附庸国的巴拿马有46.7万居民。此外，还可加上暂时处于半附庸国地位的尼加拉瓜，不过它后来遭美国抛弃。如果我们把美国的资源补充完整，从美洲地中海（即加勒比海和墨西哥湾）到作为太平洋门户的巴拿马的空间还包括：古巴、波多黎各岛、圣多明戈、维尔京群岛、海地。这样一来，我们还得加上28.2万平方公里领

---

① [译注]第一次世界大战期间，日本趁欧美列强无暇东顾之机，竭力扩大在华殖民权益，招致美国不满。1917年，日本派全权代表石井菊次郎（1866—1945）赴美国与国务卿兰辛（Robert Lansing, 1864—1928）谈判。石井要求美国承认日本在华利益，兰辛则提出日美共同维护中国领土完整等建议。最后，双方达成《石井－兰辛协定》。协定规定：美国承认日本在中国有"特殊利益"，日本承认美国享有"机会均等"的权利。

土［95］和几乎2000万居民。这比德国在南太平洋的24.5万平方公里殖民地和大约40万居民多得多。

这些数字可以让我们大致确定侵入太平洋的新白种人到底是谁，是谁踩住了旧殖民霸权的神经，是谁以广袤的地域和1.2亿人口成为［太平洋］原住种族的新入侵者中的佼佼者。这也是为何像印度人萨尔卡（Sarkar）这样的学者，要比较印度－太平洋海盆中的欧美霸权与亚洲霸权。① 即便在罗斯福总统治下美国开始显著地［从太平洋］撤出自己的力量，这一点也不会发生太大的改变。证实此种撤退的标志性事件是1936年召开的泛美会议，以及1935年宣布允许菲律宾在1945年获得独立。然而，我们不能忽视，美国在太平洋仍有突击潜力，从阿留申群岛—夏威夷—图图伊拉（萨摩亚）构成的权力四边形出发，美国的海军舰队和飞行中队能在任何时候再次向前方出击。

---

① A. Supan, *Die territoriale Entwicklung der europäischen Kolonien* (Gotha 1906)。萨尔卡笔下的对峙可见：Benoy Kumar Sarkar, *The Futurism of Young Asia* (Berlin 1922)。对本章有帮助的地缘政治论述，参 E. G. Bourne, *Spain in America 1450–1580* (New York 1904); Lord Bryce 的"观察与印象"，及其美国教材 (America-Standard work) 中的相关章节；A. Wyatt-Tilby, *Austrial-Asia 1688–1911* (London 1912); 库克和福斯特的航海日记；最后，参拉采尔就中国人的迁徙所画的反射图 (Reflexbildern), 格朗费德（Grünfeld）和舒尔茨（Ernst Schulze）就日本人的迁徙所画的反射图，以及 K. K. Kawakami, *Asia at the Door* (New York 1914); R. Biasutti, "L'emigrazione giapponese", *Rivista Geografica Italiana*, 1916。

第九章　太平洋进入世界文化、世界政治和世界经济导致的世界图景的变化

[96]我们如果不留意空白形式,即在一幅画的正面轮廓和多彩表面的边上留下的空白空间(这是太平洋艺术东亚分支的一大特长),就等于宣布放弃地缘政治分析的全部基本规范。如果我们宣布放弃这些规范,就会忽视太平洋进入世界视野而激发的对大西洋世界图景的反作用。本书第四章已经简略勾勒出太平洋进入世界之前的历史。

1513年圣米迦勒节那天,第一位欧洲人巴尔沃亚举着西班牙国旗、佩带宝剑大步走进太平洋水域,标志着西班牙对太平洋的占取。1920年11月27日,是首艘欧洲平底船有意识地航向并进入太平洋的400周年纪念日,即纪念麦哲伦的船队在那一天首次进入太平洋。经过这两次行动,地球上最大的空间向大西洋的居民敞开。此后,经过库克的探险航行,太平洋空间图景的主要特征开始成形。但是,只有凭靠吨位大幅上升的现代船只,才能克服太平洋广袤的空间。直到俾斯麦的帝国建立之前,欧洲人在南太平洋乃至整个太平洋的活动都不过是频繁的探险。1841年还处于有意识的地缘政治建构的早期阶段。海耶斯(Bully Hayes,1827—1877)这样的绅士海盗(Gentlemanpiraten)以及夏威夷和汤加的白人首相①这类人的

---

①　[译注]海耶斯是臭名昭著的美国海盗,19世纪60年代和70年代在南太平洋从事奴隶贸易,将太平洋岛上的原住民贩卖到澳大利亚等地,被称作南太平洋的海盗和最后的海盗。

第九章　太平洋进入世界文化、世界政治和世界经济导致的世界图景的变化　**141**

生涯,让我们想起大胆的电影情节。船只吨位的大幅上升,让跨越太平洋的定期大规模运输获得了永久的基础并变得富有成效,这仅在19世纪与20世纪之交才成为现实。在那之前,从太平洋的岛屿和边缘地带运往其他地方的,其实不过是小而价值极高的商品,最重要的是黄金、珍珠、香料、毛皮、丝绸和茶。仅有的大宗海上贸易是大米和硝石。大规模海上运输最初始于捕鲸业产品的运送,紧随其后才有了大米和硝石的运送以及[97]定期海上航线的建立。汽船公司之类的组织出现在1867年至1873年间。这多少推进了贸易额;人若没有或不想用贵金属支付,就可以用小物件和鸦片支付。这是从经济地理角度对边缘地区的剥削(Randraubbau),无疑对某些文化造成了灾难性的后果,特别是那些奇怪的向心文化,那些与白种人碰撞时充满死亡预感的文化。

　　回顾以大西洋为中心的第一波扩张对太平洋的蹂躏,大西洋的罪孽令文化政治家沮丧不已:这种沮丧的感觉会影响他,就如1919年《凡尔赛和约》的思想影响了和平主义者,播下了毁灭和平主义理想的种子。那些英国人发明了一些对某些文明化活动(zivilisatorische Tätigkeit),尤其是在南太平洋上通过爱的宗教(Religionen der Liebe)来推行的文明化活动的蔑视之辞,即这种活动使南太平洋的岛屿"与其说文明化,不如说梅毒化"。而英国以同样的方式违背中国的意志,用鸦片来毒害她!至于欧洲人为阿兹特克帝国、马来人、印加帝国带去的"幸福",荷兰远征巴厘王国的后果,① 澳大利亚人、塔斯马尼亚人以及塔希提人的"和平",我们

---

① [译注]荷兰自17世纪初开始征服东印度群岛,在相当长时期内专注于占取爪哇岛和苏门答腊岛。20世纪初,荷兰决定征服巴厘王国。巴厘王国统治阶层在抵抗失败后,选择大规模集体自杀。1906年,登巴萨王室贵族几乎全部

最好还是保持沉默。

唯有一个太平洋的原生生命形式是例外,即日本帝国,它最强大,在人种结构上最同质,它具备天然最有利的地理位置,足以与外部世界最长久地隔绝,足以在太平洋边缘维持自身的独特性和自决。也唯有日本帝国为自身保存着一种源出太平洋的宗教,即神道教,这也能解释日本在大西洋列强圈中的内在孤立!当然,日本以惊人的改头换面、两次内部革新以及真实的蜕皮过程为代价,保住了自己的地位。第二次革新过程从1854年一直持续到现在,各项目标齐头并进:重划土地,获取更大的活动空间,从反复无常的边缘占取、从意外的攫取发展成太平洋空间一流的超民族组织。日本是世界上三个最重要的岛屿帝国之一,暂时受1922年华盛顿会议诸条约限制,但同时正在挤退大陆国家和邻居!因为这就是土地重划的方式。至于法国,日本仅仅是容忍它,并且是从大西洋的角度来描述它![①]

但华盛顿会议不久便遭到最强大的、纯粹的太平洋邻居的反对——日本在1931年撕毁华盛顿条约,侵占中国东北,直到今天(1936年)仍占据此地。不止《四国公约》和《九国公约》已变得千

自杀于荷兰军队面前。豪斯霍弗所谓的荷兰远征巴厘王国的后果,应该是指这件事。

① 在最近的中欧文献中,弗兰克(O. Franke)的《东亚大国》(*Die Großmächte in Ostasien*)一书,或许以最专业的知识勾勒了东亚各国的事件。鉴于中俄1896年签订的有效期至1911年的密约的公布,以及英日圈子对这一密约的了解,中国人的美国顾问也可能修正这个或那个判断。最后一个无争议的公开密约文本来自雷亚(Geo Bromson Rea),刊登在1924年2月(第20卷)的《远东评论》头版。雷亚表明,俄罗斯的真实意图是通过中俄密约,把中国领土作为对抗海上强国的行动基地,而中国1904年对这一密约的保留类似于意大利面对三国同盟(Triple Alliance)时的保留。

疮百孔,此外还有另一份条约也于1936年12月废止。[①]不过,这已经标志着太平洋的第二次有组织的应对。第一次发生在很久之前,由马来人的迁徙完成,不过是以完全不同却适合他们的方式。这个种族的天赋,即"阳刚的高贵"(在詹森看来,[98]这是马来人和日本人共有的典型特征),首先表现出对自由的无限冲动,这使第一个跨太平洋空间的组织与众不同。这个组织具有某种社会–贵族制的基本特征。马来–波利尼西亚人以极少的人口,在早期就获得最大的成果。他们与蒙古人和古亚洲人混合,并能在此种混合中维持领导地位。之后,马来–波利尼西亚人毕竟不得不面对1.5亿中国人,而后者意识到了自己的种族团结,这不仅仅是他们为了反抗大西洋人的入侵而被迫追求秩序和纪律的结果。随着封建战争的结束,这种更严格的纪律在爪哇、锡兰、日本以及菲律宾的人口增长中也变得愈发明显。

  大西洋人的入侵首先由西班牙人(西班牙的太平洋垄断帝国持续70年)和葡萄牙人发起。随后,荷兰人夺得葡萄牙人的地盘,但没有能力改变治下的南太平洋诸种族的结构,其垄断地位逐渐被法国人与英国人在西南太平洋的竞争削弱。法国人准备与更强大的当地政权妥协,有时也打算与欧洲竞争者妥协。西班牙人和德意志人则被逐出太平洋。俄罗斯人推进到北部太平洋。这样一来,大西洋人的传教活动和伴随欺骗(cant)的贸易对各原住民族的毁灭,现在完全取决于协约国集团,即西方列强。在此期间,勇敢的德意

---

① [译注]此处指华盛顿会议上签订的《五国海军条约》,即《美英法意日五国关于限制海军军备的条约》,1922年2月6日签字,有效期至1936年12月31日。华盛顿会议共签订三个条约,另两个是:《九国公约》,全称《九国关于中国事件应适用各原则及政策之条约》;《四国公约》,美、英、日、法四国签订的《关于太平洋区域岛屿属地和领地的条约》,有效期10年。

志商人在南太平洋仅仅短暂地寻到空间,尽管德意志人也有份于麦哲伦的环球航行。德意志人曾经拥有巨大的、彼此相连的海洋空间,但现在赤道以北已落入太平洋本土唯一的大国日本手中。这块原属德国的区域相当于魏玛大公国(Großherzogtum Weimar)的面积,若加上海上空间,相当于三个巴伐利亚的大小,总面积接近24.6万平方公里。但是,这一空间只能通过一种大洋政策来维持,即借助完美的民族心理学(völkerpsychologisch)理解和真正的地缘政治学艺术。德国若能适应太平洋的独特性,本可维持对上述空间的统治。但是,要实现这一点,只能通过与太平洋周边的国家合作而非对着干。1895年和1902年是德国太平洋属地的关键转折点(Francke):这两个日期标注的是对下关(Shimonoseki)的干涉,以及德国与诸岛屿帝国合作的失败。①

远东和远西在中欧的对极(Antipoden)的这种相互重叠,当然是从大西洋视角出发得出的观察!在约定俗成的叫法中,中国人称太平洋为Tai-yo,即"大洋";日本人称之为Nan-yo,即"南洋"。澳大利亚,印度支那,印度尼西亚(Insulinde),Dalny Wostok即"远东",Wladiwostok即"统治东方"[99]这些词汇,从地缘政治视角看,都是军事和经济一体化的强国从大西洋中心主义立场出发而发明的无意义的词!即便如此,如果施佩将军统领的那支舰队的最后航行是一次光荣之旅,如果那次航行留给我们的记忆不带任何耻辱,那也不是因为德国人的治国术,而应归功于他们作为海员的成

---

① [译注]下关即马关。豪斯霍弗这里指的地缘政治事件是,1895年4月23日,在日本逼迫清政府签署《马关条约》六天后,俄罗斯、德国和法国为了自身利益,向日本发布照会,要求日本将辽东半岛归还清政府;1902年1月30日,日本与英国在伦敦签订《英日同盟》,这意味着德国与日本结盟的企图彻底失败。

第九章　太平洋进入世界文化、世界政治和世界经济导致的世界图景的变化　　**145**

就。一旦考虑到治国才干，施佩舰队的航行可以说就是从地球上未来最重要的空间糟糕地撤退。遗憾的是，没有哪个德国人当时意识到——哪怕今天也没有充分意识到——德国的未来多么依赖太平洋这个地球上最大的空间！不但从大西洋视角看是如此，从太平洋视角看更是如此：这一过程与16世纪从地中海视角到大西洋和印度洋视角的转移过程类似，这一转移避开了同时代人的注意，当时的人仍然聚焦于意大利这个中介半岛（Vermittler-Halbinsel）。例如，富埃特（Fueter）论经济史的作品证明，① 存在一种仅直接打击到德国的转变，这种转变随后影响到俄罗斯，不过最终会影响德国和俄罗斯的所有周边国家。

　　与之类似的是从大西洋心态到太平洋心态的转移。这种转移当然也意味着缓解迄今为止主要经济活动地区面临的压力，不过同时也减弱了欧洲的经济活力和力量。尽管欧洲是高度发达的银行业和金融业的中心，但它是一个正在衰落的经济中心。换句话说，这是一种真正的地缘政治枯竭！"承诺的补贴，就像白日梦，不会兑现！"此外，我们的大多数地图仍然根据以大西洋为中心的墨卡托投影法制成，这也暗示出为何我们没有注意到太平洋空间，因为我们一直将太平洋视为边缘位置，而实际上太平洋正在赢得中心位置。将大西洋视作全球权力中心的地图已经过时，因为中心早已从大西洋移开。

　　太平洋周边两个最强大的经济强权——日本和美国的演化最明显，两者由于表现显著而最容易被感知到。② 日美之间达成的协

---

① 富埃特展示出法国与哈布斯堡王朝争夺意大利期间，中欧交通线通过重新部署从地中海到大西洋的交通线而得到重新安排。

② 比较 *Dai Nihon*，章 16–20。

议极可能是和平协议(这一点完全取决于美国,因为日本不想与美国在太平洋爆发战争),这将是我们时代的一个决定性事件,仅次于整个印度-太平洋文化圈与大西洋文化圈达成的更大协议。被错误地称为"[第一次]世界大战"的战争根本不是世界大战,它不过可怕地标志着欧洲所有政治领袖在这一不平衡时期表现出来的无能,类似文艺复兴时期意大利的毁灭。

一系列新的力量同时打乱了以大西洋为中心的世界图景:诸如人口庞大的中国进入大西洋的文化、政治和经济结构,中国人的文化、政治与经济整合必然一方面与苏联发生联系,另一方面与帝国主义的海上霸权发生联系。此外,东南亚正在寻求自决;中国东北丰富的原材料(如煤、大豆、木材、高粱)招致对中国的干涉。巽他地区在经济上日益增长的重要性,澳大利亚的羊毛和黄金以及[100]社会主义的关税保护帝国主义(sozialistischer Schutzzoll-Imperialismus),加拿大和阿拉斯加的广袤空间和丰富矿产以及对人的需求,新西班牙文化共同体,智利-日本的公海共生(Hochsee-Symbiose),墨西哥的石油开采以及跨太平洋的双保险(transpazifische Rückversicherung),巽他地区猛增的海上运输——这只是最明显的现象的一小部分——都证明了太平洋的崛起。在这样一种密集的经济地理学考察中,简要概述影响大西洋的最明显因素才必要且可能。

首先是日本的变化。日本位于太平洋边缘离岸地区,本来是个孤立、自足的文化和经济区域,现在它对自身的空间作了重新评估。日本从一个封闭且人口停滞的海岛国家,一步步成为太平洋最强大的权力中心之一,聚力于扩张岛弧帝国(Inselbogenreichs)。日本现在已耸立在整个东亚面前,人口快速增长三倍,从3000万(这是日本千百年来达成的平衡数量)增长到1亿,其中3500万是附属的殖民地人口。此外,随着侵占[中国]台湾、朝鲜和中国东北,日本已经获得能容纳大量人口的空间,宽敞程度接近美国。这究竟是不是一种黄祸(gelbe Gefahr)？不,大西洋空间的此种称呼,在太平洋则名为白祸(weiße Gefahr)。因此,这两个无意义的词彼此抵消。

无论如何,对我们中欧人而言,所谓的黄祸大多数时候以经济政治的方式存在,与纯粹的权力政治或哪怕文化政治都无关。在今天清晰无比且始终一目了然的是,德国最珍贵的宝藏在一个相当不同的方向上受到威胁。与文化高度发达的有色种族共存的可能向来都存在,并且至今仍然存在。太平洋经济关系的主要经济地理特征不是更大规模的领土扩张,而是倾向于储存(Schatzanhäufung; Thesaurierung)。日本在一定程度上仍自给自足,并且通常能提供盈余产品,因为日本的进口量只占出口量的三分之一。中国、澳大利亚和加利福尼亚处于类似的地位,而这地位并没有那么不利。

然而,动荡和灾难偶尔会危及这些地球空间的自足。我们德国人最好放弃仍然存在的反对远东,尤其是反对东亚种族的科学沙文主义,这恰恰与剥夺我们在太平洋的地位的大西洋帝国主义国家形成鲜明对比:每一本德国书籍,每个在德国留学的东亚人(当然,他们不必到处观摩我们最核心的机械)都是我们重返太平洋的先锋。在这种情况下,需要做的是培育民族心理学和地缘政治学,并作出最好的个人区分(Unterschiede)。在太平洋的其他冲突中,[101]我们也必须搞清楚:在战略要地"四边形"问题中,在运费率战争(Frachtratenkrieg)中,明显错误的一方是美国,因此我们德国人不需要为此生气。

但是,我们必须变成观察者,因为比起对日本转型的关注,我们甚至更少从大西洋视角注意美国在相当大程度上将重心转移到太平洋一侧这件事,尽管老罗斯福(Teddy Roosevelt)确实大声宣告过,且马汉和亚当斯(Brooks Adams,1848—1927)以及别的人物早在1890年也清楚地预告过。

首先,美国从海上向南推进到美洲地中海的运动一直遭到误判,这一运动最终导致美国挖掘了连通大西洋与太平洋的巴拿马运河。这条运河当然为美国卓绝的地缘政治准备带来了赞誉。

其次,我们忽视了美国1841年夏威夷宣言首次闪现出来的进入太平洋的决心,就像我们忽视了帕果帕果(萨摩亚)争端体现出来的扩张性和敌对性,后者以一种非常不友好的方式针对德国。

第三,随着范宁岛(Fanning)和巴尔米拉环礁(Palmyra)问题的解决,① 美国通往太平洋国家的道路指向关岛、菲律宾、雅浦岛(Yap,属加罗林群岛)和1911年革命后的中国——一条漫长但迅速走完的道路! 从1898年俄勒冈号(Oregon)伴着种种焦虑绕过合恩角的航行,到老罗斯福发起的"大白舰队"(Great White Fleet)的环球巡航,几乎不到十年。② 在这十年内,美国对泛太平洋和泛美洲地区始终维持高压政策。这一政策涉及美国在菲律宾、中国东北、北亚(始于1910年)的经济帝国主义政策,如通过哈里曼(A. E. Harriman)的铁路建设计划向俄罗斯换取一条宽约50俄里、通过勘

---

① [译注]范宁岛是线岛群岛(Line Islands)的环湖礁,1888年沦为英国殖民地,现名塔布阿埃兰环礁(Tabuaeran Atoll),属基里巴斯。巴尔米拉环礁属于线岛群岛,位于夏威夷群岛南方约1600公里处,几乎位于太平洋正中央,1862年被夏威夷王国兼并,1889年被英国吞并。1898年,美国吞并夏威夷群岛后将之列入夏威夷群岛。

② [译注]大白舰队是美国海军舰队的绰号,这支舰队由16艘战列舰以及多艘辅助舰组成,因全部舰只涂成白色而得名。依照老罗斯福总统的命令,"大白舰队"于1907年12月16日至1909年2月22日作了一次环球航行,任务是向世界展示美国海军实力。

察加半岛和库页岛的开发地带（一俄里约等于3500英尺，所以这一开发带宽约35英里）。因此，美国的善行皆是谎言，美国的现实政策是铁石心肠的大资本主义，是罗塞尔揭示的那种最不择手段的政策。

这就是从大西洋视角观察这幅图景的方式！如果上文勾勒的中－日－美难题能够消除，那么，我们从大西洋周边国家的视角还能看到什么别的太平洋问题？事实证明中国越来越可能成为未来争夺的焦点之一。下一个压力点，即东南亚的自决问题——初始迹象显现于1935—1945年的菲律宾，以及印度支那和印度——将要沸腾起来的地方，也被东亚法律保护组织（ostasiatische Rechtsschutzverband）推到聚光灯下，该组织1921年在东京召开了会议。

对于今日的国联，太平洋周边国家显得相当冷漠。日本已经完全退出，美国和墨西哥从未加入，中国和澳大利亚已威胁要退出。对这些国家来说，太平洋本地区的组织重要得多，如东亚的、印太地区的、泛太平洋的、澳大利亚的、美洲西班牙语国家的、泛美洲的组织。这些观念其实在地缘政治上也都比欧洲观念更为活跃，欧洲观念被法兰西学院（Institut de France）滥用，如今只能吸引理想主义者和傻瓜。

［102］更重要的问题是开放铁路建设对中国经济的影响。此前的铁路发展已经刺激中国人的迁移，总计至少4000万人口，其中950万往南迁，尤其往马六甲海峡迁，超过3000万往北和西北方向迁。差不多重要的问题是，荷兰在太平洋边缘的脆弱地位能否持续，以及葡萄牙和法国的剩余领地能否持续。法国是紧接着荷兰和葡萄牙的下一个富人，未来的强国会从它那里继承财富，法国可以让诸多大笑的继承者幸福不已，甚至远远超过德国曾经的太平洋领

地为继承者带来的幸福!

我们也需要始终关注并权衡英国在太平洋令人尴尬的紧张位置,及其由温哥华—埃斯奎莫尔特(Esquimault)–新加坡–香港这条扭曲的对角线形成的扭力。这条对角线越过美国在太平洋的冲击线(Stoßlinie),掠过日本,与扮演局外人角色的澳大利亚协同——澳大利亚及其社会主义者们的经济地理个人主义基本上转脸不看南太平洋。此外也必须考虑大西洋国家的反应。诚然,通过理性地把毫无历史的堪培拉建设为澳大利亚的首都,来冷静地解决澳大利亚的首都问题,也证明盎格鲁–撒克逊族这些强健的附属国家终究能够作出何种太平洋式的妥协调整。

面对此种处境,德国必须改变政策,现有的政策由于小资产阶级式的缺乏理解力和漠不关心,无法作出必要的地缘政治妥协。汉堡南太平洋公司(Hamburger Südseefirmen)的著名备忘录最后一次清晰地描述德国的太平洋岛屿领地。[①] 但是,既然德国的领地已经消失,缓冲区便完全丧失。在德国的南太平洋企业向帝国议会请求帮助和理解的这种呼声中,经济事业的必要性以及未来的可能性再次更加清晰地呈现出来。大宗商品价值巨大:椰子及其衍生产品,硝石和磷酸盐(单单瑙鲁就可以提供价值15亿英镑的磷酸盐!),以及仍处于勘探状态的其他矿产;海洋的出产物足以维持大洋洲大量人口的生存。但是,比这些有形商品更重要的,或许是学会与马来–蒙古人和日本人合作,首先是基于北太平洋的补充来合作,但这种合作要在更广泛的框架内开展,而非仅限于港口殖民地和贸易关系的接触。这些合作可能已经在马来–蒙古人最偏远的北部地区打开,比如在高粱和大豆种植、白酒贸易和采铜业等方面。

---

① 联合太平洋公司向帝国议会提交的请愿书(Hamburg,1918)。

第九章 太平洋进入世界文化、世界政治和世界经济导致的世界图景的变化 151

因此,对地缘政治上训练有素的人而言,最痛苦之事莫过于丧失教育自身民族拥有全球空间意识的机会。认识到此种教育之重要性的少数几个人曾试图阻止丧失这一机会,例如伊尔默(Georg Irmer,1853—1931)、恩格尔哈特(Karl Wilhelm Engelhardt,1874—1942)等人,[103]他们张口疾呼却徒劳无功。秉持大西洋中心主义的先驱者和教育者恰恰在南太平洋有最多东西可学。这样的人在那里可以补充他片面的世界图景,因为非洲的大块殖民地往往只有一个占主导地位的部落和单一的文化,对他起不到补充作用。

尽管我们中欧人在地球上各个区域皆是后来者,但这个借口在太平洋无效!因为太平洋在地缘政治上成为一个庞大的组织,并不早于我们出现在太平洋的时间。直到1866年至1873年间,太平洋才开通首条定期汽船航线。此种突破是随意占有的结果。德国在南太平洋曾经的领地有可能创造出一个空间统一体,仅这个事实就能证明,此空间统一体在受妥协支配的太平洋有可能持续存在和保留下去。但是,德国在过去缺乏此种妥协,此种妥协要求严格有效的地缘政治教育和内在的空间适应,日本人在一代人的时间内就学会了这个。我们绝大多数德国人在面对各种地缘政治问题时,均不肯妥协。不管是设备上的事,还是让我们德国人的注意力从地理学转移开去的人的意志和技术上的事——比如相对不受困于冰、北部航线的转移、运河问题(基尔运河或巴拿马运河)、电缆建设(帕尔米拉—范宁交叉站!)、无线电系统和广播站、轮船导航设备或巨大的海洋空间,德国民众对这些一概都拒绝妥协。

此后,19世纪最后十年,大群岛的价值得到重估;20世纪初,小群岛的价值得到重估。在专家看来,德国丧失太平洋领地后,亟需与领地周边的邻居达成谅解。大多数需要做决断的人对此一无所知,仍然相信还可能曲折前进。直到最后关头,少数人才发起争取谅解的最后的绝望努力。于是，从1914年到1918年，德国在太平洋的领地荡然无存，这看起来只是德国一国的损失，实际上是整个大西洋世界的损失——只对太平洋沿岸的邻近居民有利。

对中欧来说，少数人为了海洋扩张的目标针对多数人迟钝的空间意识而作的斗争，就此结束了。这就是事实，错误不能仅仅归因于某些领袖，时下就有人喜欢这样做。不！世界上的每个民族都有自己配得的领袖。我们整个中欧在哥伦布、阿尔伯克基公爵（Albuquerque, 1666—1724）和麦哲伦以来最伟大的地缘政治扩张运动中，① 涌现出一大批在内政或发展公司方面造诣极高的人物，可能索尔夫（Wilhelm Heinrich Solf, 1862—1936）除外。② 面对这一事实，我们是否会对因未与太平洋周边新兴的生命形式建立关系而产生的重罪感到惊讶？[104]我们是否会对与环太平洋民族签订条约的可能已经消失感到惊讶？是否会对下关事件[译按：指德、法、俄干涉还辽事件]后，德国与日本的关系要比俄罗斯或法国与日本的关系更糟糕而感到惊讶？是否会对《长江协定》（*Yangtsevertrag*）变得毫无意义感到惊讶？③ 是否会对各太平洋强国对德国的冷淡政策将变成永久状态感到惊讶？是否会对施佩所率舰队的最后航行变

---

① [译注]指第十代阿尔伯克基公爵Francisco Fernandez de la Cueva，1702—1711年任西班牙在北美的新西班牙殖民地的总督。

② [译注]索尔夫，德国学者和外交家。1899年，德、美、英签订三方协定以解决萨摩亚争端，西萨摩亚群岛划归德国。索尔夫1900年3月1日就任德属萨摩亚群岛的首任总督。

③ [译注]《长江协定》是1900年10月6日英国与德国签署的协议，分别由英国首相塞西尔（Robert Gascoyne-Cecil, 1830—1903）和德国驻英大使哈茨费尔特（Paul von Hatzfeldt, 1831—1901）签署，表明双方反对在中国划分势力范围。该协议根据美国"门户开放"政策签署。德国没有严格遵守《长江协定》是英国决定与日本结盟的重要因素。

成德国在太平洋的一个象征感到惊讶？

随着施佩将军那次航行的结束,德国是一个强权的概念也离开了南太平洋。然而,仍然存有在文化和经济方面取得进展的余地。德国必须与太平洋维持一种不牵涉军事强权概念的关系。因为以太平洋为中心的运动本身仍在继续,任何远离这一未来的经济重心的国家,都会迅速掉队。

太平洋地区的地缘政治演化仍在继续,根据自身的法则,首先趋向于形成由周边国家组成的超国家组织（übernationale Organisation）。太平洋的边缘率先形成印度－太平洋的、东亚的、泛美的部分联盟（Teilzusammenschlüssen）的空间。人类的生命形式在太平洋生存空间变得愈来愈宏大,在欧洲－大西洋生存空间则变得愈来愈逼仄。诚然,太平洋也正在开始规模宏大的妥协。我们已经在泛太平洋联盟的努力中指出此种妥协的一些迹象,接下来我们还将尽力分辨别的迹象。

中欧尽管暂时受到束缚,但能否完全远离那些即将并排崛起、对未来有重大影响的形态？印度教授萨尔卡呼吁新德国与年轻亚洲结成可能的友好关系,表明这样一种进路甚至现在仍然可能。落水的人,请抓住真正中立、友好者的手,允许后者将你拉上甲板,即便他们船身上的图案通常表明母港距此非常遥远！东亚,地球上最大、人口最密的地区,并不反感我们;西属美洲是非常重要的部分,那里地域广阔、人口稀少;未来的空间重心也将落在印度－太平洋空间。这些都朝太平洋开放,只有一个例外,即广袤的印度河流域和印度支那流域。地球上最丰富的岛屿世界也坐落在太平洋。因此,必须牢牢掌控文化政治纽带和不受权力控制的经济联系,直到我们再次加入大西洋－印度洋－太平洋的合作。在这个方向上,中国发起与德国的文化联盟,印度倾向于亲近新德国,仍然忠诚于我们的日本人圈子发出微妙的回应,这些都属于某种前奏。

当然,这需要长期不懈的努力。跨越遥远的距离,了解各个国家,文化科学、语言渗透,以及意识到每个个体以完全不同于第一次世界大战之前的方式代表整体,都是更新和加强与太平洋国家的纽带的更为重要的先决条件。生存空间与生存空间之间的直接相契(Unmittelbare Stimmen),彼此之间不夹杂任何阴影的联系,[105]比之前任何时候都更重要。我们必须谨慎地看护现存的纽带,这样我们——尽管眼下在大西洋世界处于孤立状态——兴许就不会错失太平洋的世界图景,在中欧至少还有一小部分人心中持有这种图景。

我们不得不避免不必要的联盟和义务,以及对我们不利的关系,不过,正如萨尔卡非常正确地指出的那样,我们也能够更加轻松地避免这些东西,因为我们不再为在太平洋的权力所拖累。我们德国人应该更乐意接受太平洋式的宽容,尊重太平洋国家看待世界的方式。我们不会像其他国家那样,背后是不那么宽容的大西洋民众的权力压力。

要中道,而非过度,因为和谐才是最终使一切生物发展得以持续的东西。因此,重新打开太平洋这个方向时,这句格言比用在任何其他地方都更正确:工作,不要怀疑! 我们德国人是作为"大西洋人"重新进入这个地区,而且只有我们不再承受土地负担,不受领地拖累,不需要承受那些被剥夺自决的文明民族的敌意,因为我们正在与这些民族一同受苦。

德国已被抛回最低程度的生存,从太阳下被推入阴影,进入自由海洋的道路被切断,甚至在大西洋北部的两个海湾。1936年以前,德国在自己的河流上自由航行的权利也被剥夺。我们发现,在印度-太平洋沿岸,三分之二的人与我们一同受苦,对他们来说,打破同样捆缚他们的锁链,意味着同样的解放和重新获得民族和个人最高的善,即重新获得依照自身法则决定自己命运的自由个性。这是我们绝不能丧失对太平洋的认识的终极原因!

因此,全世界一半以上的人由于自身相似的悲惨遭遇和痛苦经历,会对第三帝国复兴德国的荣耀和权利平等充满同情和理解。

第十章　太平洋的北部门槛

[106]我们把太平洋的北部门槛（Nordschwelle）当作拥有自身同一性和自身地缘政治学的单一空间。也就是说，我们把这个门槛视作太平洋离我们最近之处，更确切地说，视作自德国被限制在欧洲（Kontinentalisierung）以来太平洋离我们最近之处。尽管有人可能认为太平洋的这个北部区域在白令海峡分成东西两岸，我们仍然相信这是一个整体。因为太平洋的大形式让我们想起一个三角形，南边的底部是南极洲、新西兰和澳大利亚，顶点则是75公里宽的白令海峡。在顶点处，欧亚大陆和美洲、太平洋的东西两岸在视线可及的范围内彼此接近。

因此，对北部门槛作一概览并加以特殊对待，要求为之辩护和划界，因为此处的自然特征几乎可以用手中的铅锤，描绘为彼此接近的大陆架的分界线。不过，只有海洋学家才会满足于这一点，地缘政治学家则不会。地缘政治学家更愿意将白令海峡及其南部的阿留申群岛链视作边界区。因此，太平洋这一北部门槛的地缘政治学及其划界的可能——充满受制于土地和形式确定的生命——是否会在更大的张力间增加和减少？这与俄罗斯帝国主义出现在太平洋北部有关。俄罗斯帝国处于顶峰时，它在太平洋的势力直达太平洋东岸的加利福尼亚州附近水域和胡安·德·富卡海峡，以及太平洋西岸的黄海和日本海边缘，直到后来对马海战(位于黄海与日本海的交界处）将俄罗斯击退至其自然的北方边界，美国的扩张又阻挡了沙皇的扩张。

首先，如何看待太平洋北部门槛纯粹的自然和海洋条件，特别是这些条件与北方不毛之地的关系，以及由该地区的霸权之争产生的战争与和平的交通地理后果？

首先，我们必须看一幅等温图（一种连接温度相等或近乎相等的地区的地图），这幅图揭示出世界诸大陆东部的气候劣势这一既定事实，[107]最突出的是最大的大陆即亚欧大陆东部的气候劣势。太平洋北部的反气旋，比大西洋北部的反气旋向南边赤道方向多推进了10个纬度。由此，太平洋北部与同纬度的大西洋空间比起来，更不宜居住。只需比较一下莱茵河、塞纳河的入海口与库页岛和黑龙江的入海口，就能揭示出两地的宜居性多么不同，而这两个地方都位于北纬50度！

此外，如果没有白令海峡窄而浅的形态学特征阻止北极浮冰进入太平洋，在北太平洋上航行将变得更加危险，因为时常可能遇到巨大的冰块。这一优势地形的交通地理后果极为深远：使蒸汽船航线向更北的方向移动，就像皇后航运公司（Empress-Line）的快速船"白色灰狗"（Weiße Windhunde）使用的航线那样。这是航线向北移动这一重要趋势的根本原因和潜力所在，航线北移缩短了太平洋上的主要交通线。这种"大圆航线"（Great Circle Route），与欧洲水手探索太平洋时期的航线形成对比。① 由于北部航线与南部航线的

---

① ［译注］把地球看作一个球体，用地面上任意两点和地心做一平面，平面与地球表面相交得到的圆周就是大圆。两点之间的大圆劣弧线是两点在地面上的最短距离。沿着这一段大圆弧线航行的航线称为大圆航线。由于大圆航线是两点之间的最短航线，有时称为最经济航线。

航行时间不同,[108]航行时间的缩短和制定简明时间表的能力具有政治影响。这也能解释最先行使太平洋霸权的伊比利亚半岛国家,其霸权为何旁落于一般而言更北部的国家;这还能解释日本的转型,以及它从原初的太平洋北部边缘位置崛起为太平洋交通枢纽这一点为什么会日益重要。

  日本地理位置的价值之所以迅速变化,还受另一个原因推动:亚洲北部洲际交通线的开通在地理上同时发生。1577年,莫斯科开始越过乌拉尔山,沿着西伯利亚北部荒原向东扩张。俄罗斯人穿越亚洲向远东快速挺进,以及在令人难以置信的早期,沙皇就在当时仍被认为不宜居住的北太平洋海岸建立前哨据点,内中奥秘就在于受不断壮大的国力所推动。哥萨克人悄悄地渗入其他人认为不宜居住或对居住和交通无益的地区,在那里定居并开始贸易。因此,哥萨克人在拓展人类生存边界的同时,通过一种本质上无疑符合道德的行动,拓展了俄罗斯自身的生存空间!哈巴罗夫(Yerofey Pavlovich Chabarow,1603—1671)、波雅科夫(Vassili Danilovich Pojarkow,？—1668)、德兹涅夫(Semyon Ivanovich Deshnew,1605—1673)实际上是北亚而非东亚的文化先驱,①1639年他们首次出现在鄂霍次克海岸边。这些拓荒者虽受冒险欲望、对战利品的贪欲驱使,但他们仍然在1647年建立鄂霍次克城,并为沙皇占领76.5万平方公里的土地。其时,波雅科夫出现在黑龙江的入海口处,德兹涅夫占据了以他命名的海

---

  ① [译注]哈巴罗夫、波雅科夫同为俄罗斯第一批征服远东地区的殖民者。波雅科夫率领殖民者于1643—1646年抵达鄂霍次克海岸,他是第一位抵达此地的欧洲人,同时也是开发黑龙江入海口流域的第一位俄罗斯人。哈巴罗夫紧随波雅科夫的步伐抵达黑龙江流域,最著名的事件是开发黑龙江流域,并尝试将此地占取为俄罗斯的殖民地。如今中俄边境上的哈巴罗夫斯克市(即伯力)就以哈巴罗夫命名。

角。① 根本而言，除了纯粹的功利本能，俄罗斯在沿着西伯利亚针叶林(Taiga)向东挺进、沿着白令海周围扩张从而扩展人类的居住限制方面，还闪耀着许多理想主义的光辉，在目前针对自身在北太平洋的势力衰退而进行的个人和集体的英勇斗争中，也闪耀着同样的光辉。

俄罗斯扩张的过程可以大致绘出如下轮廓：在鄂霍次克海获得一个立足点；在争夺黑龙江的战斗中，一开始受到中国人阻击，随后转而将夺取目标聚焦于黑龙江入海口区域和库页岛；随后占领堪察加半岛和德兹涅夫角。此外，俄罗斯试图依照国际法占领整个白令海周边地区，让白令海成为内海，一个俄罗斯的殖民内海(kolonialrussischen Inlandsee)，一个 mare nostrum［我们的海］——美国作为后继者一直在努力追求这个目标。随后，俄罗斯沿着太平洋东海岸向西班牙的势力范围大胆挺进，接着与西班牙达成协议，并最终以其在加利福尼亚的权利使帝国事业达到顶点。

俄罗斯诸位沙皇最初都试图暂时切断并拔掉英国插入俄罗斯帝国势力范围的楔子——英国当时正在从大西洋这一侧穿越北美大陆，朝西班牙-俄罗斯两大帝国在美洲蛮荒西部的接触点挺进。在他们的这一共同事业中，我们能看到一种全球范围内的协调。这正是1825年协议的意义，该协议将大英帝国排除在阿拉斯加海岸之外——因为美国成了俄罗斯在这个地区的 beneficio inventarii［发现利益］的继承者——［109］直到今天，英国仍然部分由于这个原因而在通向加拿大金矿区的沿海路线上困难重重。1841年，俄罗斯卖掉加利福尼亚的罗斯堡(Fort Ross)，这是1867年俄、美阿拉斯加

---

① ［译注］德兹涅夫是首位穿过白令海峡的欧洲人，比白令还早80年。德兹涅夫角是亚洲最东端的海角，原名 East Cape。

交易的前兆,标志着俄罗斯帝国退回欧亚大陆的框架。俄罗斯退出北美后,对太平洋西岸的压力自然开始增加。俄罗斯进入欧亚大陆的远东,引发了这一海岸地区的冲突。但是,事实上,主要是美国而非马来-蒙古人的帝国把俄罗斯赶出了太平洋;此外,俄罗斯扩张遭到阻击的更重要原因,乃是自身内部的虚弱导致它无力解决大洋空间问题,而非19、20世纪之交击败俄罗斯的当地东亚国家!

1870年之前,日本并没有从俄罗斯人那里取得任何属于他们的领土。美国则凭靠向俄罗斯强行购买的方式,在北太平洋获得了一个极为强大的位置!由此,俄罗斯白白丢掉了一种巨大的地缘政治和经济的可能:俄罗斯环绕整个地球直到西日耳曼地区的北方小麦带被打断。纯粹客观地检查一下阿拉斯加地区的经济价值(1867年10月18日以720万美元的价格卖给美国),俄罗斯纯粹在经济上的失败将变得愈发明显。因为,现在阿拉斯加每年的鲑鱼产值就超过这一金额。1890年,阿拉斯加只有3.2万居民,面积为153.033万平方公里。但是,1895年一年就有差不多5万人涌入克朗代克和育空河地区(Klondyke und Yukon,人口密度为每平方公里0.05人),这里每年的黄金产值在淘金热之前就比阿拉斯加交易金额多300万美元,在一代人之内,这里就出产了7.5亿金马克,而阿拉斯加却只卖了3000万金马克。

我们从比如革命者克鲁泡特金亲王(Fürst Peter Kropotkin, 1842—1921)的回忆录中看到,①罕有人能认识到远东领地的真正

---

① Peter Fürst Krapotkin, *Memoirs*, 2 vols.;他自愿加入贝加尔地区的哥萨克骑兵队,而非他本该加入的皇家近卫团。[译注]克鲁泡特金,俄国无政府主义革命家和理论家,著有《一个革命者的回忆录》《互助论》等书。业余从事地理学考察,修正东亚地图,丰富了亚洲冰河期的研究。1862年从圣彼得堡士官生学校毕业,放弃加入近卫团的机会,选择去遥远的西伯利亚加入"黑龙江哥萨

价值，由此，这种巨大可能之所以落空的内在原因也就一目了然。如果深入研究自然和民族心理根源，比较俄罗斯文化与美国文化中的并存现象和对立现象，我们就会发现，在白令海这一太平洋北部地区，两个本质上发展不同的北部半岛在亚洲与美洲相互对抗。西欧人伊曼纽尔（Immanuel）首先指出这一对比。① 从那以后，一项主要源自盎格鲁－撒克逊人的大胆地缘政治举措出现了，不仅大力开发阿拉斯加，而且留意保持对对岸的吸引力：白令海峡隧道项目，提供了一个宏大的从加拿大育空到俄罗斯勒拿河与贝加尔湖的北太平洋铁路建设项目，从而换取一条沿铁路线两侧宽约50俄里的开发地带；利用科莫多斯基群岛（Kommandeurinseln）建设一条环球交通线的想法；[110]加拿大夺取弗兰格尔岛，随后想到在那里为一条北部空中航线建立一个加油基地；在堪察加半岛获取特权，一个与标准石油公司友好的组织最近由此在库页岛上获得一个立足点。这是美国对白令海的新包围，日本在守卫库页岛和千岛群岛以防美国染指，俄罗斯或许出于让海上强国相互对抗的险恶企图，将更强大的未来对手引入该地区。

从这个角度看，[第一次]世界大战前，沙俄拒绝北极—太平洋铁路项目无疑是正确的。因此，伊曼纽尔1902年提出这个问题并及时给予警告也很恰当。因为在他对阿拉斯加、楚科奇半岛（Tschuktschenhalbinsel）和勘察加半岛的矿产和运输问题作比较研究的时候，美国的宏伟计划才刚刚浮现。伊曼纽尔揭示了俄罗斯

克骑兵队"。1864年，沙皇政府为进一步侵略我国东北地区，指示西伯利亚总督于1864年先后派出两支远征队进入我国境内进行地理考察，克鲁泡特金就是远征队的顾问，任务是沿途绘制地图。

① Fr. Immanuel, "Nordwest-Amerika und Nordost-Asien, Geographische Wechselbeziehungen", *Petermann's Mitteilungen*, 1902, Table 5, 页49。

的微观地缘政治学与太平洋北部地区的宏观地缘政治学的显著差异。日本在中国东北站稳脚跟后,俄罗斯才开始大力发展外贝加尔湖地区(Transbaikalien):[111]在北部修建一条与阿穆尔铁路平行的到太平洋的铁路,这条铁路支线为国防工业和矿产资源开发开辟了新的领域。由此,俄罗斯新建设的铁路里程总计超过5000公里。①

一目了然,盎格鲁-撒克逊人在世界的这个部分为西北航道进行的顽强斗争,表明他们极富远见。他们挤走了原先的主人。因此,他们实现了自己对宏大空间的想象,在这一位置上他们从未撤退。盎格鲁-撒克逊人比沙皇时代的俄罗斯人更为顽强,后者起初——沉迷于他们的伟大想法,沿着西伯利亚针叶林一直推进到太平洋——试图同时发现东北航道(die nordöstliche Durchfahrt),但是,在诺登斯科尔德(Adolf Erik Freiherr von Nordenskiöld,1832—1901)最终武力夺取这条航道②——随后,贸易一直延伸到鄂毕河

---

① [译注]豪斯霍弗此处所指铁路可能是苏联的贝加尔—阿穆尔铁路,简称贝阿铁路,原本是西伯利亚铁路最初的选线,西起西伯利亚大铁路上的泰舍特,经贝加尔湖北部,迄于苏维埃港,全长4234公里。20世纪30年代,日本侵占我国东北之后,苏联开工修建贝阿铁路。不过,豪斯霍弗出版此书第三版时,贝阿铁路还未竣工。其中共青城至苏维埃港、泰舍特到乌斯季库特段分别于1947年和1954年通车。此后,中断修建长达20年。1974年,苏联为应对苏中关系紧张以及中美和解导致的世界政治局势的变化,决定完成这条"策略性支线铁路"的建设。经过十年的建设,1985年贝阿铁路全部贯通。

② [译注]诺登斯科尔德,芬兰地质学家、矿物学家和北极探险家,出生在芬兰大公国,该公国当时是俄罗斯帝国的一部分。经过漫长的北极探险之后,诺登斯科尔德开始尝试探索东北航道,1878年6月22日从卡尔斯克鲁纳(Karlskrona,在瑞典)出发,于次年8月绕过切柳斯金角(Cape Chelyuskin),9月底到达白令海峡,当时白令海峡已经结冰。1880年夏,诺登斯科尔德完成航

与叶尼塞河的入海口地区——之后,俄罗斯人开始逐步撤退。通往太平洋北部门槛的西北航道的悲剧在于,一旦这条航道打通,由于通往北极地区的交通非常困难,它在地缘政治上便全无实用价值。但是,沿着西伯利亚北岸通往白令海峡的东北航道,只要能获得内河航道的补充,便能获得真正的交通地理上的重要性。由铁路网支撑的运河取捷径贯通陆地最显著的突出部分,以及训练有素的气象监测服务,尤其为空中交通所需。无论如何,在1935年的夏季适航期,俄罗斯商船从海参崴出发,经过泰梅尔半岛(Taimyrhalbinsel),穿过冰冻的喀拉海,成功抵达英国北部的港口。商人能完成的事,战士也能完成。基于深刻的地缘政治原因,东北航道比西北航道更有前途;当然,这也以一个重新崛起的、在技术上和科学上都能达到最高程度的俄罗斯联邦为前提。这个联邦面临的首要问题是,是否以及在何种程度上能在马来-蒙古人不可避免的反抗下,永久控制贝加尔湖与黑龙江之间的领土。因为,马来-蒙古人在经济上,以及在他们定居点的地理位置上有更不可逆转的影响,比纯粹的政治或军事技术威胁更危险。在各苏维埃共和国中,巨大的新定居点旁边散布着军事运输网络和国防工业,这表明俄罗斯人对这种危险有多么清醒的意识。

马来-蒙古人反抗俄罗斯人扩张的问题就这样提了出来。对这个问题的研究必须在更大的问题框架中进行,即太平洋不愿与西伯利亚和北极隔绝,不愿受一个北大西洋强国控制。自然不过的是,一个受此影响的太平洋北部大陆国家早就意识到了这一危险。

行。东北航道,俄罗斯又称北极航线,是俄罗斯法律正式定义的航线,从喀拉海(Kara Sea)沿俄罗斯北极海岸航行,经西伯利亚到白令海峡。北极与白令海峡之间沿俄罗斯海岸的航道被称为东北航道。

也正因为如此，第一个猛烈反击俄罗斯挺进远东的国家是中国的满清王朝。在1689年签订的《尼布楚条约》(Vertrag von Nertschinsk)中，中国人把俄罗斯人从黑龙江边击退。最后，北美人理解到这种危险并利用俄罗斯帝国的虚弱，通过购买俄罗斯在美洲的领土，解决了俄罗斯[帝国]未来对他们这部分世界的威胁。

最后一个需要把握的太平洋强国是日本。日本是最偏南、最具海洋导向的岛国，在18世纪末的最初反抗之后，① 被阻止进入西伯利亚和北极地区。首先是中国人与俄罗斯人的斗争，之后是日本人为争夺库页岛北部而与俄罗斯人的斗争（1875年以前，日本仍与俄罗斯共管库页岛和千岛群岛，现在俄罗斯人伪称库页岛是俄罗斯自古以来的神圣领土），再之后是美国人对勘察加半岛[113]和库页岛的特许权(Konzessionen)的顽强渗透并坐等进入中国东北北部的绝佳机会，最后，1923年美国不再承认日本在中国东北和蒙古地区攫取的特权(Sonderrechte)，从而重新获得1917年《石井－兰辛协定》中的特许权——这些都只是这场无休止的争斗的表征，争斗时而利用战争武器，时而利用经济手段。俄罗斯在争斗中如今再次被推入防守位置，不过，俄罗斯在这个位置上驾轻就熟。

首先，俄罗斯古怪地建设阿穆尔铁路，必须理解为一种地缘

---

① 西博尔德(F. v. Siebold)及其他学者提到库页岛和黑龙江地区的最新消息，见氏著 Nippon，Wüzburg-Leipzig, 1897，第二版。[译注]无论从实际管辖还是法律意义上看，库页岛都隶属于清朝。豪斯霍弗此处所指事件是，18世纪末，俄罗斯与日本对库页岛展开第一轮争夺。日本方面，1785年，日本幕府派人勘察库页岛，1790年在库页岛南端设置集市。俄国方面，1765年，俄罗斯远征队袭击库页岛北部，1789年侵入库页岛南部。1806年，俄罗斯舰队突袭库页岛南部的日本据点。1814年，日本从库页岛南部撤兵。此后，直至1875年《桦太千岛交换条约》之前，库页岛实际上处于日俄共管状态。

政治上的撤退，因为这条铁路线所在的位置远离权力冲突的主流，只有一些支流。这条铁路与其说是为了商业开发，不如说是出于防卫目的。但是，俄罗斯在北方大陆地区定居的力量依然强大，因为建设这条铁路线表明俄罗斯人对古亚洲人和白令海部落（Beringsvölker）的吸收。至于黑龙江、乌苏里江和松花江上的航行问题，似乎已经达到一种势力均衡。如果未来俄罗斯人和日本人要在这个地区共存，就必须维持一种均衡，而这意味着俄罗斯获益。

俄罗斯在库页岛上的法律地位与其说是优势，不如说是劣势。哪怕最糟糕的日本政府，也总能通过占领北库页岛而获得明显成功，从而从政治上将库页岛与亚洲大陆分离。然而，日本如果向大陆进军，将会被自己的成功吓到！因此，俄罗斯将库页岛北部高价卖给日本可能是一项有利和有远见的交易，并可能使日俄长期的和解变得可能。日本与俄罗斯的邦邻和睦越没有摩擦、越完整，双方的裂痕就越小，盎格鲁-撒克逊人和中国人推行 Divide et impera［分而治之］政策的机会就越少。

日本与俄罗斯要是在东亚联合起来，将不可战胜。例如，两国在中国东北划分势力范围时，就证明了这一点。俄罗斯控制外蒙古，日本控制中国东北，排除内蒙古这个可能引发战火的地区，这将是比凡尔赛条约的一切安排都更持久的组合。倘若日俄联手，日本可能会成为俄罗斯的旧世界欧洲政策在东亚大陆的和善伙伴，这将使日本在后方完全获得自由，并能够全力转向太平洋：这是一种影响巨大的地缘政治可能，不仅对日本和俄罗斯影响巨大，对中欧及其敌人来说也是如此。但先决条件是共产国际放弃世界革命计划。

对中欧人来说，太平洋北部门槛的地缘政治意义在于以下事实：唯独这里有一条穿越苏联抵达太平洋的漫长生命路线，且这条路线上没有盎格鲁-撒克逊人。在［第一次］世界大战前，在最有利的条件下,横跨这条地球上最长的跨洲线路需要10天,在遥远的将来,[114]蒸汽船沿着西伯利亚北岸或许用同样的时间就可抵达太平洋。陆上强国和海上强国都无法攻击这条路线上的海岸线和内河水道,开辟这条路线是我们这个时代最大的政治目标之一。

这条路线在东亚一端引发了地球上最宏大的大洋战略与大陆战略的直接碰撞。在西伯利亚的东部边缘,狭窄、细长的半岛延伸到太平洋,文化和交通在这里碰撞,孕育出怪异、危险的误解。1904—1905年的俄日战争、1914年的德日战争都属于这一误解的范围;其先决原因是1895年的《马关条约》,在这份条约中,中国将台湾岛和澎湖列岛割让给日本并承认朝鲜独立,该条约也表明德国和俄罗斯的皇帝们对远东及其行动方式一无所知。

而且,如弗兰克无可挑剔地证明的那样,① 在这个遥远的地区,大西洋强国与太平洋强国的接触充满地缘政治紧张,对欧洲大陆强国的即将衰落和中欧的崩溃具有决定性的影响。"新世界"的经济帝国主义敏锐、清醒地理解了这一点。有人公开表示,② 租借旅顺港的俄罗斯侵略者和租借青岛港的德国侵略者都没有看清楚,一种旧的铁路政策的愿景是可能的,这种政策可以将西起莱茵河、东到黑龙江和长江的欧亚内陆组织起来这一愿景变成现实。若有正确的直觉,即使在这个早期阶段,人们也本可探究太平洋北部门槛空

---

① 弗兰克在 *Die Großmachte in Ostasien von 1894 bis 1914* (Braunschweig und Hamburg,1923) 一书中尤其提到德、法、俄对下关的干涉,这是俄罗斯与英国争霸的后果。

② 亚当斯(Brooks Adams,1838—1918)是人们引用最频的学者,他以一种更醒目、更坦率且一般而言更易理解的方式表达,而其他美国学者似乎更加遮遮掩掩。参氏著 *The New Empire and America's Economic Supremacy* (1900);另参德文版(Wien-Leipzig,1908)。

间的地缘政治学。①

事实上,太平洋北部门槛的地缘政治学在20世纪初仍有可能:从加拿大的太平洋沿岸铁路在温哥华的终点,到达德-俄-中在黄海西岸从山海关到青岛的铁路网的预定终点。更往南的地区,只剩下这种政策的轻微迹象,但这些迹象与强大的地缘政治影响彼此交叉(对马岛是其中之一),揭示出德国政策的内在分裂导致的最后的深远影响,即一个转型中的中欧国家在趋向海洋还是趋向大陆的撕扯之间摇摆不定。

德国在南太平洋的属地的地缘政治学,如果有的话,也只有在与地球上的大型岛屿帝国共存的情况下才有可能,而且需要掌握张伯伦(Joseph Chamberlain, 1836—1914)在1901年的思想。② 亚当斯曾经将欧亚大陆铁路的终点设想在[中国]黄海,这项铁路政策只有靠各大陆强国在文化、经济和政治上齐心合作才有可能[实现],

---

① 比较凯南(George Kennan, 1845—1924)在他论西伯利亚的书中对欧亚大陆边缘从大西洋转移到太平洋的描述;德语版(Berlin 1890)。[译注]此处的凯南指美国探险家,此人最著名的事件是考察俄罗斯帝国的勘察加半岛与高加索地区,他是20世纪40年代为美国提出遏制政策的乔治·凯南(George F. Kennan, 1904—2005)的叔叔。豪斯霍弗此处所指凯南的著作当是 *Tent Life in Siberia: Adventures Among the Koraks and Other Tribes in Kamtchatka and Northern Asia*, New York: G. P. Putnam's Sons, 1870。

② [译注]此位张伯伦是二战前对德奉行绥靖政策的英国首相张伯伦(Arthur Neville Chamberlain, 1869—1940)的父亲。豪斯霍弗此处所谓张伯伦在1901年的思想,指是年张伯伦作为英国政府外交事务的实际主导者,提出与德国结盟。实际上,在此之前,张伯伦已经两次试探过与德国结盟的可能。1898年3月,英德首次就太平洋地区的合作进行结盟谈判。通过谈判解决萨摩亚群岛问题后,1899年,英德进行第二次结盟谈判。在这三次谈判中,张伯伦都是与德国结盟的主要推动者。英德结盟失败后,英国选择与日本结盟,1902年签订《英日同盟》。

但是,德国和俄罗斯的官僚机构和舆论几乎没有此种倾向。这两个国家根本没有看到使自己搁浅的巨大的空间问题,与之相比,盎格鲁-撒克逊人的空间视野多么宏大!这是悲剧性的关头,将德国的当下与俄罗斯的权力在太平洋北部门槛的进退联系在一起,因此,这个遥远地区的一场震荡,最终影响所及,可能有助于打破战前中欧的人为边界。

[章末原注]可用于地缘政治分析的关于太平洋北部门槛的文献非常多,然而,这些文献在价值上参差不齐,尤其随着时代不同而有所改变。即使在今天的俄罗斯,这个问题也充满争议,例如下述两部完全不同的著作就是对如今潜在的白俄帝国主义的最新讨论:N. Golovin and A. D. Bubnov, *The Problem of the Pacific in the Twentieth Century*, English by Harold Williams (Gyldendal, London 1922); Sibiriakow-Wilenski, *Japaniya* (Moscow 1923)。后者依凭红色俄国的概念,基于对日本的大陆特征和经济-政治特征的误判,描画出一幅尖锐但也扭曲的日本形象,就如中欧把日本刻画为对英国有害。

契科夫(A. Tschechow)证明,即使在完全可能得到真实情况的俄罗斯学术界,也存在判断的不确定性,见氏著 *Sakhalin, Russ.*, Petersburg, 1902。他谈到,"凭靠人的力量,永远不可能抵达一种值得的发展……"。此外,库页岛现在是美国与日本争夺的对象,库页岛北部的交易未成,因为苏联人认为日本提出的2亿日元的价格太低。

除了弗兰克的著作,20世纪初,伊曼纽尔、斯塔文哈根(Stavenhagen)、齐普林(Zepelin)、克拉默(Kramer)的著作已经从地理学角度为太平洋北部门槛打下坚实的地缘政治学基础。斯塔文哈根在 *Petermann's Mitteilungen*(1902)的第275页论及俄罗斯—东亚的地图学(Kartenwesen);克拉默在《亚洲的俄罗斯》(*Rußland in Asien*, vol. V, Leipzig 1902)一书中,齐普林在论俄罗斯沿海地区的一系列文章中,提供了一个充分的地缘政治基础;蒂曼诺(Timanow)或许又强化了此一基础,见氏著 *Wasserstraßen des Amurgebiets*, Izvestiya, 1898;德语摘录:*Petermann's Mitteilungen*, 1899, 页105;至于盎格鲁-撒克逊人的看法,见Fraser, *Real Siberia*, London, 1902。

关于东西伯利亚的研究,1904—1905年日俄战争的出版物反映出进一步的发展,相关著述见:Goebel, *Volkswirtschaft des östlichen Sibirien*(Berlin

1910); *Vom Ural bis Sachalin* (Berlin 1913); Wiedenfeld, *Sibirien* (Bonn 1916); Pohle, *Sibirien als Wirtschaftsruam* (Bonn 1919); Dankworth, *Sibirien und seine wirtschaftliche Zukunft* (Leipzig 1921)。

阿拉斯加的研究,见 Bancroft, *History of Alaska* (1886); Greely, *Handbook of Alaska* (1914); Brooks, *Mineral Resources of Alaska* (Washington 1914), 此书基于作者 1906 年的 *Geology and Geography of Alaska* 一书; Erdmann, *Alaska* (Berlin 1909); Salin, *Die wirtschaftliche Entwicklung von Alaska und Yukon* (Tübingen 1914)。

勘察加半岛的争议,见 Dittmar, *Reisen und Aufenthalt in Kamtschatka* (Petersburg 1890 bis 1900); Bogdanowitsch, "Geologische Skizze von Kamtschatka," in *Petermann's Mitteilungen* (1904); Komarow, *Kamtschatka-Expedition* (Moscow 1912)。

联结北极荒原的想法,俄罗斯已有动机和计划,除了诺登斯科尔德本人的 *Umsegelung Asiens* (Leipzig 1882) 一书, Dr. L. Breitfuß (页 285)、H. Wichmann (表 31,北部通道) 和 Arved Schulz (地图,12 月那期) 在 *Petermann's Mitteilungen* (1904,1914,1920) 中都提到过。R. Henning 在 1908 年的《未来》杂志 (*Future*) 第 65 卷第 224-330 页中,就俄罗斯在西伯利亚的铁路建设提出几点言简意赅的说明。比较俄罗斯与加拿大的两条主要铁路的北太平洋支线,建设周期分别是 9 年和 10 年,建设里程分别是 5400 公里和 4700 公里。[俄罗斯]之所以反对里程长达 7500 公里、造价达 11 亿金马克的坎斯克—雅库茨克—白令海峡—阿拉斯加—温哥华铁路项目,是因为这一项目要求利用一条宽 50 俄里的沿线地带,这一要求意味着俄罗斯帝国的身体被切断,类似俄罗斯和日本在中国所为。[译注] 光绪二十二年 (1896 年),清政府与俄罗斯签订《中俄御敌相互援助条约》,规定东清铁路的建设事宜。其后,通过铁路建设合同,俄罗斯取得铁路两侧数十公里宽地带的行政管理权、司法管理权和驻军的特权,形成比租借规模大得多的"国中之国"。日本攫取南满铁路后,仍维持这一状况。

第十一章　太平洋火山带上封闭的
　　　　科迪勒拉山系的海岸

[115]太平洋美洲一侧封闭的科迪勒拉山系的海岸，代表一种本质上形式统一的海岸。这条海岸的基本自然特征——具有地缘政治效应——是在政治上得到南北走向的高大山谷支撑的景观，不过，这些山谷宽敞而人口稀少，极大程度上受到气候差异的改变。这一特征产生一种人类地理学效应，即通过狭小、有限的入口吸引人们进入海岸地带，连绵的山脉又把这里与东部内陆地区分隔开来。

太平洋东岸成南北走向的特征已经影响阿拉斯加、育空地区、不列颠哥伦比亚省、华盛顿州、俄勒冈州、加利福尼亚州、墨西哥、智利以及中美洲、南美洲地区的生命形式。这种决定其命运的突出特征如下：纵向绵延的山谷、纵向的山脉和纵向的沟壑，无一例外与海岸[的走势]平行，与[人类]沿着海岸的迁徙路线吻合，这些迁徙路线是各民族分布、扩张和权力转移的天然导体。太平洋海岸类型的这种政治地理现象，与源于大西洋的宏观生命形式形成鲜明对比，后者已径直推进到太平洋。

美国以及巴西和阿根廷从大西洋海岸横向突破，与地缘政治上空间更为安全的太平洋形式相比，这三国常常占据优势。然而，凭靠这种优势，显然在非常早的时期，两个盎格鲁-撒克逊国家——美国和加拿大，就打算肩并肩地向西推进，像一个楔子，虽然不是没有偶尔的争吵和骂战。美国独立战争这一重大决断之后，向西部的推进并非出于第二次生存争斗。早在1794年，这一思想就已出现——可能首次出现在汉密尔顿（Alexander Hamilton, 1755—1804）的头脑中，可见于给杰伊（John Jay, 1745—1829）的指令①——并随后在《1818年条约》（Frieden von 1818）中隆重宣布：这两个说英语的国家之间的"国际"边界上，不应修建任何为战争而准备的要塞，亦不得在内陆湖中部署任何海军舰队。②

然而，美国再次放肆挑衅道："要么54°40′，要么开战！"③ 即

---

① ［译注］1794年，美国为缓和同英国的关系，派遣首席大法官杰伊前往伦敦与英国谈判，签订《友好通商条约》，后来被称为《杰伊条约》。豪斯霍弗所谓"给杰伊的指令"，指杰伊前往伦敦前，汉密尔顿和华盛顿给他的指令，其中强调：英军必须全部撤离美国领土，通过谈判方式解决美国与英属北美的边界争议。《杰伊条约》第七条规定：双方同意成立联合委员会以确定美国同英属加拿大之间的边界。

② ［译注］《1818年条约》，全称《尊重渔业、边境和赔偿奴隶协定》，是美国与英国旨在处理1812—1815年英美战争的后续问题而签订的条约。《1818年条约》规定从明尼苏达至洛基山以北纬49度线作为美国与英属北美的边界线，从而解决了英美两国大部分边境争议。

③ ［译注］此处与俄勒冈问题有关，该地区位于北纬42度到北纬54度40分之间，参与者包括俄罗斯、英国、西班牙和美国。通过《1824年美俄条约》（Russo-American Treaty of 1824）和《1825年英俄条约》（Russo-British Treaty of 1825），俄罗斯放弃对该地区的主权。1819年，通过《亚当-奥尼斯条约》（Adams-Onis Treaty），西班牙放弃对该地区的领土要求。通过上述条约，美国和英国获得对俄勒冈地区（英称为哥伦比亚地区）的控制权。1844年的美国总统大选中，民主党候选人波尔克（James K. Polk）凭靠呼吁吞并整个俄勒冈地区，当选美国总统。波尔克上任后，立即向英国提出依照北纬49度解决俄勒冈领土争端的要求，遭到英国拒绝。随即，美国民主派发出"要么54°40′，要么开战！"的口号，意图独吞整个俄勒冈地区。然而，1846年4月，美墨战争爆发，美国为避免陷入两线作战的局面，决定与英国谈判解决争端。当年6月15日，

要么美国的边界推进至俄属美洲,要么就开战。但是,双方经过妥协,[116]以北纬49度作为通往太平洋的边界。这导致在胡安·德·富卡海峡出现一条非自然的边界,直到今天还没有人想通过发动战争解决这个问题。但是,沿着这条从东部开始的边界线的其余部分,平行于这条笔直的边界带,毫无疑问,一种大西洋元素抵达了太平洋,并在太平洋海岸切割出许多东西,这些东西会将此种切割视作一种恼人的干涉。

这种大西洋的影响在朝气蓬勃的盎格鲁-撒克逊联邦国家最强劲,不过哥伦比亚、厄瓜多尔和秘鲁在太平洋的安第斯山分水岭以东,也有大西洋的面相和大西洋的特点。玻利维亚已被从拥有太平洋海岸的国家中排挤出去,如今只在阿里卡一个港口拥有部分权利,类似南斯拉夫与萨洛尼卡港的关系。因此,玻利维亚将重心转向亚马逊河流域,且这一趋势变得愈发强烈。1934—1935年的查科战争(Chacokrieg)就与此有关。① 一种彼此争夺的紧张感由此引

英美签订《俄勒冈条约》(Oregon Treaty),规定两国的边界沿着北纬49度,直到乔治亚海峡(Strait of Georgia),然后边界向南弯曲,将温哥华岛和海湾中的群岛排除在美国之外。但是,条约对海湾中圣胡安群岛的主权含糊其辞,导致两国1859年爆发所谓"猪之战争"(Pig War)。1872年,经德意志帝国皇帝威廉一世仲裁,哈罗海峡(Haro Strait)成为边界,圣胡安群岛归美国占有。

① [译注]查科战争是玻利维亚与巴拉圭两国为争夺查科地区北部于1932—1935年进行的战争。查科地区位于巴拉圭河以西,安第斯山脉以东,亚马逊盆地以南,潘帕斯草原以北,面积约65万平方公里,但人烟稀少。在南太平洋战争中,智利击败玻、秘联盟。战败的玻方被迫将唯一的出海口割让给智利,从海洋国家变成内陆国。此后,玻利维亚为重获出海口,将目标锁定在查科地区北部(约25万平方公里)——巴拉圭河流经此地,如果能取得巴拉圭河的航行权,就等于拥有一条入海通道,这就要求玻利维亚完全控制查科北部。1920年代,该地区发现丰富的石油储量,更增大了此地的战略价值。1932年,

第十一章 太平洋火山带上封闭的科迪勒拉山系的海岸

入这些国家;即使通常极为典型的、纵向延伸的智利狭窄的海岸地区,也在最南端的麦哲伦地区有大西洋出口。尽管这个地区无人居住,但是这个突入大西洋的地区赋予智利太平洋守门人的角色。在阿拉加斯与加拿大不列颠哥伦比亚省的边界划分中,也可以看到太平洋类型与大西洋影响的某种对比,如我们在第十章中所见,由于太平洋北部门槛的地缘政治动机(Motive),这一对比有增无减。从整体上看,这条沿科迪勒拉山系东坡的断错线(Bruchlinie),无论如何都可以清晰地描绘成一条人类地理学和地缘政治学的断错线,在这条巨大山脉的另一边,泛美纵向铁路的太平洋理念则为具有超国家性质的纽带铺平了道路。①

泛美纵向铁路的理念,由于最近在圣地亚哥举行的泛美大会上得到强调,已经再次复活。尽管各国之间的种种紧张态势为这一理念蒙上了阴影,但这一理念的每次复活,都是太平洋情绪占优势的表征,当这一理念减弱时,则是大西洋情绪在新世界占优势的表征。在美国于19、20世纪之交侵入西班牙的地中海[译按:当指加勒比海和墨西哥湾]前,这一理念如日中天,当时,依照刚成立的泛美联盟的决议,1891—1893年间,美国铁路工程师获准勘察西属美洲各共和国的中心地带长达1080公里的线路。这一铁路可能会克服这块大陆的自然扭力(Torsion)。此种扭力源于下述事实:两个古老的文明帝国墨西哥和秘鲁都是纯粹的太平洋形态,征服这两个帝国的西班牙人是沿着太平洋的地缘政治结构,跟随这两个帝国抵达太平

两国爆发战争。1935年,在国联调停下,双方停火。1938年,两国代表在布宜诺斯艾利斯签订《查科和约》,巴拉圭获得查科地区北部18万平方公里的土地,玻利维亚获得8万平方公里,并得到经巴拉圭河进入大西洋的航行权。

① Sievers, "Die Nord-Süd-Amerikanische Längsbahn", *Petermann's Mitteilungen* 1900,页173。

洋海岸,而北美殖民地则有一个高调的大西洋开端。此外,直到19世纪中叶,美国和加拿大一直也是朝向大西洋的国家,而西班牙殖民帝国的范围则包围南太平洋和菲律宾,具有明显的太平洋特征。1513年发现太平洋以来,在德雷克短暂打破西班牙帝国的垄断前,大概一代人的时间内,西班牙甚至还可能设想将南太平洋变成自己的 mare clausum［领海］。

[117]大西洋与太平洋的内部反差可以追溯到西班牙殖民帝国时期,这种反差的残余具体体现于智利与阿根廷的反差。必须考虑到,阿根廷曾经被禁止直接通过大西洋与母国西班牙贸易,而需经过秘鲁和巴拿马多方转运,这是因为贸易的重心位于太平洋一侧,即产金和银的一侧。克服此种不平衡的可能或此种不平衡持续时间的长短,是未来伊比利亚－美洲问题的关键。这表明,过去对当下的地缘政治的影响多么强大,而我们意识到这种影响又是多么重要!

在太平洋东岸,存在一种人类地理学的反常,它具有重大的地缘政治意义。这一反常现象指的是,高原地带的人口比海岸更密集;因为与内陆相比,沿海地带更不利于定居和交通。这种偏离规律的情况,在一定程度上受到海岸流、寒冷的沿岸流以及海面隆起(Auftriebswasser)的影响,这些因素与缺乏降水共同导致沿海地带形成沙漠,如阿塔卡马(Atacama,位于智利北部)沙漠,而有些海岸湿度过高,滋生热带植物群及随之而来的各种恼人现象,如会传播瘟疫的昆虫。无论如何,[118]太平洋东岸的各种现象支持高原人的自给自足,也有利于海岸地区在某种程度上相互隔离。人们聚集于少数几个有利的海岸据点:如杜尔塞湾(Dulcegolf,位于哥斯达黎加)、马格达莱纳湾(Magdalenabucht,位于墨西哥加利福尼亚半岛)、加拉帕戈斯群岛、克利伯顿群岛(Clipertoninseln),这些地方在地缘政治上曾拥有激动人心的过去,就如智利海岸线在港口位置的突出部分。无疑,南美洲太平洋东岸沿海国家中占优势的是智利,在智利作为一个国家的凝聚力危机中,海军起到了关键作用,就如它独特的海岸构造发挥的作用。

太平洋-美洲政治结构的潜力和活力并没有超越萌芽阶段,而且常常偏离我们熟悉的形式。此外还有一种种族马赛克(Rassenmosaik),以无数个层次,尤其存在于拉丁美洲的热带地区。种族的多样性使这个地区的对外政策瘫痪无力,因为它导致内部的无政府状态。悠闲的广袤空间,几乎没有人口压力,时间的充裕感,时间花不完的感觉——由于完全相反的生存条件,我们中欧人难以理解这一点——让整个太平洋美洲,特别在南部,拥有自由行动的空间。这一点加上缺乏压力,允许我们从事某种关于并存的异质结构的试验。我们中欧的人口密度常常迫使我们作出偏颇、不正确的判断,不过,这也给了德国人某些机会,但迄今为止,美国人的机会要大得多。尤其自第一次世界大战以来,为了征服西属美洲市场和传播美国理念,美国已作出巨大的努力,花费了大量宣传费用。美国为此而运用了适应语言和种族风俗的微妙手段(在这个方面,我们德国人早就显出某种优势)。之前在德国,为了这个目的曾有一整套教科书,里面充满各种实用的提示。现在正是在德国人的意识中唤醒太平洋-美洲的地缘政治的时刻。

这一封闭的太平洋海岸的个别区域作为压力指示仪的作用有多大,加利福尼亚的例子可能是最好的解释。因为在那个地区,西班牙人和盎格鲁-撒克逊人的要素仍然最多。也可以调查加利福尼亚的东亚移民问题。因为,加利福尼亚、巴拿马地峡、塔克纳—阿里卡边界,是太平洋美洲海岸的地缘政治焦点。其次是加拿大与美国的摩擦区,即上文提到的沿阿拉斯加海岸和胡安·德·富卡海峡的边界,以及科罗拉多河的河口,这条河位于墨西哥境内,但流经美国。最后是未来可能开凿运河的地点,以及从特万特佩克(Tehuantepec,在墨西哥)到阿特拉图(Atrato,在哥伦比亚)的铁路线上的交叉口。智利与阿根廷的边界争端通过英国的仲裁(霍尔迪奇爵士[Sir Thomas Holdich,1843—1929]),[①]似乎确实已经最终解决。

现在,我们来讨论加利福尼亚问题,即我们这项研究最重要的问题之一。这个问题关涉太平洋力量三位一体(Trimurti,印度教的三位一体)的面相:[119]这是美国在整个太平洋框架之内的三重面相。据说,可能在开凿巴拿马运河的最初影响下,美国将转向太平洋。但是,这一转向不会走得太远,因为在未来一长段时间里,美国的大西洋一侧在人数和经济上仍将更为强大。内陆也许将始终保持不变,因为从内陆前往世界其他地区的路线是经密西西比河进入墨西哥湾。但是,在西半球所有好歹具备太平洋面相的生命形式中(没有一个国家不在太平洋有某种利益,甚至巴西也由于日本移民问题而在太平洋有某种利益[巴西有45万日本人]),美国在军事、经济和技术上都最强大,尽管美国跟阿根廷、委内瑞拉一样,不完全是太平洋国家。

当太平洋的忧虑和恐慌情绪与大西洋的扩张运动重叠时,危险的政治浪潮在1890年至1898年间达到顶峰。中欧人几乎没有认识到这些浪潮的兴起,不过文献已经清楚地描绘过这些浪潮。但是,要理解这些浪潮的持续发展,最有教益莫过于弄清楚美国广袤的太

---

① [译注]霍尔迪奇爵士,英国地理学家,曾任皇家地理学会会长,参与过众多边界的勘察和确定工作。1902年,霍尔迪奇参与阿根廷与智利边界的勘察工作,最终确定以安第斯山脉为两国边界。

平洋沿岸地区的人口增长与美国总体人口密度的关系。通过计算可实现这一目的,在第14章,读者能找到大量计算细节。计算结果是,在美国太平洋地区的人口密度图中,显示出突发的增长高峰、定居范围的积累,单个或成群的定居者涌入荒无人烟、需要移民的地区。此外,这种不稳定的定居平衡(Siedlungsgleichgewicht)是引发持续的政治动荡的一个要素。因此,美国太平洋沿岸的定居模式表明,一般而言,东太平洋海岸类型对居住区形式的影响具有过高的重复性。

在加利福尼亚中心地区的城市中,引人注目的是1900年到1910年人口的快速增长和1910年到1920年的显著下降,这段时期只有原属西班牙的地区表现出较平稳的人口增长。这与斯托克顿(Stockton)和凤凰城(Phönix)等城市异常的繁荣形成对比。当然,原属西班牙的定居点,具有一种旧式的太平洋特征。其他地区的定居者则是新的大西洋入侵者的后代。因此,一个人在美国越感受到太平洋的一面,就越容易理解西班牙人的生活方式,尤其容易理解再次变成近乎纯粹的太平洋国家的墨西哥。从长远看,大西洋的侵入点越多、华尔街越占优势,在远西(Far West,指美洲)共同生活的摩擦就会越多。

1920年,在美国的太平洋部分,共有270万人居住在人口超过2.5万的大、中城市。主要面向太平洋的州的人口状况如下:

[120]华盛顿州:17.9万平方公里,人口136万(1920年);

人口密度:7.6人/平方公里,城市化率:57%。

俄勒冈州:25万平方公里,人口75万(1920年);

人口密度:3人/平方公里,城市化率:51%。

加利福尼亚州:41万平方公里,人口343万(1920年);

人口密度:8.4人/平方公里,城市化率:73%。

受太平洋影响的州是爱达荷州、内华达州、犹他州和亚利桑那州,这些典型属于落基山(Rocky Mountain)的州,大小在20万至30万平方公里,人口密度低,在0.4人/平方公里至2人/平方公里之间。此外,属于过渡区的州是蒙大拿州、怀俄明州、科罗拉多州和新墨西哥州,太平洋对这些州的影响呈递减状。

不过,这种暂时的对立告诉我们,我们将加利福尼亚的地缘政治特征挑选出来作为范例,是有道理的。① 为了达到这个目的,我们必须首先概览一下加利福尼亚的经济图景。首先,我们看到由大西洋和太平洋的合流造成的经济转移、人口密度和外国人定居地(Fremdsiedlung)之间的关联:

1. 西班牙人的殖民经济覆盖在印第安人稀疏的基础上:广布的畜牧业和大庄园(Latifundien),以及分散的人口。

2. 随发现矿产而来的是掠夺性的经济开发,这标志着盎格鲁-撒克逊人摆脱了西班牙人的殖民经济结构,从大西洋涌入加利福尼亚,从而使人口增加到30万。

3. 北美殖民地时期小麦种植的发展使人口增加到80万至100万。

4. 水果和葡萄种植、园艺和人工灌溉、跨太平洋交通联系、夏威夷作为中转和适应站、邀请东亚移民、石油的发现,使人口增加到350万,1930年增加到570万。

---

① 通过强调日本在当地的飞地和交流方式来描述加州的经济图景——有人认为这与广泛的美国人圈子相关,对此,可比较 Harry H. Dunn, "How is California to be saved?", in *The Dearborn Independent* of January 21,1922; *Ford International Weekly*, Michigan; George P. West, *Nation*, 4th October 1922, California the prodigious。德语文献最好的研究暂时是 K. Hassert, *Die Vereinigten Staaten*(Tübingeen 1922)。

其次，这幅经济图景告诉我们，加利福尼亚作为地广人稀的太平洋边缘土地的原型，与跟大陆联系更为密切的山东省、更加海洋化的日本内海圈(Inlandsee-umrandung Japans)形成对照，后者可以作为太平洋西岸人口过多的边缘土地的原型。

第三，我们一方面认识到加利福尼亚人与夏威夷人和菲律宾人的关系，另一方面看到夏威夷人与俄勒冈州、华盛顿州、加拿大不列颠哥伦比亚省和墨西哥的发展的关系。在这种对比中，我们看到加利福尼亚在太平洋独特的中介位置，以及以加利福尼亚为样板研究太平洋东岸大部分问题的可能。

第四，我们由此得出结论，远东地区一定有类似的压力点，即菲律宾。

但是，这个问题在多大程度上会影响美国与日本之间的紧张态势，这一点从一份关于美国资源的经济概述中就能准确看出：在总共62.3752万英亩的高价值土地中，45.8065万英亩或者为日本人拥有，或者为日本人租赁，或者受日本人影响，1922年美国有11万日本移民。因此，日本人的影响不能从密集的定居点中消除，也不能从加利福尼亚的经济历史中消除，因为他们比其他任何移民[121]都更"深入到土壤中"。就在最近，一位日本经济学家才使我确信这一点，他在加利福尼亚住了五年，专门研究这个问题。此外，日本人的定居地与贸易主动脉的关系也不容否认。我们对定居密度的数据及其与经济的联系要有清楚的理解。加利福尼亚州的面积是41万平方公里，只比法国的面积小一点。

[122]1850年：人口9.2万。大规模养殖禽畜，发现金矿。

1860年：人口38万。矿业州。转变为一个扩大的农业州(小麦)。

1870年：人口50万。农业州。高效的东部铁路网开工。

1880年：人口86.5万。小麦是单一农作物；糖、水果产业开始，通过铁路完全建立起与中西部和大西洋的联系。

1890年：人口125万。铁路快速发展（Eisenbahntyrannei）。转向集约的土壤灌溉。

1920年：人口350万。东亚移民涌入。水果，葡萄酒，糖，丝绸，石油。

1930年：人口567.7251万。城市化率达到73.3%，尤其在旧金山和洛杉矶附近。

在美国，像在加拿大一样，人口稀少、紧靠太平洋各州的政治力量，在1925年之前，还不足以使国家立法机构采取有效措施来限制东亚移民（有效限制或排外，只不过是技术术语）。紧靠太平洋的各州的当地立法机构，大部分同意采取防御措施来保持4:1的多数。现在已经实现对东亚移民的消极限制。

《法兰克福报》（*Frankfurter Zeitung*）的一位撰稿人，① 出色、正确地描绘了墨西哥的历史和地缘政治特性，我会大致介绍一下他的描述。鲍曼（Isaiah Bowman）的著作充分呈现出拉丁美洲各国边境摩擦的冲突点，这些冲突点表明爆发危险的可能正在增大。② 通过巧妙论述美国在加勒比海的扩张（Mittelmeerausdehnung），鲍曼将美国的帝国主义扩张步骤推到明亮的灯光下，实际上也应该如此。然

---

① J. v. K, "Mexikos historische Persönlichkeit", *Frankfurter Zeitung*, 28th February 1922, No. 157。

② J. Bowman, *The New World, Problems of Political Geography*（London-Sydney 1922）。在本章和后面的进一步讨论中使用的真实资料，尤其收集自东亚新闻和太平洋地区的报纸，会超过出版社允许的篇幅。这些材料可以在我论日本和东亚的作品中看到。

关于西属南美洲，我还想提到下面两部著作：H. Bingham, *The Inca Peoples and their Culture*（Washington 1917）; Dr. E. Friedrich, "Religions-Geographie Chiles"，见 *Petermann's Mitteilungen* 1917, 页183以及那里提到的文献来源。

而，这也表明，在所有悬而未决的问题中，只有塔克纳—阿里卡问题与南美洲的太平洋面相有关，其他问题都与大西洋面相相关。只有巴拿马–尼加拉瓜问题与两个大洋的连接有关，可以根据环太平洋的断裂（Randdurchbrüchen）来处理。

引人注目的是北美洲、南美洲太平洋一侧边界问题的长期拖延。1881年，《智利–阿根廷条约》（der Chile-Argenlinische Vertrag）决定将科迪勒拉山系的"山峰和分水岭"作为两国边界。但是，事实证明这并非巧合。1900年，智利和阿根廷走到为边界纠纷开战的边缘，最终是英国人霍尔迪奇提出的边界划分方案，在1906年和平解决了两国边境争端。1910/11年以来，的的喀喀湖（Titicaca，位于玻利维亚与秘鲁交界处，是南美最大湖泊）边界问题始终未得到解决。智利与秘鲁就塔克纳—阿里卡问题冲突不断，直到1879年爆发南太平洋的硝石战争。1850年，开始在这个地区开发硝石，1860年至1880年，开发硝石的收入逐年增加，最后成为战争爆发的肇因之一。1883年的《安孔和约》（Friede von Ancon）规定，在智利占领的秘鲁领土上举行国民投票自决归属，①但是投票没有执行，随后被另一项条约取代。

[123]另外一种典型的太平洋进程是：大约一代人之前，玻利维亚在南美大陆地图上迁徙；秘鲁国土收缩，1876年秘鲁的面积还是176.98万平方公里，但是，在1879—1883年南太平洋战争中被智利割占塔拉帕卡省之后，秘鲁相继又向玻利维亚和巴西割让领土，现

---

① [译注]《安孔和约》是智利和秘鲁于1883年10月20日在秘鲁首都利马附近的安孔区签署的条约，旨在解决两国边界争端。条约规定，智利拥有塔拉帕卡省，塔克纳和阿里克两省归智利统治10年，10年后这两个省进行国民投票自决归属，不过，后一条没有执行。1929年，在美国总统胡佛的调解下，智利拥有阿里卡，塔克纳归还秘鲁。

在国土只有138.3万平方公里。因此,秘鲁大概丧失了五分之一的国土,接近今日除去巴伐利亚的德国国土面积。① 从更狭窄的太平洋海岸核心区向东边的大陆看,空间丧失价值的速度就是这么快!这类横跨安第斯山脉的地区,远离主要的人口压力点,也能在远离南美的相当不同的地球空间看到。例如,有人注意到东亚、英属印度和俄罗斯势力范围之间的西藏和蒙古地区的摇摆(Pendeln)。这是些正在发展的、仍在发酵的区域,紧靠高度发达的区域。对拉采尔《人类地理学》中的防护区(Schutzzonen)的记忆——防护区指紧靠过于成熟的区域、处于原始状态的区域——始终浮现在我的脑海。

美洲太平洋海岸带的问题相互对抗,比更加动荡不安的大西洋地区更为显著。不过,比起大西洋竞技场,这些问题没有那么难解决,也没有那么麻烦,且更加界限分明。此外,大多数美洲太平洋海岸带的问题,源于存在诸多需要吸收人口的区域——凭借空中和海上交通的发展,这些问题可以通过直接移民来解决。然而,在地缘政治最内在的原则中,存在避免无谓的指责和徒劳的争斗的可能,从而,这个新开放的地缘政治区域有可能根据自身的法则演化。对面东亚海岸上人口过度拥挤的国家,一个在4000年的时间里(中国),另一个在至少2500年的时间里(日本),已经掌握了办法,可以作出最大可能的空间妥协。然而,紧靠辽阔海岸线的美洲封闭的科迪勒拉山系的边缘,仍然意识到自身是一堵强大的自然防御墙,仍然主要由空间浪费者(Raumverschwender)和空间梦想家(Raumträumer)占据。

---

① [译注]秘鲁共丧失38.68万平方公里领土。一战后,豪斯霍弗写作此书时,德国的面积是46.89万平方公里,巴伐利亚区的面积是7.06万平方公里。现在德国的面积是35.74万平方公里。

第十二章 东亚的海岸线:形式上破碎,气候上统一

[124]太平洋东海岸和西海岸的海拔对比表明,在美洲,一堵近乎封闭的墙,挡在一块由封闭的太平洋海岸类型连在一起的大陆面前。然而,在东亚,主要是一种不可思议地扭曲的、松散的、海水冲刷大陆的边缘现象。魏格纳的大胆理论或许最容易解释这一现象。在他看来,东亚是一片不断后撤的陆地,身后到处是零零碎碎的土地。东亚的海岸线太过曲折和紧张,有些部分仿佛是地球的衣服被撕裂的结果。东亚"绷紧的弧线"(Zerrungsbögen)是对这一形象的显著说明,这一弧线环绕在欧亚大陆的东部边缘,就像由群岛构成的花环——这给了我们想象这一弧线的绝佳帮助。弧状的群岛与大陆之间是一片狭长的边缘海,花环状的群岛把这个边缘海与开阔的海岸隔开。

这种模式在东亚北部内陆地区有所改变,那里几乎不为人注意地上升为平坦的海岸,这些海岸与由大陆形成的冲击低地融合在一起,以单一、古老的高地和沿水平方向下沉的褶皱带为特征。在那里,就像在东亚南部一样,波浪直接冲击着伸出的褶皱带。巨大的断层横贯东亚的阶地构造(terrace structure)。首先是李希霍芬,之后是福尔茨(Volz),以生动的洞察力为我们描绘出东亚这一图景。①

---

① F. v. Richthofen, *Geomorphologische Studien aus Ostasien* (Berlin 1904); W. Volz, "Die ostasiatische Landstufenbau als Ausdruck oberflächlicher Zerrung",

但是,如果将之与美洲稳定统一的海岸山脉形象相比——山脉背后是纵向绵延的山谷,深入内陆的科迪勒拉山系将面向太平洋的海岸与朝向大西洋的内陆分隔开来——东亚海岸的整幅马赛克显示出令人困惑的形式多样性。

不过,太平洋两岸的两种主要特征在地缘政治上的联系,比地图的表面形式图像所揭露的联系要更紧密。美洲靠近太平洋一侧纵向绵延的山谷的居间要素,在东亚只不过淹在水里,沉入边缘海中。在东亚的边缘,具有大洋属性的弧状群岛被狭长的边缘海与大陆隔开,面对着大陆构造。但是,这条自然形成的壕沟在4000年间始终受到大陆人和岛民的尊重,期间的冲突[125]几乎不值得一提。因此,中日对两国间海洋障碍的相互尊重,实际上取决于东亚扭曲的、成阶地状的地形的地缘政治特征。东亚这种命定的特征,使大洋生命形式与大陆生命形式的分离比地球上任何其他大空间内都更为齐整。

日本漠视大洋生命形式与大陆生命形式分离的原则,以及之前的《中俄密约》(*Li-Lobnnow Vertrag*)违反这一原则,① 都具有重大的地缘政治意义:这是1894年至1937年东亚命运发生转折的前奏。

我们也将一种受制于土地的命运看作东亚更深一层的基本特征:这些形态上反差强烈的形式,由我们这个星球上或许最强大的

Petermann's Mitteilungen 1914, II,页 174。比较 K. Haushofer, *Japan und die Japaner* (Teubner, Leipzig-Berlin 1923)。

① [译注]《中俄密约》,即俄国与清政府订立的秘密条约。1896年6月3日,俄国利用中国在甲午战争中战败的困境,以共同防御日本为由,诱使清政府派特使李鸿章(1823—1901)与俄国外交大臣罗巴诺夫(Alexey Lobanov, 1824—1896)在莫斯科签订《御敌互相援助条约》,又称《防御同盟条约》。该条约在1922年完全公开。

气候统一结合在一起。这种气候统一甚至比东南亚季风国家的统一还要强大:以大陆为导向的划界,大河的入海口,印度河、雅鲁藏布江、巨大的印度支那河、长江上游、黄河以及黑龙江流域。从特殊的图表,尤其从海深图和气候图,可以看到这种由地缘政治学和气候学定义的统一结构。这些图表教我们以同样的方式看问题,就像我们从简单的调查地图上一眼就能看到美洲靠近太平洋各区域之间的相似性。

一种罕见的过渡命运只降临在中国东北及其三江流域问题上。也许只有这里,或许还有旁遮普,承受着麦金德所谓的内新月形(Innerer Halbmond)空间的混合特征的全部冲击,在大洋与大陆命运之间来回拉扯。[1]然而,所有这些入口区域——当然,处于大陆与大洋的过渡区,例如旁遮普之于印度,东亚中部的长江流域各省,即河南省、山西省,以及奉天省、吉林省——由于独特的负荷(Belastung)都是地缘政治要地和战场,因为这些地方在悠久的历史长河中都位于大河的中心地区。此外,由于日本帝国今日在东亚的前哨基地建立在上述地方之前,上述地方的地缘政治位置就更为重要,正如大英帝国在印度确立的生存空间。因此,这些地方不得不面对又试图逃避的地缘政治现实,便是处于突出的战略中转位置。这一位置从受地缘政治态势影响的保护性边缘海域,一直向南延伸到热带地区,在必要的情况下甚至必须继续向南移动,即向盎格鲁-撒克逊人领地的主要海上交通线移动。

印度-太平洋地区密集人口的地理影响,以及印度和中国这两个文化帝国的地理影响——某种程度上,从地缘政治上讲,这两个帝国受近海岛弧的保护——是我另一部作品深入探究的主题,那部

---

[1] G. J. Mackinder, "The Geographical Pivot of History" (London 1904).

作品具体讨论自决问题。① 但是,这里有必要简单地展示一下典型的印度-太平洋地区的陆地景观,以及该景观对土壤和密集型经济管理的自给自足倾向,[126]这是太平洋整个西岸的特征,也大可以说是大陆和大洋生命形式在巨大范围内、在数千年内能保持和平共存的基础。因此,尽管在细节方面存在各种矛盾,但日本人、中国人、印度支那人和马来人的民族形态的地缘政治性格,都具有共同的特征,这些特征植根于完整的海岸景观。我们无法在这里涉及所有问题,否则东亚地缘政治学在太平洋地缘政治学内部就会显得过于庞大,但我们必须把最重要的问题提出来。

太平洋西海岸的命运似乎由两个基本的地缘政治特征决定:主要受大陆和内陆决定的区域划分相对整齐,又可分为河流型国家与高原型国家;这些国家与日本、菲律宾、巽他和锡兰这些受大洋决定的岛屿国家又不同,后者皆位于分隔大陆的边缘海边上。此外,在文化上最重要的三个地区中,两个共享同一种气候学特征:地球上降雨最充沛的空间,沿着大陆海岸形成梯田,抵御沙漠的推进——从外部看显得和谐,但往内部看,往往受到灾难性的周期震荡的影响,导致干旱、流行病、政治运动和叛乱。② 因此,东亚与印度世界存在一个文化和命运共同体,而印度是仅次于东亚的第二大人口集中区。

与第三大文化区即欧洲-地中海-大西洋地区不同,东亚和印度本质上都没有扩展到与自身的生活方式相适应的本土地区之外,

---

① *Zur Geopolitik der Selbstbestimmung* (Munchen 1923);顺便比较 Percy M. Roxby, *Far Eastern Question in its Geographic Setting* (Aberystwith 1921),这是一份优秀的人类地理学概论,足以为东亚战后政策提供基础。

② 比较 W. Krebs 在 *Deutsche Rundschau für Geographic und Statistik* (Wien 1892 and 1895)中对气候学的政治功能的卓越描述。

第十二章　东亚的海岸线：形式上破碎，气候上统一

因为东亚和印度是向心式的，这是"太平洋的"自然和倾向！

因此，虽然曾一度有人试图迫使印度－太平洋半球的自然统一体适应印度－大西洋的统一体(实际上仅在1757年的普拉西战役之后取得部分成功)，[1] 但是，从长远看，这不会奏效。这是太平洋西岸南部天然的第三大永久特征：在那里，季风区的概念在印度洋与太平洋之间创造出一个彼此关联的自然统一体，印度洋与大西洋之间则缺乏这种统一体。[2] 哈恩创造出下述气候学－地缘政治学格言：

> 每处景观的价值与降水量相当。

但是，我们必须对之作一点限制。例如，鲍曼试图在他的地图上描绘降雨的分布(页257)，然后进行比较，然而他预先假定降雨量、人口密度和种族分布之间存在非常令人信服的关系。无论如何，决定性的事实仍然是，统一倾向总体上比形态上的分离更强大，

---

[1] ［译注］普拉西战役，发生于1757年6月23日，是英国东印度公司与印度的孟加拉王公的战争，孟加拉王公达乌拉(Nawab of Bengal)的支持者是法国，战役背景是欧洲的"七年战争"。在这场战役中，孟加拉一方兵力为1.5万骑兵和3.5万步兵，以及法国支持的53尊大炮；英国方面是克莱夫(Robert Clive, 1725—1774)率领的不足千人的英军和两千人的印度士兵，外加9尊大炮。这场战役从早上7点打到下午5点，最后英国取胜。普拉西战役的胜利，使英国获得了孟加拉地区，随后在第三次卡纳蒂克战争中将法国势力彻底清除出印度，自此，印度开始完全沦为英国的殖民地。

[2] J. Bowman, *The New World*, *Problems in Political Geography* (London-Sydney 1922), 尤参图257对这一方面作了详细阐释。此外，这部著作共有215幅地图和65张图片，可以说，这本著作中的大量证据比中欧人的著作更为清晰地阐明了太平洋西岸的问题。

这个问题的发展脉络，参Sir Robert K. Douglas, *Europe and the Far East 1506-1912*; 更简略的论述，见O. Franke, *Großmächte in Ostasien von 1894-1914*。

这种统一倾向由气候造成,一种受季风节律影响、有分级却也多样的气候。对地球空间的历史和地理观察,或许会导致正视图和俯视图的暂时差异,但这只会随着空间或时间的推移而产生。总体形象最终会以这样或那样的方式成真;[127]不过就算仍有失真之处,也可由交叉检查得到纠正。例如,这可以从鲍曼对远东的地理描述中看出:在他那过于历史化的描述中,山东问题与其他问题相比显得太大。而这不是一个永久的问题。山东问题就像德国占领皮卡第省(Picardie,属法国)一样转瞬即逝,而法国占领鲁尔区则可能是永久的。

东南亚文化意志的统一,归根结底建立在近似的降水量、季风节律、季相(Jahreszeitenaspekt)、海岸景观结构等不可动摇的基础上。通过外部军事占领不可能永久摧毁这些基础。对欧洲以前的权力中心的文化地理和文化政治要素的不充分描述,就足以解释这种事。面对这个事实,一个人怎么会如此盲目?一个人怎么会严肃地妄想中国分裂,或妄想永久占领英属印度和法属印度支那? 美国的太平洋自然本能警告美国放弃类似幻觉,因此,尽管大西洋式的扩张欲望(华尔街!)驱使美国占领了菲律宾,但美国仍计划在1935—1945年间让菲律宾独立(liquidieren)。冲突和内乱在菲律宾、日本、中国显而易见,在关岛、雅浦岛和夏威夷问题上也存在。

东亚的大陆桥(Landbrücken)和边缘生长(Wachstumsspitzen)问题,由于在其他地方已经处理过,我们在此只需简要介绍一下。毫无疑问,俄罗斯与法国朝东亚内陆的侵略(现在处于完全衰退中),以及德国对东亚的侵略(世界大战之后被完全清除),与日本控制朝鲜和[中国]辽东的大陆桥之间存在共性。占据中国东北和印度-中国的缓冲地区具有长久的影响,而德国仅短暂占据山东,这一对比显然是科学的地缘政治学任务的典范案例。因为,我们必须学会区分暂时的冲突、贸易摩擦(Augenblicksreibungen)和真正势不两立的生存斗争。就德国在山东的地位问题,美国人鲍曼写得非常准确:

> 德国官员培养中国人,并且总体上与他们保持良好的关系,也没有试图让德国移民殖民山东。

鲍曼的判断无疑非常客观,他就法国在印度支那的政策写道:

> 因此,在中国南部有个法国主导的铁路渗透项目,目标有得一比,尽管铁路主要部分在中国云南省(1910年完工),法国的政策却是力求垄断该地区的贸易,并隔离该地区与欧洲其他国家及美国的贸易。

这里,正如俄罗斯在中国东北的南部和日本在朝鲜的地位一样,一座居主导地位的大陆桥正在形成,而胶州湾、[128]长江地区和香港,从最初作为商业增长和海军补给的渗透据点,越来越成为文化和政治经济的中转中心,打开而非关上与内陆交往的大门。

日本以不同程度尝试这两种方法,一种用在中国北方,一种用在中国南方。但是,由于日本的亚洲天性以及日本与大陆各民族(与日本人有种族联系)的和解在文化政治上的可能,日本也远早于其他大国就认识到,不可能永久侵占中国人的领土,尽管中国眼下暂时陷于悲惨的境地。然而,有人可能会盼望一个更有能力侵占中国的日本。基于这一目标,所谓的"二十一条"的剩余部分逐渐得到利用:中国东北的矿山,《关于山东之条约》(*Taiyeh-Vertrag*),从汉口和山东撤军,归还胶济铁路,这些都是开始。这可以解释,对于1921年美国威胁日本提出的五个问题,日本可以给出最平静的回答,已有既成事实也强化了这一回答——显然,美国高估了山东以及雅浦岛问题对于日本核心利益的重要性。例如,在山东问题上,面对丰富的矿产资源,我们绝不能忘记中国巨大的防御人口造成的压力,而日本显然对此非常熟悉。

但是,我们在对近来日本、中国与外部霸权之间的问题作深入的地缘政治分析之前,必须首先浏览一下日本帝国本身的情况。我在别的地方详细描述过日本帝国的状况。①

新日本对世界政治和世界经济意味着什么?日本作为东亚占优势的强权,在全球最大的大陆上暂时拥有最强有力的政治生命形式。日本已经无可逆转地走出自给自足的岛国状态,以一个种族统一的国家进入能够决定世界命运的世界大国行列。日本通过将中国东北的河道网向北推进,缓慢地占据了直到苏联边界的广阔空间。在向大洋挺进的过程中,日本首次与欧洲人发生敌对的接触,当然,是在两个世纪徒劳地试图与西方成为朋友之后。日本曾请求得到西方的保证和联盟,但西方无视这一要求,没有给出回应。后来,日本尽管仍然忠实于自己与其他大国结盟的义务,但已经踏上德国之前在南太平洋的殖民领地,填满从台湾经菲律宾到马里亚纳群岛、马绍尔群岛、博宁群岛[129]和硫磺群岛(Vulkaninseln,即火山列岛)的大圈,并以富士弧(Fujibogen)与日本群岛相接。日本在这个空间内发展出巨大的地理一致性,将帝国建立在自然的、合乎逻辑的、坚实的基础之上!

这个统一体还充满了统一的民族灵魂,因为在多达1亿的帝国总人口中,至少有7000万人受统一的种族意志引领,[130]迄今为

---

① *Dai Nihon*, E. S. Mittler(Berlin 1913); *Das Japanische Reich*, Seidl and Sohn (Wien 1920); "Japan und die Japaner"(Teubner, Leipzig 1923)。

止,这种意志证明比宗教或社会壁垒更强大。然而,上个世纪,形塑帝国意志的形式已经发生变化:从神权和封建结构中,起初模仿外国政党的游戏变成了一个政党政府,这经常让人想起18世纪英国的议会政府。

在旧日本,以家庭和乡村为基础的非常健全的社会结构,是为居住在日本本土的约3000万人的人口平衡而量身定做的。大约550万户小农家庭,其中许多家庭的耕地面积不到3公顷,以及大约25万至50万艘渔船,这些就是旧日本的经济基础。大约在19世纪中期,西方商业强国的外部刺激,加上国内的人口压力,尤其内海附近优良聚居区的人口压力,刺激日本向外扩张。显然,朝西北方向的压力(这个方向受到的阻力最小,且是官方政策)与向南和向东挺进温暖海洋的推力(源于古老的种族冲动)存在分歧,使日本的扩张意志分裂。因此,日本精英阶层的地缘政治战略朝一个方向发展,而民族或种族本能则倾向于另一个方向。但是,二者都受同一种大空间概念引导。

不过,在这两个扩张方向上,德日两国的核心目标在任何地方都不会再发生交叉或冲突。因此,德国能够接受"亚洲人的亚洲"这一要求,并满足德国人与日本人在文化-政治方面实现共存的先决条件。我们最神圣的东西(Heiligste Güter)从未受到日本扩张方向的威胁,但别的更世俗的东西正受到越来越大的威胁。在西方强力推动下发展的远东,可能对我们的复兴造成极大的经济和政治危险。大量人口的移动并没有那么危险——与中国庞大的移民数字相比,日本的数字显得无足轻重。日本究竟想输出人口还是商品,这个问题日本早在1884年和1895年间选择支持输出商品时就已作出决断。日本想将所有种族上有渊源的人囊括进自己的帝国结构。日本所在的岛屿弧是绝佳的自然位置,连同海洋地理方位以及肥沃的本土群岛，使日本具备通过输出商品增加人民营养的可能。同时，日本也是古代文化娴熟处理人口密集问题的代表，旧日本社会由高度成熟的社会贵族领导，在闭关锁国期间，在为尽可能多的人口获得最大可能的福利方面，日本比世界其他地方都要做得完美。

在这种情况下，更有利的生产条件和海运贸易将永久存在，通过法国与英德资助政策之间的某种中间因素，日本海运贸易以惊人的速度提升至高水平，加工业迅速繁荣。诚然，[131]日本本土缺乏原材料，只生产过剩的铜和硫，大量的木材和低质量的煤，作为营养基础的足够的大米和海产品，以及丝织品。不过，日本通过帝国扩张已经消除原材料匮乏这种状况。铁、煤、汽油、木材、石油、糖和纤维比比皆是。廉价的劳动力，令人愉快且有尊严的生活方式，更暖和的冬天，靠近海岸的工业中心，丰富的水力资源，为日本帝国提供了德国根本无法匹敌的优势。日元尽管相对于其他国家的货币有所贬值，基本上仍能保持国内购买力。

除此之外，这个复兴的帝国还有一种继续生存下去并超越对手的坚定而可畏的意志。在这个帝国内，宗教传统和阶级分离仍然完整，对民族可能遭遇的任何危险具有最强烈的本能，它以对国家形而上的强烈热爱为支撑，此种热爱在下述信念中达至顶峰：一个人乃是受召成为伟大的、令大地震颤的理想的承载者。带着这些理想，我们德国人现在可以开始进行文化-政治接触，不必像我们的敌人那样，在种族对抗实践的每一步行动中被当场抓住，也不必扼杀亚洲各国的自决权。

回顾日本的地缘政治特性后，我们应该能够更深刻地理解并领会鲍曼提出的问题。鲍曼提出了未来日本在太平洋扮演何种角色的问题，在这个问题上，鲍曼要求美国积极介入。

鲍曼提出如下质问：

1."日本是否会将种族平等的主张推进到要求平等对待加利福尼亚的日本人和美国人,要求平等对待澳大利亚、新西兰、加拿大不列颠哥伦比亚省的日本人与英国人?如果日本如此要求,那它是否有能力并愿意用战争支持这一要求?"这就是这个问题的核心!日本会一直关心这个问题,却会尽可能少谈论这个问题,日本将认为自己有正当理由如此要求,直到一切太平洋文化和种族获得平等的权利。届时,日本将追求一种组建东南亚联邦、防卫和驱除白种人危险的特殊政策,鉴于这个问题非常重大,日本会非常谨慎。日本只会在迫不得已时发动战争。如果在这个问题上受到外部强权的强迫,日本就会以纯粹保卫被压迫者的斗士姿态出现,因此,可以预见,日本将具有巨大的自卫能力和高度的民族团结。

2."日本在东亚的大陆政策是否意在将日本的边界扩展到大陆内部,尤其是侵占中国,从而垄断贸易,排除白种商人?"日本寻求对两个主要大陆国家(中国和俄罗斯)进行安全划界,真正自由地使用黑龙江长达6000公里的水道,[132]以及确保原材料来源。出于这个原因,日本不会容忍任何敌对的权力形态进入库页岛—黑龙江—松花江与大兴安岭之间的陆地空间,也绝不会容许敌对势力进入本土群岛的海洋空间——以及边缘海——就像美国不会允许敌对势力进入自己的海洋空间。

3."日本已经宣布撤离山东的最后期限,但会兑现承诺吗?如果撤离山东,日本商人难道不会对这个省产生强烈的政治影响,以至于不可避免地与中国政府发生冲突,从而实际上再次夺取中国的主权?"日本已经从山东的大部分地区撤离,想缓和那里的地缘政治摩擦,这可能类似于美国之于菲律宾的措辞!如果美国的解释在这里让我们想起德国1864年对石勒苏益格-荷尔斯泰因地区举行国民投票的承诺,智利在1879—1884年的南太平洋战争后对塔克纳－阿里卡地区举行国民投票的承诺，以及这些承诺都未兑现，那么，有人可能会提到，美国早在1916年就郑重允诺菲律宾独立，但直到1935年才确认，并预计到1945年才能兑现。有人也会想起某些国家违背在上西里西亚举行国民投票的协议并分割那块领土，或者想起威尔逊总统的"停战十四点"（Waffenstillstandspunkte）。

4. "日本是打算以能赢得其他强权赞同的方式行使对马绍尔群岛和加罗林群岛的托管权，还是将尽一切努力在不受其他利益相关大国的监督，甚至在受到批评和反对的情况下继续留在那里？"证据表明，迄今为止，日本的托管不管怎样都比澳大利亚和新西兰实施的托管更有益于当地人的福祉——《凡尔赛条约》谈及的福祉。然而，鲍曼这个问题的语气透露出未来的地缘政治摩擦和相互不满。

5. "日本会在朝鲜推行当地的自决，还是会继续现在的镇压和迫害政策？"日本毫不隐瞒不让朝鲜恶化为另一个爱尔兰的意愿。为此目标，日本已提出一个文化和经济政治方案，并有效地推行。对此的最佳证据是，朝鲜人口在日本的统治下从1100万增加到2100万，与之形成对比，爱尔兰在英国的统治下，人口从800万锐减到450万。

罗塞尔称"令人恶心的虚伪"是美国的菲律宾政策的首要特征。但对日本来说，阻止外国对朝鲜施加影响，是一个比美国阻止他国对菲律宾施加影响更加生死攸关的问题。鲍曼的进一步看法似乎与这种洞见不无关系，他的部分判断非常残酷：

> 当人们为美金杀人并以迫害少数民族为乐时，这是件好事。

从美国的视角出发分析中国的地缘政治，能为我们看待中国当下的混乱提供一个有利的方向。中国未签署《凡尔赛和约》是其中的一个突出问题。

[134]然而，中国与旧世界所有强大的大陆国家并无差异，中国可能的未来在于推行横贯欧亚大陆的铁路政策，而早就预见到这项工程的美国政治领袖们费尽心思想破坏这一政策。就此，读者只需读读亚当斯的著作。①这是中国未来的一种地缘政治征兆，而她的未来属于此种政策的执行者。

然而，这里需要正确指出中国态度的不一致。因为，从另一方面看，中国是国联的成员，因此，实际上山东问题而非她的政治远见，才是她签署《凡尔赛和约》的真正障碍。同时，中国与德国签订和约，这一胜利无疑与中国收回山东联系在一起。这一胜利与其他列强在中国仍存在的特权形成鲜明对照。对中国来说，第二个地缘政治危险（依照美国人的看法）是日本站在她面前的姿态：这是一个永久的地缘政治事实。依照美国人的解释，日本不仅邻近中国大陆沿海地区，而且紧靠中国东北。危险的高潮是1923年春俄罗斯对旅顺港的租约到期。旅顺港租约到期没有引发任何危机，尽管日本拒绝撤离，紧张局势仍有所缓和；可是，日本的拒绝撤离在1931年造成了一场完全的突变。日本扩张浪潮的危险仍然存在，这令美国人颇为担忧；他们还非常精明地指出，1842年被割让的香港，是中国仅次于澳门的最老的外国租借地。英国人的地缘政治意识试图

---

① 亚当斯将一项德国－俄罗斯－中国的铁路政策视作海洋强国的危险，因为这条铁路将真正有效地开发欧亚大陆腹地的交通。辽东问题是俄罗斯西伯利亚铁路在辽东的一个颠转，这个问题由中国政府的美国顾问巧妙地提出（整个协定材料载于1924年3月初到4月末的《北京日报》，一直持续到旅顺港租约到期)，也是对日本政府和舆论的坚定立场的反弹。

将香港与其余边缘生长分离,①这个绝非笨拙的尝试遭到极大的漠视和拒绝,准确而言,经美国国会的决议,遭到美国那边的拒绝。然而,据说边缘生长危险(Wachstumsspitzengefahr)的高潮发生于1897或1898年,从那以后,归还胶州湾和威海卫使紧张局势大为缓和。

在美国看来,中国面临的第四波、第五波地缘政治危险分别与外国金融资本企图渗入中国、中国内部的政治和军事冲突有关——随后就要讨论这个问题;第六波地缘政治危险是鸦片问题,这显然是个纯粹的植物-经济-地理问题。可是,在西太平洋空间已经爆发过两场与鸦片问题有关的大战:一次是1757年英国为垄断鸦片贸易,与法国在孟加拉进行的战争;另一次是由于中国反抗英国把鸦片这种大众毒品强加于华南而于1840—1842年进行的鸦片战争。美国文献单独把澳门视作一个鸦片污染中心,因为美国认识到葡萄牙人在实际执行1912年的《鸦片公约》(*Opiumkonvention*)、1914年第三次鸦片会议和1921年第四次鸦片会议的决议时面临巨大困难。

[135]这个跨太平洋观察者从他的美国视角出发,认为仍有六个引发冲突的焦点必须密切关注。正是在这里,新世界与旧世界的利益分道扬镳。之所以分裂,正是因为中国这个美国在太平洋的命运伙伴——她观察到自己在欧亚大陆本身占有一大份——在地缘政治上具决定性的问题似乎的确是:由于不同的基本形态特征,中国生存空间反复出现的长期解体——进而分裂为各个地区,导致帝

---

① [译按]豪斯霍弗用了不少与动植物相关的比喻,边缘生长(Wachstumsspitzen)指植物生长时头部长得特别快的部分只进行平面扩展的生长方式,即通过边缘部分的边缘分生组织生长,蕨类原叶体的形成就是这种生长方式的例子。(详见第二十四章)

国式统一与省-州联邦主义（Provinzial- und Länderföderalismus）之间的冲突——招致的危险，①在多大程度上预示了现在高悬于中国头顶的危险，恰如曾经高悬于德国生存空间之上、如今已经完全克服的危险。德国与中国的这种相似源于两国的地缘政治本质。

从地缘政治角度观察，中国全部帝国问题的核心是什么？确实，帝国统一思想（Reichsgedanke）与地方概念（Länderbegriff）的关系，延续着极其微小但仍能促进统一的中央集权主义（Zentralismus）与某种程度的地方主义（Regionalismus）之间古老的钟摆运动，[136]而地方主义再也无法促成文化和经济整全必要的统一。因此，一旦过度，逆向运动就会产生我们在其他地球空间看不到的反应，正是通过在此种摆动规律中反复重生，中国的生命形式才得以延续四千年之久。在我看来，在秉持大西洋中心论的学者中，只有弗兰克的《东亚的新形式》（Ostasiatische Neubildungen）②和《东亚的强权》（Großmächte in Ostasien），在印度-太平洋地区的学者中，只有印度学者萨尔卡，尤其他的《新亚洲的未来主义》（"Futurism of Young Asia"）一文，③最清晰地洞见到此种地缘政治发展。

关于中国在中央集权主义与联邦主义之间的古老斗争，现在要求回答下面这个问题：与那些大省的地方主义相对的未来的帝国视野，如何从中国受制于土地的力量（Erdgebundenheiten）中形成？尤其现在"省"的概念远远超出通常的含义。这是一个意义极其重大

---

① ［译注］豪斯霍弗用Provinzial- und Länderföderalismus大概指中国古代分封式的封建制，下文涉及的中国的联邦主义均指此义，与美国式的联邦主义不同。

② O. Franke, *Ostasiatische Neubildungen* (Hamburg 1911)。

③ Benoy Kumar Sarkar, *The Futurism of Young Asia* (Berlin 1922)，尤参页177-247；*Revolutions in China*, but also page 48: *Asia in Americanisation*。

的问题:因为该问题对中欧、近东和中东同样有效。萨尔卡非常敏锐地认识到这个问题对印度来说也一样,因此他非常关注1911年的中国革命,因为在他看来,1911年的中国革命揭示出印度帝国问题在未来的解决方案。依照麦金德的理论,这一问题对于整个内新月地区的杂居和过渡的边缘地带同样有效,例外在于,中国的生存空间或许已经在自身的地缘政治演化中走得极远,正在努力追求一种自然的统一感,并通过文化和经济意志维系在一起,即便她的统一意志眼下(1936年)似乎被创造性地、有机地中断。

目前,中国地方势力的帝国视野与党派内战如何相互关联?中国这个古老的文化帝国,1911年推翻清朝后,在她广袤的、不均衡的生存空间内,追求新的生命形式的长期斗争的转折点出现在1922年。这一年,极右翼领袖、满族人的故乡即中国东北的督军、军阀张作霖(1875—1928,辽宁海城人),与极左翼领袖、半独立的南方的总统孙中山联合起来,孙中山领导的这个半独立的地区,以广州为中心,包括周边的前殖民地西江地区。孙中山是试图以英国模式革新中国的中国人的原型。二人联合各自的军队,试图迫使虚弱的北京中央政府屈服于他们的意志,终止来自中国的地理中心(直隶、长江下游诸省)的折衷派(juste milieu)中国代表们的活动。直隶督军的军事顾问吴佩孚(1874—1939,山东蓬莱人)是这些代表的先锋。据《1921年中国年鉴》(China Year Book of 1921)统计,1920年中国各军阀的兵力总数达137万,鉴于这一事实,1922年5月,在北京城墙的阴影下决定这场冲突的结果以及广袤的中国大陆在不久将来的命运的,不过是少数军队。

[137]吴佩孚在关内打败奉系军阀张作霖,将后者的势力赶回山海关外。张作霖起初率领将近7.5万人入关,与吴佩孚的6万大军在北京激战之后,只有不到3万人经山海关逃回东北,其余士兵

完全被打散。但是,到1923年,张作霖手下的军队再次超过16万。至于孙中山,他的部下出现与袁世凯(1859—1916,河南项城人)一样的不忠——袁世凯背叛信任他的改革派皇帝光绪(1871—1908,1875年登基),向朝廷告密——他被迫乘坐几艘仍然忠于他的鱼雷艇逃离广州。不过,孙中山1923年再次返回广州。自中国南北分裂以来,中国第一次有望在一位总统的统治下重归统一,这位总统在胜利者吴佩孚的保护下已经返回北京。[①]之后是1926年,中国在蒋介石的统治下再次出现重归统一的希望。

吴佩孚首先要求已经逃回奉天的奉系首领服从中央政府管束,并从已经空虚的伪满洲财政中交出100万美元。奉系的回复则是宣布伪满洲这个由中国东北三个省组成、面积与中欧相当、人口达3500万的地区独立。张作霖通过清洗一些不可靠之人和别的手段,重建了军队的秩序和纪律。文艺复兴时期意大利的雇佣兵首领也有过类似行动。所有这些行动迫使控制北京的胜利者吴佩孚妥协,因为中国的整体状况,始终是边疆省份笼罩在危险的阴云之中。

然而,几次偶然的外交政策的胜利——主要源于美国绝非无私但比较友好的保护——在1922年给中国带来了意想不到的胜利。这些出人意料的胜利包括:收回位于山东的胶济铁路,并且是在内战期间收回的;日本从青岛和汉口撤军;收回威海卫并恢复与西藏

---

① [译注]1922年第一次直奉战争之后,直系独自控制北京政府。此后,曹锟(1862—1938,天津人)逼退徐世昌(1855—1939,河南卫辉人),迎接黎元洪(1864—1928,湖北黄陂人)出任大总统。曹锟意欲取而代之,并积极谋求美国的支持。1923年6月,美国总统哈定(Warren Gamaliel Harding,1685—1923)发表支持中国统一的声明。1923年10月6日,曹锟当选中华民国大总统,此后起草并通过《中华民国宪法》,这是中国第一部正式颁布的宪法。

的友好关系,[1] 而后者是人们几乎已经不再奢望的事。但另一方面,外蒙古已经滑向苏联,中国的伪满洲也准备这样做。广袤、重要的边疆省份有分裂的危险,面对此种真正的压力,北京政府存在妥协的倾向。中国革命后的十来年内,此种倾向始终存在。

尽管大分裂似乎不可避免,中国还是一次又一次化解了边疆的紧张局势。北京政府妥协的主要原因是随时准备进军的日本师团。对于那些渴望自决权的受欺压弱小民族的求助,日本师团轻易就能提供无往不利的(unüberwindlichen)支持。这种事确实发生在1931年的中国东北。一个极其复杂的妥协方案规范着前属俄罗斯的中东铁路的管理条件。[2] 此外,在苏联的贝加尔湖地区与海参崴之间,一半土地陷入大火毁灭殆尽,并且随时可能再次燃起大火。在中国东北,日本人主导的所谓"满蒙铁路网自治"计划被认为毫无争议,[3] [138]整个铁路网的面积超过2.2万平方公里。另外,日本人已经在中国东北和蒙古攫取特权,比如租借辽东半岛,这件事尽管因废除《石井-兰辛协定》而备受质疑,但华盛顿会议并未触及。中国在1923年仍在要求日本归还辽东半岛。

但是,仍有一处Noli me tangere[别碰我]——这里有个棘手的

---

① [译注]1921年12月,中国代表在华盛顿会议上提出归还各国在华租借地的要求。此后,中国政府开始与英国政府交涉,1924年6月订立《交收威海卫专约》29条,后因曹锟倒台,此案被搁置。直到1930年6月,谈判重启,1931年10月1日,中国收回威海卫租借地。

② [译注]此处"复杂的妥协方案"指北京政府与苏联在1924年签订的《中苏解决悬案大纲协定》和《暂行管理中东铁路协定》。相关事实,参易丙兰,《奉系与东北铁路》,北京:社会科学文献出版社,2018,第五章"奉系与中东铁路",页222-260。

③ [译注]日本的"满蒙铁路网"计划,参易丙兰,《奉系与东北铁路》,前揭,第四章"1927—1928年的奉日'满蒙铁路'交涉",页176-221。

问题(heißes Eisen)！因为,对日本来说,此处始终是一个生存问题。在相当灵活的外交政策的指导下,日本必定会凭靠全部力量和为此目的容易煽动起来的全民族狂热,为了生存而战斗。北京、华盛顿和伦敦同样认识到这一点,北京中央政府坚持以山海关为权力边界,而日本要求大连—奉天铁路自治带——这一铁路由割据的奉天督军张作霖保护,在双方的停战谈判期间,各国不得不密切注意日本的这种决心。张作霖建议避免与日本发生任何摩擦。这种不稳定的局势使南满问题具有世界政治上的持久重要性,从世界大战结束直到1931—1934年的武力解决。

最后,在北京,获胜的一方试图寻求办法将整个已经严重分离的国家团结起来。操纵北京中央政府的军事领袖们摆出一个堂皇的姿态,即如果各地方军阀认真考虑废除军队,他们将乐意发起全国裁军运动。但是,恺撒真的能交出他的军团？诚然,日本曾发生过这样的事：大约286个小型封建领主自愿把军队和舰队交到天皇手中,[只有]12个被迫这么做。但不可否认,年轻的明治天皇(Mutsuhito,1852—1912)是统治日本长达2600年的皇室的无可指摘的后代,在这期间从没有敌人踏上过这个国家。中国的情形毕竟相当不同；从我们这些走在文明前面、高度基督教化的国家的经验来看,难道我们不会怀疑中国的中央集权派和地方军阀(Gewaltanbeter)的高姿态不只有一种柏拉图式的效果(platonische Wirkung)？

同样,显而易见,直到1925年,最强大的政治力量仍然是盘踞中国北方的直隶、山东和河南等省份的军阀；南方的政治力量尽管建立在经济更为繁荣的地区,却没有能力将北方的军阀头子赶下台。这一点在一年内就变得非常明显,两次可怕的干旱和饥荒袭击这一核心地区,1980万人失去生计,必须依赖政府的救济；如同法兰西之虎克里孟梭(der Tiger Clémenceau, 1841—1929)饱含基督教式的同情谈到中欧饥荒时的说法,中国出现将近vingt millions de trop[2000万之众]的饥民。如果说中国的帝国统一概念在经过一场总统政变后再次艰难地抬头,如今还能克服中国东北宣布独立和重新分裂的危险,[139]那么,在这个经历了17年内战、饱受折磨的帝国里,真可能会引发另一场大规模的战火。因为,尽管政治不稳定,但中国在经济、文化和地理上仍具有不可忽视的巨大持久力,这一点也可见于下述现象,即中国尽管处于内忧外患的艰难时期,仍然显现出文化–政治天性复兴的某些明显迹象。

因此,对欧亚大陆东部、太平洋西岸的有远见的地缘政治洞察,将使我们有能力预见该区域两大生命形式——中国和日本的命运,并得到下述结论:这两大生命形式永久失去自决的危险已然消失,而在19世纪末20世纪初,这还是中国和日本的巨大威胁。且不管中国大陆空间濒临解体的种种迹象,我们也许可以将1922年视作中国谋取统一和自决的意志的低谷;而日本本岛在经历1923年9月1日的大地震后,内部出现重大危机,并预示了日本1927年货币市场发生的大崩溃。

20世纪20年代,日本从国内困境中获得动力,集中力量出人意料地向外部扩张,在日本历史上这不是第一次。在这期间,中国辽阔的国土由于内部困境,丧失了抵御外部入侵者的能力,但这也不是中国历史上的第一次。但是,这是日本首次图谋干涉远离海岸——日本对太平洋沿岸地区有直接影响——的亚洲内陆高地空间,此种干涉反过来导致中国的海岸发生永久改变。日本深入亚洲大陆的战略始于1931年9月,并极为深刻地影响了我这部《太平洋地缘政治》的研究领域,因为决定性的问题摆在这里。一旦中国控制自己西北省份的法理概念(Rechtsvorstellung)被打破,在全球最大的大陆的内陆地区,太平洋和欧亚大陆的影响在何种程度上会发生碰撞,会如何调整和划分双方的边界?对这一问题的思考,必须首先从外蒙古的俄罗斯一侧、其次从日本夺占的中国东北出发;外蒙古地区的主权首先在《中俄密约》中被放弃,且一直对日本隐瞒,直到1922年的华盛顿会议中国人才首次公开承认这一条约。

读者如果首先抓住这幅图景,就能得到对这些矛盾事件的最佳总体印象,乍一看,这幅图景似乎不涉及季风区的第三大文明国家印度。印度可能从日本挺进亚洲大陆、夺占中国北部这件事上得到好处(*Amrita Bazar Patrika*, January 26, 1936),① 不过,读者必须把这一点与俄罗斯的铁路末端(Eisenbahnköpfe)进行比较,后者直面太平洋国家日本对亚洲大陆的渗透。

太平洋沿岸国家日本针对亚欧大陆的陆地强国苏联,从1931年开始发起新一轮斗争,[140]导致俄罗斯人从太平洋后撤,并使日本在古老的中国文化中心与前属中国的西北领土之间,插入一个令共产主义苏联难以对付的楔子。俄罗斯人已经顺着俄罗斯的铁路末端在经济上渗入这个缓冲区,如外蒙古、唐努图瓦(Tannutuwa)、② 新疆地区,这个缓冲区无疑呈现出日本与苏联在太平洋–欧亚大陆边界区发生摩擦的最清晰画面。

苏联的这条横贯亚欧大陆的铁路线东端直抵太平洋。这条铁路线前伸的方向由突厥人的[聚居]点(Spitzen)来确定:塔什干(Tashkent)—伊犁基斯卡娅(Ilijsk)—扎尔肯特(Djarkentkulsche);

---

① [译注]*Amrita Bazar Patrika*是南亚地区最早的日报之一,1868年创办于孟加拉,最初以孟加拉文出版,后发展为在加尔各答和其他地方出版的英文报纸。1991年停刊,2006年再次在孟加拉发行。

② [译注]唐努图瓦,即唐努乌梁海地区,1914年被沙俄侵占,如今通常指俄罗斯联邦的"图瓦共和国",面积为16.8万平方公里。

塞尔吉奥博(Sergiopol) —楚古查克(Tschugutshack) —乌鲁木齐(Urumtschi)和斋桑(Zeisan);塞米巴拉金斯克(Semiplatinsk) —乌里雅苏台(Uljasutai)铁路,以及从贝加尔湖经哈巴罗夫斯克到海参崴的阿穆尔河铁路延伸到乌兰巴托的铁路支线;赤塔—满洲里;腾达·塔夫特米谷达(Chinda Taftimiguda);比罗比詹(Birakart);从腾达到尼古拉耶夫斯克(Nikolayevsk)、共青城(Komsomolsk)、哈巴罗夫斯克和绥芬河(Progranitchnaya)。这个区域主要的地理形态具有一种分离效应,尤其从太平洋沿岸往里,首先是乌苏里江和黑龙江的峡谷,其次是戈壁,最后是中国的两条大河——长江和黄河的水道,直抵水系不发达的戈壁,由此从中心地带向外不断发生边界位移,例如西藏侵入四川和甘肃两省的西部边界。

  为了完全客观地调查日本在中国东北、蒙古和华北的力量分布(Kräftespiel)——1932年,国联对日本在1931年发起的从日本海方向对亚洲大陆的单边侵略的干涉完全失败——人们必须一次又一次地回溯东北亚局势不稳定的起源,此种不稳定最初由俄罗斯迅速向太平洋推进造成,俄罗斯人完成这一征服仅用了80年。俄罗斯向太平洋的推进,首先在黑龙江两岸受到大清朝最初几位(1644—1795)强大的皇帝的阻击,后来俄罗斯的沙皇才最终占取这里。由于清朝在东北的势力逐渐虚弱,外加西方欧洲列强的海军从海上袭击清朝,以及美国将日本作为一个有扩张能力的强国召唤到这个地区,日本才于1875年尝试性地进入这个区域。自1894年以来,更大规模的空间扩张成为日本的永久政策,印度地图基本上正确地显示出这一点。像一把楔子插入内蒙古地区的宁夏省,也可能像察哈尔省和绥远省那样遭到侵占。

  为确保对中国东北的保护性友谊或保护性统治,日本于1931—1936年间建成中国东北铁路网。这场秘密的铁路战争以日本在

1935年接收前属俄国人的中东铁路结束。结果显而易见,俄罗斯人与日本人的铁路网之前在中国东北大地上的对抗,现在(1936年)变成苏联侵略者与日本侵略者的对抗。

这幅印度人绘制的彼此竞争的铁路网示意图有令人信服的效果,无需冗长的解释。随着苏联的铁路点系统(Eisenbalmspitzensystems)完成从帕米尔到共青城周围铁路枢纽(Eisenbahndelta)的建设,[141]以及日本建成中国东北铁路网,人们可以将之视为两个对立强国大规模的军事–地缘政治预防措施。日本建设中国东北铁路网,差不多可以证明是个宏大的经济渗透计划;俄罗斯建设欧亚铁路,则纯粹是军事措施,除了服务于驻扎在远东的30万红军的自给自足,这一铁路同时还服务于打开苏联在远东的军事工业贸易;其次,它还服务于位于比拉(Bira)和布列亚(Bureja)之间的比罗比詹(Birobidjan)犹太自治农业州的奇异试验。这个犹太自治州面积为3.5万平方公里,有3.8万公顷良田和5.7万人,其中真正从事农业的犹太人几乎不足9000人,这个自治州沿黑龙江边境线绵延约600公里,是唯一向太平洋开放的犹太人聚居点。①

苏联人的这一事业旨在促使超过260万、其中82.5%已经城市化的犹太人返回农村地区,同时吸引东亚地区美国人的资金和政治参与。因此,在这个地区,犹太人问题已经纳入苏联在远东的铁路网部署,直接服务于守卫苏联边界。顺便提一下,这一狭长的地区矿产资源丰富,但从地缘政治角度看,之所以选择在这里建立犹太

---

① [译注]犹太自治州位于俄罗斯远东地区的阿穆尔河沿岸地区,面积为3.63万平方公里。这个地区原属清朝,1858年被俄罗斯通过《中俄瑷珲条约》侵占。苏联1934年5月7日在此设立犹太自治州。

自治州，是因为这里完全依赖内陆铁路运输的帮助，以及黑龙江、布列亚河、比拉河的内河交通，因此几乎不可能发展出独立的愿望。

对苏联的这块狭小的缓冲带来说，犹太自治州就像日本从日本海和黄海向内陆推进的那块大型缓冲区一样，是一种地缘政治对抗，自1931年以来，地缘政治学家们的任务一直是预测这种对抗的进一步发展。为此，地缘政治学家必须首先询问个别种族在自己熟悉和陌生的地方的定居成就（Siedlungserfolge），如此他一定会得出下述结论：中国人的定居成就比日本人和俄罗斯人大得多。另一方面，日本人在向南挺进太平洋的过程中，无疑已经在国际联盟的授权下取得巨大成就（渗透率40%），在台湾的成就也相当大。然而，日本在向大陆和向北扩张的过程中，重新安置移民的成功率逐渐缩减。

朝鲜人和中国人在亚洲大陆和北方做得更好。尽管日本将中国东北建成缓冲区是一项非凡的组织成就，但主要的功劳理应归于驻守辽东的军队和训练有素的南满铁路工作人员。可是，定居成就没有达到同样的高水准，未来移居100万户日本家庭总计500万日本人到中国东北的计划目前仍停留于纸面，同时，转移大量朝鲜人到中国东北、日本人则移居朝鲜的计划，也是纸上谈兵。迄今为止，移居中国东北的日本人约30万，只占3500万本土人口极小的比例，且只有不超过10%的中国东北日本人居住在乡村或从事矿产开发。[142]剩余的日本人则居住在城市，集中于一些重要的管理职位。依据官方数据，进入中国东北的朝鲜人约100万，加上古代进入这里的朝鲜移民，总数约为150万。这里还有不止300万蒙古人，人数远远超过受苏联保护居住在外蒙古的200万蒙古人。

日本人在不远的将来取代至少占中国东北人口80%的原住中国人的民族政治前景并不乐观。而贝加尔湖以东的俄罗斯移民，除非得到官方保护免受原住中国人的排挤，否则也无法与他们匹敌。俄罗斯沿太平洋的省份人口稀少，城市化率约为35%，高出城市化率只有20%的中国不少，与日本本土的城市化率相差不大。日本本土由于人口压力而发抖，城市化率在35%到45%之间，不过远远低于英国或德国57%的城市化率。

因此，对日本人来说，采用一种保护性偏袒体系来驱逐华北的中国人，从而在有利于日本人定居的地区以外的内陆保留一个以太平洋为基础的楔子，是一个权力和经济优势问题，而不是一个民族－政治力量问题。因此，日本占领中国东北是暂时的占领，就像俄罗斯对陌生土地的统治。

太平洋西岸其余空间的地缘政治命运，即从中国东北到太平洋北部门槛的过渡区域，以及从菲律宾、马来群岛、马来半岛和印度支那到太平洋南部门槛的过渡区域，皆无法与东亚两个大国的地缘政治命运分离。尽管中国和日本的空间非常广阔，但实际上只有四个关键的地区主导着东亚地形破碎、气候统一的海岸的延伸结构：

1. 中国本身的民族重心正在向南转移，目前在长江中段的汉口附近。

2. 内陆高原边缘和中国冲击平原之间的中心——以黄河从群山和直隶（河北）—北京奔涌而出为标志。

3. 日本内海最靠里的角与大阪、神户和京都周边的"祖先的土地"（Kamigata）的相交区域。

4. 日本人口密集的地震中心关东地区和东京。

中国东南部以广州为中心的古怪位置，尽管经历过种种动荡，却不属于真正能决定中国命运的省份。试图在中国东南部的这个种族大混合的地方——这里是中国的南部门户——实现这一目标，迄今只取得过暂时成功。钟摆总是来回摆动，因为广州永远不可能成为中国心脏地带的核心区域或真正决定中国命运的空间。华南是且只能是一个南方的门户。

［143］人们普遍认为,东亚的历史具有刻板和固步自封的特点,这是最不正确的印象。这种印象由4000多年高度风格化的生活方式塑造而成,因大多数欧洲人的无知而难以反驳。事实上,东亚的历史受一种宏大的节律推动,充满足以揭示这些永恒经验的地缘政治示例——可惜,这些经验正处于发展阶段,因此只有那些努力探究源头的小圈子才能接触到。这个生存空间内各种适应形式（Anpassungsformen）的碰撞的巨大魅力——这个人口拥挤不堪的地区在几千年内已经证明这些适应形式的价值,加上幼稚的对土地的浪费,以及年轻、无拘束的种族的扩张欲望——这些种族习惯于运用数量极少的人口以不可思议的能量实现最大的效果,这一切恰恰表明太平洋是这个正在老去的星球未来最重要的试验场。此种对抗在太平洋南部门槛继续上演,没有丝毫缓和。

第十三章 南太平洋海岸和澳大拉西亚

[144]从惯用的南北方向制图学的意义上看,三角形状太平洋的底边或第三边,就是从太平洋东岸到西岸的线。这是太平洋的南部边线,与公海分离,它从东亚海岸延伸出来,标志是离地球上任何大陆都最遥远的区域——新西兰。因此,该南部边界包括大洋洲(meerüber greifenden Kontinent)——澳大利亚联邦,以及澳大拉西亚的过渡海岛地区。①

这些是澳大利亚-大洋洲地区首要的地缘政治对比!其中包括这个星球上在地缘政治意义上最领先的政治生命形式。要注意新西兰在城市与乡村之间的争论,明智而理性地将堪培拉建设为澳大利亚的首都,以及有意识地复兴毛利人的活力。紧接着要注意这里的各生命形式,以及这里空间非常广袤而人口非常稀少。太平洋年轻的生命形式同时也是过熟的殖民地形式。因此,南太平洋地区包含各种对我们德国人来说极富启发力量的类型,如德国的对极马

---

① [译注]澳大拉西亚(Australasia)包括澳大利亚大陆(包括塔斯马尼亚岛)、新西兰和美拉尼西亚,以及新几内亚和澳大利亚东北部的邻近岛屿,有时也指赤道和南纬47度之间的所有太平洋陆地和岛屿。Australasia一词由法国学者布罗塞(Charles de Brosses)1756年出版的《探索南方大陆的航行史》(*Histoire des navigations aux terres australes*)一书提出,意思是"亚洲南部"。

绍尔群岛、加罗林群岛和马里亚纳群岛。这一尖锐对比也可以部分解释英国和法国对德国人异乎寻常的敌意。此外，这些区域存在两个殖民帝国，殖民权力和经济帝国主义在其中占据统治地位：法国在南太平洋的殖民帝国是纯粹的权力管理，荷兰的殖民帝国则主要采取经济帝国主义。通过区域研究，我们可以清楚了解太平洋三角形第三边的总体现象，这种区域研究从太平洋南部边界问题开始，考察主要的生命形式，然后考察其余的形态。最后，还要密切观察新赫布里底群岛（Neue Hebriden）混乱的共管状态和建设堪培拉这两件事的消极和积极征兆。作为澳大利亚的新首都，堪培拉这个经谨慎冷静地权衡而选出的有太平洋特色的位置，现在还没有显示出自己的终极意义。① 起初，堪培拉被构想为澳大利亚与新西兰的力量中心，因此，若不包含新西兰，这个位置有些偏离澳大利亚的中心。

由于诸多原因，中欧人对遥远的南太平洋边缘空间缺乏了解，[145]尤其不了解这里作为欧洲的拥挤和历史包袱的对极具有相当的教育价值，这令人非常遗憾。对我们来说，最重要的教益是澳大利亚-大洋洲世界的科学方法，即以政治生物学的方式解决地缘政治问题的冷静技艺；我们还要清醒意识到，这个地区是最重要的社会学试验场，因为这里几乎没有历史包袱，所以每个先例都获得越来越大的意义，且并非一切都必须落入预先建立的惯例。但是，首先是大西洋以牺牲太平洋为代价进行扩张，才使这一可能得以出

---

① ［译注］1901年，澳大利亚联邦政府成立，为定都问题，悉尼和墨尔本两大城市争执不下。直到1911年，联邦政府通过决议，在两个城市之间选一地建立新首都，于是选定距悉尼238公里、距墨尔本507公里的堪培拉为新首都的选址。1913年开始新首都建设，1927年建成。

现。然而在随后的时代里,太平洋的环境使大西洋的扩张冲动发生强大的突变。

澳大拉西亚和南太平洋地球空间的南部划界曾被视为纯粹的边界问题,但事实证明,这个问题在自然地理和地缘政治上都不像乍看上去那么简单,因为在自然地理上存在争议,在政治上则受紧张局势牵绊。海洋学武断地将南纬40度定为这一地球空间的南部边界,但这完全不可接受:这一纬度边界将把智利完整的太平洋海岸、新西兰和澳大利亚联邦都割裂开,因此绝不会被近邻们接受。如果尝试以外交手段来解决这一边界问题,例如在火奴鲁鲁、旧金山或悉尼举行的太平洋会议,或者泛美洲代表大会,那么,它可能会以地缘政治的方式发生改变。因此,欧洲人除了认可南太平洋各国拒绝以南纬40度为边界,别无他法。正如契伦所说,这以南纬40度为边界再一次不是总经理的解决方法,而只是记录员的解决办法。

更合理的办法是将南部荒原的边界视作大洋地带,这个地带的西风终年不停。无论从政治海洋学还是自然海洋学的立场出发,这条边界都更容易被接受,因为它与大型帆船、蒸汽船和舰队的航线重合,即与权力线重合。因此,问题兴许可以在南部边界地带的东部纯粹海洋空间内得到解决。只要冰雪覆盖的南极大陆迄今为止留给纯科学研究的东西还没有揭示出任何经济价值和能吸引大国的东西,那么,除了从荷巴特港(Hobart,位于塔斯马尼亚岛)出发绕合恩角返回大西洋的航线,南太平洋生存空间暂时不会有更多的地缘政治利益。而一旦发生上述情况,太平洋世界就会来争夺南极大陆,如弗兰格尔岛的情形,[①]又如大西洋世界先后对斯匹茨卑尔根

---

① [译注]弗兰格尔岛,位于东西伯利亚海与楚科奇海之间,南为楚科奇半岛,面积7608平方公里,以著名俄罗斯探险家弗兰格尔(Ferdinand von

岛（Spitzbergen）的鱼类和煤矿的争夺。① 不过，澳大利亚在1923年宣布对南极洲拥有主权，就已然注定太平洋世界将展开对南极洲的争夺。

然而，在太平洋的西南，是太平洋与印度洋之间的印度－太平洋过渡区域。[146]这里是澳洲－亚洲地中海（Austral-asiatic Mediterranean），同时散布着破碎的、互相交织的岛屿环和澳大利亚大陆。依照魏格纳的理论，澳大利亚和新西兰是从旧世界的大陆块缓慢漂移出去的，新西兰更是地球上最孤立的岛屿国家。因此，此处做不到纯粹的自然划界。如果想产生持久的地缘政治结构，考虑政治生命形式时就必须根据这些形式的内在归属意愿。荷属东印度群岛（即印度尼西亚）便是如此，周围是英属诸群岛、法属印度支那、一半人口为中国人的暹罗。最重要的是英属澳大拉西亚（各海峡殖民地、印度－马来人聚居地、澳大利亚联邦、新西兰自治领）。最后是葡萄牙人的残余殖民地，不过葡萄牙人的声音在这里至关重要。

Wrangel，1797—1870，俄国海军上将）命名。该岛有丰富的动植物资源，据探测，该岛附近海域的石油和天然气资源非常丰富。美国与俄罗斯之间就该岛素有主权争议，美国宣称1867年美国捕鲸队长发现了该岛，所以它属于美国，俄罗斯则称弗兰格尔1824年发现该岛，所以它属于俄罗斯。

① ［译注］斯匹茨卑尔根岛是挪威斯瓦尔巴（Svalbard）群岛中最大的岛屿，靠近北极。荷兰探险家巴伦支（William Barents，1550—1597）于1596年6月19日首次发现该岛。20世纪初发现该岛有丰富的煤炭资源，1920年2月9日，英国、美国等18个国家在巴黎签署《斯匹茨卑尔根条约》，1925年，中国、前苏联等33个国家也加入该条约。该条约使斯瓦尔巴群岛成为北极地区第一个也是唯一一个非军事区。约约承认挪威对该岛拥有主权，但永远不得为战争目的利用该岛，各缔约国的公民可自主进入该岛从事正当的生产和商业活动。中国政府于1925年签署该条约，因此作为缔约国，中国已在该岛建立北极考察基地。

东印度群岛(Insulinde)、印度支那、澳大拉西亚、马来西亚(Malaysia, Malai-Asia)这类名称表明,不管是谁命名了这些地区,都可见出他清醒地意识到了这个地区的紧张态势!"张力弧"(Zerrungsbögen)或群岛也是个意义丰富的名称!人们不应该认为,这种命名上的不和谐能逃过东亚本地人的眼睛,他们对名称符号和文字游戏非常敏感。与许多欧洲人看待和感受他们的如今在灵魂和形式上支离破碎的欧亚大陆半岛相比,东亚人从更高的意义和更大的尺度上,将自己的季风区地球空间、印度-太平洋文化[147]和世界观视作统一体。东南亚是强有力的自然、文化和地理统一体,这个统一体的存在及其为重获自决而作的斗争,相应于这里庞大的人口数量和文化成就。① 人口与文化的结合,使得对西南太平洋的生存空间进行持久的地缘政治分析变得愈发困难。

只有一个事实确定无疑,即1922年在华盛顿会议上,与会各国

---

① 请比较不同的研究在探讨拙著第十三章的主题时进路多么不同,如拙著频繁提到的 *Geopolitik der Selbstbestimmung*,此书从东南亚出发并以英国的帝国利益为前提而展开。太平洋南部门槛问题的历史谱系,参一部或许极富启发意味的英语文献:G. Arnold Wood, *The Discovery of Australia* (London, Macmillan 1922)。

科学生物学方面的研究,参 Griffith Taylor, "The Evolution of a Capital (foundation of Cánberra)", *Royal Society Geographic Journal* XLIII,页378、536,此文是对澳洲大陆生存条件的一般考察;不过,阿特金森(Atkinson)的问题"自治抑或自私之治?"(Self-Government oder selfish government?),应该写在每一堵墙上。对此,亦参佩什(Canon Pughe)一流的系列文章,"Australia's Future", *Times*, May 1922,他在文中提出了未来二十年"破坏还是创造澳大利亚"的问题。Gregory, *Australia and New Zealand* (London 1907); Manes, *Der soziale Erdteil* (Berlin 1912)。

Schachner, *Australien in Politik, Wirtschaft, Kultur*, 2 vols. (Jena 1909—1911); Anderson, *Australasien*, (Stockholm 1919); Taylor, *Australia in its Physiographic and Economic Aspects* (Oxford 1911)。这三本著作给出了更多的信息。

通过普遍公认的国际法行动,使太平洋的边界发生了变动。英国和荷兰对马来地区边界的划定,越过了澳大利亚和新西兰的西部边界,这意味着太平洋统一体的概念以牺牲东南亚为代价,被扩大了许多。那些参与华盛顿会议的国家,将来某一天兴许会看到自己作出的新划分的双刃面。不过,对澳大利亚和新西兰来说,融入完整的太平洋权力竞争场一直是不可避免的地理命运。

[148]因此,我们要研究地球上三种庞大而截然不同的生命形式。认识这三种生命形式,最终目的至关重要。印度尼西亚、澳大利亚和新西兰皆有自身的地缘政治特征,它由地球决定,源于太平洋地球空间在政治权力重组中的独特性以及各自获得新权力、保持或转移旧权力的意志。首先是马来人居住的印度尼西亚群岛,西方列强现已剥夺这块澳洲–亚洲地中海中的岛屿领地的自决权。其次是盎格鲁–撒克逊人占统治地位的澳大利亚联邦——原住民遭到灭绝性屠杀后,现只占澳大利亚人口的5%。这里正在大英帝国框架内部追求自决,其领土从澳大利亚北领地和昆士兰州北部,沿着巴布亚新几内亚和取自德国的岛屿,一直延伸到与澳大利亚文化格格不入的南太平洋。最后是新西兰这个孤立的岛屿国家。它拥有光明的未来,自1840年以来,新西兰已在地缘政治上与澳大利亚脱离,并已通过这次世界大战重获波利尼西亚人的故土萨摩亚群岛,如果能克服威胁自身的孤立、迟缓,就能发展为白种人最纯粹的太平洋生命形式。作为一个岛屿国家,新西兰很似作为纯粹太平洋生命形式的马来–蒙古种的日本岛屿帝国。

此外,还存在两种别的生命形式:帝国主义法国的太平洋殖民地和先前的葡萄牙殖民地的几乎纯形式的残余。美国在南太平洋只是作为扩张的远程影响而出现,占有一些边缘生长:在太平洋边缘空间夺占图图伊拉(帕果帕果)和帕尔米拉。[149]暹罗、印度支那必须被视为向东南亚过渡的地区,不具有自主的太平洋生命形式。

澳洲-亚洲地中海的地缘政治问题,一方面源于这一生存空间本身的自然特性,另一方面源于周边大国的影响。这一问题源于帝国主义与争取自由的原住民之间的斗争。劳腾扎赫发表在《地缘政治学》月刊上的文章已经触及这个问题,梅耶(Hans Meyer)则以精湛的技巧,将印度尼西亚生存空间的自然属性简化为最简洁的形式。① 最近,维尔斯比茨基(Dr.Kurt Wiersbitzky)考察过印度尼西亚这个澳大拉西亚的群岛。② 日本,美国将统治到1945年的菲律宾,极其富裕的荷属东印度群岛,英国(香港、北婆罗洲、马来亚),以及作为英国附庸的葡萄牙(澳门、帝汶岛),法国的太平洋领地,中国及其经济力量,作为中印过渡区的暹罗,这些地区都对澳洲—亚洲地中海这个空间产生程度不一的影响,就像一般而言各自对太平洋权力场产生的影响。

尽管整个澳洲-亚洲地中海迄今还不存在一种令人信服的地缘政治学,但是,一些著作已经为此种地缘政治学的出现奠定了基础。除了上文已经提到的几种,还有比如海尔法里希(E. Helffrich)的《世界大战期间和当今的荷属东印度的经济》(*Wirtschaft Niederländisch-Indiens im Weltkrieg und heute*)。③ 海尔法里希是马六甲海峡和巽他

---

① H. Lautensach, "Die Mittelmeere als geopolitische Kraftfelder", *Zeitschrift für Geopolitik* II. I; Hans Meyer, *Niederländisch-Ostindien* (Berlin 1922), Lit.

② Dr. Kurt Wiersbitzky, "Politische Geographie des Australasiatischen Mittelmeeres", Ergänzungsheft 227 in *Petermanns Geographische Mitteilungen*, Gotha, Justus Perthes 1936, with 3 maps and bibliography.

③ E. Helfferich, "Wirtschaft Niederlandisch-Indiens im Weltkrieg und heute", *Geographische Gesellschaft*, vol. 33, Hamberg, 1921.

海峡财团的理事,他开始在科学论坛上发表观点,意在为他的地缘政治学及其问题涉及的生存空间勾画一幅宏大的经济图景。他以高度集中的形式,用精美的图表和地图,在短短31页的篇幅内呈现了这一主题,当然有资格得到我们的充分关注。根据海尔法里希,这个有欧洲(不包括俄罗斯)一半大的空间,[150]人口密度却是包括俄罗斯在内的欧洲的两倍。爪哇岛的面积只有旧德国的四分之一,但整个印度尼西亚的6200万人口中有4200万生活于该岛,人口密度是315人/平方公里,而1914年以前的旧德国只有126人/平方公里。爪哇有些地区的人口密度还在持续增加,如格都省(Provinz Kedoe)的密度高达400至500人每平方公里!①

如此高的人口密度,使这个荷属岛屿帝国的地缘政治重要性持续增加,作为单一文化体系之历史的不受欢迎的表现,一般而言几乎无法与爪哇的经济史分离。荷属东印度通过在爪哇促进营养,使人口从1882年的1300万,猛增到1905年的3000万,至1930年高达4200万。但是,食物充足的代价是奴役。1914—1918年世界大战期间,得益于独立海事中心(Seeverkehrszentrum)的发展,以及优秀地图的支持,这种上升势头一直持续。然而,战后过度的金融投机导致出现金融恐慌。在银行兑换风潮中——这是银行破产的结果——中国客户通过一种真正的东亚方法,成功避免了撤销银行账户的恐慌:依照义务,首先要登记姓名和住址,而中国人最不喜欢这一点——因为让外国人登记银行账户的过分官僚主义的规定令中国人非常窘迫! 这里还发展出自主的糖、茶、橡胶、咖啡、烟草、椰子、可可和锡的贸易中心。除此之外,这里的人类学结构已出现相

---

① [译注]格都省,荷兰殖民印尼期间在爪哇岛中部设立的省份,即现在的印尼马格朗(Magelang)周边地区。

当大的裂缝。在这里以及上文提到的梅耶的作品中，内行的读者可以在字里行间找到这一边缘地区的某种地缘政治学。

澳大利亚的地缘政治特征表现出双重面相（Janusgesicht）：一方面是英国海员最初在海岸地带殖民而造成的后遗症，他们的本能引导他们向大洋和大陆沿岸扩张；另一方面，澳大利亚也受所在的大陆块影响，受内陆地广人稀的地区影响。于此，最清晰的证据是澳大利亚的红党与绿党在政治方向上的冲突。受这一地球空间影响，两个党都已发生巨大转变。一个精力充沛的农民党反对另一个过分城市化的工人党，殖民时期英国人对城市的强烈依赖仍在工人党中具有影响。澳大利亚一半的人口居住在六个巨大的港口城市。国内的两大政党几乎没有意识到，尽管内陆广大无人居住的土地不能行使任何投票权，但这些空旷的空间仍然对那些过度拥挤的地球空间具有一种不祥的吸引力。

乡村与城市、拥挤与空旷的反差偶尔被国家社会主义的措施弥合：政府主导的贸易、政府主管的银行、政府主管的航海，都是这种努力的组成部分。但是，始终存在这样一种诱惑，即由人口稀少的地区选出一小群代表，去决定广袤空旷的空间的命运和极为分散的群体的利益。[151]那里，人的布局总体上远远落后于空间的布局；这是一种与例如中欧相反的根源性缺陷，中欧偶尔会出现极具天赋的人物，但他们没有行动的余地。当然，在欧洲与在澳大利亚，人们对社会主义的理解有时相当不同。澳大利亚前总理休斯（Hughes）在1935年公开承认，澳大利亚的这种形势在国防政策上存在巨大弱点。他首先呼吁澳大利亚应大规模加强空中防卫。

澳大利亚经济地理的独特性也值得注意。澳大利亚政府已看到，垄断行业和单一栽培的形成，使得黄油、小麦、毛织品、牛羊肉，尤其冰冻的牛羊肉，成为澳大利亚除黄金和煤矿外主要的出口产品,尤其出口到太平洋周边各国。澳大利亚的高水平生活,早就使澳大利亚人留意到,必须通过出售剩余的粮食和矿产,来从其他地方进口廉价劳动力的产品。然而,澳大利亚必须高度戒备,以防这些空间引起其他国家的觊觎,尤其需要防范别的国家武力夺占这些空间。这是澳大利亚反德气氛浓厚的原因之一。尽管对自身的自给自足非常自信,澳大利亚人仍然有一种不安的愤恨情绪,因为他们清醒意识到他们中的某人曾清楚说过的话:

> 我们把这块大陆(在地图上)标红,却让那里空着。

另一方面,人们也意识到,严厉排斥那些渴望移民的有色人种——"北风吹来的东方气息"——兴许是可以理解的。尽管如此,澳大利亚停滞不前的政治生活在不久的将来必然会焕然一新,"新的民族或新的国家",亦即更新联邦政府的结构、增加州的数目,将是最普遍的口号之一。有人开始认识到澳大利亚的人口类型太过单一,意识到近亲通婚的初期危险,如新西兰前总督布莱迪斯洛爵士(Lord Bledisloe)1935年就曾警告过那些近亲通婚支持者。

然而,澳大利亚各州的空间反差非常强烈。反差最丰富的可能是西澳大利亚州,两大北部领地北澳大利亚和巴布亚新几内亚,以及昆士兰州。稍微平衡一些的是南澳大利亚州。新南威尔士州和维多利亚州是两个最古老的州,还有小型的塔斯马尼亚州和首都特区,后者只有卢森堡那么大。① 此外,各州面积与建立年限之间的关系也值得注意。

佩什(Canon Pughe)发表在1922年5月《时代》周刊上的系列

---

① [译注]澳大利亚首都特区的面积为2358平方公里,卢森堡的面积为2586.4平方公里。

文章《澳大利亚的未来》("Australia's Future"),极富远见地总结出澳大利亚未来需要解决的问题,[152]提出澳大利亚应迅速增加移民,并大力增加用于推进移民的支出。但这样的计划没有考虑到一个事实,即人口稀少的广大地区在议会没有自己的代表,而高薪地区(Hochlohngebiete)有自己的代表,且后者有自私的封闭倾向。关键的问题在于,澳大利亚究竟是要复兴和更新英国种族,还是仅仅从母国移植某种患有同一弊病的模式:人口从乡村涌向城市,农业地区人口大规模缩减,工业地区则人口过剩、大城市恶化,这是其母国英国人的病态所在。然而一旦发生这种情况,亚洲将对澳大利亚构成全面威胁,而不是像《亚洲在澳大利亚的后门》("Asia at the Back-Door")这篇文章所说,仅仅在后门威胁澳大利亚。

将堪培拉确立为新首都之时,澳大利亚对自身的生存基础作过全面的科学考察,并可能在这个过程中已认识到,要是能说服新西兰与澳大利亚合并,堪培拉的地缘政治处境和地位该有多强大。

但是,由两个大岛(南岛和北岛)构成的新西兰表明自己不愿合并,它更愿意在英联邦之内扮演一个自治成员的角色。可能是新西兰的地缘政治的独特性,使新西兰能永久维持这样一个角色,即与地球上最大的两个岛屿帝国相比——英国的面积是23万平方公里,日本本土群岛的面积是27.8万平方公里,新西兰的面积是26.85万平方公里(整个统治区域的面积是27.5万平方公里)——新西兰最具大洋性。可能在1200年左右,从萨摩亚群岛来的马来人首次在新西兰定居,荷兰航海家塔斯曼(Abel Tasman, 1603—1659)1642年首次发现该岛,库克1769年宣称该岛属于英国。马来人和英国人这两个民族都是远距离穿越太平洋进入新西兰,构成新西兰的两个人口层次,一个叠在另一个上面。这两个种族占据了这两个景观异常美丽的岛屿,岛屿具有高火山剖面(hochvulkanischem Profil),

过去地震非常活跃——这在海拔4000米处并不令人惊奇。①这两个种族共同生活在人类最优越的自然保护区中。

毛利人和英国人都是扩张型海上漫游种族的极端分支,在达到扩张极限时显示出生育力旺盛的所有品质,但也有明显的退化现象。20世纪初,在整个太平洋卷入世界政治的初期,新西兰两个岛上居住着46518名毛利人,占据500万公顷土地。毛利人移居新西兰已超过400年。岛上还有77.25万源出英国人的白种人,其中25万集中在四个城市,1891—1901年这十年间,四个城市人口增长的数据是:奥克兰从51287人增加到67226人,惠灵顿从34109人增加到49344人,基督城从47846人增加到57041人,达尼丁(Dunedin)从45869人增加到52390人。[153]之后,这一增长继续加速,在1921年的人口普查中,四个城市的数据分别是:奥克兰14.5万,惠灵顿10.8万,基督城10.2万,达尼丁7.2万。城市人口加起来几乎占总人口的三分之一。主要定居点最初由传教团在1814年、1822年和1838年建立。

1820年至1828年,白种人由于与好战的毛利人激烈战斗,中断了扩张。奥克兰1840年建城,与此同时白种人与毛利人签订和约,不过这一和约仅带来暂时的和平。新西兰殖民地——现在已经自治②——不得不经历1857年至1865年毛利人的第二次血腥起义,随后在1868年、1881年、1883年和1886年,"动荡"时有发生。相

---

① [译注]南阿尔卑斯山脉纵贯新西兰南岛中部,绵延数百公里。整个山脉有22座山峰的海拔在3000米以上,库克山海拔最高,为3754米。航海家们驶近南岛东岸时,放眼望去,看到一系列高耸入云的山峰,即命名为"长白云之地"。

② [译注]1840年2月6日,英国与毛利人签订《怀唐伊条约》,使新西兰成为英国的殖民地。1907年,新西兰成为自治领。

当令人惊讶的是,毛利人的人口(6.2万)有所复兴,表现是出生率翻了一番。这发生在拉塔纳改革运动(Ratana-Reformbewegung)的最后十年。①

黄金、铁矿、煤和石油是新西兰的主要矿产资源。发达的农业和成功的畜牧业是这个岛国自给自足的基础。此外,科帕-考利(Kopal-Kauri)松香这种特产保证每年有300万英镑的出口盈余。25万口马和猪、125万头肉牛和2000万头纯种绵羊,为这片土地上的养殖者发展畜牧业奠定了坚实的基础。畜牧业发展迅速,已经达到能生产冷冻肉、奶酪和黄油以供出口的水平,尽管存在工资高昂和出口世界市场的路线非常遥远等劣势。

在大英帝国内部,新西兰是一个自治领,由一位总督和八位部长治理,政治结构具有公认的独特性。新西兰上议院有46位成员,其中只有两人是毛利人,下议院有74位成员,其中只有四人是毛利人。自1893年起,妇女获得选举权。禁酒令在不同地区规定不同。对劳资纠纷的强制仲裁从1900年开始发挥效用。因此,新西兰在社会层面已经演化出一种非常先进的生命形式。还有一个特征是,新西兰已经从最初由9个省组成的松散联邦,转向更统一的形式,自1876年起,整个联邦由包括首都惠灵顿在内的63个郡组成。因此,新西兰的政区结构从殖民初期的9个省,转变为面积缩小、数量大增的郡,形成一种非常类似日本和英国的政区体系。

然而,新西兰从未停止向母国英国请求输入资本和劳动力,并再三强调这一请求。1922年5月24日的《曼彻斯特卫报》

---

① [译注]拉塔纳改革运动,是拉塔纳(Tahupotiki Wiremu Ratana,1873—1939)在20世纪初的新西兰发起的宗教-政治改革运动,极大地改变了新西兰的政治格局。

(Manchester Guardian)援引新西兰总督布莱迪斯洛爵士就这个问题的说法,反对那些支持近亲通婚的新西兰人。新西兰迄今未得到开发的财富请求资本投资和援手。英国工业向新西兰移植一直受到一小撮利己主义者的阻挠,澳大利亚也存在这样的群体。新西兰现在只有150万人生活在空旷的土地上,而这块土地本可以养育3000万到4000万人,[154]达到日本那样的人口密度。

新西兰在地缘政治本能上也类似日本,例如新西兰已经像日本那样确立对周边岛屿的控制,如今要求的海洋空间已达1.6万平方公里,本土岛屿构成的核心空间比大不列颠岛还要大。因此,一般而言,在大英帝国的各自治领中,新西兰最具帝国主义思想。新西兰这个未来的海洋帝国由法国在太平洋的残余领地所环绕,后者渗入前者(新西兰清楚地感知到这个未来的猎物),其中在地缘政治方面最强大的法属领地是新喀里多尼亚,这个岛的面积是科西嘉岛的两倍。①

新喀里多尼亚,距离马赛20500公里,是法国在西地中海的空间重心的对极。这里就像法国所有的海外岛屿领地一样,面临停滞,尽管有人尝试给它以刺激。② 谁只要参观过1922年在马赛举行的殖民地展览,以及之后在巴黎举办的类似展览,并参加过巴黎的殖民地会议,就会得到一个清晰的印象:法兰西帝国针对大洋洲殖民地制定的发展路线,与针对非洲殖民地的完全不同。法国最优秀

---

① [译注]新喀里多尼亚岛的面积是1.86万平方公里,科西嘉岛的面积是8680平方公里。

② 这些尝试如下: Deschanel. P., *La politique française en Océanie* (Paris 1884—1888); De Varigny, *L' Océan Pacifique* (Paris 1888)。其次是论文集: *Notre domaine colonial*, Heft X: *L' Océanie Française*, by Regelsperger, Pelleary and Froment Guyesse (Paris 1922),参考书目也非常好;第八章是"印度支那"。

的人都致力于法属西非和北非,用言辞和行动支持这两大殖民地的可持续发展。这些最优秀的法国人显然被其事业的前途所吸引;在法属非洲,强有力的、生机勃勃的、充满自信的努力随处可见。法国人对当地人有一种目标非常明确的政策,与英国人坚持跟黑人保持距离的政策、西班牙人和葡萄牙人的种族融合政策相当不同,法国人的政策介于英国人和伊比利亚人之间。

与法国的非洲政策相比,大洋洲和印度支那完全退入背景,这两个地区弥漫着恐惧未来、希望破灭和怀疑的情绪。当然,在南太平洋,一些强有力的人物,如图阿赫(Abel Aubert Dupetit Thouars,1793—1864)、布甘维尔(Louis Antoine de Bougainville,1729—1811)、拉佩鲁兹(Jean Francois La Perouse,1741—1788)和迪尔维尔(Jules Sebastien Cesar Dumont d'Urville,1790—1842),最初发起的努力仍然存在,但是,质疑这些早期努力作出的冒险和牺牲是否值得,现在似乎占据了主流。秋天般的萧瑟击打着南太平洋的法属领地,与之相反,与法国相隔很近的大西洋-地中海-非洲帝国却如春天般生机勃勃。

法国在太平洋的殖民地包括约2万平方公里的新喀里多尼亚、与英国共管的1.5万平方公里的新赫布里底群岛和大洋洲约4000平方公里的地区。①大洋洲岛屿领地的面积约为科西嘉岛的一半。法国在南太平洋殖民地的总面积,约等于日本南部的九州岛的面积,九州岛有800万人,人口密度约达200人/平方公里。法国在南太平洋天堂的人口没有达到九州岛的800万,仅相当于法国一个小

---

① [译注]新赫布里底群岛,即现在的瓦努阿图共和国。1825年以后,英、法的传教士和商人来到此地;1906年,英、法签署共管条约,该地沦为英、法共管殖民地。1980年7月30日独立,定名为瓦努阿图共和国。

镇的人口。此外,南太平洋的恶习与东亚和巴黎的恶习在这里相混合。法国本土没有剩余人口可以分去填充这些殖民岛屿,使之充满活力,却又[155]禁止这个地区的其他移民。就如太平洋鸟岛上后到的幼鸟将缺少食物这类令人震惊的报道一样,生存条件最恶劣的无产者,如果生存空间没有任何增加,潜在的移民必定一直存在。不容否认,法国的Imperium pacificum[太平洋帝国]的特性是最纯粹、最赤裸裸的帝国主义,标志是一边剥削当地资源,一边嫉妒并反对当地发展。

谁才是这些弱小民族实现自决的敌人?最能清晰地回答这个问题的,莫过于新赫布里底群岛的共管现实,《横渡太平洋》(Transpacific)一书正确地称之为"一片混乱"(Pandämonium)。① 这里有英国和法国制造出的地缘政治性的嫉妒(geopolitischen Neidschöpfung)。一个面积将近1.5万平方公里、足以容纳100万人的地区,实际上却只有1000白人和6万土著,后者背负着双重统治的沉重负担,已经对统治者产生了强烈不满。这是一个有重大地缘政治意义的地方。任何想使用范例的人都可以用新赫布里底群岛作范例,来评价英、法惩罚性地分裂石勒苏益格地区、上西里西亚、蒂罗尔州(Tylor)、萨尔和布尔根兰州(Burgenland)是否正义。即使在法国对新赫布里底群岛的报道中,人们也从字里行间读到某种不安。不过,下述事实体现出健全的人类理性:与马里亚纳群岛(关岛被美占领)、萨摩亚群岛(帕果帕果被美占领)、帕劳群岛(雅浦岛被美占领)的自然统一被割裂相比,至少新赫布里底群岛的自然统一没有遭到破坏,没有出现"肢解婴儿"(das Kind zu teilen)的事。就此而言,或许有证据表明,与英国和法国相比,美国才是太平洋最暴

---

① *Transpacific* (Tokio 1922)。

力、最不计后果的入侵者,尽管威尔逊提出过"十四点原则",而且美国也就菲律宾说过那么多漂亮话。

法国新赫布里底群岛学会(Société Française des Nouvelles Hébrides)拥有的7860平方公里土地曾几乎被澳大利亚买走,这一事实透露出发生灾难性的资本主义突变的可能。未来有一天,新赫布里底群岛无疑会成为补偿的对象,在最好的情况下,这种补偿会发生在法国势力从南太平洋消失的那一天,类似[当年]法国迫使德国从该地区消失。欧洲只有团结一致,才能维持自己在地球这个地区的地位,倘若欧洲互相冲突,结果必定是欧洲不得不退出,将这个生存空间留给盎格鲁-撒克逊人和南太平洋种族。

空间广袤而劳动力却极为匮乏,也是这个地区的致命问题!对劳动力的渴求,自然的吸附能力,空旷、富饶、未开发空间的吸引力,预示着一个光明的未来。而最重要的似乎是从一个确定的灯塔发出的亮光,即以新首都堪培拉为核心聚集起来的澳大利亚,它冲淡了西南太平洋种族冲突带来的黑暗的未来前景。

第十四章　公海航线和陆缘航线：
运河和海峡的地缘政治

[156]要想认识由宏大海洋空间的性质预先决定的航道,我们必须从和平时期和军事交通中最重要的自然航线及运河的经验出发。除了传统上用作迁徙踏板的岛桥(Inselbrücken),这些航道还包括穿过陆地障碍和其他海上交通障碍的天然通道。与公海上的自由航行相比,还有一些受到保护的海路,提供天然的捷径和保护。马六甲海峡和巽他海峡,以及从这两条海峡到托雷斯海峡(Torresstraße)的航道,①再加上麦哲伦海峡和白令海峡,是大西洋世界进入太平洋最重要的海上交通门户。

白令海峡与太平洋北部门槛的命运休戚相关(第十一章),它作为一条海上通道,因西北航道悲剧性的发现史而黯然失色。英国非凡的航海术在探索这条航道时得到相当程度的锤炼,尽管经过重大牺牲后最终发现了这条航道,但实际上得不偿失,因为西北航道几乎无关紧要、毫无用处。英国为了赶超西班牙、葡萄牙和荷兰这些当时太平洋贸易的垄断者,努力寻求北部航线,虽然最终是徒劳的,但在这一过程中,由于追求理想而产生的卓越得到了显著提升。因此,在南太平洋,英国为自身开创了一条几乎不受注意的交通路线,

---

① [译注]托雷斯海峡,位于澳大利亚与新几内亚岛之间,长130公里,宽59至170公里,南面是约克角半岛,北面是巴布亚新几内亚。

它靠近南极洲，而且同样是天然的，作为自由通道受英国海军基地保护。这条航道位于猛烈的西风带上，在1914年福克兰群岛海战中，英国证明了南极探险的战略价值。不过，对太平洋内的地缘政治来说，更重要的是位于新加坡与大堡礁之间、连结太平洋的出口与西南门户的航道。此处的东亚海岸走廊是进出太平洋的门户，散布成花环状的群岛和岛屿形成的弧自身在这里也变得更为紧凑。意义最重大的是日本的海峡问题，这个问题对地球上未来的大国冲突来说，要比达达尼尔海峡的问题更重要，尽管后者确实已给人类带来足够多的麻烦。①

[157]日本最初环绕内海而建，②作为最早得到记录的核心进入历史之光，并逐步成长为一个至今尚存的大国。现在的日本已经建成跨大洋的大帝国，围绕一个更大的内海，即日本海。但是，在日本最深处的角落，还封锁着大陆性的大西洋强国俄罗斯原先的一个后门：建立者傲慢地称之为"统治东方"，日本人则称之为Urashio，即"后海"。作为一个力量输出口，符拉迪沃斯托克这个港口如同俄罗斯在欧洲的圣彼得堡和敖德萨－塞瓦斯托波尔（Odessa-Sewastopol）一样，被牢牢地堵住。因为，通向这些地方的天然航道的宽度，照今天的军事概念看，都小于大炮的射程。同样，日本可以将对马海峡附近的水域视作自己的领海——对马海峡因历史上曾有两支敌人的舰队在此沉没而成圣，一支是1281年蒙古人的舰队，另一支是1905年俄罗斯人的舰队。

---

① 从地缘政治角度对这个问题的最佳分析，直至今天仍有效的当属法莫拉耶（Fallmerayer）的《君士坦丁堡的破碎局势》（*Fragmente über die Lage von Konstantinopel*）一书。

② 对日本内海的地缘政治问题的概述，参Schmitthenner, *Hettner-Festschrift*, 1923。

进入日本内海的通道是津轻海峡、拉彼鲁兹海峡（La Pérouse，日本称为宗谷海峡）和鞑靼海峡（Tatarische Straße）。这些海峡都是日本海的天然门户，是东亚的核心海上要塞。台湾海峡是通向日本海的桥头堡，比起马里亚纳群岛和帕劳群岛上的外围军事基地，台湾海峡更能得到邻近居民的有力防卫。尽管遭到对手愤愤不平的抗议，日本还是于1922年迫使对手拆除了这些外围基地。①实际上，美国通过牢牢控制关岛并在雅浦岛享有电缆-土地权（Kabelländerechte）和各种自由权利（Freiheiten），现在已经在马里亚纳群岛和帕劳群岛站稳脚跟。

南美最南端的麦哲伦海峡的守门人是位于太平洋沿岸的智利，这个国家拥有地缘政治上的警觉和强大武装，凭靠自己的舰队凝聚在一起。在太平洋的西部门户，在荷属东印度背后，挺立着大英帝国的军队及其子国（Tochterstaaten），尤其在托雷斯海峡。连通南中国海和马六甲海峡的海上通道，即连通欧洲和东亚的通道，是全球最重要的通道之一，而新加坡是扼守这条通道的咽喉要地。因此，英国最近建设新加坡要塞，已经引得世界开始注意新加坡的重要性。

上述战略通道至少还部分由邻近民族照管，与之相比，那些位于美洲和东南亚的连通陆地障碍的天然开口，则已经从最邻近的

---

① ［译注］此处涉及华盛顿会议上英、美、日三国极力限制对方海军实力的斗争。日本期望海军能达到美国的70%，但是英美拒绝让步，只同意日本海军达到英美海军的60%。最终日本妥协，英美日三国达成10∶10∶6的比例。英美达成限制日本海军的目的，但作为对日本的让步，英美同意日本提出的附加条款：英美不得在距离日本5000公里以内的地方建设海军基地，特别限制美国不得在关岛和菲律宾设防、英国不得在香港设防。这一条款实质上承认了日本海军在西太平洋的区域统治地位。

当地国家哥伦比亚和暹罗手中被夺走。在美洲,巴拿马地峡宽79公里,海拔82米,美国觉得自己足够强大,可以在这个地峡开凿一条运河,使之成为外交政策的重要工具。而在拉丁世界,首先是查理五世(Charles V, 1500—1558)时期的西班牙,其次是莱塞普(Ferdinand de Lesseps, 1805—1894)时期的法国,都试图开凿这样一条运河,但没有成功,都失败于腐败。德国人洪堡也曾幻想在此地开凿运河,最终徒劳无功。

在东南亚,泰国南部的克拉地峡(Isthmus von Krah)宽110公里,海拔最高76米。不过,英国对克拉运河的构想态度消极,因为英国预见到这样一条运河可能形成竞争,从而减损自己掌控的附近马六甲海峡和新加坡海峡的价值。基于这个原因,英国阻断了法国人、斯堪的纳维亚人、暹罗人和日本人的进取之心。[158]克拉运河一旦建成,将意味着从欧洲到东亚的航运时间缩短4天,从而进一步缩短已经由苏伊士运河缩短的航程,①但是,这也会降低新加坡在战略和商业上的重要性。

巴拿马运河以及类似通道的地缘政治,如巴拿马地峡本身、特华特佩克地峡(Tehuantepec)、尼加拉瓜地峡、阿特拉托-达连地峡(Atrato-Darien),将留待后面更集中地加以讨论,现在我们首先要转向太平洋的内部交通及其主要航线。太平洋上最重要的一条航道是东亚的边缘海走廊,我们已经提到过它的国际重要性,它是澳洲-亚洲地中海向北延伸的最畅通的道路。这个例子尤为清晰地

---

① [译注]2015年5月,中泰两国在广州签署"克拉运河"合作备忘录,初步预估该工程将耗时10年,总投资近280亿美元。这条运河一旦开通,国际海运线将不必经过马六甲海峡,航程可缩短1200公里,航运时间可节省2到5天。中国的"马六甲困局"也将迎刃而解。

呈现出太平洋取之不尽的丰富类型,与之相比,大西洋的类型要少得多。我们将依照地理顺序,先概述受政治和军事问题困扰最多的太平洋西南角,即澳洲–亚洲地中海本身。

这条边缘海走廊穿过东亚最开阔的南中国海,经更封闭的东海和黄海,进入最封闭的日本海,再往前是日本的内海,然后再次向北进入开阔的、被俄罗斯环绕的鄂霍次克海,最终抵达白令海。白令海曾属于俄罗斯,1867年之后被美国人独占。白令海包括阿留申群岛乌纳拉斯卡岛(Unalaska)上的荷兰港,该港是美国海军战略的北部基地,即美国著名的太平洋四边形战略的北部基点,南部基点是美国在萨摩亚群岛的帕果帕果基地,西部基点是位于夏威夷的珍珠港基地,由珍珠港出发,美国海军的整条战略线继续向西经关岛延伸至马尼拉,东部基点是从旧金山到巴拿马运河一线的基地。凭借这一宏大的战略结构,美国横跨太平洋,全副武装脚踩美洲和东亚——与之相应的是马汉构想的曾经宏大、现在变得狭隘的海洋战略概念,这一战略概念后来转向贸易,主张从马尼拉—皮吉特湾经巴拿马到纽约的航行区仅仅是"美国的沿海航行区"。

美国的这个四边形结构是天然的防卫,直抵太平洋的东亚海岸,但在太平洋的美洲海岸一侧非常虚弱,这迫使美国以大空间术语来思考防卫和交通的模式。不过,从阿留申群岛经夏威夷和中途岛、向南经金曼礁(Kingman's Reef)到图图伊拉岛的帕果帕果的宏大的空中屏障,能够为美国提供这种思考。与之拥有相似优势的只有阿拉斯加和智利南部的沿海海域,在那里,一定程度上天然的近海航线受到相应的防御盾的保护,与挪威类似。

在东北太平洋海域,大英帝国和美国和平、机械而武断地将北纬49度作为美国与加拿大的陆地边界,同时加拿大在温哥华岛东南部的埃斯奎尔莫特（Esquimault）港——原属英国，[159]从海洋战略和帝国战略看皆属绝佳位置——建设了一个海军基地，①从而解决了胡安·德·富卡海峡的地缘政治难题。

　　第十三章已经处理过南太平洋航行的独特性：完全在公海上航行，只有部分地区受到作为大陆的延伸的岛礁的阻碍——这对海上航行非常危险——即著名的大堡礁，这是地球表面非常独特的现象。通行托雷斯海峡的困难完全盖过南太平洋航行的所有小困难，因为，由于海图记录和沿海照明不足，那里的珊瑚群、环礁、群礁尚未充分定位。

　　太平洋航道最大的地缘政治魅力当属建设巴拿马运河的设想。从地缘政治视角出发，这一方案作为经济文化霸权的工具，具有重大意义。②这一想法的历史也向我们表明，对这类发展的关注是多么富有成效。我们如果看到，地图研究的巨大魔力，以及源于此种研究的地理思想的力量，③如何像带着魔力一般影响了一代又

---

　　①　[译注]维多利亚城西部的埃斯奎尔莫特港是加拿大太平洋舰队的基地，全称是 Canadian Forces Base Esquimalt。

　　②　比较卢茨（Otto Lutz）的地缘政治杰作："Der Panama-Kanal als politisches und wirtschaftliches Werkzeug der Vereinigten Staaten von Amerika", *Marine-Rundschau* XIII,3, 此外还有作为补充的 "Beträge zur Geologie des Panama-Kanals", *Petermann's Mitteilungen*, 1916。也参 Regel、Tincauser 和 Beck 的作品，以及 *Official Handbook of the Panama Canal* 一书和美国发布的巴拿马运河年度报告。

　　③　Robert Louis Stevenson, "On Maps", *Geographical Journal Royal Institute Society*, vol. V, 页83。讨论河流国际化问题的国际法面相的作品，如 Rudolf Laun, *Die Internationalisierung der Meerengen und Kanäle*（Haag 1918）；P. M. Ogilvie, *International Waterways*（New York 1920）；G. Kaekenbeck, "International Rivers", *Grotius Society I*（London 1918）。至于克拉运河的开凿（这条运河一旦开

一代的地理研究者和实干家,就能理解在特华特佩克地峡和阿特拉托河之间修建连通大西洋和太平洋的运河这一设想的地缘政治意义。就我们所知,依照萨维德拉(Angel Saavedra,1791—1865)的说法,连通大西洋和太平洋的运河这一想法最初由科特斯于1520年在特华特佩克提出,如今已在巴拿马地峡实现。

巴拿马运河长79公里,归美国管理。运河区向运河闸两边各延伸8公里,即所谓的"地峡运河区",整个面积将近1160平方公里,在运河建设期间住着多达15.4万名工人,现在有大约3.1万居民。运河水位为26米,最高海拔是82米,有12个水闸提升从大西洋到太平洋的船只。[160]大西洋海平面比大西洋一侧的中潮(Mittelwasser)低12.5米,比太平洋一侧的中潮低13.7米。整个工程面临许多需要用技术解决的危险,如长42公里、面积425平方公里的加通(Gatun)水库,驯服查格雷斯河(Chagresfluss)三百倍的高流量(300 fachen Hochwasserschwell),以及挖掘库勒布拉(Culebra)水道时不断发生的山体滑坡。但是,这些危险也是整个工程的辉煌所在,工程总共花费将近20亿金马克。

但是,巴拿马运河的建成远没有一劳永逸地让其他运河计划破产,相反,开发其他地峡路线的想法再次复兴。首先是阿特拉托通道(Atratoverbindung),西属美洲和英国都支持这一远离美国势力范围的运河计划。其次是尼加拉瓜走廊(Nicaragualinie),穿过尼加拉瓜湖,经过两座非常活跃的火山和一个高火山断裂带,一个铁路、内

通将节省四天的航程)需要花费约500万英镑,同时会在一定程度上削弱新加坡的战略地位,从而导致法属东南亚一隅的价值大幅提升——比较 Léon Dru, in *L' Exploration* 9th and 16th March 1882;巴拿马运河从1914年8月15日到1920年的通航进展情况,见 *Le Génie Civil* of 9th April 1921。

河和海运的组合目前在使用这条走廊;作为预防未来事件的措施,这条走廊现在已经与作为被保护国的整个尼加拉瓜一起,并入了国联体系。

伽尔瓦(Antonio Galvao,1739—1822)在他的书中说,早在1550年,特华特佩克、尼加拉瓜、巴拿马和达连湾的运河计划就已提出。1551年,戈梅拉(Francisco López de Gómara,1511—1566)催促腓力二世(Phillip II,1527—1598)尽快实行这一计划。但是,西班牙政府不仅没有开凿运河,反而通过禁令人为地阻挠运河建设。同时,西班牙禁止在波托贝洛(Portobello)到巴拿马的皇家大道之外另建一条路线。随后甚至禁止通常的地理探险,这一禁令总体上有害于跨越地峡的所有交通计划,直到英格兰银行的创立者佩特森(William Paterson,1658—1719)于1698年至1701年试图在达连湾找到一个解决方案。

这个问题在当时太过重大。从1520年至1698年,运河计划始终令人恐惧,正如同时期在广袤大洋的另一边,高瞻远瞩的德川幕府将军的继任者们,对直接穿越公海自由航行这个问题恐惧不已。直到1771年,受西班牙的经济-科学潮流变化的影响,西班牙人才计划首先在特华特佩克修建一条运河,1779年又计划在尼加拉瓜修建另一条运河。之后,洪堡于1808年提出一系列不同的建议,不少于八个,这些问题或许以人类最巧妙的想象力,在地峡问题上取得了突破。1825年,美国首次尝试参与运河建设。之前,华盛顿(George Washington,1732—1799)凭借敏锐的地缘政治洞察力,已经提出在加拿大湖区建立宏大运河体系的想法。这些计划与作为城市和国家的组织者和创立者的华盛顿的远见卓识密切相关,因为华盛顿受过地形学家、工程师和测量师的训练,而且具有他强烈的实践倾向。1830年,荷兰得到一个特许状,从1849年开始,在加利福尼亚淘金热和西部冒险（源于对黄金的贪欲）的刺激下，地峡运河计划不断强化。

从那时起，太平洋本身也卷入其中：1848—1850年，系统的铁路项目和运河建设的勘察开始。在所有方案中，尼加拉瓜、[161]巴拿马、圣布拉斯（St. Blas）、加勒多尼亚湾（Caledoniabay）、达连湾和阿特拉托河方案及其各种变体，是最有可能成功的方案。许多路线都极有吸引力，如阿特拉托运河计划有四种不同的可能路线：图拉（Tuyra）、特鲁安多（Truando）、那皮皮（Napipi）、博亚亚（Boyaya）。1870—1875年，一个美国海军研究委员会集中研究了阿特拉托—达连湾、尼加拉瓜和巴拿马方案。哥伦比亚早在1846年就通过《新格拉纳达条约》（Neugranadavertrag）授予美国横穿巴拿马地峡的权利。1850年，通过广泛宣传与英国签订的《克莱顿-布尔沃条约》（Clayton-Bulwer Vertrag），美国为将来任何运河的联合建设做好了准备。

[162]1867年的《尼加拉瓜条约》（Nicaragua Vertrag）规定未来的巴拿马运河保持中立，以及美国享有与哥伦比亚共同管理运河的权利。1859年与法国人的首份协定，1901年的《第二海-庞斯福特条约》（Second Hay-Pauncefote Vertrag）——这一条约经过十个月的斗争才得到美国国会批准——为美国修建巴拿马运河确立了国际法基础。至此，地缘政治暂时演变成了一场夹杂阴谋诡计的金融-政治游戏。1876年法国巴拿马运河公司初步成立，1879年莱塞普开始以承包的形式开凿运河。这一工程在1887年遭遇重大挫折，导致1889年爆发所谓的巴拿马丑闻和公司破产。

不过，脚踩这个破产公司尸体的是美国。受太平洋地缘政治的支配，美国贯彻巴拿马运河方案的决心又受到1898年美西战争期间海洋战略经验的推动；最重要的是，美西战争期间，俄勒冈号战列舰从太平洋海岸绕过合恩角,以便加强大西洋舰队的那次航行,[①]让美国懂得了在巴拿马地峡修建运河非常必要。通过一系列国际干预,运河工程1905年开工,1922年通航。直到1922年4月22日,美国与哥伦比亚才通过条约从国际法上确立巴拿马运河现在的地位。自1903年美国将巴拿马共和国从哥伦比亚分裂出来,直至运河的施工和开通(1914年8月13日),哥伦比亚与美国就巴拿马运河一直存在一种沉默的妥协,这也是太平洋式的解决办法。最后,波哥大(Bogota)临时条约通过宣布美国道歉和允诺向哥伦比亚赔偿2500万美元良心钱,暂时保全了哥伦比亚的面子。不过,总而言之,在美国众多辉煌的领土和不动产方面的商业交易中,巴拿马运河是最昂贵的交易之一。尽管如此,比起维护一支两洋海军,即游弋在大西洋和太平洋上的海军,修建和维护运河的费用更低。

美国在这个极富价值的地点得到自己想要的东西了吗? 1915年和1916年,巴拿马运河受各种骚乱妨碍,每年通航量为480万吨。这一数字在1917—1919年增加到700万至750万吨,1922年增加到1125万吨,这还不包括免费通行的美国政府的船只。因此,与同一时期的苏伊士运河相比,巴拿马运河的通航量少600万吨。巴拿马运河每年的收益超过1075万美元,但低于支出,这一点可能任何人都没有想到,但是,若不将生产成本计入确保运河正常运转的花费,每年的收益仍有益于运河维护。

去往太平洋和来自太平洋的航行的吨位分配不均匀;显然,尚不可能从太平洋获得足够的回程货运量。毕竟,太平洋只生产波动

---

① [译注]俄勒冈号战列舰,1891年开始建造,1896年服役。豪斯霍弗此处所谓俄勒冈号的航行,指1898年初,美西战争爆发在即,3月19日,俄勒冈号从旧金山出发,经过66天航行,抵达佛罗里达半岛的朱庇特入口(Jupiter Inlet)。

的盈余商品,并试图避免定期交易。最繁荣的商品常规贸易路线,是从南美洲的西海岸到北美洲的东海岸,[163]从而弥补前面已经强调过的美洲大陆的地理扭曲。第二繁荣的是大西洋—美洲—东亚航线,第三繁荣的是南美—欧洲航线,这是一个证据,证明建设巴拿马运河的地缘政治目标之一已经实现。

太平洋的另一特点变得非常突出,即商船上只装一种货物。在全部贸易量中,一半以上都是整船装载,即整艘船仅装载一种特定商品,与欧-亚小型贸易的商船混合装载各种商品不同;许多船舶专门用于大宗商品,诸如石油、小麦、煤、硝石、矿石和大米。在所有国家中,美国的贸易量远超其他国家,占45%,英国的船舶数量是美国的三分之二,为30%,日本(3%)和挪威(4%)是美国的1/12,智利和秘鲁高于法国和西班牙。所有这些国家在世界大战之后都超过德国,1920年,德国只排第十,不过之后,德国贸易量再次增加,1929年达到5%。如受过地缘政治训练的清醒意志所要求的那样,美国的这一政治和经济工具由此达成了目标;美国以宏大的风格、不带斤斤计较地建造巴拿马运河时,就知道这是在为美国的未来绸缪。

与巴拿马运河的完工形成对比,太平洋的其他运河计划远远落在后面,尤其克拉运河的开凿。这条运河一旦建成,将缩短法属印度支那殖民地到母国[法国]的航程,同时也能促进东南亚联盟的形成。但是,由于这种发展不符合那里目前的控制者的利益,因此短时间内可能不会开凿这条运河。英国反对克拉运河计划,正如当年西班牙反对巴拿马运河计划,英国更愿意花费数百万英镑建设新加坡港。

仍有必要考虑一个重要的、能真正控制海上航线变化的地缘政治补充工具:通过海图研究,改善和升级海上航线、海岸防卫、海岸灯塔和海岸控制项目的建设。尤其需要考虑在那些对航行非常危险的海岸修建灯塔，诸如荷兰或日本海岛帝国的海岸，后者的海岸线超过5.2万公里。澳大利亚的海岸对海上航行也极为不利。值得注意的是，一些大陆国家倾向于逃离自己的海岸，撤向内陆，而非将自己交给海岸，驶出海岸，将海岸视作未来的基础。大陆型人的这种奇怪的从海岸向内陆的后撤，甚至偶尔会带来积极的航运建设成就，[164]诸如通往海岸的运河，以及三角洲与重要河流之间的内陆联系。

其中最著名的工程要数中国的京杭大运河（Kaiserkanal），这条运河连通长江、黄河与北京。服务于类似目标的还有：印度和日本的运河，古秘鲁人用木筏进行的某些独特的沿岸航行，以及俄罗斯与中国为垄断黑龙江长达6000公里的内陆河道航行而作的斗争。日本为了维持自身在大陆上的地位，于1916年提出人造黑龙江出海口的想法，并在松花江两侧要求50俄里宽的无国界地带，由此也加入了同一场斗争。这些都是从海岸逃向内陆水道的现象，暗示着借助河流和运河来逃避带有河流冲动（Antrieben）的地缘政治入侵的努力。

由此，我们就面对着一个最终的目标。此处无法回避对一个问题的考察，即我们是否认为河流国际化或海洋空间帝国主义是人类在未来值得追求的目标。大小河流的国际化是不是人类在未来值得追求的目标？这一革新灾难性地始于德国的土地，终止于1936年，其结果是忽略内河航道。河流国际化本可唤起各个生命形式的最高义务，从而最大可能地保存自己。1902年的《英日同盟协约》（*Pax Anglo-Japanica*）被英、美、日、法四国霸权体系取代，其中的压力不太可能得到均衡处理，此处多一些审慎，彼处就会少一些。随着水道的开放，这些大国知道如何避免武力行动中的邪恶面相，无疑，它们也知道如何在世界舆论中维持自身特定的优势！在这一点上,我们看到了未来微弱的希望之光。不过遗憾的是,似乎是太平洋大国首先理解了这一点,而且它们未来也极有希望将大西洋大国甩在后面——首先在理论上,其次在实践上。

迄今为止,大西洋与太平洋的地缘政治实践仍非常不同。准确而言,太平洋大国已经垄断了全部关键战略性航道,照管着这些航道的军事安全;眼下暂时还保持中立的,只有太平洋大国计划与其他国家联合入侵的那些地方,比如中国长江中游的宜昌以西地区——这是中国的痛苦——入侵行动因遭到中国行会(Gilden)的抵抗而失败,又比如直到1936年德国终止滥用国际河流之前的中欧。

太平洋大国甚至已经预先垄断了在遥远未来修建水道和陆路支线的可能——例如美国在尼加拉瓜;或者阻挠这些可能性在遥远未来的实现,例如英国阻挠克拉运河的修建,又例如美国阻挠在哥伦比亚修建运河。后者意在消除阿特拉托运河与巴拿马运河的竞争,从而垄断进入石油产区的通道,因为美国不想让别的国家染指油田。日本完全清楚,这些海路的中立化非常可能威胁到自己,[165] 故此,所有进入日本内海和日本海的通道都防御森严。俄罗斯在与中国人、日本人争夺黑龙江—松花江—乌苏里江的垄断航运时,也没有采取什么别的不同手段,而只是封锁了鄂霍次克海、对马岛、元山港,并占据辽东半岛。控制水道、增强封锁这些水道的能力,是所有强国的目标。香港也是珠江入海口的锁钥。只有胶州湾不处于任何内河水道附近。中国急于建设粤汉铁路,也正是出于这些完全可以理解的原因。

在太平洋的现实中,民族联合的措辞与分裂的地缘政治事实同时并存,尖锐对峙。但是,怀着对人类崇高目标应有的尊重,我们必须以可证明的事实,向我们的人民呈现一幅这个世界的精确图景。

我们必须告诉他们,由于丧失对自己航道的控制,他们正受到欺骗,正如他们受到"威尔逊十四点"和国联所有演讲的欺骗。准确而言,太平洋航道的地缘政治说着一种清晰的、不可能遭到误解的语言,而恰恰是巴拿马的民族联合理想与武装军队驻守巴拿马运河的现实,能让最轻信者变得清醒。

通过考察日本的地缘政治关系——在对外开放时期,日本的内海水道毫无防备(屠杀和赔偿——堺市的切腹事件[Harakiri von Sakai])——并考察已经得到证实的日本人民的政治敏感性,我们也在日本未受染指的水道中找到一些有益的教训。日本人在堺市、下关和鹿儿岛(Kagoshima)的激烈抵抗,①与德国人在莱茵河、易北河、奥得河毫不抵抗就交出自己的船只时的冷漠和麻木形成鲜明对照,仿佛德国只是在拯救中国的长江上游。在这种比较中,凭借集体意志向上奋斗的生命形式与内部的混乱无序,两者之间的可怕差异变得愈发清晰。我们德国在1919年至1933年间的全貌及其内在原因也变得清晰:缺乏地缘政治的预见能力和本能。克服这一缺陷后,德国在1933年至1937年间迅速上升。

---

① [译注]日本官员在抵抗法国战舰入侵堺市时切腹自尽;下关和鹿儿岛被法国炮火付之一炬。参豪斯霍弗,《今日世界政治》。

第十五章　沿岸航行和跨太平洋航线

[166]大型跨洋贸易公司作为克服大洋空间的地缘政治工具，属于那些地缘政治特征最难设想的组织。即使从政治经济学的角度出发，我们也只能基于倾向性非常明显的极少数相关文献，不充分地了解这些公司。因为首先，这些大型跨洋贸易公司本身都无可厚非地希望使自己的真实目标要么不为人所知，要么至少隐而不显，以防哪个竞争对手来搅局。在这些真实目标中，政治和经济必然紧密缠绕在一起。

由于这个原因，跨国公司往往心存疑虑，尤其对各国的知识研究持怀疑态度。因此，要获知跨国公司的政策、计划、政治和经济目标，只能借助长期关注跨国公司的行为特征。从跨国公司自己的出版物或间接资助的出版物那里，不能直接获得上述信息。

第二，我们的政治经济学理论和法学理论，都共同致力于掩盖地球给定的特征的影响。也就是说，这两个知识领域似乎相信，只要资本和法规类似，从事海外贸易和跨洋生意的航运公司应该在任何地方都一样。这两类理论都认为，跨洋贸易纯粹是人的意志行动的产物，完全独立于土地、生存空间，只需依照是否合法来判断，即不管跨洋贸易的地点和意志承担者在汉堡还是泗水（Surabaya，位于印尼），在大阪还是纽约，在海边还是施普雷河（Spree）或伊萨尔河（Isar）的岸边，在南太平洋的棕榈滩和珊瑚礁上还是在斯匹茨卑尔根岛的煤棚中,只要有类似的说辞就可以。

但是,现实却与此不同,因为是人而非说辞和理论发出货船,是人驾船、装货、卸货;而且,确实是人用自己的勇敢气概鼓舞航行,也是人建造了大洋外面的铁路支线。这些人是他们的空间和时间之子!但是,基本的地理问题在此首先瞄准空间,因而必须是:一个跨洋贸易公司在母国建立是出于必然还是任意?是在需求的压力下自动成形,[167]还是必须人为地赋予生命?这类跨洋经济体——不管要去全球环航还是仅仅搭起一座通往下一个岛屿的桥梁——是从大空间还是小空间的角度被构想的?这类跨洋经济体要在同一政治生命形式或其主权水域的内部还是外部实现自身的目的?若是后者,范围应扩展多远?这类跨洋经济体是出于空间的强制而建立,还是自愿冒险进入更大的空间?

然后,建立这类跨洋公司是为了满足需求,还是出于诱惑?是国家、团体或个人的紧急行动,还是基于意志的预防行动,这个基本问题有决定性的作用;随之而来的问题是,这类行动是源于单一栽培框架,还是源于自给自足的框架。显著的单一栽培要求自身发展跨洋贸易事业,否则就会完全依赖外国的供给,这会导致一个危险的地缘政治弱点,如我们德国人现在所经历的。事实上的或哪怕仅仅可能的自给自足,如美国、日本、中国、巽他世界和澳大利亚这样的国家,则有自由的选择。这种情况下,创建跨洋贸易公司是一项预谋好的意志行动,某种程度上,法国庞大的海外援助体系也是如此。自己冲刺着去跳的人跳得好,被人推着跳的人则跳得糟糕。这一真理产生出下述概念:太平洋生命形式几乎都比大多数地中海生命形式以及几乎全部北美生命形式更自给自足,从而在发起宏大的跨洋贸易事业方面也更为自由,在海岸贸易的发展上也是如此。

更进一步的问题:当一个国家的居民受位置和土地所迫,为了追求天然的海洋利益而向海外拓展时,这个国家也在多大程度上让人民成了熟练的、擅于航海和海运的水手,从而成了海洋利益的承担者?所有这些问题都不像人们通常认为的那么一目了然。对德国人来说,朗汉斯已经给出一种充满希望的全面描绘。① 但是,许多对此类洞见具有最高价值的机构,如法国的海事登记(Inscription Maritime),或美国与日本海军招募体系的对比,在海图上都难以捕捉到,即便有令人满意的统计数据和图表作为补充也不行。

同样难以捕捉的还有:源于北大西洋贸易、受国家资助成立的跨洋贸易公司,如冠达邮轮公司(Cunard Line),与移植到亚热带地区、由印度人管理的公司,如英国印度轮船公司(British India Steamship Company),在基本地缘政治特征方面的巨大差异;个人主义的半岛东方轮船航运公司(Peninsular and Oriental Steam Navigation Company),与同属英联邦的国家社会主义的澳大利亚政府,在基本地缘政治特征方面的巨大差异。甚至舒尔茨对日本海外利益的巧妙呈现,② 也表明这些基本的地缘政治特征不容易捕捉。在此,始终需要地缘政治学和种族心理学的描述来提供补充和帮助。

[168]第三重要的一系列地理问题如下:跨洋贸易公司在正在接触和有待联系的土地上,与当地的联系如何? 在军事工程师所谓的大陆突出部(Landstoß),即与大陆靠桥头堡联系的地方,情况如何? 母国如何支持自己的跨洋贸易公司? 对于大陆突出部的地缘

---

① Langhans in *Petermann's Mitteilungen*,1900,图表10。
② E. Schulze, "Die japanische Auswanderung", *Petermann's Mitteilungen*, 1915,页129、175、270、301和图表27;P. Langhans, *Die Beziehungen Japans zum Auslande*,页174,对马来半岛大陆突出部的新建铁路网的描述;*Zeitschrift für Geologie*, Heft IV。

政治特色，太平洋可以提供几乎数不尽的例子，比如欧洲—东亚—太平洋航线上最重要的中转地锡兰岛。在这个岛屿的诸多停靠港中，有的有罗曼–葡萄牙的特点，有的有古荷兰的特色，还有的有大英帝国的特征。亭可马里（Trincomalee）海军基地①位于该岛面向太平洋的一侧；新加坡，借助于如今已经延伸至暹罗铁路网的铁路的辅助，成了一个大型的登陆桥头堡，形态上与法属印度支那沿岸的铁路网不相上下，后者一直延伸到昆明。辽东半岛及大连港，以崭新面貌出现的现属美国、原属西班牙的马尼拉，著名的巴拿马铁路，洛杉矶这类人口达数百万的新型大城市，皮吉特湾的港口合作——这些例子表现出的尖锐差异，相当于南美海岸上的个别港口位置与安第斯高原上的铁路规划之间的差异。

　　与大陆紧靠的大陆突出部是个重要的组织问题，在这个问题上，航海民族失败的次数远比人们想象得要多。殖民地的有利意义，同胞熟悉停靠港所在地区的有利意义，以及这些港口、殖民地遭到竞争对手毁灭的破坏意义，例如德国人被从中国驱逐，都与下列事情紧密相关：商业机构的整个历史，市场的特许权，贸易代表，港口殖民地，商品仓库，如斯塔尔洛夫（Stahlhof）、芳达克商会大厦（Fondaco dei Tedeschi），②以及领事馆，易货贸易的地点——偏爱受保护的近岸岛屿，如锡岛（Cassiterides）、③威尼斯岛、新加坡岛、槟

---

　　① ［译注］葡萄牙于1505年征服亭可马里，荷兰于1620年驱逐葡萄牙人占据该地，英国于1815年征服锡兰岛后控制该地，这里自此成为英国重要的海军基地。

　　② ［译注］斯塔尔洛夫是15和16世纪汉萨同盟在伦敦的商品储存基地；芳达克商会大厦位于威尼斯，曾是德国商人在威尼斯的商会总部。

　　③ ［译注］Cassiterides是西方古代地理学中的一个岛屿名称，据说位于欧洲海岸附近。现代学者多次尝试确定该岛的位置，认为该岛可能是伊比利亚半

椰屿、香港岛、平户－出岛(Hirado-Deshima)。这可能会导致一些反常现象,比如荷兰国旗在拿破仑时代消失于本国水域,却在日本长崎附近的出岛上不受干扰地迎风飞扬。

在这些机构中,每个主要的航海公司也都有自己难以摆脱的地理特性,即便想要摆脱也不能。尽管具有同等水平的技术,但每艘船和每支船队也同时极具母国特色。贸易公司的经验与航海公司毫无差别。东印度公司从未丧失自身的外来特点,甚至在荷兰、英国和法国的北方分部也没有丧失;东印度公司的商业旅行者从未否认自己的欧洲富豪特征(Nabob-Charakter)。[1]哈德逊湾公司(Hudson Bay Company)没有丧失自身的北方风格,对广阔空间怀有永不餍足的土地欲望,渣打集团(Chartered Company)也没有放弃令人发指的用于内陆非洲的手段。恰恰是南太平洋,通过自身的远程效应,[169]让一切商业地理和商业历史中最著名的泡沫之一,即所谓的南太平洋泡沫,上浮到一个根子上已经腐烂的逐利期的表面,这是横遭剥削的太平洋对剥削者的复仇。

所有这些公司,无论在受地缘政治支配的航线上还是在贸易和经济地理上,现在都已得到更多强调,它们共同致力于追求地理实体、增加领土、建立或大或小的帝国。这些公司在与本质上属于外国的土地接触时,都受到此处产生的困难的影响,即一面形成殖民管理机构,一面同时保持完整的商业抱负。这种冲突存在于商业官僚体系与资本主义之间,例如,位于中国的南满铁路公司和中东铁

岛西北方向的锡利群岛中的一个,但没有一个符合。因为锡利群岛上没有锡矿,而Cassiterides这个名称表明该岛上有锡。因此,Cassiterides这个名字最可能代表希腊人在西欧海岸附近首先发现了关于锡的模糊知识。

[1] [译注]Nabob指在印度发财的欧洲人。

路公司便已产生这一冲突。这些公司必须预先决定未来采取何种土地政策,是只想盗取果实,还是想永久利用,而后者只有与当地势力共生才可能。在地理上识别这个问题,即,是想建立持久的帝国,还是满足于贸易和暂时的利用,具有地缘政治重要性,实际当权者在作出抉择的时刻极少意识到此种重要性。

拥有远见卓识的一个伟大例外是克莱夫(Robert Clive,1725—1774),他从东印度公司的腐败中及时创建了一个印度行政机构,这是他对英属印度帝国最大的贡献。在这些情况下,单独一个这样的决定就可以创造出一种延续百年的共生关系,例如荷兰与日本之间延续达两个半世纪的共生关系;当然,这样的决定也可能破坏良好的发展前景,比如德国与日本的关系本来可能发展得一样好。一串纯粹的贸易据点形成的松散结构,若永久放弃组建成帝国形态,就无法抵御糟糕的外交政策引起的风暴,必然依赖妥协。不过,那些精挑贤良组成其统治阶层且拥有合作动机的国家,比大众统治的民主国家或君主独裁的国家,更易产生这样的妥协。

如果我们基于这些作为前提的跨洋地缘政治经验,来考察太平洋本身的状况,就会发现源于太平洋的国家形式——它们非常适于克服海洋的分离力量,尽管彼此存在由海岸形态规定的强烈差异:有的海岸排斥周边,有的海岸吸引周边,比如马来西亚的海岸与日本的海岸;有的海岸封锁周边,如中国北部的海岸,这使中国人在该地区天然占据优势。孤立环礁上空的乌云排斥大洋洲人的船队,而仍未被触及的太平洋地球空间中的跨洋原住民族,事实上已经明白要克服太平洋遥远的距离,尽管是以一种兴衰起伏的方式。①

---

① 比较 *Petermann's Mitteilungen* 1901 (L. Frobenius) 与 1903 (Friedel) 关于航海的原初方法及其表现的论述。

大洋取向的马来-蒙古人与大陆取向的中国-蒙古人,美国早期与近期的扩张,[170]沿岸航行与公海航行的概念,这些事物即便共有一些太平洋特征,在地缘政治上也相当容易区分。一般而言,例如在美国和日本,沿岸航行、局域航行和公海航行三者泾渭分明。个别生命形式在特定历史时期可能完全放弃公海航行,自我封锁乃至禁止民众驾船到公海上,但同时仍然知道如何为自己保住繁荣的沿岸贸易。内河与大洋航行之间的贸易早就得到管理。人口的变化与近海和公海航行的起伏状况密切相关,这是一个常见的现象。就航海贸易的规律性繁荣与萧条而言,南昌的冬季和夏季,冰封和开放的港口,以及天津,都是尤其突出的例子。太平洋北部的库页岛和千岛群岛的渔港已发展出渔民的定期海上迁徙,夏威夷、各海峡、奥尔岛(Aroe,位于马来西亚)的采珠业以及别的地方情况亦然。

但是,在沿岸航行与公海航行的持久联系的各种开端中,最壮观的毕竟是马来-波利尼西亚人向南太平洋的自发殖民。古代日本的海上扩张和收缩也是这种自发移民的一部分,我们必须考虑其中的规律,这种规律一直在延续:德川家康治下的1610年,两艘日本船抵达墨西哥,而这与其孙德川家光在1636或1638年禁止公海航行形成惊人对比。台湾的航海史也经常发生重大转变,在郑成功统治时期,台湾是个令人恐惧的海盗基地,但随后成了外国征服者的可怜目标。明朝时,中国航海者曾远达东非;与之相反,忽必烈试图用汉人海军征服日本列岛却全军覆没。这进一步表明,在太平洋地区,只有在与空间的广袤和独特性相当的较长节律内,才能知晓此类突变。大西洋的突变与之类似,例如西班牙的无敌舰队。

有一种地缘政治要素在早期就已显示出历史影响,这就是包围和主导大洋空间这个概念。该要素存在于西太平洋独特的自然中,因为这一区域由众多的陆缘海接合而成。日本内海——后来转移到日本海和太平洋,日本也成为在太平洋上训练海军的国家——的政治-地理价值早就得到了认识。区分小空间模式与大空间模式是可能的,少量马来人那么早就已创建出包含各个岛屿区域——如蒂多雷(Tidore)、特尔纳特(Ternate)和马六甲——的跨洋帝国体,着实令人震惊。同样令人惊奇的是,俄罗斯人,以及他们之后的美国人,如何吸取从白令海峡学到的教训,尝试扩展穿越整个太平洋的海上交通线。[171]美国在太平洋的四边形海军基地在辽阔大洋上设下诸多屏障,这与美国要求中国打开大门、要求东亚所有国家机会均等,形成奇怪的对比。

地缘政治的法权问题,如沿海水域的范围,至关重要。传统的加农炮射程,以及在理论上确保国际海上围场的实际可能,也以一种不同的地方色彩出现在太平洋,尤其是,几乎所有种类都可以在太平洋丰富的陆缘海形式中找到。海洋空间的这种划界成梯度状:从巨大的海背(unterseeischer Rücken)——唯一可以从海图上获得但实际上没有显示的门槛,到常规的陷阱——如进入日本海或日本内海的个别通道就是这样的陷阱,或适于舰队藏匿之处,因其位置利于保护舰队而极具吸引力,但一旦发生战争则极具欺骗性,如海参崴港、旅顺港和珍珠港。到这次世界大战末,所谓的加农炮射程已经增加一倍,达到128公里。随着武器的发展,曾经三四英里的海域已经大大增加,沿海权利现在已经发展出数不清的实际变体。此外,还必须加上边界自由区,如黑龙江50俄里宽的边界自由区;支持渔业的建制(Niederlassungen)带有明显的渔场边界,那里像内陆渔场那样,用海上悬浮标精心标记。

随着世界交通日益增加,使用沿岸灯塔的权利以及建设和维护灯塔的义务愈来愈重要。但是,对于那些经济困难、技术上无法完全胜任的广大岛屿空间的拥有者来说,此种权利和义务就成了无法忍受的负担之源,而且往往为外国列强提供干预的便利借口。建设和维护巽他海域及其新航运中心的灯塔照明是项艰难的任务,同时也是沉重的义务,在这方面,就连新日本帝国也感到巨大的压力。

但是,预想未来的空中巡逻任务时,在超出无线电基站覆盖范围的地方,在远离灯塔最后一缕光线的地方,国际法用巨大空间中的陆缘海航行和沿岸航行概念(Begriff der Rand-und Küstenschiffahrt),诡辩地玩着一套经济–地理把戏。马尼拉—西雅图—巴拿马—纽约之间的极大距离,超过地球周长的一半,被认为属于美国的沿岸航行,其他国家不可与之竞争。通过提供或拒绝必要的信息,例如提供或拒绝在西伯利亚北岸航行时的空中巡逻、无线电服务以及类似的对于航行必要的东西,可以玩各种把戏。然而,在这些异常现象深处,是人类对空间的贪欲——即一个国家对某个还未完全占据的空间主张权利,禁止其他国家进入——与增加空间价值之间的斗争。从长远看,只有人们愿意来工作,空间价值才有效;可是,有的大国既想在某些地方增加劳动力,又不愿给予他们生存空间。

由此导致劳动力在太平洋的跨洋迁移,即人口压力大的地区(工资低、空间局促)与需要吸收人口的地区(工资高、空间广阔)之间的迁移,遇到地缘政治障碍。[172]夏威夷的严峻问题、各海峡的问题、加利福尼亚问题、澳大利亚北部的摩擦,以及海外印度人和斐济印度人的问题——总之,有色人种移民的各种争端,都能从前述对比出发来解释。

扩展沿岸航行的范围,与从海岸线航行到航运线航行的不定期海运之间的相互影响——这使人类常规的海上运输变得有价值——也与具有地缘政治意义的人口转移密切相关。但是,此处隐含着太平洋未来最重要的问题之一,这个问题即便不事关全体人类,至少也会决定性地影响全球的权力分配。

第十五章 沿岸航行和跨太平洋航线 249

在太平洋公海航行的公司中，日本邮轮株式会社（Nippon Yusen Kaisha）可能是组织纪录的保持者，这个公司的商船总吨位达100万吨，是所有［在太平洋公海航行的］公司中与国家缠绕最紧的一个。曾经航速最快的纪录由加拿大太平洋轮船公司（Canadian Pacific Line）属下纤细而快速的蒸汽船保持，而其中最值得骄傲的无疑是一艘从德国偷来的船。这次纪录由一场发生在日本横滨到美国西海岸途中的较量创下，较量双方分别是加拿大太平洋轮船公司的"俄罗斯皇后"号（Empress of Russia）和美国海军轮船公司的"格兰特总统"号（President Grant）。"俄罗斯皇后"号以均速20节击败"格兰特总统"号的19节，率先到达终点。现在的纪录则由英国的"玛丽皇后"号（Queen Mary）保持，均速超过30节；大西洋上航线较短，时速纪录应更难打破。但是，比这些单项纪录更重要的，是谨慎管理大规模的海上航行。在这个方面，太平洋各大国密切地互相监视，比如，从张伯伦（Eugene T. Chamberlain）的作品中可以看到日本海运和国家补贴的状况，① 其中的数据都来自美国贸易委员

---

① 张伯伦是美国贸易运输部门的负责人，监视日本海运和国家补贴的状况。
美国［在太平洋］的四边形［海军基地］构想，见Bowman，页8；美国纽约地理学会主席，《新世界，太平洋领域和澳大利亚》（*The New World, The Pacific Realm and Australia*），页253, fig. 255。1896年1月15日，英、法帝国主义通过印－中妥协将暹罗从中国分裂出来，见Bowman, fig. 253和*Petermann's Mitteilungen*。后一文献尤其表明自决的真正危险所在。与故意谋划的"绞杀"（strangling）相反，把胶州湾纳入一条今天仍然存在56个紧贴海岸的据点和封闭的边缘生长的线，这意味着什么！在这种真正的帝国主义面前，它实际上是拙劣地装样子，并在地缘政治上装扮起来！或许可以拿这些意味深长的地图，来比照泛太平洋联盟执行主席邦克（Dr. Frank F. Bunker）的说法及其在世界会议上提出的卓绝的教育原则，见*Peking Daily News*，1923年2月10日。

会运输部。

这次世界大战爆发时,日本的商船总吨位是170万吨,大约比法国和挪威少140万吨,但领先于荷兰和意大利。从1880年至1914年,德国商船吨位增长12倍,日本则增长30倍。世界大战期间,由于潜艇战,日本商船吨位增长更为迅速:1914年和1915年增加6.6万吨,1916年增加13.2万吨,1917年增加35万吨(其中三分之一非日本产),1918年增加49万吨;1919年增加133艘商船,吨位增加61.1万吨;1920年增加140艘商船,吨位增加46.6万吨;最后,1921年增加43艘商船,吨位增加22.7万吨。此外,还有14艘商船共计7.6万吨躺在外国的船坞里,另外还有购买的44艘商船,吨位达28万吨:蒸汽轮船仍在从事披着非常古旧外套的贸易,如果需要,它们可以在近海海域航行直到沉没。

日本本土的造船原材料濒临险境(德国情况与之类似:需要依靠洛林和瑞典)。[173]因此,中国东北和中国内陆的铁矿石必须经海路运往日本。不过,美国人正确地看到,从中国湖北大冶铁矿产地到日本长崎的距离,不比从莫萨巴(Mesaba)铁矿到匹兹堡远。日本的钢铁产量1921年达到50万吨,进口量为50万吨,储备量为30万吨,每年消耗大约15万吨。这个岛屿民族1922年至1923年花费约500万美元扶持海运。因此,受资助最多的几家海运公司的地缘政治特征各不相同:强大的海运公司与国家一起壮大,如日本邮轮株式会社拥有各式大船;大阪商船会社(Osaka Shosen Kaisha)最初从大阪这个日本最大的商业城市的自由海运公司发展而来;川崎汽船株式会社(Toyo Kisen Kaisha)最初仅凭几艘大型蒸汽轮船从事远距离太平洋海运;面向中国的日清汽船会社(Nishin Kaisha);国际运输株式会社(Kokusai)则是通过收购其他公司而成。此外还有一些小的海运公司。

受生存空间的影响,政府扶持海运的政策也存在尖锐分歧。海运大国在这个危险的领域势必暗中促进自身的发展,但如果可能,必定会以他国注意不到的方式,或者至少以不会被及时发现的方式。有人几乎可以清晰区分法国、美国、日本、德国、英国扶持海运的类型,这些国家的扶持行为都再次导致殖民破坏(koloniale Brechungen)。同样,造船力量的集中程度也高低不等,其效果远达坚土,相关的两种受地缘政治影响的经济理论,时而互相支持,时而互相反对,隐蔽地承载着来自跨越广阔的海洋和陆地空间的帝国主义的种种要求。

第十六章　太平洋帝国与自决

[174]一则中国谚语说:"骑虎难下。""帝国主义"一词就是这样的虎。这是一个几乎没有任何危险的词——实际上有许多此类被诗人和思想家接受的词。然而,在德国的权力和文化领域内,这样的词一直被误用,相关概念经常不够明晰。

Imperialismus 和 Imperium 这样的外来词,包括英语 Empire 一词的翻译,常常被用于描述今天的帝国(Reich)概念。一些学者,如弗里德容(Friedjung),甚至已经在谈论一个帝国主义时代,并计划写一部帝国主义史。① 这位作者试图在当时众日耳曼部族中最缺乏帝国主义天赋的那个部族的观念内部,找到一度存在的帝国主义观念,这个日耳曼部族当时正任其自我保存机制渐渐枯竭和萎缩下去。有人表现得仿佛帝国主义是新发现的概念,仿佛自然还没有证明,自寒武纪以来,适者生存就是基本法则,即地球上的物种为了自我保存根本不计任何代价,不管是个体生命还是幸福。

---

① 比较 Erich Marcks, "Die imperialistische Idee in der Gegenwart", in *Männer und Zeiten*, vol. II, 页267;此书(与弗里德容的标题相反)第272页非常清楚地说明了英国帝国主义的时代,但也说明了为何哪怕这种帝国主义也是对旧式帝国主义的反应,即它是一条因果链的延续结果,该因果链可以远远追溯到前基督教时代的帝国主义。从我们接受的人文教育看,这种旧帝国主义的原型显然只能是波斯大帝国与希腊之间的争斗。

地球上的物种如果违背这一法则,就会遭到自然的惩罚进而灭绝。自然本身会在那些真正适合生存的生命形式中,将那些没有能力活下去、不适应的生命形式标记出来。前者即"帝国主义的"生命形式,它不吹嘘不言自明的东西,不吹嘘生存斗争中为自我保存而作的必要准备,因而是真正的帝国主义者,但它又不想显得具有帝国主义性。

因此,对于生命形式的自我保存实乃必要之物的帝国主义,遍布地球各地。要是没有追求自决的意志,自决就不可能;这种形式的相互妥协只是语言上的,而非对"丛林法则"的真正尊崇。因此,试图科学地确定一种独特的太平洋帝国主义时,只能避免破坏性的夸张,即所谓"骑虎",从而从地缘政治上规制当地色彩。这种当地色彩体现于帝国主义如何处理太平洋的国家生命形式和民族地位的完全自决权;太平洋在任何时候、任何地方都罕有此种完全的自决权,此种完全的自决权只能靠"个性"(Persönlichkeit)来保存。

[175]毕竟,一个民族的个性或自然特征,不仅包括"这个地球的孩子们的至福",也包括一个民族追求长久生存(Daseinsdauer)的必要条件。

对帝国与自决二者关系的观察,在地缘政治的更高意义上,必然同时面临一个确定的地球空间内生存欲望与生存空间二者的关系——只要这种观察本身意识到了此种关系。而且这种观察不可避免地会关注与此种关系相关的文献。因为,在文献中,尤其在源于各自本土土壤的文献中,至少某种程度上可一目了然地看到,这个地球空间在攫取主导优势和权力意志时,会将其他生命形式中的何种东西视作帝国主义。

这些文献论及太平洋的帝国主义,即太平洋帝国,叙述力量优势、征服、帝国和霸权等,还论及"正在敲门的"新的生命形式,① 再加上一些澳大利亚文献,里面大量都是法语著作。② 在这个领域,人们喜欢谈论"我们的太平洋地区"(Notre domaine pacifique)。有人就此发明出"和平渗透"(Pénétration pacifique)这个高贵的词,这个词在对空间的地理贪婪与太平洋的极乐之间玩了一个迷人的文字游戏。令人惊奇的是,在英语和俄语世界几乎没有类似的表达。帝国主义文献在日本也开始急剧增加,尽管明显是一种防御反应。在中国,帝国主义具有朴素的、不言而喻的历史指导特征,是这个自以为是的旧式世界帝国的后遗症,即便中国与日本的现代民主派彼此通信,例如孙中山与犬养毅(1855—1932)的通信。

[176]唯有德语帝国主义文献非常稀少。一个公正的观察者从中将所得甚少,以至于他会得出结论:德意志民族的大多数人缺乏帝国主义天赋。德意志民族曾在太平洋拥有一个帝国,却对之毫无意识。德国人论帝国主义的著作缺乏运用虚伪、野蛮、暴怒而饰之以行话的语言能力,而这才是真正帝国主义的特征;甚至可以说,真正帝国主义的语言必定是满纸谎言,这种帝国主义语言可以带来某种程度的持久成功,以反对所有值得活下去的民族的那种追求自决权的真实语言。因此,论自决的诚实文献如果想要实现自己的目标、取得成功,就必须导向、必须基于剥夺他人的生存空间而不愿放弃自己的生存空间,这就必然导向一个不属于这个世界的帝国。这一不可避免的冲突中同时暗含着可怕的自相矛盾的根源,即马克思

---

① K. K. Kawakami, *Asia at the Door*; *Japan's Pacific Policy*;以及其他作品。

② 在澳大利亚文献中,"亚洲在后门""北风中的东方气息"这类表达也是共识。与之相反,让澳大利亚成为"白种人的澳大利亚"则不被认为是个政治问题,而几乎是个宗教信念问题。比较关于新加坡的《联邦备忘录》(*Commonwealth Denkschrift*)。

主义唯物主义者针对帝国主义发起的虚伪的斗争,因为现实中他们恰恰在为帝国奋斗,即便他们将此伪装成阶级统治。然后,各种宗教至少会真诚地领导反帝国主义的斗争。

在这个问题上,我们如果想依照眼下在太平洋有帝国主义争议的地区进行战斗的方式来战斗,那么在本章,我们就可以仅仅引用帝国主义与利他主义原则的外国代表著作中相互攻讦的话,来证实我们想说的一切。例如美国人马汉和亚当斯的书,二人曾向朝鲜和中国提出过忠告;还有芮恩施(Paul Samuel Reinsch, 1869—1923)、威尔(Putnam Wheale, 1877—1930)和雷(Bronson Rea)论中国"满洲"的书,他们是盎格鲁－撒克逊人中东亚自决权的捍卫者;[1] 里德(Gilbert Reid, 1857—1927)论中国的书;[2] 罗塞尔(Russell)论菲律宾的书。用于太平洋论辩的帝国主义,其全貌已经被撕开:马汉从

---

[1] ［译注］芮恩施,美国学者、外交官,当时著名的远东事务权威。1913年出任美国驻华大使,执行《石井－兰辛协定》,扶植亲英美派政治势力。在1919年5月的巴黎和会上,芮恩施认为美国政府背信弃义伤害中国利益,愤而辞职。辞职后,受聘为北洋政府法律顾问。1922年7月应北洋政府邀请到北京访问,1923年1月26日病逝于上海。豪斯霍弗此处所指芮恩施的书可能是《远东的思想和政治潮流》(Intellectual and Political Currents in the Far East, 1911)。

威尔,原名Bertram Lenox Simpson,英国人,Putnam Weale是他的笔名,著有不少讨论东亚和中国的书,是著名的中国通。其父1861年起在清朝海关工作,故威尔在英国完成学业后,也进入清朝海关工作。威尔1901年离开清朝海关,开始撰写各种政治评论。民国成立后,威尔积极参与中国政治,是袁世凯和黎元洪身边的红人。豪斯霍弗此处所指威尔的书应该是《满人与俄国人》(Manchu and Muscovite, 1904)。

伪满洲国成立后,雷游说美国政府承认满洲国。1935年出版《满洲国》(The Case for Manchukuo)一书,严厉批评国民党的统治,同时盛赞溥仪对伪满洲国的统治。

[2] ［译注］里德,中文名李佳白,近代美国在华著名传教士。从

地理防御的角度出发,亚当斯从经济地理的角度出发,科洪(H. B. Colquhun)在世纪之交从地缘政治的角度出发——他呼吁"统治太平洋"——都对这个问题极具暗示性。

当然,盎格鲁-撒克逊和俄罗斯的帝国主义能否与东亚的自决权在太平洋达成和解,以及什么是威胁这一和解的危险,恰恰是突出的例子。其中最大的危险无疑是所有学校中的煽动性书籍,即所谓的"黄皮书",这类书籍在所有相关国家都存在,只不过美国人为这类书籍编造出了这个名称。不过,另一方面,严肃的地缘政治学著作则带着寻求真理的真诚,尝试科学地解决问题,它们为缓解此种紧张提供了最佳工具。出于这个原因,在我们从地理学角度解决这个问题之前——就像我们之前对日本问题的两次有限研究一样①——我要先提到近来解决这个问题的一些尝试,这些尝试已经基本吸收了稍早的文献。②

[177]我们已经提到,跨洋帝国主义的文献,在英国、法国、俄罗斯和美国汗牛充栋,在中欧则非常稀少。此处不可能详尽叙述这些文献的观点,而只能提到某些著作,作为研究者的我,可以从这些著作中获得太平洋帝国主义地方色彩的独特样本,并了解各个民族的相应潜台词,这也是我们考察的目标。

鲍曼(Isaiah A. Bowman)的《新世界:政治地理学的问题》(*The New World: Problems of Political Geography*, London: Sidney, 1922)的

---

① *Dai Nihon*, *Betrachtungen über Groß-Japans Wehrkraft*, *Weltstellung und Zukunft*(Berlin 1913); *Das Japanische Reich in seiner geographischen Entwicklung*(Wien 1920)。

② 最重要的帝国主义著作在评述文献的导论中已经提及;重要的论文见:《东贝加尔的和平或战争》("Peace or war east of Baika");科勒曼(Coleman)的《日本向北推进》("Japan moves North"),在本书别的地方有所提及。

描述,呈现出美国在远东和太平洋的非帝国主义形象,其实远东和太平洋[恰恰]可能是美帝国主义当时最想控制的对象——当然,鲍曼以曲笔暗示了这一形象。不过,读者仍会迅速被这本书吸引;它的语言节制而柔缓。戈洛温(M. Golowin)的《20世纪的太平洋问题》(*The Problem of the Pacific in the XXth Century*, London: Gyldendal, 1922),描绘了俄罗斯以共产主义形式在当今的扩张;拉德克(Radek)在为《消息报》(*Izvestia*)写的评论中表达了苏联的积极扩张观点。① 德富苏峰(Jichiro Tokutomi, 1863—1957)② 是日本参议院的成员,他以《日美关系》(*Japanese-American Relations*, London: MacMillan, 1922)为题,描绘了日本帝国主义的缓和。把《日美关系》当作河上清《日本的太平洋政策》(*Japan's Pacific

---

① [译注]《消息报》始于1917年3月的《彼得格勒苏维埃工人代表的新闻》,表达革命党的观点。1917年10月,更名为《苏联工作和军事代表中央委员会的新闻》,第二次苏联全国代表大会后,《消息报》成为苏联政府的官报。

② [译注]德富苏峰,日本作家德富芦花之兄,是继福泽谕吉(1835—1901)之后日本近代第二大思想家。德富苏峰经历幕末、明治、大正、昭和时期,在将近70年内始终是日本新闻舆论界的领袖人物。德富苏峰是日本右翼思想家的典型,当今日本右翼思潮与其思想一脉相承。中日甲午战争期间,德富苏峰接连发表五篇文章,分别是《日本国民的膨胀性》《好机会》《日本在世界上的地位》《战争和国民》《战胜余言》,1894年12月以《大日本膨胀论》为名结集出版,是德富苏峰对外扩张及侵华理论的代表作。三国干涉还辽后,德富苏峰大力鼓吹日本应扩军备战。日俄战争爆发后,他提出"国家第一,办报第二"的方针,彻底成为政府的喉舌,因此也成为日本贵族院议员。"九·一八"事变后,德富苏峰更加活跃,1938年著《皇道日本之世界化》为日本侵略升级辩护,1943年因宣传皇室中心主义和法西斯思想有功被授予文化勋章。日本战败后,德富苏峰被列为"A级战犯"(战犯最高等级),但1947年后,美国对日本战犯的惩治不了了之。1947年9月,德富苏峰被解除拘禁,1952年获得完全自由。德富苏峰于1957年去世,临死时仍高呼要日本"再等500年"。

Policy, New York: Dutton, 1922)一书的补充,将两书放在一起细读,会受益匪浅,因为河上清是一名和平主义的马克思主义者,已经几乎完全放弃日本国籍,成了英国化的日本人。也正因为如此,河上清是个重要的反例。

崔特(Payson I. Treate)的《日本与美国:1853—1921》(*Japan and the United States, 1853-1921*, New York: Houghton-Mifflin, 1922)包含重要的数据和资料。里德论中国的著作试图从历史的角度来解释中国,① 正如我本人在《对大日本的国防力量、世界地位和未来的观察》(*Betrachtungen über Groß-Japans Wehrkraft, Weltstellung und Zukunft*, Berlin 1913)及《日本帝国在地缘中的发展》(*Das Japanische Reich in seiner geographischen Entwicklung*, Wien 1920)中,尝试从地缘政治角度来解释日本。我们已经说过,科洪的《统治太平洋》(*The Mastery of the Pacific*, London: Heinemann, 1902)一书,是马汉和亚当斯之后对太平洋帝国主义问题最清晰的描述。拜沃特(H. C. Bywater)的《太平洋的海上权力》(*Seapower in the Pacific*, London: Constable, 1921),以英国顽固派最具威胁的形式讨论了这个问题。乔丹(Sir H. Jordan)在精彩的论文《华盛顿会议和远东问题》("The Washington Conference and Far Eastern Questions", *Quarterly Review*, July 1922)中,将太平洋帝国主义问题压缩成了当时达成的最简短的和解形式。

在我们看来,在东大西洋和西大西洋的盎格鲁-撒克逊帝国中,皮特(William Pitt, 1708—1778)、帕默斯顿(Palmerston, 1784—1865)、亚当斯父子(The Adamses)、张伯伦(Joseph Chamberlain, 1836—1914)、寇松(George Nathanial Curzon, 1859—1925)、马汉和荷

---

① [译注]可能指里德的《中国一瞥》《中国排外骚乱的根源》。

马李(Homer Lea, 1876—1912)［似乎］是大西洋一线的主要承担者,库克、坎宁(George Canning, 1770—1827)、爱德华(Henry Edward, 4th Baron Holland, 1802—1859)、休斯(Charles Evans Hughes, 1862—1948)、巴尔福(Arthur James Balfour, 1848—1930)和塞西尔(Robert Gascoyne-Cecil, 1830—1903)则是太平洋一线的主要承担者。加拿大从大西洋扩张征服的殖民领地,发展成大西洋-太平洋子国,其整个结构的发展以最生动的视角呈现出理想的自决画面。布尔战争之后,即经过生死搏斗之后,霍兰德(Bernard Holland)立即在他大胆的《帝国与自由》(Imperium et Libertas, London: Arnold, 1901)一书中,帮忙找到了英国建立自信的唯一可能形式,使大英帝国在1914年吞并布尔人。这是最深刻的帝国主义智慧的范例,交织着典型的盎格鲁-撒克逊国家的审慎与健全的常识,［178］如今这种智慧在大西洋世界似乎已经消失,而隐藏到了太平洋世界。

当然,帝国主义的讽刺剧也并非没有差错。威尔是介于威尔斯(H. G. Wells)与萧伯纳(Bernard Shaw)之间的颇富地缘政治色彩的模仿者,《有欠谨慎的北京来信》(Indiscreet Letters From Peking)让他名声大噪,他还著有一部不太严谨的太平洋政治史。① 威尔因没能成功引导中国走上伪帝国主义道路而悲痛不已,同样这种悲痛也加速了芮恩施在1923年的死亡,后者是中国无力运用英、美帝国概念和自治政府概念的牺牲品。芮恩施能够向中国人传授这些概念的一些说辞,却不能让他们凭自身获得说辞背后的特征。这类新造的英-汉混合词汇在《中国年鉴》(China Year Book)和孙中山的全

---

① ［译注］《有欠谨慎的北京来信》(1907)是威尔的名作,又名《庚子使馆被围记》;威尔论太平洋政治史的书可能指 Indiscreet Chronicle from the Pacific (1922)。

部作品中都有确证,某种程度上也体现在阿曼(Gustav Amann)论孙中山和蒋介石的书中。①

西属南美在殖民地复兴方面迄今还没有发展出真正的帝国主义。正如西班牙文献所示,老西班牙帝国已经在太平洋寿终正寝。西属南美迄今还没有伸入太平洋,只控制着自己的几个海上据点——克利伯顿岛(Clipperton)、加拉帕戈斯群岛和复活节岛,且仍太专注于自身的发展,即致力于控制已经拥有的空间和里面新发展出的种族结构。因此,我们会在本书其他地方讨论西属南美的问题。同样,旧日本、夏威夷和马来-波利尼西亚人的岛屿帝国的原生太平洋帝国主义,也将在别的地方处理。

现在,我们将转而描述太平洋充满张力、潜在危险以及可能均势的图景,因为我们相信自己已经获得这一图景。

首先,我们要求读者依照下图[此图缺],将太平洋上的交通要道、电缆线、轮船航线、民族和商品的迁移方向以及军事设备,不仅视作由纯粹的权力线织成的网,而且视作劳动力的分配者、电力的调节者、电压的均衡器。

因此,这种对空间的组织,甚至在某些地方对巨大海洋空间的过度组织,在实践中会给描述政治地理的帝国主义地图带来一种缓和紧张的反效果。这种缓和紧张的可能,甚至受到监视并准确了解相隔遥远但交往频繁的军事和经济实体的状况的必要性的规定,这

---

① [译注]Gustav Amann,《孙中山的遗产:中国革命史》(*Sun Yatsens Vermächtnis: Geschichte der chinesischen Revolution*, Berlin 1928),该书序言是豪斯霍弗所作;《蒋介石及国民党在中国的统治》(*Chiang Kai-Shek und die Regierung der Kuomintang in China*, Heidelberg 1936)。另外,阿曼博士是西门子公司20世纪20年代派驻广州的工程师,1924年被孙中山聘为私人顾问,在一战后国民政府与德国的关系中发挥过重要作用。

些实体之间不可能保持孤立。[179]地理动力（Geographic dynamos）的分离力要比静态政治地图给人的印象小得多,这种印象会让关乎未来空间安全、保存和预先关切空间的思想自动占据优势。不过,在静态政治地图上,由于强调某些地方通过定期交换补充商品来不断缓解紧张,这种印象已经几乎被抹去。当然,这种地图也几乎不能标记和强调由于独特的地缘动力而充满空间危机的地方,不管是尖锐的还是潜在的危机。正是出于这个原因,我曾在别的地方呼吁绘制更富提示性的地图,[1]这种地图以相当不同的方式,出于政治和地缘政治目的,阐明权力空间和权力线;与此同时,我的这个呼吁已经得到多次回应。

毕竟,我们看到,在世界新闻界,一旦某个案例引起一般公众的强烈兴趣,新闻界就会立即设法补救惯常使用的图表和示意图中明显可见的不足之处。这种补救一般而言都来得太迟,彼时案例已经超出预防性均衡的范围,例如,霍尔（Samuel Hoare,1880—1959）和拉瓦尔（Pierre Laval,1883—1945）在埃塞俄比亚的尝试。[2]

对太平洋权力图的进一步观察,向我们揭示出这类危险点与缓和点之间的差异,有些点依照自然永久存在,另一些则暂时存在于紧张之中。我们如果从地缘政治角度把这些点严格分开,无疑还会更肯定地认识到,人们正一次又一次地尝试排除这些天然的危险点

---

[1] The suggestive map, Grenzboten, 81th year, No. 1 (Berlin 1922),页17–19。

[2] ［译注］即霍尔－拉瓦尔协定,是1935年12月英国外交大臣霍尔与法国总理拉瓦尔就第二次意大利－埃塞俄比亚战争签订的协定,意图通过瓜分埃塞俄比亚结束意－埃战争。该协定规定埃塞俄比亚南部山区保持独立,富饶的北方领土则转交给意大利。这项协定公布后备受争议,随后英国撤销协定,霍尔辞职。1936年初,意大利发动大规模进攻,于当年5月5日彻底吞并埃塞俄比亚,结束战争。

的吸引力和压力。当然,这在那些仅由于事态紧张就价值大增的地方更加可能。在这些尝试中,最为著名的是教宗亚历山大六世和克雷芒七世(ClemensⅦ,1478—1534,1523—1534任教宗)在西班牙与葡萄牙之间武断地划分太平洋帝国的边界。这一划分在其他事情上也具有持久效力,比如,迟至19世纪中期,在计算时间时,这条线还将菲律宾从原先所属的东南亚分离出来,由此不自然地改变了日期线。

然而,太平洋上某些危险的边缘断裂带则完全独立于重组的尝试之外。在这些地带,如某些群岛,我们能识别直接的粘合点和分离点,有人兴许会称之为自然的帝国主义,或地形的权力魅力。位置赋予太平洋的这类贸易和交通中心——如夏威夷和萨摩亚——以地缘政治价值,但这种地缘政治价值无法自动得到证明,不像对马岛、范宁-帕尔米环礁、中途岛以及加拉帕戈斯群岛这类岛屿,它们因其空间位置,天然就拥有地缘政治价值。此外,帝国主义列强已经把那些作为战略中心的排头岛攫取为海军基地,如关岛、雅浦岛和图图伊拉岛。这样的要地由于其位置和空间,必然影响国际政治的均衡,因而始终具有极大的吸引力。

[180]另一方面,太平洋还有一些纯粹暂时性的危机,由权力意志和争夺太平洋统治权所造成。这些危机还远没有纳入地缘政治考量,但危机的历史在帝国主义与自决权的对立游戏中揭示出,自决的敌人的战略往往优于纯粹的地方冲突。尝试描绘帝国主义国家此类扩张和收缩的动态过程的价值便在于此,比如绘制太平洋上霸权兴衰的曲线图。① 格洛克迈尔(G. Glockemeier)已经将这种方

---

① [译注]见本书第一章对太平洋霸权兴衰曲线图的阐释。

法科学地发展为一套描述国家领土空间伸缩的地缘政治体系。[1] 运用这一体系,就能获得一幅出色的图,例如,一幅印度支那地区的图,既能清晰揭示缅甸、暹罗和安南三个衍生[于中国]的印度支那国家如何逐渐在空间和时间上脱离与中国的关系,又能清晰揭示中国与法、英帝国主义的斗争(图见下页)。

以图表呈现帝国主义的经济、文化和移民现象,以及太平洋上高工资地区与低工资地区之间的关系,吸收人口的空间与屈服于人口压力的空间之间的关系,可以更容易地理解从属于此处的一个主题。贸易、经济的影响和两者的远程效果是一幅对比更鲜明的图景,运用迪森(Tiessen)的方法(P. M. 1918)可以相当清晰地描述出来。美国与日本之间的"丝线"非常强,这条线将太平洋最重要的丝织品生产国与最大的丝织品消费国连接起来,带来的地缘政治效应是持续缓解太平洋的张力。

在这一力场中,值得深入观察的另一个重要方面是帝国主义的摩擦阻力、平衡电流的正负导体:种族抑制(Rassenhemmungen)本身介入其中,妨碍纯粹经济上的考量;经济和地理现实并不能如纯粹经济学方法所假定的那样,轻易战胜种族神秘论和民族灵魂的种

---

[1] G. Glockemeier, *Werden und Vergehen von Staaten* (Berlin 1923);即便此书对地球表面的描述不够完整,其结论以及从历史角度无法反对的论点,也只能通过研究所和学院,在严格的指导下进行繁重的劳作才能完全解决。比较奥尔登堡出版社、慕尼黑出版社的图表和示意图;拉采尔的《政治地理学》新版;奥本海默(Oberhummer)的地理学著作;鲍曼书中的图表。此书从第十六章开始,内容更多源自个人经验,是与太平洋各国领袖交流的结果,是对文中所列材料进行分析的结果,也是(在前十六章中非常必要)对新分类的大量材料进行浓缩的结果。因此,文献提示退入背景,不可避免的价值判断则走上前台,除了一些不可或缺的文献,不再可能以同样的广度带着"科学设备"前进;不像一开始,作为一个部分新的领域的研究指南,显得有必要这么做。

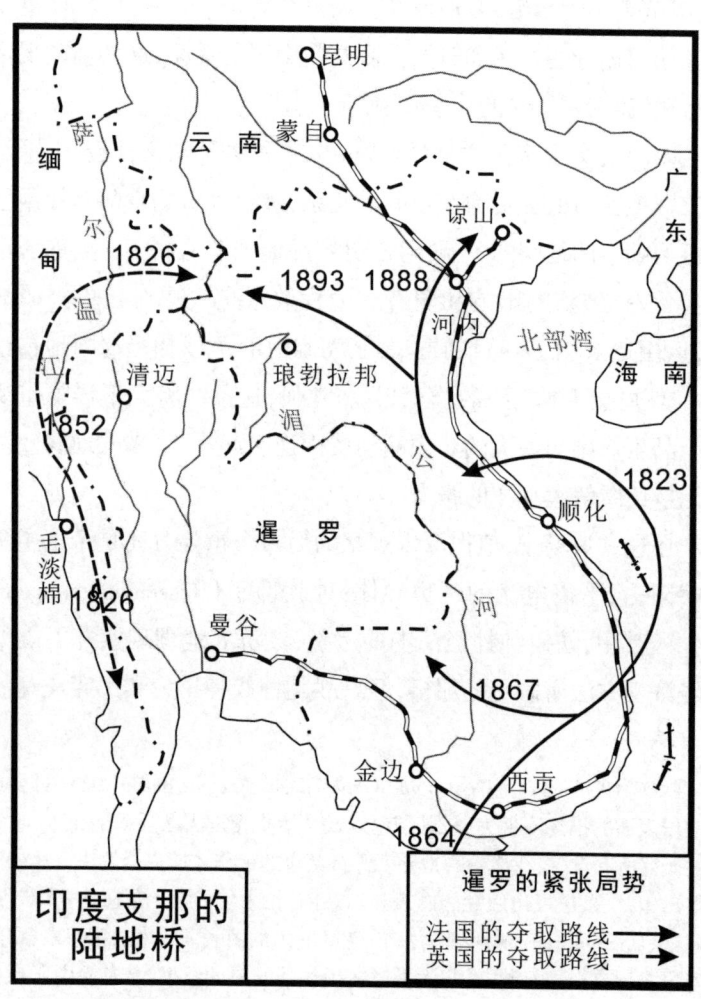

法属印度支那和英、法在暹罗的敌对态势

种价值观。此外,依照经济术语思考的人会痛苦地感到失望,他会谴责情感和文化政策,而且可能会称之为帝国主义政策。但是,实际上,这纯粹是对他本人的经济自由要求的限制反应,这兴许会让他遁入形而上学。正因为如此,太平洋的力场是令人难忘的范例,因为迄今没有发生大规模冲突。当然,这里也存在怨恨,假定太平洋的有色种族已经原谅那些历史错误、那些犯在他们此前认为与他们具有种族亲缘关系的民族身上的历史错误,乃是一个巨大错误:[181]例如,日本人非常清楚地知道墨西哥的历史、夏威夷的历史,以及马里亚纳群岛上查莫罗斯人的灭绝的历史。爪哇人也非常清楚地知道巴厘人如何遭到屠杀;暹罗的泰国人对缅甸遭受奴役的怨恨,几乎不亚于自己的边界收缩时感到的痛苦。

[182]太平洋[追求]自决的差异也清晰地表明,太平洋有比大西洋更强的均衡特征。在印度-太平洋区域,[追求]自决的方法常常从佛陀、甘地、泰戈尔的视角出发,并从中国的国家哲学[①]出发,审视自身的劣势,以中国的国家哲学为标准折衷地衡量自身。

因此,为太平洋帝国而奋斗——如果不想激起大规模的武装反抗,且既然完全不能战胜广阔洋面的分离作用和罢工的人口——必然拥有与大西洋列强表现出的特征截然不同的特征。即便像美国这样异常强大而粗野无礼的生命形式,也在设法弥补明显的不义。因此,例如针对美国对中国的政策,以及美国对巴拿马-哥伦比亚问题的政策,二十年后,美国国会这样专断的权威机构的态度体现于80票反对、16票赞成的投票比例;《波哥大条约》(*Bogota Vertrag*)签订十年后,美国于1922年对这个条约表示遗憾。在帝国主义永恒辉煌的成就面前,这些不过是各民族生命中短暂的瞬间。

---

① [译注]或许指经学。

我们已经见证日本于1922年从汉口、山东以及东西伯利亚撤军。我们看到，在过去三十年中，菲律宾争取自决的运动已取得相当大进步。事实上，至1938年，我们发现只有大西洋强权英国、法国和荷兰还维持着纯粹的殖民统治。

太平洋的帝国主义形式彼此不同，更为宏阔，或许出于这个原因，也比我们欧洲人习以为常的更为深谋远虑。特别在人口压力大的大都市地区，由于相互提防，帝国主义更是与生俱来之物。但是，恰恰出于这个原因，固守大西洋的姿态有一种更为恼人的影响：罗斯福命令他的装甲舰队环球航行，表明他是一个典型的、运用此种大西洋手段的人，并导致美国与各方发生冲突。但另一方面，罗斯福也及时感觉到了帝国主义冲动的必然性，正是这种必然性驱使美国进入太平洋。当然，就手段而言，别的政治家要幸运得多，不可否认，澳大利亚总理休斯（William Morris Hughes，1862—1952）、福特（Alexander Hume Ford）、日本首相加藤友三郎大将（Admiral Kato，1861—1923）的手腕尤其娴熟。

美国和日本已经准备就绪并采取行动，正如英国也准备好了控制马六甲海峡并采取了行动。它们用的是戴着天鹅绒手套的铁手，而非一直明显装着铁甲、在关键时刻却羞于出拳抓取目标的拳头。从1911年至1936年，俄罗斯不费一兵一卒就霸占了外蒙古、唐努乌梁海（Tannutura）和新疆，日本侵占中国东北和内蒙古，意大利侵略埃塞俄比亚，这种过程表明了最终扩张空间的方式。这是真正的力量在当前的行动方式，它表现在领袖和民族的意志和个性中。这种空间扩张大国因此常常被别人所信任，也正是出于这个原因，它通常无需使用暴力就能实现其扩张目标。

第十七章　促进式渗透还是开拓式掠夺？

[183]太平洋,地球上这一最大海洋空间的主要地缘政治法则,以及它本身的生命形式和生命条件,决定了太平洋上的政治存在。我们相信,在太平洋的组织历史(Organisationsgeschich)中可以认识到下述事情:首先,厌恶极端、纯粹暴力的解决方案;第二,对违背其和解天性[的行动]施加明显的惩罚,与较长的时期相应,这种惩罚在更大的波长中才会起作用;第三,在更大、更强者吸收更小、更弱者的过程中,可能还存在一种更为残酷无情的方法,应用这种可怕的达尔文式空间扩张法则,导致小空间以自己的方式消失,几乎没有留下以前存在的痕迹。

坎宁通过承认西属南美洲的独立,开启了英国渗入这一地区的新式大道,而这可能是大西洋生命形式进入太平洋地缘政治的最富远见的步骤,仅次于荷兰与日本的共生。坎宁引克劳迪阿努斯(Claudianzitat)——Matris non Dominae Ritu[以母亲而非主子的方式!]——来处理母国与新殖民属国之间的关系,在我们看来,他是首位真正具有世界视野的一流欧洲政治家。

在西班牙的太平洋世界帝国中,这种及时保持均衡的思想当然已经出现,证据甚至可以在科特斯的日记和莱加斯皮那里找到,但是,他们从未尝试去获得大多数人的支持以及在政治意志中找到表达。坎宁承认南美独立,但更重要的是,他的信件中表达出来的他本人对南美洲的整个精神态度,使我们可以认识到,盎格鲁-撒克逊人的观念比拉丁人的观念更能预示对太平洋自决理想的接受。我不会冒险去判定,库克船长与他的德意志同伴福斯特(Johann Georg Adam Forster,1754—1794)——洪堡的老师——在多大程度上是这种观念的先驱。① 不过,最终而言,可能库克才是在热带地区建立南太平洋霸权这一疯狂观念的牺牲品。

[184] 1922年的华盛顿会议明确决定了太平洋的政治命运,在一定时期内缓和了太平洋的紧张局势——而在我看来,本次会议在地缘政治上的重要性在于,正是在这个重要关口,美国官方的地缘政治政策回到了英国人坎宁开创的典范道路上。美国在相当长一段时期内偏爱大西洋式依靠暴力进入太平洋的手段,如佩里准将于1853年打开日本国门,1898年侵占菲律宾,以及老罗斯福的狂言。之后,美国政府再次回到早期遵从的、在1841年第一次《夏威夷宣言》中采取的地缘策略。美国当然致力于延续自己的朝鲜和中国政策,尽管这些政策本身充满矛盾。这是较温和的手段,也是小罗斯福现在偏爱的策略,该策略与另一种大西洋式手段并行,后者随时准备付诸实施且更为暴力;如亚当斯主张的,即使不是出于理想主义的原因,至少出于精心的算计[也要进行此种转换]。

因此,我们在盎格鲁-撒克逊国家的地缘政治学中,发现了大西洋式与太平洋式手段之间较大规模的内在反差,而在德国的山东

---

① [译注]福斯特,德意志博物学家,1772年随其父福斯特(Johann Reinhold Forster,1729—1798,同样是德意志博物学家)参与库克1772—1775年的第二次太平洋探险。福斯特父子随船队探险期间,每日写日记,返回伦敦后,小福斯特依据探险经历写成《一次环球航行》(*A Voyage Round the World in His Britannic Majesty's Sloop Resolution, Commanded by Capt James Cook*, during the Years 1772, 3, 4 and 5,1777年出版)一书,此书是对库克第二次探险的首次完整报道。

和南太平洋政策上,最终也发现了更小规模的此种反差。这就是我们通过本章标题的对举意欲表达的东西。

从西班牙今天在南美洲和中美洲的文化政策中,我们再次发现了此种反差。西班牙发现,自己已经准备好向当地的太平洋方式退让,不过,西班牙这个旧式帝国在经历殖民地分裂之后才学到这一点。当然,尤其在菲律宾,这种意识一再试图得到承认,菲律宾充满矛盾的殖民历史极富教益,而中欧人对此几乎一无所知。这方面的例子还有后来西班牙学院的改名,这所学院最初是为研究整个西班牙语世界的文化而建立的,现在已经不再有皇家之名,而纯粹叫西班牙学院,因为文化联结作用比政府形式更重要,这一点已得到普遍承认。下述事实就是一个证据:与暴力政策并行的,往往是一种涉及菲律宾的文化政策,表明西班牙文化在这个岛国甚是坚韧。①

但法国的大洋活动中似乎缺少帝国主义政策与文化政策的对比这种卓有成效的动机。将其他国家排除在 notre domaine [我们的

---

① 节选自我对作为一种生命形式的菲律宾的简介, *Handbook of Diplomacy and International Law*。关于菲律宾的早期参考书目,准确而言是西班牙语文献,参 Blumentritt, *Versuch einer Ethnographie der Philippinen*, Gotha, 1882。作为对压迫者声音的一种平衡,我们也应该阅读 Don E. Aguinaldo, "La vérité sur la Révolution des Philippines", *Revue des Revues*, Paris March 15 and April 1, 1900,以及奎松(Manuel Quezón, 1878—1944 [译按,菲律宾独立运动领袖])的演说。布莱斯(James Bryce)在《新的跨洋统治》("The New Transmarine Dominions", *The American Commonwealth*, 2 vols., New York)中,从盎格鲁-撒克逊国家的视角给出一份杰出的概述。John Foreman, *The Philippine Islands*, 1906, London;新渡户(Dr. Nitobe)在《日本周刊》(*Japan Weekly Mail*, supplement, Tokyo, August 9, 1913)上的文章令人印象深刻。Dean C. Worcester, *The Philippines, Past and Present*, 2 vols., 128 幅插图, Mills and Boon, London-New York; *The Philippines and Their People*,这两部多次重版的著作是美国人关于菲律宾的权威论述。

领地]之外,禁止其他国家进入,是法国在那里的主导原则;在印度支那,除了杜美(Paul Doumer,1857—1932)总督在任时有所进步之外,[①]情况也好不到哪里去。

荷兰看起来在采用妥协这一新的地缘政治方式上也非常迟钝。与日本的地位在北太平洋的变化相对,荷兰人缺乏地缘政治理解力,没有及时洞察到他们的岛屿帝国从印度洋边缘地位到南太平洋的调解者地位的变化。即便荷兰人及时洞察到这些迹象,这个小国的全部活力可能也不足以及时开发这些殖民地,而且无法足够快速地运用自己的资本力量,并利用中欧邻国中对联合行动感到绝望的有教养阶层的廉价移民,[185]一方面在文化和经济政策上施行"去帝国主义化",另一方面更好地渗入并复苏巽他帝国(Sundareiches)。

依照大空间来看,我们在此处不是正面临中欧人视野有限的制约? 因在本地的这一后果——中欧从地缘政治上看属于单一类型的河流冲击地,这可以解释中欧人的视野有限——束缚着中欧人。在马来西亚不管发生多少有益的事情,都不足以平息这个地方的愤怒情绪。最后变革时刻的来临或许不过是在尝试新的开始,如1926年的起义和"七省号"(Sieben Provinzen)[海防舰]的起义。[②]

此外,还有另一种地缘政治经验加入这幅图景。我们之前认为,我们能够直接识别印度洋方向的跨洋海岸联系,与封闭的美洲

---

① [译注]杜美,1896年至1902年任法属印度支那联邦总督,1927年至1931年任上院议长,1931年6月13日当选为法兰西第三共和国第13任总统,1932年5月6日遇刺身亡。

② [译注]1926年,爪哇的雅加达和万丹两地爆发反荷兰的民族起义,次年扩展到苏门答腊。1933年2月5日,"七省号"在苏门答腊岛西北角附近发生兵变,随后遭到荷兰政府镇压。

海岸方向的跨洋突破和断裂(这是侵略性的大西洋民族类型导致的结果)之间的类型差异。但是,在这两种情形中,只有来自外部的暴力唤醒当地的防御性暴力!这一点清晰可见于俄罗斯沿东西伯利亚和美洲西海岸荒原地带边缘进行的扩张过程。

正如太平洋式政治结构的各个国家一开始都是坚决拒绝外来者进入,之后是防御性地限制外来者,直到最后在面对侵略时才以进攻来回应侵略,太平洋的经济结构也是如此,它具有基本的自给自足倾向——最初只想根据需求将盈余投入更广阔的市场——只有在面对大西洋国家的蚕食入侵时才起而反抗。大西洋国家继续强迫太平洋国家接受败坏人的商品,如强迫中国进行鸦片贸易,或强行倾销的商品超过贫穷消费者的实际承受力,如曾经发生在日本的情况。太平洋国家要么最终濒临经济毁灭,要么被迫工业化,就像那些小的岛屿帝国,最终丧失自己脚下的土地,完全依赖外国资本。非常相似的事情也发生在德国,如已经有了这样不明智的先例:为满足外国势力而抵押土地。德国本可能经历斐济群岛的命运。汤加和日本在受到最严重的压迫时,通过禁止向外国人出售土地来保护自己。因此,如果想要在拥有的生存空间中保存生命形式,就必须禁止将土地出售给外国人,不能以出售土地来清偿债务——至少,这是太平洋的教训。

文献也可证明,太平洋凭借太平洋经济结构相反的基本趋势,而拒斥大西洋商业地理手段的欺骗方式和强迫欲望。德国国内研究中国经济的最优秀成果之一,[186]当属楚尔(Tsur)博士对宁波经济生活的研究,这一研究展示出中国经济与西方经济的整个差异。在中国,人们高度推崇以国内需求和国内产能为导向的经济,同时拒绝以供应和强迫为主导的经济,如欧美工业化国家的供应和强迫。太平洋与大西洋经济模式的分歧,而非仅仅中国与欧洲的分歧,乃是楚尔这篇研究的基本特征。最重要的问题是:是自愿打开国门,还是被迫打开国门?这在文化政策领域也一样。文化政策显明文化、权力和经济这三者最长的节奏和波动,文化的声音最安静、最不具宣传性、最少炫耀,因而当然也比权力和经济衰退得更快,但如果忽视文化的声音,最终将遭到最大的报复。

太平洋地区的这类正在减弱的声音,得闻于西博尔德(Siebold)对日本的研究、史蒂文森(Stevenson)在南太平洋的活动、贝尔茨(Baelze)对日本的位置的呈现——这一位置非常独特,德国却几乎没有利用,在此几乎毫无成果。弗兰克(Francke)在讨论东亚的作品中,也多处谈到对文化政策的可能性不加利用这个问题。即便是坎宁,尽管他迅速取得了可见的成功,但由于他对太平洋的新国家形态采用平等、自由、调解的普遍政策,也不得不面对尖锐的斗争和困难。哎,坎宁被那些反对这一政策的政敌活活给气死了!同样,在他之后,美国人芮恩施也在他深爱的中国分崩离析之后愤然离世!里德的《中国,被控制的还是自由的?》(China, Captive or Free?)也是一部大声诽谤太平洋文化政策的书。比起宣布政治和经济地理的真理,宣布文化政策的真理可能要危险得多,因为谎言的全部力量会以闪电般的速度对准共同的敌人,并将真理视作危险的敌人。然而,地缘政治的责任在于,既要向人民展露真理,也要展露地缘政治的普世真实(wahrhaft kosmopolitischer)。

没有什么比混淆武力和权力(Gewalt und Macht)更糟糕了,文化政策上的洞察力能毫不留情地、准确地揭露此种混淆。无论如何,这方面最可怕证据之一就是,对太平洋地缘政治路径的影响深远的篡改,都源自那些经久不衰的强权的支持。这些强权由于无知、由于在政治上相当可笑地误解了远东,而仅依靠武力来维持,例如干涉中国的太平天国运动和光绪皇帝领导的戊戌变法。要是没有伊藤博文(Ito, 1841—1909)这些日本年轻人的共同努力,以及英国代表阿尔科克(Rutherford Alcock)本能地介入以支持幕府和使团(Missionen),类似的误解几乎无疑也会出现在日本——西博尔德徒劳地想要填补欧洲对当时日本国家法的相当程度的无知。[187]伊藤博文和大隈重信(Okuma, 1838—1922)通过不干涉日本宗教和其他内部事务,使一系列改革加速,所取得的成就如此伟大,几乎导致这一重组过程的沉淀和反弹——假如招致外来势力更深入的干涉,这种情形将不可避免。下关事件中,德国谦谦有礼——然而却是以一种过于自大的方式——犯了愚蠢的错误,造成多么大的损害!(弗兰克!)美国吞并夏威夷和征服菲律宾完全是伴随暴力行动的骗人游戏;最后,英日同盟在跨大西洋的盎格鲁-撒克逊联盟的祭坛上被迫逐渐挥发和消散,在这个祭坛上,实际上牺牲的是大英帝国在亚洲的重要利益,甚至大英帝国在太平洋的未来。

最严重的是,由于错误地、误导性地干涉中国内部的重建,东亚的大陆-大洋张力加剧,对德国造成了巨大危险。地缘政治学的洞察力本该提出对策以缓解这一危险,而非仅仅强调这一危险,正如对"欧洲诸国"(Völker Europas)的著名警告,以及在极端复杂的远征中接管最高司令部。但是,随着时间的推移,巨大的太平洋空间开始新的组织过程,原有的和平共生的状态——这乃是太平洋希望成为的、同时也是自然而然的特性——被剥夺,进入冲突急速爆发的危险阶段,如1894年至1895年间中、日之间的第一次战争。这一冲突发生在两千年的和平共存之后——除了蒙古人从欧亚大陆内陆高原出发攻击中国和日本。当年有人问审慎的恭亲王奕訢(1833—1898),东亚与西方文化世界的联系会如何结束,他回答说:只要西方人将公使团撤走,并且不向中国倾销鸦片——这正是西方人强加给中国的两样东西——一切都会好起来。

然而，太平洋内部的第一次冲突［译按：指中日甲午战争］——我们不经常把这次冲突说成真理的赋税（Steuer der Wahrheit）——发生在德国占领胶州湾的三年前，以及1900年西方联军错误入侵中国的五年前。中日之间的这次战争本身从地缘政治角度看具有重要意义。对太平洋岛屿重新地缘政治化（erneuten Geopolitisierung）的冲动发生在1922年，但实际上此种冲动发端于1814年法国从外部侵入太平洋，不久之后，西方列强、美国和俄罗斯的联合力量继续侵入太平洋西海岸。美国摧毁西属太平洋帝国的残余，以及俄罗斯在世纪之交将注意力从西伯利亚向南转向中国和朝鲜，是大西洋国家侵入太平洋的主要变化。与之相比，德国侵占小小的胶州湾实在微不足道。

［188］俄罗斯和美国是太平洋的争夺者。亚当斯毫不留情地描绘出隐藏于沙皇的欧亚大铁路和大陆政策背后的经济理由和霸权，俄罗斯广袤的大陆空间，引发了美国对德国和俄罗斯都没有意识到的种种可能的恐惧，而德国和俄罗斯只有借助美国的空间感才能考虑到这些可能。当然，如今被排除在东亚之外的欧亚大陆人（eurasisches Kontinental），仍可能存在一种最后的、遥远的、值得向往的未来可能。但是当然，要想解决这一问题，日本与俄罗斯必须和解。

然而，美国和俄罗斯沿着环太平洋边缘［地区］突入大陆，以及英国和法国的帝国主义［行动］，再次激发了太平洋本土国家的［激烈］反应。如北京大学以坎宁时代英国对拉丁美洲［采取］的方式，鼓励东南亚各族向上奋斗的文化。文化平等权、种族平等权、自决权等理念得到更为广泛的接受，这种现象已经赋予日本一种容易理解的优势。如东京实际上是苏联远东政策和中东政策的直接见证者，这两项政策为苏联在这两个地区赢得意想不到的成功。

第十七章 促进式渗透还是开拓式掠夺？

[189]在太平洋,与太平洋文化站在一起的大西洋调解者必须准备好献上自己个人的幸福(Einzelschicksal),因为,地缘政治的调解者只有"通过同情才可理解",而只有通过自己的苦难才能产生此种同情。他必须意识到这一点。尽管南太平洋极具魔力,尽管太平洋的原生文化极具魅力,著名调解者的个人命运却显示出悲剧和苦难。具体而言,命运与这些地缘政治调解者玩着变幻莫测的游戏。或许我们可以更纯粹地从政治上来强调他们的一生,如夏威夷和汤加的西方首相们的悲剧命运,他们出于建立文化-政治岛屿帝国的理念,徒然劳作了一生,但最后不得不认识到,他们不是在为自由效劳,而是在为衰落奔忙。

有时,他们的命运纯粹受文化-地理决定,如史蒂文森的命运及其与萨摩亚的关系。他们最后常常找到一种感伤的艺术表达,如穆尔塔图里(Multatuli,1820—1887),① 他一生都遭到迫害,因为他为马来西亚马来人的人权奋战,以反对自己的同胞对马来人的剥削,结果无法成为荷属殖民政府的官员。穆尔塔图里还是孩子时就具有这种正义感,有一次,他聆听神父关于上帝的仁慈的布道,内容是上帝让每只鸟都找到虫儿,因而要对上帝欢呼感激。听完后,小穆尔塔图里问了一个不合宜的问题:"神父,那些虫儿也欢呼吗?"

另一位著名的文化-政治调解者是赫恩,他出生的血统混杂,这加深了他心灵内部的不和,使他遭到更大的痛苦。这是他的命运。赫恩出生在黎凡特(Levantine),是爱尔兰人,之后选择加入日

---

① [译注]穆尔塔图里,原名 Eduard Douwes Dekker,Multatulli是他的笔名。他是一位以讽刺小说而闻名的荷兰作家,谴责荷兰对东印度群岛的殖民行为。他出生于阿姆斯特丹,1838年来到荷属东印度的巴达维亚,在荷兰殖民政府任职,1860年出版讽刺荷兰殖民主义的小说《马克斯·哈尔拉尔:荷兰贸易公司的咖啡拍卖》(*Max Havelaar: The Coffee Auctions of The Dutch Trading Company*)。

本国籍,最后成为冒牌美国人;赫恩是世界上最著名的调解者之一,正是这个原因注定让他不幸。他们也可能找到一种近乎恶作剧的表达,如詹特有趣的南太平洋小说。还有另一种人,他们是纯粹的学者,他们从事学术研究是出于对政治真理的热爱、对所研究国家的善意,但他们也主动投身政治,因为他们绝望于那些政治人对相关真理令人发指的无知。如亚历山大·西博尔德(Alexander George Gustav von Siebold, 1846—1911)与日本的关系,① 但他随后因为身不由己而行事不佳,这可能是因为他与派他来的祖国失去了联系,也可能是因为他完全丧失了对空间小得可怜却有世界主义偏见的祖国及其自私的狭隘利益的理解。

不管个别案例具有怎样的形式,个人的好运都不是给文化—政治调解者的奖赏。然而,他仍是他的民族和全人类的伟大目标的最称职的仆人之一,而全人类在这条布满荆棘和苦难的道路上最容易被团结在一起。

[章末原注]E. Marcks, *Die imperialistische Idee in der Gegenwart*,此书缺少一种地理学对应物。A. Dix, *Geographische Abrundungsteendenzen in der Weltpolitik*, Geogr. Zeitschrift 1911,此书的方向完全不同。当然,渗入太平洋(Pénétration

---

① [译注]亚历山大·西博尔德是著名的德国植物学家和日本研究先驱菲利普·冯·西博尔德(Philipp Franz Balthasar von Siebold, 1796—1866)的长子,与其父、其弟西博尔德(Heinrich von Siebold, 1852—1908)都是德国杰出的日本研究者。菲利普1823年作为荷兰的雇员抵达日本,1829年被日本驱逐。1859年,随着日本对外开放,菲利普带着长子亚历山大重返日本。在英国与萨摩藩的战争中,亚历山大是英国领事随员,参与其后的外交谈判。1870年,亚历山大辞去英国领事馆的职务,开始专门为日本政府工作。1894年,亚历山大协助日本外相青木周藏与英国签订《日英通商航海条约》(*Anglo-Japanese Treaty of Commerce and Navigation*),这一条约成为1902年英日签订同盟条约的基础。豪斯霍弗这里可能指亚历山大后期致力于帮助日本与英国结盟、与德国为敌的事情。

第十七章 促进式渗透还是开拓式掠夺？

pacifique）的地理学和历史学著作迄今还未出现。极富远见的地缘政治洞察有一个强有力的灯塔，即 Bernard Holland, *Imperium et Libertas*, London Arnold 1901, 此书的总体评论尤其重要。当然还有麦金德爵士的 *Democratic Ideals and Reality*, 必须从这位伟大的政治地理学家的视角出发，来对比 Bernard Holland 的著作；也请比较 F. Ratzel, *Ostasin und die Vereinigteen Staateen in Kleine Aufsätze*, 卷二，页 291, 以及 Russel Young 在 1889 年的引用。

里德的《中国，被控制的还是自由的？》(New York 1921) 一书适用于太平洋的局部空间，对本章的思路具有连贯的吸引力。

雷纳尔（Raynal）的"自我所有权"这一自由概念，以及他的"自然自由、公民自由和政治自由……也就是说，人、公民和民族的自由"的思想，表明地理和政治空间崛起乃至自决的症候与地缘政治多么相关，反之亦然：人作为 zoon politikon［政治动物］的衰落的症候，也源自政治地理的整体图景。

从自决的生命形式的行列跌落，有两种原型：一种是继续保留在原来的土地上，但同时解体，甚至由于保证政治个体生命的一切或必需的国家机构遭到毁灭而困在土地上（如卡普亚或德意志想要的是"帝国"，却只保有工蚁）；另一种是土地被夺而流离失所（如迦太基，迦太基因位置优越而坚不可摧，从而应该把整个民族完全消灭）。我们引用李维《罗马史》卷二十六斯基皮奥（Scipio）的话为证：

> 但是，看来让卡普亚城像原来那样有人居住且人口繁多是件好事；那里没有公民，没有元老院，没有平民大会，没有长官；而没有公共大会、没有政府，民众——内部没有以任何形式组织起来——就不容易达成一致……

这是一种分割、肢解的类型，一种缓慢的政治谋杀的类型，类似另一种快速的谋杀。因此，可以推断出如下反论：增强各机构的自我管理，增强舆论自信，让组织朝更大的合作空间发展。正如太平洋地缘政治的结构特征是：王冠和帝国机构或强有力的总统，常常拥有比西方君主大得多的独断权力，可以在群众意识中不断增强帝国思想。两院体系与中央集权的一院体系大不相同，前者排斥君主制和贵族制的动机，我们将从中认识到小空间退化的政治-地理迹象。

第十八章　通往太平洋的全球航线

[190]尽管就目前而言,大西洋的海上交通航线仍比太平洋密集得多,但不可否认,交通重心已经开始转移。如今,这是一个纯粹涉及太平洋内部的问题,还是一个世界交通问题,抑或是一个触及所有觊觎大洋者的全球权力问题? 甚至也许还是一个给这次世界大战的进程施加本能压力的问题? 有人如果全神贯注地阅读美国人亚当斯的《新帝国》(*The New Empire*),① 弄懂其字里行间的含义,就几乎不会否认太平洋交通愈来愈繁密地与其他世界重大问题产生了联系。亚当斯预见到,全球经济权力圈从大西洋向太平洋的转移,在1909—1914年间已经慢慢开始,在这次世界大战期间则成为公开的事实。旧大陆各国,即欧洲帝国主义国家,本可能逐渐且毫无抵抗地成为这种转移的受害者,如今不管是否喜欢这一转移,都不得不为至少保留部分大西洋交通线而斗争,不得不反对海上交通重心完全远离大西洋。②

世界交通的扩展趋势在此处有一种加速效应,需要尽可能短、直、没有阻碍、无摩擦地连接各大人口和经济重心,而这些重心本身

---

① Brooks Adams, *The New Empire*, German by Sach, Vienna-Leipzig, 1908,德译本的标题是 *Das Herz der Welt*,页222以下,页240以下和页244。

② Brooks Adams, *The New Empire*, German by Sach, Vienna-Leipzig, 1908,德译本的标题是 *Das Herz der Welt*,页6、30、78及其余各处。

也在不断转向和移动。这一过程也在不断重绘穿越地球上最大的大洋的线条,即交通"纽带"。出于一些政治-地理的原因,一个危险的扭结沿着这些交通纽带的自然位置滑过。因为,在美洲—东亚的主要连线上,正好是大英帝国的重要航线,从温哥华出发,经范宁—斐济,到澳大利亚—新加坡—香港,一直延伸到大英帝国曾经的盟友、现在的敌人——日本海岛帝国的门口,具体位置是在台湾海峡处,通过这一海峡就可以进入英国原先在中国的长江的势力范围。

从太平洋的视角看,[191]向东和向西通往欧洲的路线上分布的阻力并不均衡。数不清的横贯大陆的铁路已经克服北美洲的广袤。同时,巴拿马运河已经凿通,一条横贯这一地峡的铁路也已建成:这是西属美洲的一条北美地峡,是通过切割中美洲陆地而产生的一处世界交通要地。此外,铁路贯通北边的特华特佩克地峡,就如南边的安第斯山通道贯通智利和阿根廷。阿特拉托运河和马拉尼翁(Marañón)运河的计划还未实施,暂时只有航空线路可以利用。

向西通往欧洲的路线,首先是海岸线漫长的印度半岛,随后缓慢前进穿过征税的苏伊士运河。俄罗斯的跨西伯利亚大铁路暂时已经从舒适安全的交通线变成障碍难以计数的线路。不过,一张分支众多的太平洋三角形交通网与这条铁路以及第二条北部平行航线相连。但是,绕好望角前往欧洲的航线现在只有帆船负担得起——如果装载大宗商品(如大米),或者从一个地理上占独特优势的地方出发(澳大利亚—西风带)。在不安全的时代,绕好望角的航线也具有远离某种军事地理危险的优势。

有人如果读一下亚当斯或马汉论述世界交通地理的章节,就会对这两位作者明确预见到世界交通重心的转移惊讶不已,甚至还夹杂一些嫉妒。今天,许多人还常常以为世界交通重心的转移是战争的偶然结果,实际上这是一直持续的现象,与太平洋整体地位的重新估价密切相关。这种转移不仅源于美国成为我们时代的全球经济权力中心,也源于如今距太平洋非常近的中国、日本和拉丁美洲这些国家不管是否愿意,就交通地理而言,都不得不与太平洋同时变得更加活跃。

原属伊比利亚人的跨太平洋航线——这一航线要么经麦哲伦海峡,要么经秘鲁或墨西哥,如格茨(Götz)所述,[①]航海无疑是个古老的世俗地理进程——的向北迁移,始于英国人德雷克(Francis Drake,1540—1596)、安森(George Anson,1697—1762)对西北航道的探索,他们的意图是避开当时西班牙垄断的航线。与这一向北转移同时进行的活动来自另一个方向,即打开西伯利亚的河流入海口,最后还有诺登舍尔德的航行发现东北航道。科勒曼(Coleman)的《日本向北挺进》(*Japan Moves North*)一书表明,到底什么才是导致1917—1922年俄罗斯内战的症候,不过这也让我们明白俄罗斯那时何以会反对航线北移,因为当时俄罗斯权力崩溃,军事和经济霸权不稳。俄罗斯当时恐惧而非欢迎古老的世界交通航线加速向北移动。但是,一旦苏联再次成为北极空间的主宰,将航空、大气和气候观测与海洋和内河交通结合起来,[192]就会开启种种可能。

不过,抵制世界交通的自然流动和转移,又有什么用? 因为,这些改变类似液压的变化,对被动封闭的国家或主动封闭的国家而言,面对这些改变自我封闭往往只会带来灾难性的后果,因为交通流动的全部压力已经偏离现有航线,现正缓慢地纯粹沿着习惯的轨

[①] W. Goetz, *Verkehrswege im Dienste des Welthandels*, Stuttgart 1888, 页687,南太平洋航线(概述南极洲周边的地缘政治)。

迹爬行。海上世界交通的流动不可抗拒,它将以自然的流动消除种种障碍和干扰。诚然,跨太平洋航线的进一步向北迁移,乍一看在这次世界大战期间一度造成极其紧张的局势,甚至显露出日本已具备某种封锁能力,当时日本刚刚从太平洋的边缘者转变为调停者。日本这个岛屿帝国不得不尽其所能向周边扩张,不得不充分利用自己面前绵长的东亚海岸线,不得不迅速扩建北部的海港,如大凑港(Ominato),从而成功地避开从温哥华经函馆(Hakodate)到海参崴的新航线。这条航线把日本内海排除在外,日本内海尽管有世界级的大阪—神户港,但许多讨厌的转弯和延阻会妨碍直线航行。

太平洋交通航线的变化已经轻易解决青岛港和上海港——它们一个由铁路与中国内陆相连,另一个位于长江的入海口——竞争未来中国最重要的进口港的问题。在这一形势下,两个港口都只能享有一种暂时、局部的繁荣,都注定不会成为通往广阔内陆的港口,至少就庞大的转运量而言,不可能成为中国这个中央帝国的汉堡港。因为,经过日本,甚至经过亚洲,也许是未来的最差线路,比如,到时候挖通克拉地峡将比绕马六甲海峡节省四天航程,又比如开通经太平洋北部入口进入太平洋的最短航线。神户、大阪、新加坡,以及三者之间的港口,最重要的是作为中转港的香港,可能会更早走向更严重的危机,如果不是彻底萧条的话。

但是,这次世界大战的结束,又阻止了因战争需要而领先于自然发展的现象。海参崴卷入革命震荡,从太平洋的大型中转港跌落为废弃的交通通道。日本—中国沿岸的航行又回到已经过时的条件,至少由于过热的发展而可能如此。这次世界大战期间,一条受英国影响,位于北方,既可运载高价值商品又适于客轮的更短的全球路线出现在人们面前。英国这个岛屿帝国为了节省时间,插入蒸汽轮船与铁路发展的竞争,[193]站在铁路及其欧洲所有者一边。

这条最短路线绕不过俄罗斯,因为这不可能,除非飞越俄罗斯。不过,这条最短路线越过了中欧:从利物浦到圣劳伦斯,经加拿大大陆,抵达温哥华港,再到函馆港,经海参崴港,到圣彼得堡,经斯堪的纳维亚到英国北部。因此,也就存在绕过美国的全球路线,一条北方路线,一条南方路线。

在西太平洋两大航运中心——一个在日本,一个在巽他海——的进一步发展过程中,是否有人预见到即将出现的转变征候?是否有人认识到,香港作为中国海滨集散中心的巅峰时期已经过去,尽管这里似乎经历过前所未有的繁荣?是否有人明白,即便威海卫在中国和日本的猜疑目光下得到发展,但力量已经不够,从台湾海峡到库页岛的陆缘海走廊已经关闭和闩上,即便不是由于英国的交通线,也绝对是由于英国的权力?是否有人明白,如今只有美国——认识到自身是太平洋国家——在与太平洋邻居的竞争中,强大到足以占据优势?

日本和巽他海(爪哇与苏门答腊之间的区域)这两大新的航运中心不属于大英帝国的控制范围。东亚、巽他和澳大利亚这三大近海航行区域,只有澳大利亚一个在文化上属于大英帝国,但这个地区也正在谋求更大的自决。当然,澳大利亚-新西兰的发展与大英帝国的一个海上交通霸权区域有直接关系,而这一区域的起源并不为人所知,且这一区域是审慎地建构的:南极区域以及自由的太平洋南部航线环绕整个地球,与此同时,这里部署着纯属英国的海军基地链。然而,横渡整个大西洋直接抵达这条航线可能非常困难,因为大西洋上几乎没有什么海军基地!要是以政治地理学的颜色绘制南极洲以及南极洲周围(subarktischen)地区的地图,[1]你就会

---

[1] [译注]英译本作sub-Antarctic,当从之,德文原文疑误。

情不自禁地佩服英国多么恰当地将这一基地链组合在一起,甚至也会将之作为英国首先理解南极洲周边(Vor-Antarktis)的地缘政治的证据。英国1936年在开普敦和[南非]海豹岛(Hobbeninsel)新建的军事要塞,进一步加强了这一基地链。

然而,在这个经久不衰的海洋帝国内部,国家社会主义式经营的澳大利亚航运公司,正与曼彻斯特航运集团的支持者,比如P&O,①展开激烈的经济竞争,后者是英国最排外的私人航运公司——这是仍然存在深刻对立的症候。当然,任性的新西兰尽管是大英帝国的自治领,作为未来的岛屿强国,却在南极洲周边空间的框架内居重要地位。兴许过一段时间,新西兰由于自己的刚愎和欲求自作主张[的意志],会比印度更让英国人烦恼。就在最近,大英帝国的整个马来殖民区,包括塞舌尔、毛里求斯、[194]锡兰、马来半岛,通过审慎的重组从印度帝国脱离出来,自成一体。不管怎样,那些岛屿基地好歹不会跟一个自决的印度采取共同行动,整个基地链因而也仍然安全。不过,就如缅甸与印度的分离,这也是大英帝国内部重建的一部分,重建的动力源于对压力变化和交通重心转移的明智预判,英国人凭敏锐的听觉和有远见的感知力提前感受到此种转移。但是,交通本身及其组织也配得上这类远距离的感知力。除了所属民族和国家的地缘政治,各个大型海运公司和运输集团、每条重要的跨洲铁路、每条短的局部铁路,任何这类交通企业只要拥有自身的管理体系,而非纯粹寄生[于他者],都有自身内在的地缘政治。

诺里斯(Frank Norris,1870—1902)著名的社会主义小说《八爪

---

① [译注]P & O Cruises是世界上最古老的邮轮公司,19世纪初开始经营世界上第一艘商用客船。

鱼》(The Octopus: A Story of California)非常生动地描绘了加利福尼亚的交通和经济生活,在书中,美国铁路巨头对年轻的社会主义者说:"铁路自己建造自己。"这位年轻的社会主义者成功地将那位铁路巨头带入公开讨论。从这些讨论中,他们通过聆听真实的生活,聪明地学到此处谈论的教诲,激起认知的火花,常常得到比理论上研究世界交通地理更多的洞见。后者只能在灯光下进行,不能亲身渡过重洋,亲眼见到外国的港口、仓库和库房、轮船和铁路战争。跨洋航线也自己建造自己,先驱往往是蒸汽轮船船队不定期地更换航线,这种船队比秩序井然的定期航行的船队更能迅速跟上事态的变化。中国东北在1914年大战之前的温室发展,是这个方面极富教益的例子。

定期航行与不定期航行之间的关系,如果追问到地缘政治领域,能为各航海民族的特征提供重要结论;此外,在个别大航海民族内部,人们可以在定期航行与不定期航行的比例中认识地缘政治规定的区域差异。因为,我们正在处理的定期航行与不定期航行的种种比例,其发展速度比德国人的发展快得多,且完全可以追溯到其整个结构的开端。尤其富有教益的是观察日本商业船队的发展历程,即观察日本定期航运与不定期航运的比例,公海航行与近海航行以及帆船航运的比例。因为,日本的商业船队是我们这个时代典型的太平洋船队,而同时期的美国商业船队则自然包含许多大西洋的动机,正如巽他海上的航行具有印度洋的动机。太平洋商船队与主导舰(Typschiffes)概念的关系、与石油燃料的关系、与负载的关系,由太平洋的地理决定;由巴拿马统计的太平洋大宗货物、太平洋商品交易的整体典型特征及其大宗贸易的庞大固定数额,[195]完全符合我们对这个地球上最大的大洋的地缘政治预期。当然,眼下太平洋的交通还不如大西洋繁荣,在地图上,太平洋的航线线条与大西洋的成带状的航线形成鲜明对比,但是,太平洋上的交通航线的格局要宏大得多。

同样宏大的还有太平洋航空地缘政治至今揭示的内容。1935年,飞越南太平洋的航行已经实现,全线开通航班服务。飞越北太平洋的航线是日本—千岛群岛—勘察加半岛—南阿留申群岛—南阿拉斯加—温哥华,1924年春,从两边飞越北太平洋的试飞经过充分准备成功实现。至于从阿拉斯加飞往欧洲的北部航线,或者说从加拿大的育空经弗兰格尔岛到斯堪的纳维亚的航线,这条重要的连线要归功于一支加拿大探险队在弗兰格尔岛的探索。但是,在紧急情况下,从弗兰格尔岛大胆穿过广袤的俄罗斯飞往欧洲是可能的,人们可以在第一位英国人开拓西北航道和东北航道的行为中看到这种大胆,这个英国人在恐怖的伊凡(Iwan der Schreckliche,1530—1584)统治时期从公海上来,从北方首先打开与俄罗斯的联系。①

因此,随着全球海上交通重心向太平洋转移,高价值商品的运输和匆忙的人们的旅行可以与大宗货物运输分开发展。大宗货物运输由于货量极大,始终需要与各个港口密切相连,无法越过"必经港口"(这是东亚航行的公文表达),或将在经过巴拿马运河的另一条路上再次接受太平洋式的检验。然而,高价值的动力和高速交通(Macht-und Eilverkehr)现在可以超越地球的各种障碍,尽管今天

---

① [译注]钱塞勒(Richard Chancellor,死于1556年),英国航海家和探险家,是首位进入白海(White Sea)与俄罗斯建立联系的英国人。1552年,为找到从东北方向抵达亚洲的航道,受伦敦商人协会资助,钱塞勒率领三艘帆船起航探索东北航道。1553年春,钱塞勒绕过斯堪的纳维亚半岛北部进入白海。沙皇伊凡听闻钱塞勒到来,立即邀请他访问莫斯科。当时,俄罗斯还未同波罗的海各国建立联系,汉萨同盟垄断着俄罗斯与西欧之间的贸易。因此,沙皇伊凡乐意与英国开辟海上贸易航线,并邀请英国商人到俄罗斯贸易。

可能还无法完全无视太平洋这个最大的洋上的边缘航线和作为中转站的岛屿链。当然，某些空间将经历新的价值重估，既然太平洋已经使这些空间多次经历这类价值重估，未来也可能继续如此。①

---

① 太平洋港口独特的运转方式，比较 E. Grünfeld, *Harbor Colonies and Colony-Resembling Conditions in China, Japan and Korea* (Jena 1913); E. T. William, "The Open Ports of China", *Geographic Review*, 1922。Dr. J. März, "Das Schicksal überseeischer Wachstumsspitzen", *Zur Geopolitik der Selbstbestimmung*, Munich 1923；此文附有详细的参考文献，这部文集的主题是智利和南美太平洋沿岸的港口类型。交通重心向太平洋转移的文献，参 H. K. White, *History of the Pacific Railway*, Chicago 1895; Vladimir, *Russland und der Pazifische Ozean*; A. J. Sargent, *Seaways of the Empire*, London 1918。

中国支线的转换，参 H. B. Morse, *International Relations of the Chinese Empire*, London 1910-1918; Mongton Shih Hsu, *Railway Problem in China*, New York 1915; Sun Yat Sen, *International Development of China*, London 1922; E. J. Dingle, *New Atlas of China*, 1922年以来的《中国年鉴》(*China Year Book*), Tientsin。哈特 (A. B. Hart) 的《自宣布以来的门罗主义》(*The Monroe Doctrine Since its Proclamation*, Boston 1916) 一书，针对门罗主义的修正版["门户开放"政策] 提出了一个聪明的解释。南美洲的变化，参 F. Garcia Calderon, *Latin America, Its Rise and Progress*, New York 1913。南美洲的铁路问题，参 *The South American Year Book*, London。

第十九章　太平洋的空间价值：
岛屿和边缘的价值重估

[196]太平洋的空间价值概念不同于我们熟悉的大西洋生存空间的价值概念吗？拉采尔的估价尽管源自大西洋的土壤，仍可能是最近的地缘政治研究中最好和最大胆的估价，我们能否也将它运用于太平洋的岛屿和边缘空间？[①]从这次世界大战的视角看，这些估价是否仍然适用于今天的世界？拉采尔从个人游历中熟悉了太平洋的东海岸，尽管从未看到过西太平洋岛屿遍布的广大空间，但他对这一区域的发展有一种准确的预感，那么，他1896年为空间估价和价值重估确立的法则是否仍然有效？从机械的统计学的角度无法理解这个问题，尽管恰恰是在太平洋，地球空间的购买价格通过历史上的土地交易常常经过反复商议而精确到分。然而，这样的购买价格迅速就变得过时，例如阿拉斯加、加利福尼亚、马里亚纳群岛、加罗林群岛、瑙鲁、巴拿马和库页岛的交易价格。

那么，内部和外部空间价值的变化如何体现出来？又如何识别这种变化发生的征兆？在这个领域，远见这种天赋具有独特的地缘政治意义，而经验确实一定程度上可以提供此种远见。从欧洲人的视角看，在太平洋，经过漫长而具有欺骗性的停滞，由于火山的特

---

① 可能主要出自国家的空间生长法则，然后进入政治地理学著作《大地与生命》（*Erde und Leben*），又在《人类地理学》第11节作了或许最深入的讨论。

性、辽阔的幅员以及地球空间更广泛的张力,这些变化似乎来得更突然、更具灾难性。然而,此种印象当然错误,因为我们习惯居住的中欧地区,在精确地评价距我们遥远的空间的地缘价值时一直在失败。此外,由于我们欧洲人的漫不经心,由于我们在判断距离时存在的不足——本书恰恰希望弥补此种不足——以及缺乏对遥远地区的新闻报道,我们对遥远地区空间价值变化的预测,就如同密集炮火袭来前的平静。

一些岛屿的例子容易理解,[197]兴许能帮助我们透视太平洋空间价值的突变。就地缘政治领域而言,可能几乎没有比夏威夷更典型的例子;关岛或雅浦岛的价值发生变化则纯粹是出于政治、交通和军事上的地理考虑;小小的、与世隔绝的瑙鲁岛在经济－地理方面的价值发生了变化(外加几个鸟粪岛);复活节岛则是在文化地理方面价值有所改变。此外,还要加上法国声称对之拥有主权的、位于墨西哥海岸附近的克利伯顿岛(墨西哥也声称拥有该岛的主权,法国维持实际占领)。坐落在太平洋边缘海域的岛屿还没有提及,如东亚[的岛屿],除了新加坡和香港,邦加岛(Banka)和勿里洞岛(Biliton)这两个锡岛的重要性也不言而喻,还有普拉塔斯群岛(Pratas[译按:即我国东沙群岛])、舟山群岛、澎湖列岛、西沙群岛、巨文岛(Port Hamilton);鸭绿江入海口处的海洋岛(Hai-Yong-Tan)曾在1894年被日本用作加煤站;1902年,各个国家争夺过当时仍属于俄罗斯的埃利奥特和布伦德群岛(Elliot und Blonde Inseln);1860年,庙岛群岛(Miauto)曾短暂地被英国占领。①

自我们知道夏威夷群岛以来,除了像新加坡和香港这样具有极

---

① [译注]埃利奥特和布伦德群岛,可能指我国辽东半岛附近的长山群岛;庙岛群岛位于渤海、黄海交汇处。

高价值的港口，夏威夷经历的地缘政治价值重估可能最为剧烈。夏威夷群岛的自然面积只有1.6784万平方公里，由八个较大、四个较小的火山岛组成，人口在一代之内经历巨大的变动，峰值是25.6万，最小值是9万。欧洲人首先在1527年、随后在1567年再次偶然抵达夏威夷；自波利尼西亚人在第10世纪移民夏威夷以来，库克1778年首次来到这个群岛，1779年2月14日，这位西方历史上伟大的南太平洋探险家葬身夏威夷。这是南太平洋价值重估和突变的典型特征：不久之后，库克在他被杀的同一地点被人尊为半神。

库克到来时，夏威夷群岛已分裂为三个不同的酋邦，不过，15年后（1795年）重新统一为一个国家，一度试图建立起一个范围几乎扩展至波利尼西亚人整个北部迁徙空间的海洋帝国。1860年，夏威夷甚至宣布占有帕尔米拉（Palmyra），将领域一直扩展到萨摩亚群岛。但是，嫁接其上的基督教文明与这个小国完全不合。丧失本土文化的和谐后，夏威夷不再有能力填充自己的生存空间，1832年开始基督教化，其时人口14.2万，到世纪末时人口跌到3万。1920年，夏威夷的人口出现复兴，但是，在现在属于美国的这块领土上，人种分布非常不均衡，总人口近25.6万，东亚人就有16.6万，其中有11万日本人（1935年增长到15.2万），还有2.7万葡萄牙混血儿，波利尼西亚人只有2.37万，此外还有2.23万白种人，超过1.1万[①]的白种–夏威夷人和5500名波多黎各黑人，因而非洲要素可能也不会消失。6万菲律宾人的输入进一步加大东亚人的比重，到1930年，夏威夷总人口约36万，东亚人所占比重达六分之五。

[198]确实，如一份美国任务报告（Missionsbericht）自豪地强调的那样，在夏威夷，太平洋所有重要种族的5万名儿童，实际上都在

---

① ［译注］英译本作2.1万，误。

学习美国历史、美国理念、美国政治、美国政府的运作方式,都说美式英语,不再吟唱旧式的英雄歌曲,而吟唱美国的歌曲,不再穿波利尼西亚人的缀满花环的服装,而以穿美国式的服装为荣。这当然是种族合作方面一项卓越的试验。但是,这同样显著地证明,夏威夷已从幸福、自足的岛屿王国变成依赖于市场的制糖区,从曾经统治太平洋中部的王国变成珍珠港海军基地的附属物。这也证明对生存空间的价值重估,即小国显然非但没有在自决上取得进步,反而在倒退,并且,由于空间和种族被吸入美国这个大熔炉,夏威夷几乎没有增加空间价值。而据说,菲律宾人将在1935年至1945年间从美国重获自由。

关岛和雅浦岛是纯粹政治的、地理-防御性的(wehrgeographische)基地,主要由于这里是建立海底电缆枢纽的极佳位置,因此近来变得非常有名,就如20年前图图伊拉岛的帕果帕果港一样。此外,中途岛、范宁岛(现名塔布阿埃兰环礁)、帕尔米拉岛、威克岛、诺福克岛(Norfolk)、伯德群岛(Birdinseln)——英国和美国皆意欲控制该群岛——都是这类已经在地缘政治方面变得极为重要的电缆岛屿(Kabelinseln)。

最重要的是,这些岛屿因而完全与各自所在的群岛脱离了有机联系,如关岛和图图伊拉岛;有的岛则部分断绝了与其所在群岛的联系,如雅浦岛。不过,也有仅仅经历经济价值重估的岛屿,如瑙鲁。瑙鲁1798年被命名为快乐岛(Pleasant Island),名副其实,但现在已经变成这一地球空间内盛产磷酸盐之地。[①] 依照《凡

---

① [译注]1798年,英国人费恩发现瑙鲁岛,命名为快乐岛。1888年,德国吞并该岛,改称瑙鲁,并入德国马绍尔群岛保护地。19世纪90年代,岛上发现丰富的磷酸盐资源。1914年11月,澳大利亚占领瑙鲁;1919年,国际联盟将瑙

尔赛和约》"为确保世界和平"而打开的托管之门(offene Tür des C-Mandats)如今已经彻底关闭,以利于三国对瑙鲁磷酸盐的垄断开发:英国人占42%,澳大利亚人占42%,新西兰人占16%。瑙鲁现在成了一个宝岛,不过当然是在一种与史蒂文森之类的人曾想象的完全不同的意义上。但愿下述事实能给瑙鲁带来安慰:据估计,瑙鲁光磷酸盐储量的价值就约达300亿金马克。斯塔克珀尔(H. De Vere Stacpoole)在《中国电讯报》(China Express and Telegraph)上估计,瑙鲁的磷酸盐价值约15亿英镑,开发完将近5亿吨的磷酸三钙储量后,瑙鲁兴许能再次成为真正的快乐岛——到时,瑙鲁将清除田野里的瓦砾、成堆的空罐子、遍布海岛的铁丝网和铁具残余物,但最重要的是要清除文明时期的种族融合,后者是瑙鲁必须克服的。

另一个经历奇怪的价值重估的太平洋岛屿,是墨西哥宣称对之拥有主权的克利伯顿岛。墨西哥人获得这个岛时,对太平洋还相当陌生,墨西哥当时派一支灯塔守卫队和一支巡逻队控制该岛。[199]有一段时期,克利伯顿岛是一家美国公司开发的对象,因为岛上有丰富的鸟粪资源。墨西哥政府为此让一对夫妇看守岛上的灯塔,另派25名卫士及其妻子们守卫该岛。由于墨西哥1910年爆发革命,在离克利伯顿岛最近的马萨特兰港(Mazatlan),负责定期补给这一支守卫队的为数不多的人要么被杀,要么被驱逐,与此同时,离革命地一千公里远的克利伯顿岛也遭到遗忘。墨西哥政府的轮船,即克利伯顿岛与外面世界的连接环节,始终没有来。当岛上发出的紧急信号促使一艘偶然经过那里的不定期轮船穿过珊瑚礁来到岛

鲁划归澳大利亚、英国和新西兰共管,磷酸盐开采由英国控制。1942年,日本占领瑙鲁;1947年,瑙鲁成为联合国托管地,再次交由澳大利亚、新西兰和英国共同托管,由澳大利亚代三国管理。1968年,瑙鲁通过顽强的斗争,获得独立。

上时，整个守卫队只有两个女人活着，其他人都已饿死。

现在，鸟粪开采据说要再次被当作一项政府事业。但是，法国人也记得，1850年，一位法国船长已占取这个当时仍无主的岛屿。因此，在法国与墨西哥之间设了一个意大利仲裁法庭。法国的殖民地和海军期刊《殖民地电讯报》(*Dépêche Coloniale*)甚至发文说，法国计划在克利珀顿岛修建一个加煤站和海军基地。上述墨西哥革命对克利珀顿岛造成的灾难表明，岛上的饮用水补给多么岌岌可危。但是，且不管这一短处，太平洋各强国与法国的友谊还不至于允许法国毫不费力就拥有该岛，因为该岛已受门罗宣言保护。因此，墨西哥万一与某个欧洲大国就克利珀顿岛的主权发生严重争执，也会得到其强大邻居的支持，而要是处在完全不同的情境，墨西哥绝不可能指望得到这样的支持。这纯粹是因为，克利珀顿岛处于扼守巴拿马运河的绝佳位置，后者已经成为一条世界航道，从而让这个曾经几乎遭到遗忘的岛屿价值大大提升。

30年前，克利珀顿岛曾是浪漫的寻宝游戏的目标——这个游戏基于一个西班牙海盗留下的地图——此种寻宝游戏尽管不成功，却成为各种小说的素材和一部电影的情节。克利珀顿的例子也是对人类地理学的偶然机运的说明，此种机运让这类与世隔绝的地方，如关岛、雅浦岛和拉帕努伊岛(Rapanui)，在地球的地理意识中像彗星那样突然爆发出耀眼的光辉，然后再次沉入数年或数千年的遗忘。尽管如此，这些地方都具有某种固有的价值，能让这些地方再次突然变得重要，改变在世界上的地位，此种改变的幅度远远超过大陆内部的某些空间。例如，要么作为电缆基站，要么作为航空机场；要么服务于科学观察，如对日食或矶沙蚕的观察，要么占据稀有矿产或古老文化的遗迹。即便只是事关一场飓风灾难、一个世界政治问题甚至一份突然沉没的报道，[200]这些岛屿也被刻在历史中，写入生命之册,尽管有时几乎没有可辨认的特征。

复活节岛(拉帕努伊岛)就藏着这么一种文化-地理奥秘,据报道,该岛最近在一场南美太平洋海岸的大地震后已经沉没,因为无线电呼叫已经消失。新闻界都在报导科学界如何哀悼这座岛的覆亡。这个岛面积为118平方公里,可能原来是波利尼西亚人的移民集散中心或特殊的圣地。欧洲人在1722年的复活节发现该岛,但该岛在相当长时期内是无主地——尽管直到1860年岛上还有3000名土著,但后来锐减到150人。直到1888年,该岛才被智利占据。岛上有奇怪的石头雕像,坐落在坚固的基石上,有的高达5米,还有神秘莫测的铭文以及一个史前的石匠作坊。这些都表明,该岛的位置曾经具有极高的空间价值;布朗(Macmillan Brown)教授最近花了数月之久考察该岛。① 在南太平洋空间价值重估的历史实例中,复活节岛肯定最值得重视,尽管它对我们来说已经不再具备地缘政治意义。

与大西洋的习惯不同,太平洋在解决所有权纠纷的历史上,常常表现出共管这种妥协方式,当代的例子是我们已经描述过的新赫布里底群岛。我们这个时代,在琉球群岛、库页岛和千岛群岛上,也存在此种妥协。在分割萨摩亚群岛这件事上,也存在此种妥协。最近的例子则是对瑙鲁的共同开发,不过后者在大英帝国内部进行。在北库页岛问题上,日本和俄罗斯亦存在此种妥协的复兴迹象。分割所有权的进一步例子是同属葡萄牙和荷兰的帝汶岛,同属荷兰和英国的婆罗洲,同属德国、澳大利亚和荷兰的新几内亚岛。在阿里卡港问题上,智利和玻利维亚在不久的将来似乎也可能实现共有该

---

① 布朗教授在复活节岛上五个月的研究成果。比较Corney, *Geographic Journal* 1917和Skottsberg(Upsala 1920)以及Rootledge。

港所有权。在此，一种地缘政治类型的差异也一目了然：相比于大西洋地区，太平洋更少倾向于用暴力解决争端，而倾向于不那么严格的司法区分和司法主张。只要拥有像太平洋这样广阔的空间，就可以没有摩擦地实现空间共存。

我们如果要进一步寻找大西洋与太平洋的地缘政治类型差异，那么在分别观察岛屿、群岛和岛屿帝国的价值重估时，将容易发现这些差异。就边缘空间的价值重估来说，日本这个岛屿帝国最引人注目，阿拉斯加、加利福尼亚、阿塔卡马地区硝石的发现、中国东北的大豆和燃煤，也尤为显著。以现代货币价值来衡量，最明显的等级当是：就边缘空间来说，阿拉斯加以720万美元的价格成交，远低于此地每年的渔业收入，这还不算后来发现的金矿；就边缘地带的岛屿来说，新加坡和香港，这两个英国曾一度想放弃的岛屿，[201]现在可能是地球上价值最密集的地区，无论如何，香港的维多利亚港区是世界上居住密度最大的地区；就大洋岛屿来说，瑙鲁作为另一组的添加物（Dreingabe zu einer anderen Gruppe），所有权的归属变化过两次，它曾是澳大利亚、英国、德国和日本激烈争夺的对象，现在凭借当前的开发者估计的价值15亿英镑的磷酸盐而价值大增，光这15亿英镑就足以恢复中欧毁掉的金融业。但是，1914年瑙鲁作为中欧的附属地时，却完全不为世界所知。

空间极为局促但价值极高、同时位于群岛区域中心的岛屿非常醒目：蒂多雷岛和特尔纳特岛在澳洲－亚洲地中海的地位，如同威尼斯在罗马地中海的地位；新加坡和槟榔屿对大英帝国控制马来人的迁徙空间来说，也越来越具有类似的地位；甚至相对较小的爪哇岛与其他荷属巽他大岛也具有类似的关系。或许绝非没有充分理由的是，在日本的宇宙起源神话中，地理位置上扼守日本内海的小小的淡路岛（Awaji）也被称为第一岛，据说它是天照大

第十九章　太平洋的空间价值：岛屿和边缘的价值重估　295

神夫妇站在彩虹桥上落下的一支矛。这个传说也许还保留着日本从众多小岛中的一个出发，并环绕内海建立第一个跨海帝国的遥远记忆，实际上，神武天皇（Jimmu Tenno）组建的日本宗族国家（Geschlechterstaats），看起来已经沿着日本内海从九州岛最后迁到最大的本州岛。

与此相关，彻底考察各岛屿帝国在适应太平洋生存空间的独特性时，所产生的地缘政治具有怎样的根本特征，会非常有趣。这种考察，首先也会表明山地岛屿（Hochinseln）与平原岛屿（Flachinseln）在行为上的巨大差异。其次，我们也会在此确证边缘地区的岛屿作为边缘生长的承担者的重要性。不过，梅尔茨博士讨论地缘政治与自决的关系的各研究，已经完成这项工作。①

不过，值得特别提到一种真正独属太平洋的空间类型：珊瑚环礁基地（Atollstützpunkte）以及由暗礁保护的环礁湖（Lagunen）。许多环礁都是电缆岛屿，例如美国的帕尔米拉和英国的范宁，由于两国的争端，②这两个环礁已经举世闻名；还有施佩舰队1914年停靠的贾卢伊特环礁的中心岛礁。某种地缘政治上的类型亲缘关系也可见于中途岛，可见于电缆分配点雅浦岛和珍珠港，后者是美国

---

① Dr. März, *Schicksal überseeischer Wachstumsspitzen*,定义[何为]基地。此书讨论"纯粹的电缆岛屿"，如中途岛（A）、诺福德岛（E）、威克岛、图图伊拉岛；讨论的伯德岛（Modu-Manu）则是英国和美国争夺的对象。

② 比较 F. Ratzel, *Island Nations and Island States*（Addition Allgemeine Zeitung 1895）, *Kleine Aufsätze* II,页294；Wallace, *Island Life*（London 1880）, Hahn,页83。
范宁-帕尔米拉的争端：英国自1897年起占据范宁环礁；夏威夷在19世纪60年代宣布占有帕尔米拉，之后英国宣称占有该环礁，1912年后美国宣称占有该环礁。另参 *Petermann's Mitteilungen* 1910、1911、1912；莫拉特（Moraht）的评论，《太平洋周边列强为控制太平洋而采取的手段》（"The measures taken by the marginal powers of the great ocean for its domination"）。

太平洋四边形的海军基地中心。在某些案例中,价值重估可能表现为:某个遭到完全忽视的、仅有少量腐殖质和椰子树的珊瑚环礁,由于在地理防御方面的重要性,竟成为列强竞相争夺的焦点,从而变得举世闻名。[202]这些冲突的重心实际上在别处,这些环礁的战略价值的变化也可以表明防御技术的变化。包围荷属东印度帝国的英属岛屿形成一整个环:槟榔屿—新加坡—纳闽岛(Labuan)—梅尔维尔岛(Melville)—星期四岛(Thursday Island)—斯环礁(Keeling)。这可能是未来地缘政治价值重估的保留形态(Reservebildungen)的征候。准确而言,中国与日本之间,还有美国,此类空间价值的修正常常突然作为问题出现,例如:1910年的普拉塔斯岛;1921年的小笠原(博宁)群岛要塞;1921—1922年的关岛-雅浦岛问题;英国与美国就伯德群岛的争论,以及两国1912年就范宁-帕尔米拉环礁的争议。

地缘政治的工作材料仿佛随处可见,可以为任何人获得,但是,某些材料会突然成为过度增加的需求的对象,如法属印度支那海岸前的珊瑚礁。此外,在小岛锚泊的观念已经出现——用拉采尔的话说,这一观念对太平洋上的轮船(从简单的煤炭船到航空母舰)在适当地点锚泊具有政治-地理影响。[①]准确而言,航空公司需要在岛屿匮乏的航线上建立此类基地,而且在某些价值极高的小岛上,还准备支付必要的费用。因此,一种未来的发展趋势正在这里酝酿。这些岛礁在跨太平洋航班中扮演着重要角色,如从夏威夷到马尼拉的航班——从1935年起,这已是一条定期航线;又如从夏威夷到萨摩亚的南太平洋航班,从夏威夷到新西兰的航班。此外,为北太平洋的跨洋航班建立可能的岛屿基地,也已经在考虑之中。当然,可

---

① Hennig, *Marine-Rundschau*, 1913。

能的选择之一是在千岛群岛建立岛屿要塞和基地。

值得提到一个纯粹制图学性质的价值重估,那真是件奇事:奥特柳斯(Abraham Ortelius,1527—1598)在1570年就记录过硫磺群岛(Vulkaninseln),① 这些岛屿后来在地图上向东移动了不少于60经度。我们还发现了一些制图学上的突转:一些大型岛屿空间完全遭到遗忘,之后又获得极大的重要性。雅浦岛以及后来引发激烈争议的帕劳群岛,可能并非由维洛波斯(Villobos)在1543年发现,而是直到1710年12月11日才由帕迪利亚(F. de. Padilla)发现。但是,随后该群岛连同岛上磨石大小的石币,还有那里富有艺术气息的单身汉俱乐部(kunstvollen Junggesellenklubhaus),再次遭到长达70年的遗忘。

西班牙、荷兰、德国和美国就马皮亚(Mapio)或布奈群岛(Bunai inseln)②的争端从1885年开始,持续到1900年,维希曼(A. von. Wichmann)处理过这个问题。③ 维希曼以及凯夫(D. O. Keefe)的研究表明,自1537年以来,由于基本情况不明,对布奈群岛的认识变化有多快:最初记录该群岛有3个岛屿,荷兰海图依照德尔维尔(Dumont d'Urville,1790—1842)的看法标注有5个,英国的海图上标注有7个。地缘政治紧张会引发战争,但忽视地缘政治也会带来巨

---

① [译注]奥特柳斯是第一部现代地图集 *Theatrum Orbis Terrarum* 的作者,是荷兰制图学派的创始人之一,也是该学派鼎盛时期(约从1570年至1670年)最著名的人物之一。他也被认为是第一个设想大陆漂移说的人。

② [译注]布奈群岛现名马皮亚环礁,位于印度尼西亚巴布亚省北部,距帕劳群岛630公里,包括两个主要岛屿,布拉斯岛和佩贡岛,以及较小的法尼尔多岛和两个更小的岛屿。

③ A. v. Wichmann, "Utrecht: Mapia Streitfall", *Petermann's Mitteilungen* 1900,页66。

大损害。

维希曼在著作中也提到教宗利奥十三世（Leo XIII, 1810—1903, 1878—1903任教皇）不太著名的划界——[203]更著名的划界是亚历山大六世的教宗子午线——这一划界在太平洋引发了巨大争议，与教宗子午线一样面临地理问题。这就是普罗维登斯群岛（Providence inseln，现名乌杰朗环礁）和布朗群岛（Brown inseln，现名莱环礁）的案例，它们于1886年成为争端的核心。①

与之类似的争端是，最近中国反对日本在西沙群岛从事渔业活动和海岛开发，此种反对更多源于地缘政治预防，源于海南岛受到威胁的恐惧和对中国南部安危的担心——早前法国的边缘生长［印度支那］已经威胁到海南岛的安全——而非源于西沙群岛的空间价值或艳羡日本人从此地得到的直接经济利益。就如东沙群岛，西沙群岛也确实值得中国人费尽心血去控制。

当然，发现特殊的矿产也会经常改变某些岛屿的价值，这类价值重估往往影响深远，尤其当这类价值重估与军事地理的变迁契合时。这方面的例子是特殊的有机矿产，如瑙鲁的磷酸盐矿，一种像石币一样受到重视的矿藏，鲁梅尔（Rummel）非常生动地描绘过瑙鲁磷酸盐的开采和运输到雅浦岛的过程；② 又如库页岛因石油储量而立即成为焦点。

[204]在前一种地利案例中，纯粹是地理位置的价值发生改变，而在后一种矿产案例中，则是当地的固定价值提升了岛屿的价值，尽管不断开采会降低这类岛屿的价值。硫磺群岛的硫矿也属

---

① 1886年普罗维斯群岛和布朗群岛的争端，见 *Petermann's Mitteilungen* 1890，页278、304。

② Walter von Rummel, *Sonnenländer*, 页143及图片。

于此类情况,尽管群岛的人口数次遭到大规模毁灭,新的移居者仍一批批到来。生物地理沉积物,如鸟粪和鱼油,特别是丰富的海洋动物(鱼群、龟类和海参),或者植物(海藻),繁殖地和产卵地(普里比洛[Prybilow]海豹),又如阿鲁群岛(Aru-Inseln)上养殖珍珠贝(Perlmuscheln)的可能,贾卢伊特环礁的珍珠母(perlmutter),为这些岛屿提供了额外的价值,不过这些价值会迅速变化。某些岛屿非常适合成为公海渔业的基地,适合猎取毛皮海洋动物,例如,这种情况使科曼多尔群岛(Kommandeur-Inseln)的命运充满变化。

纯粹基于人类地理学的理由而发生的价值重估则比较罕见。这是指由于人口重组(夏威夷),或由于外来疾病(如梅毒、雅司病[Frambösie]和麻风病)导致人口灭绝,或由于工业发展,使相当不寻常的人口密度成为可能(例如,琉球群岛),① 从而反过来使当地

---

① 对琉球群岛的人口密度和空间价值的描述,最好的是西蒙(Simon)1914年的出色专著。与此前提到的著作相似但与此处更相关的研究文献如下:W. E. Ritter, "Problems of population of the North Pacific area as dependent upon the biology, the oceanography and the meteorology of the area" (*Science*, New York 1919),页119;W. E. Dahlgren, *The Discovery of the Hawaiian Islands*(Stockholm-Upsala 1917)。边缘空间的最大价值的重估,见G. Dawson, *The Discovery of San Francisco Bay*(San Francisco 1907),据此书所言,1579年(德雷克)、1602年(西班牙人)两次发现重要的金门之后,直到1769年欧洲人才有意识地再次发现金门!斐济作为太平洋纽带的空间价值问题,见K. Yamada, "The Advance to the South and the Ogasawara", *Deutsche Politik*, 1917,页101;雅浦岛,见W. Müller, *Yap*(Hamburg 1917 and 1918);瑙鲁,见Harold W. Pope: (Austral. Commonwealth Comm. for Nauru)*White paper of the Australian government about the phosphate discovery*, 1900,可能是毁灭德属南太平洋岛屿帝国的最关键的行动!此外,请比较日本政府1922年与国联就南太平洋达成的默契和以下事实:1914年时,塞班岛约有1500名查莫罗斯人和1000名加罗林人,到1920年6月1日,已有约3000名日本人在该岛居住,随之而来的是生活成本的增加和强制工作。

成为人口迁移的分配中心。近来,一些受到保护的海湾由于具备天然的防御价值、易守难攻而获得不寻常的重要地位,如珍珠港、荷兰港、帕果帕果港,这些地方由于与一般军事地理的有利位置相关,对建造电缆基站、海军基地、空军机场作用极大。如弗兰格尔岛,在这个例子中,全球战略与地利相一致。由此产生了长久的太平洋的直布罗陀(新加坡),或者露天要塞博物馆(旅顺港)。与此相关,地缘政治的持久影响开始卷入防御技术条件和交通路线的突然变化。

另一种典型的个别小岛空间的价值重估——像复活节岛和由于沙米索的诗而闻名的萨拉·戈麦斯岛(Salas y Gómez)——可能会在可预见的未来发生,类似大西洋上少数岛屿的价值重估过程。选定作为葡萄牙—巴西航线的航空基地的大西洋岛屿,自1922年以来已经获得令人吃惊的重要性,与此类似的价值重估是之前一直受到严重忽视的特里斯坦-达库尼亚群岛(Tristan da Cunha),最近由于成为开普敦到布宜诺斯艾利斯的航线的重要中转地而变得非常重要。拿破仑被关押在圣赫勒拿岛时,英国海军曾短暂占据过特里斯坦-达库尼亚群岛,之后,直到怀尔德(Wilde)司令的一份报告才揭示出该群岛遭到了多大忽视。1919年5月,怀尔德在该群岛登陆,发现该群岛极少的人口处于"非常贫困的状态"。怀尔德抵达之前,该群岛长达18个月没有任何船只前往。尽管那时尚未发现任何迹象表明岛上人口在退化,但必然的近亲繁殖蕴藏着重大危险。[205]此后,英国皇家地理学会和皇家殖民研究所(Royal Colonial Institute)都想接管该群岛并加强定期联系:首先,在岛上建立一个中转的无线电基站以满足需求,直到更大的、能够辐射整个

太平洋岛屿个别空间价值重估的原材料,可比较Rosenthal, *Au royaume de la perle* (Paris, Payot 1919); M. Birk, *Copra Production and Trade* (Jena, 1913)。

大西洋的无线电基站建成。不过,后者可能会导致该群岛的重要性再次降低。

根据经验,不久之后,规模更大的、类似的价值重估将影响太平洋更大的分离宽度(trennende Breite),将为太平洋的岛礁云(Atoll-Inselwolken)如北部边缘空间(更短的北极空中航线)带来增加的位置价值和空间价值。

第二十章　环太平洋边缘带的殖民地缘政治

[206]我们若有三种具备健全基础的海图,且能不断更新之,那么只需几句话就可以描述清楚太平洋两岸的殖民张力(Siedelungsspannung)。首先是一幅世界地图,需要用不同颜色标明追求自决和遭到侵略的生存空间,以及边缘地区之间的过渡地带;这样一幅地图可以使人类免受政治骗子的大量谎言游戏的欺骗,并提供关于空间、权力和自由之关系的比较说明。①

其次是一幅人口密度和人口增长的世界地图,这幅地图将告诉我们空间与人口数量的关系,它应比扎佩尔(Karl Sapper)教授在奥登堡出版社(Oldenbourg Publishing Co.)出版的那幅极有价值的地图规模更大。

最后是一幅殖民密度和殖民分布的世界地图,这幅地图将阐明空间与土壤利用的关系,是彭克(Penck)所谓"地球溶解力"(Bonitierung der Erde)的先决条件。

不幸的是,这三种地图仍处于稀缺状态,我们必须努力通过有益的试验取而代之,即至少要记录大洋边缘空间可用的统计资料,从数据上说明人类在这些空间的生存造成的压力如何趋近大洋的

---

①　Justus Perthes Publishing Co.的地缘政治世界地图和Manfred Langhans-Ratzeburg的[世界]地图是这种地图的里程碑。

均衡,例如,拉采尔在《大地与生命》中已经尝试以彩色的图表来表达这方面的情况。

当然,在大洋均衡领域本身的形式中,存在某种第一等级的地缘政治工具。不管我们是否愿意承认,我们欧洲人被一道鸿沟分隔在两条主要的对立海岸上,即地中海和大西洋将我们分隔为西方和东方,旧世界和新世界。然而,我们的太平洋政治对手在其本能的想象中受更为广阔、具有更大均衡能力的太平洋三角形引导,从而凭靠自然的强制生出一种缓和各国局势的效果。[207]威尼斯由于对土耳其人友好及糟糕的欧洲主义(Europäertums)而备受指责,尽管它只不过在做地理上必须做的事情,但威尼斯也曾平衡东方(Levante)和西方;同样地,太平洋也必然促成各国的妥协。

当然,我们早就已经懂得区分民族的紧急行动与受诱惑、渴望或贪婪驱使的行动。就此而言,我们也必须区分源于人口压力的殖民转移与源于诱惑的向外移民,其中,海岸的细胞结构(Zellenstruktur)由于是一种共同决定因素而显得相当重要。海岸的此种结构在日本和中国南部非常稳定,在释放过多的人口前会填满更多的人。如此,就需要在最大限度的经济利用下更长期地忍受空间的压力,例如日本与世隔绝的河流景观中的情形,这一景观曾与封建庄园同时存在。但是,这种空间生存压力随后也会变成强有力的向外扩张,比来自海岸的压力大得多,因为一条海岸若早就有从内陆来的移民,那它就绝不会受到这样一种细胞结构的阻塞,如中国中部的海岸那样。

与大西洋海岸相比,太平洋海岸的一个共同特征是细胞结构更为稳定,这是因为进入内陆的入口区域较小,沿岸山脉的海拔较高。面对太平洋海岸既吸引又排斥外来者这一特征,我们已经懂得区分并已经看到,中国北部海岸如何长期以大陆的方式教育岸上的居民远离大海,尽管他们与大海有密切接触。拉采尔已经告诉我们,岛屿国家在迈出自己的水域边界前,往往要经历一长段时间,常常偏爱惰性停滞和与世隔绝,如日本这个岛屿国家在过去数世纪中的作为。但是,如果形势发生变化,突然间跨越海洋的诱惑便常常以令人难以预料的强度,令对手感到惊讶。太平洋海岸依照各自的显著类型,地理逻辑更严格,形式的强制力也更大,地图上的绕行(Umwanderung)轻易就能在细节上证实这一点,聚斯(Süss)已经绘制出这样的地图。①

让我们以太平洋东海岸最活跃、最辽阔的生命形式为例,来认识美国太平洋沿岸诸州的人口密度图景!美国的人口统计数字直接表明,在地广人稀的空间,在需要流入人口的地区,边缘生长以单独或成群的形式聚集,成泛滥之势:此种人口增长模式在整个太平洋东岸不断重复。

惊人的是,1900年至1910年,城市人口急剧增加,而1910年至1920年,增长势头得到大力遏制。原属西班牙的地区则是例外,这些地区的增长更为均衡;还有一些新兴城市也表现出例外,例如斯托克顿市和凤凰城,这些城市有相当异常的存在基础。

[208]这次世界大战之后,美国太平洋沿岸总计居住着270万人,在整个美国,3600万人居住在人口超过2.5万的大、中城市,新开垦的土地上也有大批移民涌入。美国太平洋沿岸从北到南,各州的人口和面积如下:华盛顿州,人口160万,17.9万平方公里,人口密度8人/平方公里;俄勒冈州,人口95万,25万平方公里,人口密度3人/平方公里;加利福尼亚州,人口570万,41万平方公里,人口密度8—9人/平方公里(但变化非常大)。

---

① E. Süss, "Das Antlitz der Erde",此文比较大西洋与太平洋的海岸类型。

受太平洋影响的四个典型的位于洛基山脉的州情况如下：

爱达荷州，面积21.7万平方公里，人口密度1.5人/平方公里；

内华达州，面积27.8万平方公里，人口密度0.5人/平方公里；

犹他州，面积22万平方公里，人口密度2人/平方公里；

亚利桑那州，面积29.5万平方公里，人口密度1.7人/平方公里。

上述四个州面积相差不多，人口密度低。太平洋影响逐渐减弱乃至丧失的州的情况如下：

蒙大拿州，面积37.8万平方公里，人口密度1.5人/平方公里；

怀俄明州，面积25.4万平方公里，人口密度0.8人/平方公里；

科罗拉多州，面积26.9万平方公里，人口密度4人/平方公里；

新墨西哥州，面积31.8万平方公里，人口密度1.3人/平方公里。

美国太平洋沿岸城市的人口以及增长率如下：

城市	人口		增长率（%）	
	1920年	1930年	1900—1910年	1910—1920年
洛杉矶	577000	1240000	212	81
旧金山	508000	635000	22	22
西雅图	316000	366000	194	33
波特兰	258000	302000	129	25
奥克兰	216000	284000	124	44
盐湖城	118000	皆低于125000	73	27
斯波坎	104000		183	0
塔科马	97000		122	16
圣迭戈	75000		124	89
萨克拉门托	66000		53	47

城市	人口		增长率（%）	
	1920年	1930年	1900—1910年	1910—1920年
伯克利	56000		206	38
长滩	56000		691	212
帕萨迪纳	45000		232	50
夫勒斯诺	45000		28	24
斯托克顿	40000	皆低于 125000	32	74
圣何塞	40000		34	36
凤凰城	30000		101	161
阿拉米达	29000		42	23
埃弗尔士	28000		217	11
贝灵翰姆	26000		120	5

[209]原属西班牙的居民点，靠近太平洋和靠近洛基山脉的现代城市，显示出各自内部相关的现象。不过，自1920年的人口普查以来，洛杉矶通过异乎寻常的人口聚集，已接近100万，脱离了上述表格的序列。洛杉矶建立在第一等级的繁荣之地上，是地球上一处得天独厚的花园福地。

对岸东亚的人口压力问题，尤其日本的人口压力问题，在华盛顿会议之后，即由韦尔斯（Wells）从世界视角出发提出；然后，桑格（Margaret Sanger）试图通过宣传攻势让日本人接受韦尔斯的观点。通过这种"控制生育"运动，新马尔萨斯主义的各种手段都被用来反对东亚家庭体系对生育众多的推崇，古代中国的政治思想的力量也最终建立在此种推崇之上。[①]日本的人口往往比中国呈现出更大的波动，在中国，人口增加更多受制于自然而非人的意志，即受制于

---

① O. Franke；比较 F. Ratzel, *Chinese emigration since 1875*（Globus 1881）。

季风区周期性的干旱；人们的意志总是欲求获得更多的男性后代。

然而，在日本，生育意志的惰性停滞并不新鲜。《中国电讯报》报导，① 1921年，日本的人口净增数为72.4万，但是，在整个长达250年的闭关锁国期间，日本的人口净增数只有90万。自1930年起，日本每年的人口净增数为80万到100万。《改造报》(Kaizo)正确地强调，工业化，哪怕全球最快速的工业化，也不可能为每年新增的超过70万的人提供工作。日本的企业家受召将他们的企业迁到中国，因为中国的工资和生活成本都要比日本低。这或许意味着股东红利的增加，但仍然无法解决日本新增的70万人口的吃饭问题，最多在同一地球空间内把压力局部转移。

[210]《1921至1922年度中国年鉴》(China-Year-Book of 1921–1922)的第2页表明中国历史上巨大的人口波动，并试图将其远远追溯至1321年。在相应的帝国空间内，人口波动的范围在2106万8600(1662年)和4亿2767万9214(1921年的统计数字)之间——不过，1662年的人口数字被大大低估。1921年的4.27亿人口中，超过1900万人由于干旱和颗粒无收，没有任何获得食物的可能，完全依赖于外部的援助。在这些数字之上，伊斯雷尔(Israel)博士第一次以平方公里为单位测算中国的面积，② 从而能估算中国的人口密度，进而分析中国人口问题在地缘政治方面的重要影响。

---

① 对此，另参京都帝国大学教授Eijiro Honjo, *The Population of Japan in the Togugawa Era*；此书是对日本人口问题的卓越的文献综述，也包括日本的文献。此外，参E. Aubert、Grunfeld、Millis和E. Schulze的著作。

② Dr. O. Israel, *Petermanns Mitteilungen* (1922 September issue), 页185。伊斯雷尔在此文重新计算了中国内地18省的面积，可以与O. Franke的《作为文化国家的中国》("China as a cultural power", *Zeitschrxift der Morgenländischen Gesellschaft*, 1923)和霍奇斯的数据作有趣的比较。

但是,华盛顿会议期间,人们正确地认识到中国人口问题乃是最重要的问题之一。对此,霍奇斯(Hodges)通过《四万万中国人如何和在哪里生存?》("The Four Hundred Chinese Millions, How and Where they Live?")一文,在纽约作出了极富价值的贡献。霍奇斯的这篇文章讨论的问题,是如何缓解稀缺的社会学认知手段与东亚人口密度问题的紧迫影响之间的张力。通过类似的考察,[211]地缘政治冲动、分裂的吸引力、人口密度极为不均衡的冲突以及人口密度不均衡暗含的危险,将更容易得到较为客观的论述,如施米特黑纳(Schmitthenner)的文章《中国人口过剩吗?》("Ist China übervölkert?")。

在此,必须分析各殖民概念及其在太平洋区域交通-地理方面的静态和动态运用,以便科学地理解人口问题的地缘政治影响这一概念。我们熟悉人口紧张这一概念,这一概念源于人口压力从一处生存空间向另一生存空间施加影响,进而寻求人口的地理平衡。当一种稳定的人口平衡状态变得不稳定时,迫于压力的人口紧张问题就会出现,例如东亚,当人口重心不再处于均衡的生存空间下,就会突然倾向于挣脱自然的生存空间,这一般要么是人口短时期急速增加的结果,要么是灾难性的人口转移的结果。在一个像澳大利亚这样封闭的、几乎没有结构的生存空间中,要找到人口重心并不容易,不过,在堪培拉建成联邦首都之前,有人已经以一种非常相关的方式做了这一研究。①

---

① 参泰勒(Griffith Taylor)频繁被人提及的作品,该作品涉及澳大利亚将堪培拉确立为联邦首都的地理考虑、堪培拉的建造。顺便提一下,堪培拉的建设速度远远低于起初的预期,到1927年才建成联邦议会大厦,同时,1927年,堪培拉的建设工人比永久居民多。

在结构极为松散的岛屿帝国和跨洋经济体中,要找到人口重心更难。在像日本这样国土过分伸展的国家生命形式中,人口重心倾向于不断摆动。这种情况有一天可能也会发生在墨西哥和智利,尽管这两个国家的人口重心与生存空间的重心并不相契,不过就具有充分的人口密度的空间而言,这两个国家的人口重心所在位置并不反常,都位于具有中心特征、得天独厚的地带。而在东亚,可以说,尽管空间广阔、人口压力巨大,东亚许多世纪以来却一直保持稳定。然而,在加利福尼亚,由于白种人的不同分支侵入一块本就危险的压力区,又由于黄种人的渗透,古亚洲人的居住地被迫断裂,在一代人的时间内,加利福尼亚产生出一个人类地理学的震荡焦点。此外,加利福尼亚也是自然-地理学意义上的危险断裂点和地震区。

如今,从统计证据掌握静态的地缘政治相对容易,但掌握地缘政治的动态变化则难得多;因此,绘制一幅基于动态的地缘政治的有用的世界图景,是一项伟大的艺术成就,这项工作类似于在一个全力运作的机器加工车间里,鉴定出那些正在空转的零件和那些正在完成某些工作的零件。出于这一困难,我们首先要明白政治科学的倾向性,如法学倾向于忽视动态而偏爱静态,偏爱lex lata[现行法]而反对lex ferenda[应然法],[212]而实际上,法学的任务似乎在于服务于地缘政治的预防,且人口密度的增加越可怕,就越要如此。

因此,地缘政治的突发事件,使过分精细的法律理论黯然失色,政治经济学也在预测上次世界大战的持续时间上遭遇了悲惨失败。在一个国家内,法学和政治经济学的发展若受到厌恶土地(den Boden abgeneigt)、空间狭隘的损害,对土地越陌生、对空间越无知,地缘政治的突发事件就会越糟糕,直到国家完全丧失自决、不再能掌控自己的生存空间为止。生存空间越拥挤,就越危险;地球上两个空间最拥挤的国家,德国和日本,早已处于类似的危险处境,尽管不可能直接比较这两个国家的状况。仍拥有广阔殖民空间的美国不可能理解空间局促的状况,这种局促状况源于人口压力,如东亚和中欧皆有这种压力。像鲍曼这样的美国人承认日本受人口压力的驱使,"将不得不溢出自身的边界",他实在是一个异类。① 毫无疑问,如果有人试图在各个地方均等地挤压这些边界,必将引发爆炸!但是,鲍曼随后坚持认为,日本只有六分之一的山区土地得到正确开发,且集中于日本南部。能养活一个家庭的经济单位是一公顷,不过,这只有在能种植两季水稻的土地上、外加种植竹子才可能,因为竹子经过三年的生长便能产出可用的茎秆。与此形成对比,在美国的灌溉土地中,包括美国太平洋沿岸的土地,一个农民的土地最少是16至32公顷,在加拿大甚至多达64公顷。

　　这次世界大战前,德国与法国的人口压力的比例是65∶40,在美国的帮助下,这一比例不仅没有改善,反而恶化。工业化的症状和从乡村到城市的迁移,更加剧了动态的危险。与这个美国人至少在理论上就太平洋状况而论太平洋的说法相反,他的几乎全然的陈词滥调表明,他完全没有理解中欧的状况,完全缺乏动态的洞察力。人口密度数据、每平方公里的居民数的重要性,因具有在各国之间作比较的价值而非常突出:人口密度数据是几乎全部地缘政治的必备支撑。但是,在人口密度数据之外,掌握所在国的真实情况,在太平洋尤其必要:加拿大比德国大18倍,却只有1000万人口,人均占地多达64公顷;日本与德国面积差不多,整个帝国的人口为1亿,人均占地为1公顷!二者的差距多么大!在一个新生婴儿数量如此大的国家,韦尔斯和桑格的这类善意的"控制生育"理论遭到愤怒

---

① 鲍曼在前文提及的文献中说"必须溢出自身的边界"。

的反对,这是多么容易理解的事;由于人口太过拥挤,[213]经常出现大规模饥饿性水肿,过度定居的空间必须不断保护自己免受空间过剩国家的入侵! 与德富苏峰对美国的批判中呈现出的严酷真理相比,韦尔斯和桑格的理论的重要性何在?① 德富苏峰的这部著作阐明了日-美关系,此书在盎格鲁-撒克逊圈子里得到批判性接受,这一点也富有教益。②

德富苏峰是日本贵族院议员,同时也是富有影响的《国民之友》(Kokumin)杂志的主编,理应受到重视。他代表日本的立场写道:

> 美国假定日本比真实情况糟得多,日本则认为美国的本性比目前好得多。

这种观点如果正确——我依照自己的印象倾向于如此认为——则实际上日、美是彼此都存有误解,此种误解对两国以及两国的友好交往必然有害。德富苏峰个人的态度与他的众多同胞一致:既不尊崇美国,也不伺机挑战美国。实际上,美国过度受刺激的民意大多只愿意知道其中的一种态度。德富苏峰尽管反对任何反美态度,但也严厉批判美国的无理要求:

> 日本不是军国主义国家,而是一个热爱和平的国家,只为了自由和人道才发动战争。

他不谴责美国人比别的民族更好战,不过他说出了真理:实际

---

① Jichiro Tokutomi, *Japanese-American Relations* (Macmillan, New York 1922)。

② 相关例子,参 *China Express and Telegraph*, June 15, 1922,页411。

上，美国在19世纪四分之一的时间内都处于战争状态，绝大多数战争都是纯粹的侵略战争和帝国主义战争。美国发动的这些战争都是纯粹的侵略战争，即便牵涉自由和人道的考虑，也远远不及其他考虑，例如1846—1848年与墨西哥的战争，这场冲突为美国国旗新增不少星星；随后是与西班牙的战争，这场战争使美国在西印度群岛获得巨大的经济利益并吞并菲律宾。

  历史事实无比清楚地表明，佩里准将率领黑船抵日，意在通过武力迫使我们开放港口。实在没有必要明言，这一行动是为了美国的扩张和发展，而不是为了日本在太平洋的福利。这次事件没有引发两个民族的武力冲突，事实上更应归功于我们外交官的灵活，而非美国人的仁慈。

真正导致日本对美国不满情绪激增的事件，当然是美国排斥日本移民，德富苏峰用自己著作的一大部分非常坦率地讨论了这个问题。[214]德富苏峰尽管谴责美国对日本的态度变化，即自1905年的奉天战役以来，"被太平洋分开的日、美不再是一对好伙伴"，但仍满含感激地承认老罗斯福对帮助日本与俄国签订一份有利于日本的和约贡献良多。美国对日本的态度的转变，集中表现于下述句子：

  坦率地说，美国的民意开始嫉妒日本，以恐惧和厌恶的态度看待日本。

德富苏峰批评了美国对日本的这类嫉妒和恐惧情绪，而在某种程度上消除这种情绪本来是华盛顿会议的一项主要任务，毕竟，是美国主动召集了这次会议，且这次会议规定了一段时期以来太平洋可供讨论的事务。遭到美国排斥之后,日本真实的不满显然由于严重的人口过剩压力而继续增强。这一压力要求对外扩张的可能。顺便说,这种不满不仅仅关乎日本。这种beatus possidens terrae[占取土地才是幸福]的立场同等地针对所有亚洲人,经过某种修改之后也针对欧洲人,尤其是德国人。

如果日本不再将美国排斥日本移民视作美国对其太平洋邻居的人身侮辱,两个太平洋强国将向建立友好关系迈出一大步。

在类似的情况下,拉丁语的演说会以utinam一词开头,即以"哦,如果……"的句式开始——任何时候,只要将这个词放在句子之始,演说者都清楚,他正在讨论一种conditio irrealis[与事实相矛盾的状况]。

这个例子表明,不管怎样,都必须检查个别情况中的纯数据,因为这些数据某种程度上受动态的限制;我们相关的德国经验给了我们感受这一点的器官。

还有一个问题需要讨论,即指明殖民-地缘政治的某些反常和规律,因为第十章到第十三章绕道讨论太平洋的地理时,没有涉及这一点。事实上,例如,人口密度下降的方向远离马来-蒙古人文化圈,从超过200人/平方公里(日本内海边缘、冲击平原和黄土平原、贸易中心周围)的人口密度,上升到国内工业发达区域(如日本关东平原)的300人/平方公里至400人/平方公里,大阪—神户—京都湾地区、东京地区、[中国]广州挤满了人,琉球群岛的人口也非常拥挤,但是,中国东北、北海道、[中国]山西北部、甘肃、四川西北部的人口非常少,菲律宾的人口也是如此。反常之处在于,美洲中部和南部的太平洋沿岸国家的人口集中于内陆,与沿岸稀少的人口形成鲜明对比,如墨西哥、厄瓜多尔、秘鲁和智利的人口分布;[中国]山东的人口也非常拥挤,许多人涌入贫瘠、森林密布的山区,[215]几乎找不到食物,因此这一地区的人口压力必然极大。至于朝鲜,李希霍芬已经看到其反常之处,现在,朝鲜的人口密度在十年之内突然增加一倍,从而为邻国提供了大量便宜的劳力,这已经开始变得麻烦和危险。

假如我们尚未在别的地方讨论印度和中国可能出现巨大的前工业化人口聚积的地理前提,①假如我们尚未认识到这两个国家降水量丰富且利于水稻种植,当然还有生存水准的下降——看起来我们无法忍受这种清醒——那么我们本来必须在此讨论这些问题的。最后,还需要指出下述危险:作为欧亚大陆的附属的澳大利亚,依靠严格的自我中心主义,可以避开这一地球空间规律,即保命空间内最大限度的经济栽培,"地球空间的同化"。实际上,在大交通时代根本不可能完全孤立,像澳大利亚这样的空间是太平洋未来危险的最大源泉,可能比整个太平洋东-西的紧张更危险。因为,由此产生的生存空间的分配差异和不公平历历在目,隔着狭窄的海洋空间清晰可见,邻近的群岛也能感知到。大城市人口集中与广阔的乡村人口稀少,小麦种植与大型牧羊场,在土地利用上形成鲜明对比。在我们现代这样一个交通发达的时代,那些广阔而人口稀少的空间会立即引起注意,不可能长期不受威胁,千百万挨饿、失业的人随时可能涌入。

[216]不过当然,某种能使张力长期潜伏的自然能力(李希霍芬),与之相关的为政治变化储存更多能量的可能,是我们已经了

---

① 参《自决的地缘政治》(*Geopolitik der Selbstbestimmung*)中论东南亚新出现的自决的部分。

解的太平洋的独特特征。事实证明，在太平洋两岸的殖民地缘政治问题上，这种能力非常有用，它允许人为地制定能保持平衡的条件，并长期保持此种平衡。所谓美日"君子协定"(Gentlemen-Agreements)规定双方只接受自己想要的移民，即是明证。但是，这种平衡状态只有在双方皆有超出某种程度的良好意愿的情况下才能维持。轻微的过度往往就足以引发多方面的排斥。拿破仑三世(Napoleon III, 1808—1873)本人称这一体系为chef d'oeuvre de balance[均衡的杰作]，表明这样的条件在大西洋空间常常难以持续。我们还可以举出别的与我们更加密切相关的地缘政治证据！但是，即便在太平洋，这些条件也有自身的弹性限制；于是，有人在盎格鲁-印度圈子里谈论压垮骆驼的最后一根稻草。对于将来的这个时刻，即世界下一次出现大规模的张力缓解——包括整个太平洋在内——的时刻，我们的任务是为此准备好一切，至少在知识上作好准备——如果不是在能力和军力(Können und Macht)上作好准备的话！①

---

① F. v. Richthofen, *Das Meer und die Kunde vom Meer* (Berlin 1904), 页40；这个令人印象深刻的段落谈到日本与海洋的关系、日本潜能的积累，以及跨洋张力的缓解。

第二十一章　太平洋经济地理的独特性

［217］太平洋经济地理的基本特征，除了已经强调过的文化和经济领域的自给自足和向心倾向，还有海洋的更强大的绝对影响。这一影响当归因于太平洋的入口区域更狭窄，这一点与太平洋本身占优势的广袤的大洋空间形成鲜明对比。因此，太平洋存在一种更强大的优势：海的滋养，沿岸和公海行业，同时，为各个国家的内陆规律地提供水源的河流都汇入这一大洋空间。环太平洋带的周期性降雨丰沛区（季风区）与干旱区（美洲太平洋沿岸）的对比，导致一边是水耕法和水稻经济，另一边则是"干旱的农业"和长距离灌溉经济。

一旦克服海岸狭窄这一局部困难，从经济上掌控和翻越沿岸山系，就会出现一个与河流众多的大西洋沿岸形成鲜明对照的更深刻的基本特征：人工修建交通线来连接内陆和海岸的巨大重要性不言而喻——只在不多的情况下大河才足以联结海岸与内陆，如长江——例如美国的太平洋铁路网；同时，从经济地理的角度看，东亚狭窄的陆缘海走廊的近岸交通，最终无异于构成美国太平洋沿岸纵向凹陷的内陆交通形式的替代品，只不过前者海水滔滔。

首先，海的滋养这个问题的绝对重要性凸显出来：对民族营养基础的生物学扩展而言，仅依靠水稻栽培太过单一，如在日本和巽他各国；中国传统的淡水鱼养殖，以及亚洲一侧的海岸连接和群岛商业中心的跨洋原料供应,当然远远超过可控的陆缘海。在太平洋地区,沿岸景观的主要经济地理特征的差异或许比大西洋区域更为突出:除了完全敌视海岸的倾向,太平洋也存在依附于海洋空间的渔业和沿岸行业景观,比大西洋的边缘地区还要明显(唯一的例外是挪威);[218]大西洋世界没有与大洋洲对应的空间;日本民族的食物供给比英国更依赖海洋;[①] 阿拉斯加已经显出与挪威相似的特征,在今后的发展中有进一步加强的趋势,这一地区像挪威一样享有不寻常的气候优势,由于受日本暖流的强烈影响,阿拉斯加比所在地理纬度应有的气候暖和得多——再加上发现金矿,使部分所淘金子当场就可得到利用。

另一种太平洋的经济现象,是下述两类国家共生共存:一类是条件优越但人口不足的国家,这些国家的人不是太懒就是太富,不会从事辛苦的沿海渔业和其他沿海行业,另一类国家则劳动力过剩。因此,在一段时间内,智利和日本的公海渔业大规模地开展广泛合作,日本人拿着智利人的补助在智利沿岸捕鱼;此外,太平洋各群岛之间也有小规模的经济生活交往。由此导致的地缘政治影响是,要么缺乏劳动力的国家企图通过帝国主义行径控制劳动力源出的地方,如夏威夷、埃利斯群岛(今名图瓦卢群岛)、德属和英属南太平洋领地、所罗门群岛,要么某些国家尽管更加贫瘠,但劳动力丰富,因而前往劳动力匮乏的地区,如日本企图向夏威夷输出劳动力,直到美国吞并那里。此外,航行的回程还依赖某些规律的风向,同样,利用洋流(蒂莱纽斯[Thilenius])在群岛之间迁徙与群岛之间的权力分配,之前就具有一种并行的影响。

渔业和沿海行业高度发达的地区,内部的政治-经济特征大不

---

① 参Schepers和Rosinski的著作。

相同:从几乎注意不到的日本内海风景如画的悬崖的重塑以及隐蔽的鱼类观察站,到凭靠现代技术几乎完全重塑的平坦浅滩以及绵延长度达一天行程的制盐装置,这里存在一切可以想象到的过渡阶段。库页岛沿海、鄂霍次克海和黑龙江入海口显示出独特的季节变化,上述地方冬季非常荒凉,由于难以置信的交通瓶颈,鱼类需要35天才能抵达斯利坚斯克(Stretensk),那里饥饿的人们正在等待这些鱼的到来。不过,纵观整个太平洋海岸景观,那里存在一种共同的经济-地理特征,这一特征也有自身的地缘政治影响,并产生出人们对海上漫游的理解,从而使他们准确知道如何在大洋生存,因此也正确地将大洋视作生存基础和必不可少之物。贪婪地捕猎海洋动物长期以来一直是太平洋地区的严重罪行,出于上述原因,打击这一罪行也已渐渐能占上风。

[219]俄罗斯人与日本人之所以对渔业合作态度不同,以及对北方共有渔场沿海区域空间价值的看法不同,更深层的原因是他们与海洋的关系不同。对俄罗斯人来说,北方渔场的渔业是无关紧要之事,日本人则认为这是生死攸关的问题。因此,日本在《朴茨茅斯条约》以及后来的条约中坚持要求获得在北方的捕鱼权。然而,另一方面,具有大陆感的人认为捕鱼民族在大陆边缘地区修建鱼类加工厂、罐头加工厂等,是crimen laesae majestatis territorialis[对领土主权的侵犯]。生活在海边的人,更容易理解纯粹的近海经济活动是短暂的活动,不会过分严肃地看待渔业。但是,法国在捍卫纽芬兰岛的捕鱼权以及为数不多的基地时多么顽强,法国守卫这些权利时是怎样毫不妥协!在早期出现的财产和边界权利概念中,尤其在渔业中(精心制作的标记和标志)——甚至比狩猎经济和原始农业经济更早——不就已经出现了对采集经济和权力这类概念之关系的早期地缘政治意识的觉醒?

例如，1920年，渔业为英国带来的财政收入是2900万英镑，日本是2100万英镑，美国是1500万英镑。1931年，渔业为日本带来的财政收入是3.36亿日元，苏联是1.84亿日元，美国是1.81亿日元，英国是1.54亿日元。但是，日本的数据带有欺骗性，因为日本的鱼类和主要海产品价格低得多，消费范围更大。

对我们来说，太平洋地区对海洋的利用的突出重要性，也是同样不平常的现象：珍珠贝捕捞和人工珍珠贝养殖(阿鲁群岛；日本在乌羽[Toba]的三木本[Mikimoto]珍珠贝养殖场)；大规模的盐场(如辽东半岛的海盐场，可以缓解中国东北的贫盐和缺盐状况)，可以养活50万人口中的大部分；海藻类产品，单单日本就有22类[海藻产品]可供食用和工业生产；独特的鲍鱼捕捞，在日本主要是女潜水员用小刀捕捞，肯普弗(Kämpfer)描述过日本的这个行业；海参、燕窝、海绵、珊瑚的利用，在前属德国的南太平洋领地上，还用贝壳做货币，但遭到粗暴的禁止。这一切都是大洋的效用持续增加的明证，这也不寻常地增加了习惯于大海和以海洋利益为导向的人口。这可以解释日本海洋产品行会的重要性和力量。此外，在降雨丰沛的农业区，还有沿岸的水利经济(Wasserwirtschaft)；东南亚降水丰富地区的水稻种植，对水的供应和储存有更大的需求。[222]二者对东南亚的经济产生的早期影响，是一种比大西洋区域更强的社会特征和共产经济特征。但是，在干旱的沿海地区，人们必然需要更加谨慎地节约用水，这在经济上也起到教育作用。

过度也没有错：早期的共产试验已经从整个太平洋海岸传递给我们；日本是从公元645年至652年；中国是从公元后第一个千年结束时开始；秘鲁则与神权政治处于奇怪的合作之中。此种共同趋势由太平洋独特的经济-地理条件产生，无处不在。由于合理的土地和土壤分布，以及基于完整的土地测量的适当的财产分配，许多这类尝试已经产生持久有利的结果。这些计量单位根据人口的人均需要而制定，今天仍然有效，例如日本的面积单位亩（Flächenmaß tan）和容量单位石（Hohlmaßkoku），即在划分水稻地、小米地和小麦地时所用的单位。

当然，在较小但利用率较高的经济空间中，也在发展一种集约而非粗放的模式；其间接原因是必须更好地适应太平洋这个大水盆的优势力量，这种力量最终规制所有的经济条件，但首要的原因是必须防止水量过剩，必须不造成损害地将多余水量抽走，水量稀少时则必须节约用水和储水。这一令人惊讶的事实导致所谓的凯里（Henry Charles Carey, 1793—1879）经济法则。① 这一法则认为，人先占据更坏但更容易耕作的土地，然后占据更好但更难耕作的土地。凯里的经济法则尽管基于太平洋的一个经济空间而提出，但不能普遍应用于这个空间。至少，这不是以水稻为主要农作物的地区的法则；该法则应用于季风国家时也受到极大限制，在季风国家，水比土壤重要得多，正因为栽培稻是一种沼泽植物。

我们还必须承认，另一与罗马地中海和大西洋地区截然不同的地缘政治特征，也有利于太平洋的经济生活。这种特征基于独特的无机和有机属性，这些属性要求得到及时承认，因为它们对太平洋空间的政治和权力分配也有持久的影响。只不过，这一图景因为受美国直到19世纪才朝太平洋开放的一些空间，以及受北美西部、中国、澳大利亚以及俄罗斯在太平洋北部门槛的原材料空间的经济动力影响，显然变得复杂化了。只有对这种经济动力有清晰的概念，

---

① ［译注］凯里是19世纪美国经济学派的领袖，也是林肯的主要经济顾问。凯里最著名的著作是《利益的和谐：农业、制造业和商业》（The Harmony of Interests: Agricultural, Manufacturing, and Commercial, 1851）。

读者才能真正意识到日本在政治和经济两个方面的危险处境,以及所有其他调节者面临的危险,甚至英国在经济和地缘政治两个方面也危险重重。麦金德在1904年清楚地表达过英国面临的这种危险,小村寿太郎(Graf Komura,1855—1911)在1909年的议院演说中则提到日本面临的危险,①[224]他要求为至少1亿日本人寻求生存空间。

麦金德和小村无疑都正确地强调,岛屿帝国持续面临被赶到海里的危险。小村当时解释说,日本如果不能在一代人的时间内确保1亿人的生存空间,并继续让移民潮跟随帝国国旗前进,那么它在未来与人口众多、空间广袤的中国、俄罗斯和美国的竞争中必将失败。实际上,只需模仿鲍曼恰如其分地呈现出来的东西,就能认识到美国和中国天然的经济力量;② 即以比较的框架,将太平洋的这两个在经济-地理上最重要、统一组织起来的边缘空间叠加在一起,放在日本边上。我们大可忍住不谈美国在这一对比中的优势,尤其在美国压碎的德国。但是,中国这个迄今仍自给自足的帝国,是全球最大的锑生产国,她的煤和无烟煤储量远远超过宾夕法尼亚州的储量,在叠加的比较框架中几乎完胜;此外,中国的铅、锡、石油、铁矿,

---

① [译注]小村寿太郎,绰号鼠公使,日本外交家,是积极主张侵略中国的所谓"日清开战论"的倡导者。1893年出任驻华代理公使,甲午战争之后,任朝鲜公使。1898—1900年,先后任驻美、俄公使。1901年转任驻华公使,参与八国联军侵华及《辛丑条约》的签订。1905年以日本全权代表身份,签订日俄《朴茨茅斯和约》。1908—1911年任第二次桂太郎内阁外务大臣,签订《日俄密约》。需要提到的是,小村寿太郎在三次《日英同盟条约》的签订上出力甚大。1911年11月病死,被授予侯爵之位。

② J. Bowman, *The New World*, *Problems of Political Geography*, New York 1922,页508的图249,我们反方向作了适当的扩展。

即今日的权力矿产(Machtbodenschätzen),储量丰富,再加上丰富的水力能源,人口数量全球最大,由统一的文化意志粘在一起——如果我们从地缘政治的角度在长时空中思考,就会发现中国是怎样一个邻国! 1894年至1898年的事件,意味着围绕中国在亚洲外围展开的角力达到高潮,这次角力未能认识到太平洋的生存状况。1899年,这种企图失败:列强都忘了经济空间中的人,而典型的是,首先明白必须把人考虑进去的是太平洋强国——首先是美国,其次是日本,两者都经由痛苦的经济经验变得明智起来。因此,美国放弃义和团战争的赔偿,用于教育在美国的中国留学生;众所周知,义和团战争之后,日本开始与中国发展经济共生关系,在汉口就汉冶萍钢铁公司开展合作,在中国东北与中国共同开发铁矿和抚顺的煤矿,在蒙古和山东则共享采矿权,同时令人惊讶地撤走驻青岛和汉口的日军。

仅辽东半岛的问题仍不可触碰;1923年,日本拒绝归还此地的要求。中国沿海地区的边缘生长在其他地方也得到发展,但是,面对足以再次消除这些边缘生长的中国经济力量的上升血压,此种发展正在明显消退。格瑞菲尔德(Grünfeld)在关于港口殖民地的研究中准确地描述过这一状况。[1]1842年《南京条约》签订时,只

---

[1] Grünfeld, *Harbor Colonies and Colonial-Like Situations in China, Japan and Korea*, Jena 1913。这是一部价值极高的著作,讨论带有地缘政治负担和国际法纠纷的一切海岸地点,并首先试图指明,在东亚沿海这个最大的海洋经济空间之外,还存在多少这类土地所有权不明和分割的地点。

雅浦岛,新赫布里底群岛的法律共管,库页岛的实际共管,黑龙江出海口的捕鱼权和航行权,经智利北部港口进入玻利维亚和秘鲁海岸的通道,进入上育空和中育空地区的通道,胡安·德·富卡海峡,瑙鲁为三国共有,上述问题进一步表明,通往太平洋的沿海通道的权利多么错综复杂,以及德国人多么需要多方面的地理训练,帮助他们作为不受欢迎的入侵者进入这些空间。

有5个开放口岸,其后增加到56个商港,其中8个自愿开放港,25个停靠港,16个位于边界;此外,还要加上中国东北的那些"新城"。现在,这类口岸都在衰退。On commence à rendre, on commence à descendre[谁开始屈服,谁就开始下坡]。仍然存在的只是外国人的居住区,如厦门的英国人和日本人,[225]广州的英国人、日本人和法国人,汉口的日本人和法国人,天津的英国人、日本人、法国人、比利时人和意大利人,上海的英国人和法国人,福州(在福建省,日本在那里有某种负担)和杭州的日本人。

俄罗斯人在中国的边缘生长即权力点也正在衰退,取而代之的是知识分子的宣传。美国、德国和奥地利已放弃竞争,日本也已放弃青岛,英国已经放弃威海卫。葡萄牙还能占据澳门多久?法国还能占据广州湾多久?就连香港,也在地缘政治上被美国参议院的决议重新整合到东亚地球空间内,而香港本应与东亚空间分开。

因此,太平洋生存空间正在逐渐赢回自身的局部空间,那些入侵的不属于太平洋的国家,一个接一个被赶走。如果借助压迫者自身的经济力量,甚至得到压迫者的军事力量的帮助,能够完成此种驱逐,当然更好。如此,经济–地理的独特性马上就能服务于太平洋的地缘政治。

但是,经济不是命运:没有哪个太平洋国家的领袖相信这一点。与之相反,他们越是自由地运用这一重要的地缘政治命运杠杆,即努力在世界市场上显得只有盈余,可能只取给出的三分之一(就像之前亚洲与我们的关系一样),就越确信能够继续主宰自己的命运。的确,比起"日落之地"[西方],比起那里喋喋不休谈论经济的战胜国和战败国,他们更接近地球之子理想的、最高的幸福,更接近保持自身的自决个性。

第二十二章　太平洋文化地理对地缘政治的症候意义

[226]要回答"受过地缘政治教育的人必须就文化地理知道些什么？"这个问题，足以写一部新书。这部新书应说明，从政治－地理的角度运用早期艺术、成熟或晚期艺术的本能生命（Triebleben），运用对生命框架作地理调整的装饰物，运用最恰切范围的文化地理和艺术地理——它们是地球上权力分配的症候——以获得评判的立足点，是多么正当。

但是，在为太平洋边缘写出这样的比较文化地理学著作（刚在西方发端）之前，文化地理之纬在太平洋地缘政治网中将仍是一个沉默的问题。此外，要是没有文化地理学的帮助，就无法回答下述问题：马来－波利尼西亚人在太平洋遭遇白人入侵者时，究竟处于早期阶段、成熟阶段还是衰退阶段。就更大的空间而言，在何种程度上能判断其究竟属于什么阶段？此判断对整个迁徙区域还是仅仅局部有效？因此，必须考察整个迁徙空间内何以可能存在复兴的火光或活力的复兴——从地缘政治上看，这非常重要。经过长期的停滞，日本本土人口明显增加，① 毛利人人口的复兴也非常明显。

---

① 这个主题上最好的文献，参 Eijiro Honjo, *The Population of Japan in the Tokugawa Era*，这是一部考察日本洛可可时期何以停滞的杰出著作。毛利人的问题，参 Andreas Reischek, *Sterbende Welt*, Vienna 1924，此书似乎对地缘政治运用纯粹以艺术和科学的方式获得的文化印象和文献的能力，有卓越的洞见。

第二十二章 太平洋文化地理对地缘政治的症候意义

首先令人惊讶的是,依照客观考察会出现诸多联系点:南太平洋文化的艺术代表爪哇文化(维特[With]),与日本政治转型前个别时期的日本文化、美洲-太平洋文化连同疯狂艺术(Kunst der Geisteskranken)的样板,[存在诸多联系,]① 如费尔(Hans Fehr)编撰的中欧古代编年史和法律文献所示。② 西班牙征服期间,维基纳(Wikiana)与波利尼西亚神灵的形式具有相当的可比性;同样,西方与日本文化风格形成的浪潮,在有些时代也毫无疑问具有直接影响![227]这里也存在比较文化变化的症候的可能,从而也有可能比较权力变化的症候,这些变化在表达文化的历史遗迹上清晰可见。一方面,这些症候将最严肃地警告我们拒斥普遍化和类型化,不要凭借价值判断,在个别案例中傲慢地把一些事物评判为原始或退化现象,因为这些现象会随着文化和权力的兴衰周期一再重现。而另一方面,这些艺术表达兴许能让我们及时看到,在飘忽不定的大众狂热从地缘政治上令我们震惊之前,③ 以种族衰落的条件的形式显现出来的兴衰起落,作为文化和权力的崩溃,作为大众情绪,决定性地影响着更广泛的地球空间内的权力意志。

因此,造型艺术和文学,以及宗教和世界观的变化,为敏锐的地缘政治家提供了确切的症候,他确实可以在地理上评估这些症候,并在地缘政治地图上以彩色区或阴影区的形式标记出来。早在盎格鲁-撒克逊霸权联盟形成之前——这一联盟首先无谓地针对德

---

① 如 Prinzhom, *Kunst der Geisteskranken*。

② Hans Fehr, *Das Recht im Bilde*, Rentsch-Verlag, Erlenbach-Zürich, Berlin-München-Leipzig, 1923。

③ K. Baschwitz, *Der Massenwahn, sein Wirkung und seine Beherrschung*, Berlin-München-Leipzig, 1923。

国——吉卜林(Joseph Rudyard Kipling, 1865—1936)的迅速成名就无疑是整个盎格鲁-撒克逊世界的共同财富。实际上,这甚至更可能是美国人的回应的结果,尤其对吉卜林"家的呼唤"(Heimruf)和极富暗示的"最后的帆船"(Letzte Galeere)的回应。马汉在大西洋两岸找到回应,对英语世界来说,大西洋从文化地理上看也正在逐渐缩小为一个大池塘。革命作家克鲁泡特金早在成为俄罗斯官员之前,就已经感受到远东即将带来的反向压力。在日本帝国,床次竹二郎(TakejiroTokonami, 1866—1935)和野口米次郎(Yone Noguchi, 1875—1947)的作品,① 提前几十年就预见到地缘政治的冲击方向。在丰富的太平洋经验事实中,存在着在文化地理领域作地缘政治观察的权利,以及对这种权利负责的可能。

但是,我们要凭借何种方式,在纯粹智性的文化地理领域,抓住这些明显改变地球面貌的症候?

宗教、教团和教义赋予我们世界观,三者都不得不从宗教-地理的角度,打破原初概念与当地传统这两种明显对立的需求之间的平衡,如果想从地方性阶段过渡到流行或普遍流行阶段的话。这是大多数宗教渴求的目标,且与各自宣扬的信条一致,各宗教出于自我保存的本能需要此种过渡,因为自我保存的本能会迅速审视与具体生命形式有着或好或坏关系的一切精神存在的暂时性。

首先,各宗教必然分有各自源出地区的原生特征,这些特征具有足够强大的作用,以保护自身不受其他地方的原生世界观和教义观念的影响,从而避免被同化、[228]被异族(fremder genius loci)融合。其次,另一方面,为了获得任何可能的立足点,各宗教必须能够

---

① [译注]豪斯霍弗可能指床次竹二郎的 *Impressions of Europe and America* (Hagin 1914)。

适应一切,必须能够离开原初空间继续前进,同时绝不完全丢掉原初空间的蛋壳,即便它只存在于下述观念中:以愉悦的空间为奖励,以不愉悦的空间为惩罚,又或者神圣的配套植物(Begleitpflanzen)和基于地理的宗教符号。

但是,各宗教基于地球空间的性质、气候变化、土壤形态、降水和降水分布以及植被,已经经历非常强大的冲击和转变(如佛教在西藏的扩张,地中海基督教在斯堪的纳维亚的扩张),正如各宗教也在改变地球的表面,虽然大多情况下程度要小得多。宗教用神所、寺庙、圣林、教堂、修院、朝圣大道覆盖渗入的空间,从而改变文化景观,对待或多或少与自己相适的土地,要么小心照看,要么大规模破坏;宗教要么有自身的标志植物(如棕榈树、葡萄树、菩提树、坂木、橡树、椴树、圣诞树、紫杉),要么对抗和消灭敌对宗教的标志植物,把某些谷物尊为神圣祭品并大力发展其种植和供应,同时避免种植别的谷物;宗教都偏爱山峰、森林或草原,以及与森林对立的地方,且重塑了这些地方;宗教在人类地理上要么趋向灭绝,与人口稀少的定居地冲突不断,要么趋向宽容,与人口密集的定居点和平相处,使人口压力增加。

太平洋的宗教地缘政治现在向我们显示出某种教会政治的弱点,并遭到一种社会学力量的反对,20世纪可能不得不实现这种力量的平衡。现存的所有攻击性世界观都来自地球上别的地区,已经侵入太平洋的生命领域,征服和毁灭当地的世界观形式。太平洋边缘地区的原初宗教中,只有一种能在生存斗争中守住阵地,且十分艰难,这一宗教有1600万信徒,即日本神道教。

但是,另一方面,所有外来的、侵入太平洋的世界观,都已经历某些变化,甚至最普遍流行的世界观如基督教、希腊哲学、伊斯兰教和佛教也不例外。在这一入侵进程中,两大源于东地中海的宗教,基督教和伊斯兰教,在传播过程中经历了多方面的转变。典型的是,一名玛利诺派(Maryknoll)天主教神父见到一名俄罗斯东西伯利亚的犹太神父和一名早期的日本基督徒时——后者是圣泽维尔(Saint Francis Xavier,1506—1552)在长崎建立的教团的幸存者①——惊讶地注意到他原本认为不可能的事,即[229]在天主教会庞大有力的中央集权组织内部,竟然存在这样的区域差异。

伊斯兰教起源于地中海空间与印度洋空间重叠部分的沙漠地带,主要在澳洲-亚洲地中海(也是一块重叠区域)扎根,同样不得不向太平洋的独特性作出相当大的让步,例如菲律宾摩洛人地区的伊斯兰教。最后,佛教的原初特征源于喜马拉雅山脉下极为丰富的植被,但是完全被两种本质上不同的传播方式重塑,即大乘佛教和小乘佛教,一种沿着大陆-高山传播,一种沿着大洋传向太平洋沿岸,并遭遇进一步的变形。

如果我们现在观察太平洋边缘地区的宗教和世界观的生存斗争导致的结果,那么,表面上看,这一结果对原住民族来说显得是一种悲哀。我们看到,日本神道教将近1600万的信徒在为神道教的生存而斗争,其他宗教的残余则迅速消失,甚至来不及保存在博物馆里。我们看到,中国的国家哲学,据准确估计,4.27亿人中仍有2600万人崇奉,其中部分人在辛亥革命后25年连绵不断的内战中逐渐放弃儒家,部分人则面对孔庙倒塌的潮流为儒家这种非常顽强、独特的文化辩护,例如孤独的辜鸿铭(1857—1928)。兴许蒋介

---

① [译注]玛利诺传教会又名美国天主教传教会,是美国第一个天主教修会,1911年成立于纽约,1918年首次派神父到我国广东传教,是第一次世界大战以后发展最快的在华天主教修会。圣泽维尔,耶稣会创始人之一,首次率领传教团到印度传教,是第一个到日本、婆罗洲等地传教的天主教教士,被称作"印度的使徒"和"日本的使徒"。

第二十二章 太平洋文化地理对地缘政治的症候意义

石通过他的"新生活"会重新唤醒儒家传统。最后,我们看到太平洋对基督教的修正,例如菲律宾北部和前西班牙殖民帝国独特的天主教文化,我们也看到太平洋对巽他海域和菲律宾南部的伊斯兰教的修正,这些分支只有付出极大的努力,才能理解彼此。至于佛教,太平洋对北传和南传佛教的修正,更多出于政治原因而非文化地理冲动,以防守的姿态从事培养联系和反向传教的事务。然而,在流行的外来宗教形式面前,地方的宗教残余开始衰落,这些外来形式大多源自地中海或大西洋地区。在中美洲和南美洲,我们也能看到墨西哥、玛雅、盖丘亚(Quechua)文化的崩溃和毁灭,不过,某种独特的生命残余仍影响着文化形式,嫁接到已实现种族融合的西属南美洲的文化形式上。

我们绝不能以为太平洋的宗教政策缺乏创造力!东亚和南太平洋文化在毁灭者身上的强势反弹已经证明,事实恰恰相反。神道教是一种独特的国家宗教,我们迄今仍必须重视;中国的国家哲学及其社会学影响,迄今仍有确凿的证据表明依旧强大。但是,一种真正的太平洋特性危及神道教和中国儒家哲学,[230]即缺乏扩张性,主张宽容,而这恰恰是日本和中国内在的社会学偏好!神道教和中国儒家哲学太过完美地适应自身所源出的地球空间,证明一旦它们各自不再是自身地球空间唯一的主人和教士,一旦为普遍的生存斗争更好地武装起来的漫游者侵入它们内部,它们就都不足以应付普遍化的生存斗争和争夺空间的斗争——但无论外来者会带来什么,神道教和中国儒家哲学的价值判断都不应改变,客观地说,这些价值判断更好,甚至更道德。

基于生存空间特征的财产概念的地位这一经济-哲学问题,也给出了宝贵的地缘政治答案,这些答案可能具有文化地理起源。对于个体和大众与财产的关系,尤其对所有人至关重要的商品和土地的分配问题,比较地理学家的立场是什么？在大多数居民的共同判断中,共产经济特征占优势还是私人经济特征占优势？根据地缘政治经验,完全独断地控制两者中的任何一者,都会以这样或那样的方式毁灭经济,并且在所有地球空间中都是即将丧失自决的征兆。必须在此提出这个问题,因为这个问题无法与宗教和世界观的基础分离。

在此凸显出太平洋地缘政治的一个特征,依照迄今的经验,该特征不会令我们感到惊讶：共产经济特征在太平洋空间类型中,比在大西洋空间类型和纯粹的大陆空间类型中得到更多强调——这表明最大程度的过度（Exzesse）,不过在地缘政治思考中不会让我们感到惊讶——甚至比在印度生存空间中得到更多强调,尽管程度略小一些。

特别奇怪的是,我们往往不得不期待倾向于暴力途径的独特经济类型,在那里,例如,大陆类型（带有高原和沙漠）密切、直接地接近太平洋类型。(秘鲁文化中的神权等级制和共产经济结构；北京和元代政权！)

然而,对太平洋共产面相的预先强调仍在继续。日本封建体系的国家社会主义,更多靠责任而非特权支撑；中国的国家哲学及其对恣意霸道的限制（Einschränkung der Willkür）,准确而言是老子和孔子的学说；南太平洋的财产共有；甚至,日本645—652年大化革新的核心宗旨实际上已经彻底尝试过共产经济；中国宋朝王安石[改革]的布尔什维克试验亦充分证明太平洋共产经济的面相。这些事件可信手拈来。

[231]毕竟,日本人在他们今天的基本尺寸"叠"中,还保留着共有财产试验的残余状况和共有的观念,这可能与人均每年对水稻地的需要以及他们当时想每年重新分配水稻地有关。蒲席尺寸的

标准概念,日本人对统计和许多其他社会机构的热情的开端,可能都源于这种早期实践的共产经济。至于中国人,王安石改革在政治经济方面的实际试验,在随后的数世纪内削弱了中华帝国的营养能力和军事力量。有几个世纪,中国为外部民族统治,首先是金朝,然后是蒙古人的大元朝。

迄今为止,在太平洋的原生精神性力量中,神道教教义在地缘政治上表现出最顽强的活力,这必须依照地缘政治与大众想象、艺术本能和文化地理的关系来思考。凭借神道教,日本变成最强大的、纯粹的太平洋生命形式,有足够强大的力量吸收和转变侵入太平洋的外来文化实质。因此,日本融合佛教、中国国家哲学(在衰落的德川[幕府]-洛可可[时代]重新在日本传播)和西方文化,后者首先通过出岛(Deshima)涌入,① 然后通过条约开放的港口流入日本,最终,以这样的方式,日本没有丧失自己的太平洋特征,至少到现在为止没有丧失。我们看到,太平洋高度发达的宗教原型中,唯有神道教②能保持自身的传统,至少在现代文化圈中有成功的一面,甚至还占有优势,如小泉八云(Lafcadio Hearn)、朗格(Junker von Langegg)。当然,在现代文化领域,神道教也往往被视作外来物,不幸地被坚信自身信条的传教士对手呈现给西方人。传播到西方的神道教的基本概念非常不全面,例如,没有亲眼见过的外国人几乎

---

① [译注]出岛是日本在江户时代为执行锁国政策而建造的人工岛。1641—1859年间,荷兰人居住在此,并设立贸易站。最初计划是收留葡萄牙人居住,后来改为荷兰人居住,荷兰人每年支付租金。1904年,日本政府填平出岛与长崎之间的海湾,出岛成为长崎市的一部分。

② E. Schiller, *Shinto*; Basil Hall Chamberlain, *Things Japanese*, London 1905,页418-423,指向Satow、Florenz、Green、Lowell和Aston较老的著作。

不能在他们的情感内容中理解神道教的神社(Miya)。①

地缘政治学的工作领域迄今还没有人综合地彻底考察过,②这样的综合需要处理大量个别研究,其中,太平洋艺术领域在本能生命和文化地理中的原初贡献,向我们揭示出各自的地缘政治影响。我们若要尝试考察地缘政治学的工作领域,就必须依照各位地理学家及其优长,将之分为两大组,即便从人种学角度看可能有别的[区分]方式,如在我看来,格拉纳(Gräbner)和弗罗贝尼乌斯在地缘政治学方面就尤其多产。③

  1. 各岛屿空间原生的文化地理成就,例如,萨拉赞对西里伯斯岛的研究、鲁梅尔对雅浦岛的研究、麦克米伦和布朗对复活节岛的研究、张伯伦和西蒙对琉球群岛的研究,在我个人看来都极富启发,因为他们的研究建立在非常细致入微的观察之上,令人尊敬。

  2. 对太平洋边缘空间的混合文化的研究,[232]在此必须

---

① 神道教的神社与佛教更加富丽堂皇的寺庙相比,拥有古老、严肃、简朴的风格,神社中没有神像,大多仅仅在白色木头建成的殿中摆一面圆镜,如果可能,会建造在树林环绕的地方或连绵起伏的山中。只有与日本的山水结合,才能真正地把握和表现神社近乎完美的氛围魅力。

② 可能 Schurtz 和 Gräber[的作品]例外。

③ F. Graebner, "Ethnologie", *Die Kultur der Gegenwart*, 页435–487,页584有出色的文献注释,就南太平洋主要的文化区域,就澳大利亚、波利尼西亚和美拉尼西亚在种族心理学、人种学和人类地理学之间的划界,给出了简洁而准确的解释……Wundt 和其他人的批评。不管人们会在何种程度上赞成还是反对,结果是,从地缘政治上修正了(在个别例子中)直到1922年的文献,并批判地评估和吸收了这些文献。弗罗贝尼乌斯最近的作品, *Vom Kulturreich des Restlandes*, Berlin 1923,此书由于包含对太平洋文化地理极富价值的条目,拥有独特的价值。

第二十二章 太平洋文化地理对地缘政治的症候意义 333

把日本空间算在里面,因为,位于太平洋边缘由孤立岛屿组成的日本帝国,边缘特征和从大陆来的文化流入在地缘政治上仍然占据优势。

对于此种地缘政治评估,中国研究(Sinologie)和日本研究(Japanologie)皆有极其丰富的材料,此外,美洲研究者在早期美洲文化的知识上对我们的思考也贡献良多。弗兰克的《作为文化国家的中国》("China als Kulturmacht")一文,就[中国研究]涉及的方法给出极好的线索;① 京都大学白鸟库吉(Shiratori Kurakichi,1865—1942)教授近来的研究也是如此。

上述首先提到的区域,即太平洋的岛屿空间,将首先揭示出地缘政治的辐射,如果有人想就南太平洋的艺术及其在古老的文化国家的反响得到一个清晰的概念的话。某种程度上,自18世纪末以来,这些已经为文化国家的人们所熟悉,他们认为,在南太平洋上的最初那些引人入胜的体验中,有着卢梭"复归自然!"这一诫命的似乎合理的基础。

这类错觉由于下述印象而变得更为顽固:太平洋天堂般的岛屿上独具一格的生命律动之美,岛上器具的艺术美,如衣服、武器和工具。欧洲探险家当时带回了夸张的描述,如福斯特和库克的描述。直到很久以后,才有了整个太平洋文化的充分样本。

上述印象中,哪些最有效? 如何将这些印象归为一个分母,以便考察这些印象在地缘政治上的象征价值? 放置在一起,这些印象看起来是异质的:舞蹈文化(rhythmische Körperkultur),最原始的航

---

① O. Francke, "China als Kulturmacht", *Zeitschrift der Deutschen Morgenlandischen Gesellschaft*,1923。

海用具的制造，狩猎，拥有极度复杂的功能形式的渔业；木匠艺术；把自然赋予的颜色用于装饰，用于动物毛皮的艺术形式，用于贝壳的艺术形式（如黑克尔所示）。每一件事物都把大自然提供的材料精炼和开发至最小的细节，狭小的[岛屿]空间强化了这一倾向。材料最高的实用性和可靠性，以及线条的纯度和清晰度，是[最高]目标，许多地方都是如此。神道教教义也提倡将之作为最迫切的要求，并一再返回日本文化中的纯洁风格，将之作为最高的艺术成就加以推崇。

这些[也]是米拿哈珊人（Minahassans）的树皮衣的标准，萨拉赞兄弟完美地仿制出了这种树皮衣；西蒙表明了琉球群岛的岛民在彩色艺术方面的成就；此外还有频繁得到仿制的雅浦岛上的单身汉木屋，以及爪哇岛和巴厘岛（维特）上的舞蹈文化和戏剧艺术。太平洋文化在诸多事情上表现出非常敏锐的观察能力，如日本人笔下飞翔的野鹅，他们用中国墨画在纸上的公鸡，他们笔下逼真的游泳的鲤鱼，以及托莫洪（Tomohon，位于印尼）疾驰的骏马，还有精心制造的最简单的收集装置，这也使海参崴的古亚洲人博物馆极具教育意义。因此，即使在北部边缘最偏远的地区，也出现一种神秘的共同特征和适宜的魅力（Zweckmäßigkeitsreiz），[233]这种魅力来自人对地球空间的完美且几乎无以复加的适应，甚至来自生命的装饰（Lebensschmuckes）：即便在文化的开端，太平洋也有独特的声音。

由于与大西洋文化的接触，这种特征正在消失，正如南太平洋岛屿的文化地理本能确信（Instinktsicherheit）在更小的岛屿空间灭绝殆尽，南太平洋诸岛的文化也没有足够能力抵抗毁灭。因此，当这个世界陷入枯竭，像在地球上其他地方那样时，"进步和贫穷"也手拉手来到太平洋。西方文化侵入太平洋时，马来-波利尼西亚人的文化多大程度上处于衰退阶段，是一个不可能解决的争论，但完全有可能当时马来-波利尼西亚人的文化已经陷入衰退，这是早期新石器时代的繁荣之后第二次出现衰退。

某种程度上，我们在这里讨论的情况也适用于日本，日本的条件在个别地区无疑已经达到完美，一旦毫无保留地开放给地球上的生命的总体条件（Gesamtzustände des Lebens），便被迫倒退。这是文化地理学中相当不幸的事例，然而，在这个例子中，地缘政治的本能确信仍能证实下述事情：一个国家，就像日本，必须理解此类倒退和适应新形势的必然性；一个国家只向真正必然的东西献祭。这绝不是说，就如中欧人常常做的那样，出于对异族的尊崇，毫无节制地立即抛弃所有继承而来的传统和本土的东西。萨拉赞的作品讲述了米拿哈珊人在两代人的时间里，通过采用非本土的文化实质而转向衰落的故事——就太平洋的对比条件而言，是否真正存在比他的作品更引人反思的阅读材料呢？

在太平洋小型岛屿空间中，夏威夷也许是种族上最引人注目的原型，表明太平洋文化如何被大西洋文化溶解而形成新文化。但是，在这一过程中，文化地理上的毁灭无疑远超重建的成就。下述事实表明，似乎已出现一种变化：马来-波利尼西亚人开始懂得，他们若想保存自身，必须依靠在种族上与他们有联系的民族中更强大的一些民族。没有经历过种族混合的波利尼西亚人不到2万，并且这个数字还在减少，[但是]现在随着东亚人的增加（夏威夷36万的总人口中，日本人就有15.2万），纯种波利尼西亚人正在得到东亚人的支持。然而，在这种功能中，这些不断增长的数字主要因为自身的文化独特性而引发了恐惧，这种文化被认为不可同化，并由于源自东亚，本质上与夏威夷的自然景观相关，更容易在夏威夷生根，且比出自大西洋空间的美国文化扎根得更牢固。

因此，在这个例子中，文化地理的认知能理解夏威夷问题面临的最大政治困难;同时,显而易见,文化地理知识和地缘政治训练多么不可或缺,[234]生活在大使馆和公使馆、不熟悉实际事务的一群科学专家,不能取代这种知识和训练,就如一份重要的报纸要确立地缘政治问题上的原则,不能靠"分栏线以下"(unterm Strich)、靠专栏里最美丽的文化小品,而只能靠分栏线以上的效果!

对岛屿走廊(Inselfluren)的特殊情形作最后的观察将极具吸引力,但这仍将不得不引导我们去观察在欧洲和美国文献中被侵犯的海洋空间反映出的所谓"原始",以及之前已经提到的调解者天性(Vermittlernaturen)的最悲惨命运,如西博尔德、小泉八云、史蒂文森、卫礼贤(R. Wilhelm,1873—1930)和格罗斯(E. Grosse)。与此相关,应事先提出警告,我们在第五章中讨论的那些误解具有重大危险。但是,由于这种情况在边缘空间的混合文化中以更大规模重新出现,由于此处必须面对这一情况,所以,我们必须将这种文化调解与地缘政治经验结合起来,既然这种情况源于极具天赋者的艺术移情。这类人平等地看待两种文化,自由地站在两种文化之上,从而也能公正地对待一种与他们自己的出生地和死亡地异质却完美适应其他地方的文化。

经验首先表明,具备这种天性的人注定会变得不幸。他们不再熟悉古老的祖国,也从不那么熟悉新的观察领域。于是,他们必定会诗意地过分强化对外国情况的印象,因为他们毕竟必须比任何人都更敏锐地感觉到这些差异,从而以统一的方式描绘这些差异。因此,他们必然苦于标准的差异,这种差异无法与世界的正常图像协调,因为他们想要将不同的标准结合在一起。这种经验一定程度上也可解释日本文化,马来–蒙古文化中日本文化在自给自足方面给人的第一印象最强烈。对外开放后的日本立即给所有观察者留下深刻的印象,这些观察者对危险的迷恋进一步加深了这种印象。我们无论打开阿尔科克(Rutherford Alcock,1809—1897)的第一份报道,《大亨之都:在日本居住三年的故事》(The Capital of the Tycoon: a Narrative of a Three Years' Residence in Japan),① 还是李希霍芬年轻时访问日本的日记——李希霍芬的日记表明良好的地缘政治理解力会如何观察外国文化,也是这方面最重要的文本之一,或者勃兰特(Scipiovon Brandt,1835—1920)的第一手记录②《在东亚的三十三年》(33 Jahre in Ostasien),都会证实此种第一印象的压倒性力量。除了无意识的过分强化外,上述文献都高度聚焦于日本留给人的第一印象和日本的活力。

但我们正在处理的是一个普遍现象,因此,在我们对文化地理的印象描绘作地缘政治评估时,必须谨慎考虑这一现象,要避免地缘政治错误,就必须根据每一事件的实际力量来评估。[235]此种第一印象的魔力,曾让马可·波罗和阿尔伯克基公爵(Francisco Fernandez de la Cueva, 10th Duke of Albuquerque,1666—1724)着迷不已;在库克和福斯特迷人的描述中亦留有痕迹,在爪哇岛和巴厘岛上的印度-马来人中最早受过美学训练的真正鉴赏家的描述中也有痕迹。简言之,这是西方人经验到的对太平洋文化的第一印象,来自大西洋的第一批白人入侵者全都没有在整体上理解这些文化,

---

① [译注]阿尔科克,即我国近代史尤其晚清史上著名的英国驻上海领事阿礼国,道光二十六年,任英国驻上海领事,二十八年,借口青浦教案,胁迫上海道台麟桂同意将英租界由830亩扩展到2820亩,此后又勾结美、法两国迫使上海道签订上海海关协定,由英、美、法三国领事派员组成关税管理委员会,控制上海海关。1844年来到中国,先后在福州、厦门、上海为大英帝国谋取利益,1858年被任命为驻日总领事,1865年再次来到中国,被任命为驻华公使。1869年从公使任上退休,担任英国皇家地理学会主席多年。

② [译注]勃兰特,普鲁士军官,参与1860—1861年的奥伊伦堡远征队,1872年任驻日公使,1875年至1893年任驻清朝公使。

不管他们将之归因于岛屿还是边缘空间。史蒂文森曾就一个南太平洋岛屿在日出之前的迷人景色写下不朽的记忆,我们只要读一下他笔下的形象,就会意识到他作为政治观察家,也由于上述经验而带有偏见。即使像科特斯这样的征服者,在哀悼的柏树下(Zypresse der Trauer)对阿兹特克帝国首都的行为也没有什么不同:他最初也完全着迷于这种向心的太平洋文化的奇异魅力,随后却作为地缘政治家毁灭了这种文化。

但是,鉴于文化地理敏感与地缘政治事实的这种对应关系,就保存这种得到危险强调的魅力做出一种相关预估的机会有多大?首先,某些东西在无可挽回地丧失和毁灭,如玛雅文化和印加文化几乎没有留下完整的描述,仅剩稀疏的遗迹供人凭吊。其次,某些东西历史地沉入遗忘,到了无法理解的程度,如复活节岛上的珍宝雕塑,以及另外一些分布中心和过渡岛屿链如汤加岛、波纳佩岛(Ponape)、库塞挨岛(Kusaie)上的珍宝。人类地理学上如此恐怖地遭到毁灭的地区,如查莫罗斯人在马里亚纳群岛上被屠杀殆尽,以及背后的三十年宗教战争,让我们想起基督教历史上和西班牙历史上最黑暗的篇章。

最初的环视虽然令人震惊,但随后我们发现,更多保存下来的原初文化实质正在挣扎着恢复活力,其实际的地缘政治效力和重要性远超我们西方的认知(捕捉和呈现这些现象属于《地缘政治学》月刊的工作范围)。新西兰毛利人的复兴,东亚的自我反思情绪,也属于此类现象,还有拉丁美洲(墨西哥、秘鲁、玻利维亚)印第安人的强势反应,后者开始从遗迹中挖掘传统,试图重建与传统的联系。这些现象类似于在中欧引起捷克复国的现象,捷克复国运动的核心人物之一帕拉茨基(Palacky,1798—1876)在19世纪初尚能就捷克的未来说:

> 这个房间的天花板(下面是几个残存的[捷克民族]传统承载者)倒塌时,捷克民族将不复存在!

在西方遭到严重低估的一支首要力量,是包含太平洋属性的日本文化,这种文化的优势和致命的力量源于太平洋文化,而非仅仅源于吸收中国文化,带着大量偏见的中国研究恰恰喜欢把这一点放在前台:[236]不可思议的是,我们仍然几乎无法理解日本文化中的太平洋维度,因为这一维度的活力长期受到误解,此种误解部分是由于在西方中国研究长期压制日本研究。恰恰基于此种冲突,结合太平洋地缘政治对太平洋文化地理进行考察,就能够正当地阐明文化地理动机的内涵,尤其在对某个重要地区的全部知识材料作语言学为主的处理的地方,此种处理方法倾向于过分依附于过去而忽视当代的变化。太平洋欲求自决不仅是一种政治或经济渴望,而且是一个文化目标,它真实地镌刻在太平洋地区的所有墙壁上,在岛屿和边缘国家的所有海岸上都可以读到,如澳大利亚现在反对大英帝国的监管,渴望拥有自己的海军港口、自己的澳洲大陆往返航线以及自己的商船队,菲律宾人则渴望独立和保留自己的圣托马斯大学(Thomasuniversität),① 再如大日本借泛亚文化要求追求自己未来的太平洋目标,以及年轻的中国的复兴。

多面向和复杂性是今天太平洋文化的成分。印度文化、中亚文化、古美洲文化、马来-蒙古文化与大西洋文化在太平洋交汇融合;不过,最激烈的发酵仍是日本的复兴和重生,对世界文化的反思,囊括整个太平洋的地缘政治范围。中国的重生在强度和范围上仅次

---

① [译注]菲律宾的圣托马斯大学创办于1611年,是亚洲地区最古老的大学,起初是培育天主教士的学校,后逐渐发展为综合大学。

于日本的发酵。日本的团结与中国的分散是新出现的暂时性反差，可能转瞬即逝，或许是在美国留学的大量中国学生最尖锐地过分凸显了这种反差；一种可能的补救措施是蒋介石的"新生活"，如果这一措施能真正深入的话。极少有别的东西能根除东亚人与土地的关系，因为这种关系在东亚的文化传统中根深蒂固。但是，太平洋文化坚韧的独特性或许甚至经得住这种负荷的考验，因其文化地理上的共生能力源远流长，深深植根于太平洋。中国与日本和平相处将近2500年，要么直接、要么经朝鲜在文化地理方面互相影响，直到1894—1895年这两个国家才首次爆发常规战争，甚至这次战争也是有限战争，且受大西洋强国渗透的影响。除此之外，双方在2500年里只有一次敌对接触，即公元13世纪末，一个不属于太平洋的草原王朝远征日本，并凌驾于中国之上。

以管水母（Staatsqualle）为模型的太平洋细胞国家的妥协形式，渴望在可容忍的均衡条件下实现联盟结构，这是太平洋边缘地区的一种古老的生命形式，[237]对应着太平洋空间广袤的特性和妥协特征。即便最具活力的部分，即马来群岛中部，也一再回到这一妥协形式（如孟加锡王国、蒂多雷、特尔纳特岛）。出于这种基本的态度，今天积极的太平洋文化政策的目标也在于成功的调解和建设性的成就。例如，只要比较日本帝国兼并朝鲜与英国吞并爱尔兰、维斯瓦河流域被划给波兰、特兰西瓦尼亚（Siebenbürgen）被划给罗马尼亚、意大利武力吞并提洛尔（Tyrol），就可以看到太平洋与大西洋在手段上的差异。然而，太平洋作为一个文化共同体的感觉对日本侵略朝鲜的反应要激烈得多，尽管日本兼并朝鲜为后者带来了经济繁荣，远远超过欧洲对爱尔兰或莱茵兰在经济上的帮助，而爱尔兰和莱茵兰毕竟是两个最古老的文化引领空间。

在越来越尊重自决、走向自决的意义上，太平洋已发展出的文化-政治特征在整个太平洋开始显露。这些特征在菲律宾尤其活跃,西太平洋的法律保护同盟由此起步,印度人、缅甸人、爪哇人、泰国人、中国人、日本人和菲律宾人联合起来,在福特对泛太平洋同盟的审慎操作中前进,现在则由拉铁摩尔(Owen Latimore,1900—1989)操作。无疑,"满洲国"作为一个缓冲国和帝国的建立,也是沿着这个方向的一个步骤。毕竟,意大利国王宣布成为埃塞俄比亚皇帝,与康德皇帝作为平等者到东京正式访问裕仁天皇,①其间还是有巨大的差异。但是,我们要意识到,我们在此处理的是提前从遥远的未来看待文化与政治并存的现象。意识到这一点非常重要,因为这将契合于一个重要的德国利益共同体,在过去也本应一直契合的——要是我们曾经的太平洋政策更灵活一些的话。

还有山东问题,即便最初的构想可能与当时盛行的强权政治取向大不相同,通过经验丰富的文化政治家——他们在山东(卫礼贤)以及上海的学校(福沙伯[Oscar von Schab])站稳脚跟——山东问题越来越趋于非暴力的方向,或者似乎至少能避免邪恶的样子而促进东亚人的文化发展。美国依照这一方向,与中国的关系已经取得持久成功,之后,德国也加入这一行列。德属南太平洋也越来越多地承认这种发展方向,如在萨摩亚,在中国也是如此。这是一个充满希望的开端,里德这类独立思考的人懂得这一点,② 但大多数德

---

① [译注]康德皇帝,即溥仪,1934年3月1日,溥仪在长春举行登基典礼,改国号"满洲国"为"大满洲帝国",改称皇帝,改元康德。1935年4月6日,溥仪首次访问日本东京。

② 里德《中国,被控制的还是自由的?》(*China, Captive or Free*, New York 1921)一书中的各处段落。里德是我们这个时代最独立的太平洋观察者之一,在这位不支持任何暴力、无疑倾向于和平主义而非帝国主义的观察者的作品中,[读者]可随机寻找"德国"这一关键词。

国民众几乎不懂。但是,1914年战争的爆发阻止德国推行这一文化政策,正是德国文化政策的敌人精心策划了此事,尤其是,他们在国际法上完全站不住脚地主张把那些手无寸铁、爱好和平的德国医生、传教士和教师赶出中国。中国本身也反对这一驱逐行为,而这对太平洋的其他外国人来说或许是一个致命的先例。[238]因此,更重要的是,这种暴力行为之后仍然存在诸多线索,这些线索或许不可强力摧毁,由一种文化感觉编织而成,这种文化感觉预示着内在的命运联系。这是充满希望的更新的连接点,也是经济关系的连接点。

各民族和国家,包括德国,如何在太平洋的世界性灭绝及重焕生机中分享各自的个体特征,以及大西洋文化与太平洋文化如何彼此互益,这些仍未作为一个地理表现的问题得到解决。我曾尝试用一小节篇幅来探讨日本的某个领域,即日本的地理开放这个领域。① 严格来说,德国的日本学家在我看来形成一条值得追索的曲线,以肯普弗—西博尔德—赖因(Rein)为代表:开端,转折,最终转而研究一个太平洋岛国自给自足-内生的、最发达的文化,在与西方炮制的世界文明的关系和交往中如何产生某种文化-政治近似

---

① K. Haushofer, *Der deutsche Anteil an der geographischen Erschließung Japans und des subjapanischen Erdraums, und deren Förderung durch den Einfluß von Krieg und Weltpolitik*, München 1914。

贝尔茨博士在日本一生的科学工作将成为文化地理学的里程碑。同时,贝尔茨指出一个虚弱的民族该如何从地缘政治角度运用自己的文化成就,从而至少避免地缘政治错误——这种错误将导致不必要的阻力——并利用每个儿子对这个国家的独特知识。

更深入或更快速地提及与本章主题相关的个别文献,将变成对太平洋文化史的文献研究,从而超出本书的范围。

物。无论如何,由个别无可争议的文化承担者确认的这类文化地理症候,对每个民族而言,在民族心理渗透以及随后的地缘政治评估上都极具价值。对我们国家来说之所以尤其如此,正是因为在这件事情上,这三位德国人毫无争议是我们的路标。

第二十三章　太平洋军事地理的非凡意义

[239]一位历经四年苦战、战斗经验丰富的德国老兵，一位长期从事外交事务的前参谋人员，如果想要就地表的权力分布著书，那么他在讨论过经济地理和文化地理的影响之后，就必须讨论军事地理的影响。如果这部著作致力于[考察]大西洋地缘政治，那么读者会期待书中首先作纯粹的军事地理考察，因此这种顺序将令人惊讶不已。

但是，若考察太平洋生存空间的军事地理，这种顺序则不应令人感到如此惊讶，因为，所有人对所有人的战争状态，无论隐秘还是公开，都是卷入其中的所有强权的贪婪的结果。一直以来，这都是大西洋地区的法则，而直到不久前，这在太平洋还是例外，但这也将变成太平洋的法则，除非有国家切断迄今仍在侵略太平洋的大西洋强权的利爪。这一目标可以通过太平洋各个邻国联合行动来实现。常常被指控有军国主义倾向的日本，曾保持近两个半世纪的和平，直到美国和西方国家教会日本用防御行动保卫自己的生存空间。美国的小报和战争报刊将总部置于大西洋一侧，同时以金钱的力量培植这些报纸。他们作为这两种手段的操纵者，从华尔街施行统治。有一件事听起来自相矛盾：中国，尽管目前有近两百万低饷士兵，但在蒋介石重建军队组织之前，在地球上的大国中，她在情感深处最反对运用暴力。

第二十三章　太平洋军事地理的非凡意义

　　数年前，有人指出地球上最大的海洋可能存在的危险，同时也强调在这个海洋和平地缓解张力的可能，他有权作出这样的陈述。① 这个人从事实角度维护太平洋战争与和平的区分。这一状态不仅由太平洋各军事力量距离遥远这一点促成，尽管这当然是个有效的地缘政治原因。无可否认，外人常常难以区分，在这样一个空间广袤的地区，怎样才是真正的张力，[240]怎样又只是不同力量在隔着一个世界大洋互相虚张声势，如《外贝加尔地区：战争还是和平？》(*Peace or War East of Baikal?*)、《我们必须忘记日本吗？》(*Must We Forget Japan?*) 或石丸藤太 (Toida Ishimaru) 的《日英必战论》(*Japan Must Fight Britain*)，就是这类书。因此，严格来说，这类书必须视作军事地理领域的市场叫卖。从旧金山到东京，从温哥华到香港，从海参崴到新加坡和悉尼，从太平洋领地到西姆拉 (Simla，印度西北部城市) 和伦敦，这种叫声传播的距离非常遥远。彼此虚张声势的诱惑，仅仅为了让彼此听到而已，与事物背后的实质内容鱼龙混杂。因此，这类虚张声势的著作必须从全部太平洋军事文献中删去，而必须考虑的是能够缓和局势的距离、更大的移动自由以及更宽广的行动空间。

　　与之相关，正如我们必须更加明晰地区分和平状态与战争状态，我们也必须区分在军事地理上活跃且高度敏感的空间与消极、冷淡的空间。这一切制造出巨大的张力，只有一流的战争和通讯工具，快如闪电的巡洋舰、舰型一流的同质舰队 (homogenen Geschwadern)，才能克服这类张力，而大众则不易克服这类张力。另一方面，这导致反击中惊人的防御力，因为杠杆臂短且离自己的基地近，与之相反，攻击力远离基地越洋而来，"带着空空的油舱和满

---

① *Dai Nihon*; "Das Japanische Reich"; "Japan und die Japaner"。

满的龙骨"。这方面的一个例子是,俄罗斯太平洋第二、第三舰队远距离向对马海峡疯狂进发。①

此种后勤基地的位置,迫使一切相关的国家形式审慎地将军事-地理问题当作整体来思考,不仅思考军事技术方面,而且要思考民族心理学、经济学和货币技术等方面,依照诸如人民的情绪、石油供应、矿产资源等变化因素,预先考察基地的位置。这有一种冷却效应,使各方更倾向于彼此妥协,而非大打出手。法国尽管是个典型的大西洋强国,却往往偏爱这种手段。军事地缘政治必须仔细考虑一种整体的冲突处境,此种强制能让整个人口和民族的代表们常常自省和保持清醒。不能光靠个别部门、团体、专家、王室来检验军事机遇,也不能依照他们最终常常一边倒的态度来决定军事机遇。整个太平洋的巨大空间强迫负责任的大众作地缘政治思考,随之而来的常常是闪电般快速的行动,以致命的突然袭击开场,旨在迅速结束战争:太平洋的所有战争都以不宣而战开始!(比较日本1931年[9月18日]在中国东北的行动。)②

太平洋北部门槛的军事史,早在实际存在之时,就取决于俄罗斯沿着整个北极边缘海岸的出现,以及它的大幅度东进和后撤(比较第十章)。太平洋及其整个表面进入西方的意识时,[241]太平洋整个北部边缘地区已经掌握在俄罗斯人手中,这是一个今天容易忘记的事实。俄罗斯的权力及其合法宣称[拥有的领土],起于黑龙

---

① 例如,参N. L. Klado, *La Marine Russe dans la guerre russo-japonaise*, Paris 1905,这是克拉多以假名普利博(Priboy)在《新时代》(*Novoye Wremya*)上发表的系列文章的集结,带有敏锐的个人关注点,由马尚(R. Marchand)译成法语。此外,还有总参谋部的日语、俄语和英语著作。

② [译按]英译者在此补充:1937年7月7日,日军侵略中国,1941年12月7日,日军突袭珍珠港,1950年6月,朝鲜半岛内战爆发,北朝鲜突袭南朝鲜。

江入海口,经白令海峡和阿拉斯加半岛,直达西班牙在加利福尼亚的权力。盎格鲁-撒克逊人为获得东北航道和西北航道而作的所有努力,起初似乎仅仅意在抢夺俄罗斯人的权利,强行插进俄罗斯的 mare clausum[领海],这一领海要么被自然障碍封闭,如环状群岛和冰盖等,要么被国际法义务封闭。俄罗斯今天在太平洋的地位据说处于撤退阶段,尽管俄罗斯已重新占取海参崴。① 几乎没有任何事实能证明俄罗斯在后撤,除了加拿大的边界延伸至弗兰格尔岛——沙皇帝国还守卫着北部海岸时,加拿大绝不敢觊觎此岛。赤塔不可能是个缓冲国,苏联独裁者对此有准确的理解:在外贝加尔地区建立这样一个缓冲国,根本无法承担抵御东亚人的任务,不仅在军事政治和交通政治上不可能,甚至在经济政治上也不可能。阿穆尔铁路的路线看起来不自然地远离这条大河,从军事地理角度看,这条铁路仿佛沿着无人区的边缘潜行,实际上,早在1904—1905年就已做出如此修建阿穆尔铁路的决定。

但是,从军事地理的角度看,海参崴是否以完美的方式表明一个边缘生长的结束? 早在1905年,这里就驻扎着三个军团和一支轻巡洋舰队,但俄罗斯自己的军团——据说是为了守卫要塞——在那里的真正目的是以少胜多、保住空间! 正如健康的树木用树皮覆盖有害的影响,东亚在这里也以类似的方式处理这个"统治东方"的城市:1922年至1932年,这里被净化、拆毁,就如旅顺港一样,完全被剥夺作为边缘生长的重要性。因此,本应统治东方的地方发生了撤退,直到1932年恢复统治东方的意图! 亚瑟港和达里尼港现在再次被称作旅顺港和大连港;马山港-对马岛曾一度是俄罗斯的

---

① [译注]十月革命后,反共势力和外国列强联合干涉苏俄。1918年4月,日、英联军占领海参崴,1922年被苏联收复。

冬季海军基地,现在则是日本人封锁日本海的要害。

北库页岛是军事地理的一个薄弱点,某种程度上对拥有国来说是个"软肋",尽管这里蕴藏着森林和矿产资源(如煤和石油),以及渔场和经济价值。如果北库页岛留在俄罗斯,相当强大的海洋国家日本总能通过轻松的封锁占取此地;而俄罗斯要是再度变得强大,也能够毫不费力地远征此地,即便此地完全为日本所有。

然而,共管意味着混乱(Pandämonien),如一个英国人就新赫布里底群岛的共管所言,英国和法国在这个群岛上相互争吵不已,从而使本来繁荣的群岛遭到半人为的毁灭。库页岛因此是军事地理和经济地理平衡的典型目标,严格来说,对日本比对俄罗斯更有价值。今天,日本的渔业利益和美国的矿业利益在勘察加半岛已经彼此交叉。日本应该考虑,[242]自己将来是否会后悔在军事地理意义上丧失一个缓冲区,正如前属德国的山东和南太平洋领地。不过,太平洋北部门槛尽管在一代人之前还异常紧张,现在却暂时属于军事地理上的消极区域,这完全取决于东方和西方的发展。

只要匆匆瞥一下太平洋东岸的军事地缘政治就会明白,北美盎格鲁-撒克逊军事地缘的本质特征,乃是一种奇怪的啮合(Verzahnung)。这里的划界部分是西班牙和俄罗斯的遗产。但是,整条长达2000公里、在军事技术上不可能的加-美边界,如今五大湖区的百年和平条约,以及对任何形式的暴力对抗皆非常危险的"国际边界"在胡安·德·富卡海峡交汇,这些都清晰地表明,这两个盎格鲁-撒克逊帝国不再可能在这里打仗,即便想打。这条边界的法律环境实际上是一种大西洋式的结果:该边界之所以存在,主要是因为处于战争的威胁中("要么北纬54.4°,要么战争!")。但是,一旦依照纯粹的地理术语划定这条边界,这两个大西洋盎格鲁-撒克逊强国向太平洋沿岸的条状渗透,就奇怪地再次导致确立太平洋类型的次政治形态(unterstaatlichen Gebilden),以及典型的、与海岸平行的经向纵轴(meridionalen Längsachse):阿拉斯加、英属哥伦比亚和加利福尼亚。这些海岸结构的军事地理裂缝,如胡安·德·福卡海峡、下加利福尼亚和科罗拉多河入海口,是采用大西洋边界划分方法的结果,这一方法首先看重领土防御;顺便说一句,更靠南的巴拿马和尼加拉瓜两国的边界划分也是如此。只有塔克纳-阿里卡断裂点纯粹源于太平洋,并且通过一种真正的太平洋式妥协得以愈合,即由玻利维亚使用阿里卡港。智利-阿根廷的边界争端让南美长时期不得安宁,最终经英国的裁决(Holdich)而解决,这又是一个采用大西洋边界划分方法的案例,从中可真正理解大西洋式的干涉。在整个太平洋东海岸,纵贯整个美洲的铁路构成一条统一的铁带,从而在美洲形成一种难以打破的和平支撑。不过,另一方面,阿拉斯加—巴塔哥尼亚铁路可能将打开金融渗透和金融摩擦的数不胜数的新渠道。如此,太平洋东海岸爆发军事地理混乱的可能就小,部分是由于空间广袤,部分是通过泛美联盟和机构的调节作用。

显然,太平洋西岸的东亚一侧,也将逐渐回到自身长久保留的独特性上,这一独特性将大洋与大陆更清楚地分开,尽一切可能避免武装冲突。事实上,在这次世界大战期间太过冒险的侵犯后,在1915年将分为五部分的所谓"二十一条"强加给中国后,直到1931年,日本对自己的各大陆邻国一直保持极端的耐心。[243]日本承受着大陆的压力,中国海岸强大的军事地理血压影响着外国的边缘生长,但日本在山东问题上委曲求全,仅在中国东北,包括南满铁路区和北满庞大的内河水道网,不遗余力地站稳脚跟。这里只是两个东亚大国之间冲突的表面,这一冲突在1923年初变得尖锐,最终在1931和1932年间引发战火。

然而，由东亚弧状岛屿构成的这个帝国，就其军事天性而言更适合在自己的土地上扎根，追求最大限度的防御能力，给对手(有人会出于对攻击的厌恶不计代价地谴责这种对手)以短促打击，[244]因此，比起军事扩张，日本更倾向于防御。华盛顿会议后，日本一直没有向海洋扩张，直到1936年底才打破华盛顿各条约的束缚。由于裁军理念，日本可以在任何时候证明，自己已经拆除舰队中宏伟的新战舰，已经遣散4.5万名士兵，遣送1.1万匹战马回归农业生产。日本也可以宣布，如果其他国家也大规模裁减和平时期的军力，日本愿意在任何时候继续推行这一裁军政策。同样的自我收缩特征也引导着菲律宾和巽他地区。如果太平洋边缘地区的各大国(拥有100至200万未消化的[unverdauter]士兵的中国除外)在用于防御的现役军力上趋于相等，无疑将大大促进和平。因为这样一来，就没有哪个地方能在第一波突袭中取得压倒性胜利，这种军力的对等无疑也可能促使各国保持冷静。

在此，必须为日本广受误解的军事地理独特性辩护一二。日本仍将内海视作堡垒，两千年的历史让日本懂得自己的内海具有顽强的防御力量，也让日本保有军事地理的演化弹性，这一特征几乎可称为紧张不安。从而，我们往往只有在日本政治生命形式复杂的整体框架内，才能看清其军事地理动机。一个事实具有典型意义：日本最重要的一个军事机构是与陆军省和参谋本部地位完全平等的军事教育监察部，① 这个机构严密监察总人口与军力的关系，以防

---

① ［译注］日本1869年设立兵部省，统辖陆海军事务。1872年，兵部省分为陆军省和海军省，长官即陆军大臣和海军大臣，属内阁成员。1872年12月，陆军省下属参谋局改组为陆军参谋本部，统辖陆军军令、侦察、参谋等事务。1893年，海军增设海军的参谋机构，名为军令部。同年，陆军增设军事教育监察部，负责陆军的教育和训练事宜，简称"教育总监"。此外，海军还有一种战时

止这种关系失衡。我们由此知道,严格来说,即便一个国家武装到牙齿,这个国家整体的强弱也只取决于自己最弱的部分、自己最弱的器官,这个器官可能是议会、石油储备、空军力量或黄金储备。仔细比较英国人和德国人的国家观念可以发现,1932年以前德国各部门倾轧不断、各种思潮此起彼伏,反之,英国则倾向于协作,不擅长权宜之计。通过这种比较,我们可以在军事科学中寻求一种折中上述两者的办法,并培育一种折中的综合。这也可以解释日本裁军运动的暂时能力,尽管有武士传统的影响,依靠政府管理和工业适应,大部分战时工人(Kriegsarbeiter)仍可以顺利重新回到农村。

日本将精妙的海岸防御工事链和支援陆海军的重型火炮链联结起来,从而强化了海军与陆军的协作,这是日本的太平洋两栖生存条件所迫。[245]精确的数据可在《军事周刊》(*Military Weekly*)和相关年度报告中找到;[①] 但是,这些数据并没有外行以为的那么重要,因为重要得多的是,整个军事组织应收缩自如。

有关太平洋的军事思想仍主要着重于殖民地地理,除马尼拉外,这种思想还盘旋在狮城新加坡上空。印度-太平洋地区的战略

编制,后来成为常设机构,即联合舰队。如此,日本陆海军各自形成自己的"三驾马车",陆军为陆军省、参谋本部、教育总监,海军为海军省、军令部、联合舰队。日本陆海军这三大机构地位几乎平等。战时,这些机构往往联合办公,即一般所谓的"军部"或"大本营"。

① "Pazifische Wehr Politik", *Military Weekly*, August 26, 1922; "Zur Wehrgeographie des Großen Ozeans nach der Rüstungs-Stopp-Konferenz", *Military Weekly*, November 18, 1922; "Wehrpolitische Rundschau um den Stillen Ozean", *Military Weekly*, May 13, 1922; "Panasiatische Fernziele", *Military Weekly*, February 1, 1923。

比较 "Wissen und Wehr 1920", H. IV; "Japan's Vormachtstellung im Osten", *Zur Geopolitik des Fernen Ostens*, *Handbuch der Politik*,卷二。

咽喉是马六甲海峡,在此处建立一流的海军基地足以影响荷属东印度,同时马六甲海峡也是英国和澳大利亚笼罩下让敌人保持冷静的警示符号。对这一地区的第三方邻国而言,新加坡是太平洋海军力量集结的理想地点,在这个方面,《中国电讯报》的说法正确。[1] 新加坡天然的地理位置极其适合这一目的。马六甲海峡东北部的布拉卡·马蒂岛(Blakan Mati Island,现名圣淘沙岛)是防护极好的空间,[2] 作为未来的海军集结地,这里的平均深度为10英寻(fathoms),超过18米。[3] 吉宝港(Keppel Harbour)设有防波堤,可以充分抵御任何天气的影响,但深度不足以停靠现代大型军舰,也正因为如此,英国海军部的方案中包含一项耗资巨大的疏浚计划。当然,年代已久的丹绒-古尔(Tanjong-Pegur)码头只能停靠轻巡洋舰,而巨大的国王码头,除胡德号战列巡洋舰(HMS Hood)外,能停靠任何新式英国战列舰。[4] 这些新码头被建造得经久耐用,由大量石头和砖块砌成。当地丰富的油田触手可及,已储备大量燃料,英国强权和经济帝国主义的一位够格的代表说:

---

[1] *China Express and Telegraph*, London, April 19, 1923,页260。

[2] [译注]圣淘沙岛位于新加坡以南500米处,面积3.47平方公里。岛上最初是一个小渔村,名叫Blakan Mati,马来语中意为"背后潜伏着死亡的岛",因此这个岛也叫绝后岛。二战前,英国在此修建军事要塞,部署防卫火炮,准备抵抗来自海上的进攻。1967年,英国人将该岛交给新加坡政府,改名"圣淘沙",马来语是"宁静"之意。

[3] [译注]英寻是测量海深的单位,1英寻等于1.8288米。

[4] [译注]胡德号战列巡洋舰是英国海军上将级战列巡洋舰中唯一完工的一艘,服役时标准排水量达41785吨,是当时世界上最大的军舰。1916年9月1日在约翰·布朗公司开工建造,1918年8月22日下水,1920年5月15日服役。1941年5月24日,在丹麦海战中,胡德号被德国俾斯麦号战列舰击沉。

考虑到开战以来海上权力平衡的巨大变化，建设新加坡海军基地的计划无疑非常合理。

新加坡地理位置极佳这种观点，从军事地理学角度看也完全正确：新加坡可与香港、杰维斯港、埃斯基马尔港以及新西兰共同发挥作用，因此它的位置举足轻重。不友好的国家想经过新加坡几乎不可能。但是，哪个国家会有不友好的意图？法国、美国还是日本？法国在印度支那和南太平洋的岛屿领地，比前属德国的南太平洋领地更缺乏防卫，更易受到攻击；儿玉源太郎（Kodama，1852—1906）在一份日本备忘录中早就说过，这一点在包围期间尤其明显。

澳大利亚联邦和新西兰的军事地理特征，在较小的框架中反映出中国与日本的大陆–大洋对立。但是，这两个国家都有一种奇怪的军事–政治思想，试图在周边谋求一块受到保护的岛屿区域，以作为针对热带和亚热带种族国家的缓冲区。结果，这两个国家放弃了原初的自我中心主义，而一种相对巨大的寻求保护和找到某个国家去依靠的需求变得愈发明显，这尤其可以解释这两个国家为何积极参与［第一次］世界大战以及在战争中相对出色的表现。因此，[246]澳大利亚和新西兰在1923年极力将新几内亚的莫尔斯比港打造成大英帝国在太平洋的一个海军基地，以取代新加坡海军基地。同样，他们总有一天会后悔废除作为缓冲区的德属太平洋领地。

冷静坦率并科学严谨地讨论澳大利亚联邦的生存问题，将极具启发。这一讨论在公共领域尤其集中于联邦首都堪培拉的建设、以杰维斯港为联邦海军基地，以及用铁路联结堪培拉和杰维斯等问题，休斯总理后来在1935—1936年提出了这些问题。顺便说，上述建设问题在权衡人口重心和军事地理因素时，已考虑到新西兰在可预见的未来加入澳大利亚联邦的可能。澳大利亚有14.5万军队,而强敌环绕下的德国,保护它的军队却只"允许"比这一数字多三分之一;澳大利亚的人口只有德国的十分之一,四周为大洋环绕,澳大利亚却认为为了保卫自己必须有这些数量的军队。澳大利亚工党政府(sozialistisches Ministerium)在新首都落成的第一栋建筑就是战争学院(War College)的大楼,它还成为整个首都的地标建筑。此外,最重要的是,澳大利亚还发展出空中防卫力量。

我们如果也提出太平洋西岸首要的冲突空间这个问题,就将面对亚洲北部与南部之间的中国东北、澳洲-亚洲地中海的自然地理冲突场,而在其中,只有更敏锐的眼睛才能看到,英国的军事技术包围了富庶的、在军事-政治上无法维持的东印度群岛。英国的这一包围政策意味着针对荷属东印度的潜在军事地理压力。为了保卫经过此地的重要海上通道,英国新建了位于新加坡-柔佛海峡的海军基地,并于1935年完工。美国的两条交叉线路——经夏威夷—关岛—雅浦岛到菲律宾和经帕尔米拉到图图伊拉——也是盎格鲁-撒克逊人内部的危险线路;在关岛和雅浦岛问题上,正如曾在萨摩亚和帕尔米拉问题上,英美双方的分歧也被夸大。检验真实的力量,检验下述问题——即太平洋岛屿强国若发生冲突会导致多大的损害,与之相比,能获得的利益则往往非常可疑——本应该让我们清醒地认识到,欧洲在用放大镜看太平洋海洋强国之间的张力。

相比之下,[第一次]世界大战之前,人们从未正确认识到德国作为太平洋邻国的军事地理位置岌岌可危。我们总想着欧洲的战争地图,太少有人能像我们的敌人那样想到世界的军事地图,在德属南太平洋领地面临的危险爆发之前,世界的军事地图本可以显示出危险的整个规模,也本应该让我们采取某种方式更严肃地——但也出于这个原因英勇不减地——应对这些危险;世界的军事地图无论如何也会让我们明白，认为战争会在短期内结束是个 ad absurdum［荒谬的］信念。如果我们考虑到德国军队在防卫薄弱的海滨胜地青岛，以及在毫无防御能力的［南太平洋］岛屿领地上不可能维持，[247]那么，他们的英勇撤退就是一项光荣的成就，没有丝毫耻辱，如贡比涅（Compiègne）森林的停战协定和斯卡帕湾（Scapa Flow）之旅遭受的巨大耻辱。①德国军队暴露在如此巨大的军事－地理优势之下，这考验着他们的英雄主义和领导能力，但是，那些将他们暴露在这一危险之下的政治人物，他们的地缘政治洞察力当然也应该由此遭到毁灭性打击。那些驾驶装备精良的战舰、把守每一处炮口的英勇之士根本无法克服这种危险。有些人物可能相信，即便心中没有鲜活的世界图景，他们也可以仅凭笔记本，就从威廉大街（Wilhelmstrasse）的密室中遥控世界；②另一些人物则在舞台

---

① ［译注］1918年，德军多次发动攻势，均未取得重大突破。美军主力抵欧后，协同英法军实施反攻和总攻，德军全线崩溃。同盟国中的保加利亚、土耳其、奥匈帝国先后投降。11月6日，德国派代表团前往法国洽谈停战事项。11月11日，协约国同德国在法国东北部的贡比涅森林签订《贡比涅停战协定》，其中规定德国应完整地交出陆海空军主要装备和运输工具。此时，德国海军舰队主力尚存，包括11艘战列舰、5艘战列巡洋舰、8艘巡洋舰和50艘驱逐舰。英国建议先将德国舰队扣留在苏格兰北部的斯卡帕湾，然后在凡尔赛和会上讨论处置方案。11月21日，德国舰队70多艘军舰正式向协约国投降，在370多艘协约国军舰的监视下，抵达斯卡帕湾。1919年5月，德国海军高级军官获悉部分条约内容，下定决心不惜一切代价阻止英国人获得这些军舰。最后，英国政府向德国下达最后通牒：6月21日中午之前全盘接受和约条款，否则再次开战。1919年6月21日上午11点，德意志帝国海军主力，包括10艘战列舰、5艘战列巡洋舰、5艘巡洋舰和32艘驱逐舰，共52艘，总吨位达40万吨，集体自沉于斯卡帕湾。

② ［译注］威廉大街是德国柏林市中心的一条街道，从19世纪中叶到1945年，一直是德意志国家的行政中心，帝国总理府和外交部位于这条大街。因此，威廉大街在德国常用来代表德国政府。

上繁忙地表演,根本没有意识到舞台背景和舞台正在下沉。

对距离和空间的评价在太平洋地区应该完全不同。太平洋战略活动空间虽然广阔,但远距离和有远见的行动更为必要。早在[第一次]世界大战之初,东亚就曾基于这种宏大的军力图景设想,作过绝望的努力(孙中山,德国的日本友人),以图阻止那种制衡盎格鲁-撒克逊人、俄罗斯人和高卢人的力量瓦解,只是该努力既没有这个岌岌可危的中欧强国的官方代表们的同等坚决的力量,也没有同等的行动自由。即使在战争结束之后,直到希特勒复兴德意志帝国之前,德国也长期不懂大空间相对的军事均衡,不懂动力装置的平衡由杠杆的长度决定,没有认识到美国军事政策的建设性特征。海军上将霍尔韦格徒劳地试图通过他在《德意志汇报》(*deutsche Allgemeine zeitung*)上的老练文章唤醒舆论,[248]梅耶(Hans Meyer)、施内(Heinrich Schnee,1871—1949)总督、德国南太平洋各公司的领袖们为支持丧失的南太平洋领地而作的辩护,亦属徒劳。最大的海洋的军事地理,不再引起小空间上已经分解的德国的任何兴趣或回声,这种情形直到1933年才发生改变。

德国对大多数民众说:"永远不要再有战争!"仿佛战争取决于演讲和多数德国人的决议!为什么英国要在新加坡的群礁中砸下数百万英镑,为何要投资新加坡的码头和机场?为什么美国在荷兰港、帕果帕果港、珍珠港、马尼拉和巴拿马运河两岸设置火炮?为什么日本的海岸上长长的巨炮牢牢盯着海上?为什么澳大利亚和新西兰的社会主义更愿意为军事目的做出牺牲,社会主义政府不是更应该确信世界和平即将到来吗?

第二十四章　作为地缘政治压力计的太平洋政治格局

[249]迄今为止一直跟得上我们[思路]的读者，会立即寻找太平洋生存空间的地缘政治压力计和地震仪：

　　1. 该压力计和地震仪最清晰地显现于澳大利亚—东亚曲线弧上的生命形式中：日本、菲律宾和澳大利亚；
　　2. 某些"仪器"对最外围的远距离震颤特别敏感，例如朝向大陆的地球空间中受太平洋影响的边缘地区，即欧亚大陆内河流域区（Wasserscheidengebieten）朝向季风国家的地区和美洲的太平洋大分水岭（großen pazifischen Scheide）地区；
　　3. 在边缘生长中。

在此考察第一点时，我们将区分直接受压的压力计，与可以用于衡量远距离震颤的压力计。前者指那些本身处于压力之下的形态，它们要么在压力之下崩溃，要么忍受压力并最终克服压力。后者对其他或远或近之地的政治压力变化非常敏感，且能表明变化的细微之处，因而人们无需把这些仪器本身置于压力之下，或者也根本不敢这样做，因为这些压力计一经碰触就会立即破裂或爆炸。

我们若从内部观察作为一级地缘政治压力计的澳大利亚—东亚曲线弧上同样宏大的自然现象，就可以解释这些迥异的政治形态:一方是敌人从未涉足的骄傲的大日本岛屿帝国;另一方是生命形式最丰富的菲律宾,它与东亚隔得最远,事实上属于太平洋,却用自己的生命证明有权追求自决;最后是澳大利亚联邦,是盎格鲁-太平洋体系适应太平洋的最重要形式。

为了识别太平洋地缘政治压力对域外空间的远程效应,我们应进一步环视太平洋的影响波及其他空间的那些地区,这将不无裨益。[250]最外围的太平洋地震带从旁遮普边缘延伸至[中国]四川省的边界和鄂尔多斯高原,再到黑龙江流域,最终伸向中东和欧亚大陆北部地区。在新世界,这一地震带沿着北美洲中部主要大河的西部支流水域延伸,还包括受大西洋影响的哥伦比亚、厄瓜多尔、秘鲁和玻利维亚的东部边缘,因而位于中西与远西之间。因此,卷入太平洋的美洲生命形式,没有一个完全不具备双重面向,既面向太平洋,又面向大西洋,只有智利的核心部分不是如此。不过,智利这个纯粹属于太平洋的狭长海岸国家,也在麦哲伦海峡(Magellanes-Territorium)被大西洋打断。

但是,纯粹属于太平洋的原生国家的文化中,只有日本的本土生命形式仍未受到大西洋和亚洲大陆方向的影响,至少在权力问题上没有受到外部的影响;在内部结构上,充其量只有汤加这个小岛国还没有受到影响。因此,只有日本能成为单独的压力计,因为迄今为止还没有受到外部压力的影响。不过,最沉重的持久压力长期压在菲律宾的邻近空间上。因此,在这两个岛屿空间,最大的政治对比几乎靠在一起,最强大的诸岛屿帝国和最重要的诸大陆强国的其他远程效应也加入这一图景。基于这些原因,日本国的压力计读数在地球上独一无二,其他国家几乎无法获得日本对距离的敏感,这种敏感发展成一种心灵感应般的奇迹,日本甚至能感知到仅仅可能危及自己的自决的威胁;一旦感觉到这类危险,日本令人钦羡的、使所有其他功能服从于保存自决的能力,也几乎无可匹敌。植原悦二郎(G. E. Uyehara,1877—1962)在《日本1867—1909年的政治发展》(*Political Development of Japan 1867-1909*)的导言中,从民族心理学的角度醒目地描绘出这一点。①

我已在别的书中解释过日本政治体的这一特征,②必须小心避免自我重复,因此,我愿意仅仅向读者指出这些著作;[309]同时,在此我要把重点放在两项完全不受任何德国影响的验证上,即一位英国人和一位日本人的证词。作为"日本问题"专家,斯科特(J. W. Robertson Scott)在1922年7月的《评论之回顾》(*Review of Reviews*)中,通过地缘政治比较,特别好地总结了日本与另一个大岛屿帝国大英帝国在地缘政治上相关但本质上截然不同的命运。斯科特邀请英国观察者比较这两个岛国的位置:

> 日本的两个大陆国家对手,中国和俄罗斯,总人口是日本的八倍,在自然资源方面,日本也完全无法与这两个国家相比……此外,另一半球几乎所有重要的强国,几乎毫无例外皆已侵入太平洋,越来越接近日本的海岸……环顾整个太平洋,日本看到西方各国如何从各个方向包围自己。[251]事实上,美国已经穿越整个太平洋,在菲律宾站稳脚跟,此处距离日本的土地不足100英里。
>
> 日本这个国家在短短半个世纪内以令人震惊的方式重新

---

① G. E. Uyehara, *The Political Development of Japan 1867-1909*, London, Constable 1910,导言,页5、11、15,尤参页17、18。"日本人民本能地意识到任何威胁自己民族生存的危险,因为他们的国家总是优先存在于他们有意识的自我……"

② *Dai Nihon*; "Das Japanische Reich"; "Japanese und die Japaner"。

崛起和重建,日本为这项难以打破、遥不可及的记录自豪,从中感受到自己的力量,意识到自己的能力。因此,日本必然对自己的使命有深刻的意识,同时也看到想在亚洲实现这一使命面临重重阻碍,这令人惊讶吗?更有甚者,日本人不仅感觉自己受到阻碍,而且感觉受到遏制!① 日本人感到他们被推入一个对他们而言毫无意义的处境,在这个处境中,他们无法带着充分的自决和反思,依照他们自己的自由考虑,依照他们的种族传统、他们的意愿和生存的必需,来精心设计他们的命运。

西方世界已经不知不觉地(?)为日本创造出这种处境,由于这一处境,就眼下的世界生存条件而言,许多日本人认为似乎再没有别的出路。②我们迫切需要非常坦率地说出来。但是,如果我们不知道日本的"缺点"在哪里、不足之处在哪里,那就毫无用处;如果我们没有意识到此类不足和缺点不少,也没有在这种情况下做我们应该做的,那么,西方国家承担的责任绝非微不足道。因此,我们迫切需要对远东方面更充分的知识。不过,缺乏直觉(眼力!)的知识往往是这个世界上最危险的东西之一。

在不同的方向上,日本已经侵略过中国、朝鲜和西伯利亚。但是,仅仅谴责日本是徒劳的。到底什么是基本的自然事实?日本毕竟坐落在太平洋。日本毕竟正好位于中国的前面。日本位于中国与美国之间,从澳大利亚到日本仅需三天,从印度到日本的航程也短。面对这样的处境,实际能做些什么?③显

---

① 非常类似德国人的感觉!
② 正是这一点本可能构建一个可以利用的命运共同体!
③ 一旦意识到自身处境不利,英国的实用地缘政治学就会这么问!

然，我们必须避免对日本采取不友好的态度！这种态度正中日本的反动派的下怀，并阻碍那些已经明显为自己开辟出道路的进步分子坚决前进的步伐。基于我们更丰富的经验，对日本采取友好态度对我们有利，我们的责任是尽力将日本变成我们的尽可能好的邻居。我们的任务是帮助日本消除焦虑，①从而使日本安于自己在远东的地位。

[252]我们发现，近些年英语世界在两件事上已取得显著成功：一，成功对日本进行了最严重的羞辱（不管日本会如何假装成相反的样子）；二，帮助日本增加了对美国和英国的不信任，让[日本]倒向与俄罗斯和德国的最终和解（这会把日本推远）。②

因此，1936年日本与德国签订了协定。

这些概念真正洞察到日本民族心理发展的深处，例如，日本《国民新闻报》(Yorodzu) 1922年夏季发表的尖锐观点，③以及《日本纪事报》(Japan Chronicle, Kobe) 1922年8月提出的正确说法：

> 日本民族心理的变化是认识日本舆论的钥匙，绝不可以忽略不计(quantité négligeable)。

---

① 斯科特此处主要指日本的人口压力！

② [译注]日本因侵占我国东北而退出国际联盟后，外交陷入不利局面，最终，1936年11月25日，日本在柏林与德国签订《反共产国际协定》，这是日本参与轴心国同盟的预备步骤。

③ 《日本纪事报》1922年8月转载《国民新闻报》一系列尖锐的文章，在斯科特和德富苏峰的意义上，戳破新闻界的流行谎言。[译注]日本报纸《国民新闻报》1890年由德富苏峰创办，至1926年3月，德富苏峰一直是该报主编。

我们如果把这些概念并排放在一起,就会看到外部良好关系这一光滑表面的下方,而这在日本不像在其他地方那么容易。人们清楚地从外部和内部看到日本压力计的真实压力强度,日本贵族院议员和新闻界领袖德富苏峰所言也表达过这一看法,我们在第二十章提到过这位日本政治家。上述翻译故意紧贴字面到笨拙的地步,并包含几个非德语惯用表达,以便读者了解实用的盎格鲁-撒克逊地缘政治学的语调。德富苏峰绝非不节制的声音是来自日本内部的压力指针的警告信号,斯科特的说法则是从外部对日本压力指针的绝佳解读,二者结合在一起,大概等于一个公正的观察者能从许多同类型测量中获得的平均值。对此,我们只需补充,根据我们自身的经验以及与许多太平洋政治家的接触,我们认为斯科特的陈述正确。

菲律宾是太平洋压力最大的点,其地缘政治压力计的前提在于一个相当不同的结构。菲律宾这个地缘政治观察仪就位于高压的中心,而非像日本那样位于高压附近。菲律宾忍受这一高压,回应这一高压,但知道如何保存能力去描述其所受压力的程度,即便这个声音偶尔类似于汽笛警报发出的刺耳遇险信号,例如现任总统奎松(Don Manuel Quezón, 1878—1944)的说法。[1] 如此刺耳的声音遍布世界各地,这也能解释为何鲁尔区工厂的警报不仅让德国人紧张,也让其他国家感到不安。

经过特别严格测试的仪器的这些前提都存在,因此,菲律宾对太平洋全部张力的压力表读数可以从菲律宾的内部状况、舆论、武装的和消极的抵抗中读出。[253] 而且,与小空间的马里亚纳群岛

---

[1] "U. S. Naval Radio", July 2, 1921。[译注]1934年美国承诺菲律宾自治,次年奎松当选菲律宾首任总统,1941年连任。

或分布过于广阔的前属德国的南太平洋领地相比,抑或与汤加的微型结构相比,菲律宾巨大的经济价值,意味着它对地缘政治压力状态的敏感度增加,因为利益各方分享这些价值的物质愿望,必然在自决这类意识形态用语之上显露出来。这可在罗塞尔对菲律宾的判断中找到最尖锐的表达,我们已经在其他地方讨论过,在此,我们只在注释中重复其中一些最引人注目的内容,以便此后对菲律宾问题作一般性的总结。

[原为脚注]Charles E. Russell, *The Outlook for the Philippines*, The Century Company, New York, 1922。最重要的是他的文章《菲律宾:独立还是臣服?》("The Philippines: Independent or Vassal?"), *The Nation*, April 26, 1922,下面是这篇文章的摘录。

> 菲律宾:独立还是臣服?
> 罗塞尔, *The Nation*, April 26, 1922
> 菲律宾新闻:
>
> 位于马尼拉、为菲律宾人所有和主导的日报《菲律宾先驱报》登了一幅漫画,画中菲律宾总督伍德(Leonard Wood)将军正准备用一把刻有"否决"字样的匕首刺一名代表"菲律宾自治"的妇女。美国殖民当局觉得受到冒犯,称之为造反和诽谤,因此威胁要刑事追诉。主编不得不道歉,事件平息。不要为此事浪费任何脑细胞,勇敢的美国人民!这没什么,不过是几个头脑发热、误入歧途的年轻人开的一个古怪玩笑。在我们的这个岛屿帝国,一切又恢复如常!
>
> 因此,请阅读这些报道,消除某些不安,并努力恢复我们令人欣慰的信念:除了一些吵闹的政客,菲律宾人继续生活在幸福中,满足于依附地位。然而,不幸的是,这种似乎鼓舞着报道作者的幸福精神状态不容易保证。我们在菲律宾并非一帆风顺!这次漫画事件是菲律宾年轻人愤怒的一次爆发,绝不可轻视。这是一种根深蒂固、令人不安的状况的症状。还有一些别的症状已经渗透到我们的意识中! 一般来说,我们倾向于不去弄懂我们的意识!这类表现还将接踵而至。如果这适合我们,我们可能

会试图继续忽视这类表现。但是,我们如果沿着这条路走下去,就可能面对不太乐观的前景!

麦卡锡(McCarthy)描述拿破仑三世冒险远征墨西哥时,评论道:"这位法国皇帝继续着他的疯狂之路。"尽管许多人提出警告,尽管许多令人印象深刻的事实向他指明退路,但色当之败和他的陨落就是他的道路的终点。我们应牢记,也可能存在道德的色当,绝不亚于物质的和帝国主义的色当。我们宣扬利他主义和更高的理想之后,如果陷入一种境地,即只靠野蛮的武力和尖利的枪管来留住一个并非自愿附属于我们的国家——这可能给我们带来破坏协议和不守承诺的耻辱,将我们污蔑、扭曲为是出于对利益和土地的贪婪[才占领菲律宾]——我们该如何立于世界之前!

种种迹象就如同拿破仑三世忽视的那些迹象一样,清楚地为我们指出了一场这种性质的灾难。尽管如此,仍会有人认为,我们如果继续走在自己选择的这条错误道路上,就是在盲目而非审慎地前行!美国人民很可能从未仔细反思过菲律宾正在发生的事情,极可能如此——如果他们几乎没有机会作这样的反思。在这一点上,你们需要自己判断。

伍德-福布斯委员会(Wood-Forbes commission)调查报告的新闻,让菲律宾人民感到深深的幻灭。①坦率说,这份调查的本质内容由各项借口组成,凭借这些借口,我们竟不顾自己的承诺,继续占据这个群岛。一旦菲律宾人明白这个事实,必有一场强有力的大众示威运动,而只有他们的领袖迅疾和巧妙的努力才能将其阻止。这样一场示威运动可能会导致这样的结果:美国人民将不再拿不准菲律宾人真正的情绪。正常的新闻渠道没有就这类危险处境发一言。至今,美国的广大民众没有理由怀疑菲律宾人会温顺地接受伍德-福布斯报告的不利判断。菲律宾人民的不满及其原因,通过一则给在美菲律宾代表的有线新闻传到华盛顿。这

---

① [译注]伍德(Leonard Wood,1860—1927)1921年10月14日至1927年8月7日任菲律宾总督,福布斯(William Cameron Forbes,1870—1959)1909年9月20日至1913年9月1日任菲律宾总督。1921年,哈定总统任命福布斯和伍德组成伍德-福布斯委员会调查菲律宾的状况,调查报告的结论是菲律宾人还没有准备好从美国统治下独立出来。

则新闻由于极为严重,提供给新闻机构时,竟没有一个愿意传播。然而,这一信息对美国人民来说,比各新闻机构在这一天传播的任何信息都重要!

因此,来自菲律宾的大部分消息,无论有意还是无意,都经过了过滤,要么被审查,要么被压制。几天前,一份最负盛名的日报从马尼拉发来某菲律宾代表团的特别报道,这个代表团反对伍德-福布斯报告,渴望菲律宾独立,他们由菲律宾立法机构派往华盛顿。该报道轻蔑地指出,该代表团仅由政治家组成,尽管该国已经破产,但仍把大笔资金用于豪华旅行,然而,菲律宾人民既没有参加该代表团,也不渴望独立。难说这类断言中哪一个在犯错,在冒更离奇的危险!让我们以菲律宾经济破产这一说法为例作一考察!这个说法完全在撒谎!菲律宾富有,资源丰富,一片繁荣!菲律宾的税收在整个世界上属最低行列。1919年,菲律宾的个体所得税税率不到6%,美国是21.41%,加拿大是33.08%。此外,菲律宾公共收入没有真正的损失,即便有所损失,也可以通过几乎不引人注目的增税来弥补,根本不需要向美国借债。

认为只有政治家才渴望菲律宾独立是想当然,让这种想当然在这个国家大肆传播是件危险的事。这是对国家的不忠和犯罪性的欺骗。菲律宾这个民族已经为自由奋斗了350年!在这场战斗中,他们有自己的历史英雄,地位就如温克尔里德(Arnold von Winkelried)之于瑞士,埃米特(Robert Emmet, 1778—1803)之于爱尔兰。他们有自己的英勇事迹、崇高的牺牲和敢于革命的传统。菲律宾人的学校里教了22年的美国历史,这仅仅加强和深化了他们自己的历史教训。他们再次鼓起勇气争取自由和民族独立。此外的任何东西都绝不会让他们满意。我们当然能够用武力让他们屈服,如果我们愿意;但是,我们不可能杀光菲律宾斗士。针对我们的枪炮和部队,他们从今往后只会是我们最叛逆的附庸!

甚至伍德-福布斯这个对菲律宾独立极为不友好的委员会,也为菲律宾必须独立这种坚定的信念提供了证据,这种信念可在菲律宾除莫洛地区外的任何地方找到。这是一个不再需要证明的事实。因为,自1916年以来,菲律宾政府实际上已经掌握在一个基本上由菲律宾人民选举出来的立法议会手中。每一届议会都要求菲律宾独立,并投入人民的钱来实现独立。每一次选举中,那些为菲律宾独立贡献最多的立法代表都获得了最多的选票。任何地方都没有出现反对与美国分离的声音,菲律宾人对执政党的唯一批评是它没有为菲律宾与美国分离尽足够的努力。

当然,选举并不是遍及整个菲律宾人民。到现在为止,妇女还没有选举权,男性选民也限制在受过教育和有纳税能力的人中间。但是,在上一次选举期间,有63.5万选民支持独立,至于那些没有投票的人,也不能想当然地假定会有太多人反对独立。

因此,如果我们相信菲律宾人民的要求,好吧:这是一个无可逃避的要求,因为这是无可指摘的终极要求。

菲律宾正在提出反对可怕的莫洛人问题,莫洛人被描述为愤怒地反对与美国分离,并献身于美国的统治。独立地看这个问题,这幅画面从未让我非常信服。我在莫洛人领地内时,从未发现莫洛人对独立的一般态度与北部各省有什么不同,我有一些莫洛人领袖的信件可以证明这一点。三宝颜市(Zamboanga),在美丽的中心广场上,莫洛人为黎刹(Rizal,1861—1896)立起一尊雕像,与这个国家别的雕像一样壮观。不管我到哪里去,[我发现]莫洛人对黎刹的敬重绝不亚于北方各省的同胞。黎刹是菲律宾独立事业的民族英雄,因此我不得不认为这个事实比任何袖手旁观的政治家更重要。

但是,就算莫洛人领袖并不倾向于菲律宾独立,我们必须牢记,在总人口达1050万的菲律宾,莫洛人不到40万!这些莫洛人中,许多都生活在与世隔绝的小岛或边远地区,因而他们对菲律宾独立问题的看法从未得到学者的调查,也就没有人能对此发表权威看法。最重要的事实是,莫洛人在种族上与其他菲律宾人没有差异。依照我们从书中读到的东西,我们倾向于不相信这一事实,但实际上他们在种族上的确没有不同。唯一的差异是他们在宗教信仰上不同。莫洛人是穆斯林,尽管是伊斯兰教的一个变种,而其他大部分菲律宾人则是基督徒:9463751名基督徒对886999名非基督徒,包括穆斯林、异教徒和佛教徒。因此,认为莫洛人对菲律宾独立问题持保留态度具有优先性,似乎是虚构。即便他们全都反对与美国分离,他们占总人口4%的比例也起不到什么作用。

同样俗套的还有强调菲律宾人所谓的财政困难!

有人建议美国国会将新发行债券的债务上限提高到2500万美元。任何一个国家,从自身资源看,都不需要这样的援助。然而,当菲律宾总督否决16项大部分与财政相关的法律时,这一事实被用来说明菲律宾人管理的政府已将这个国家推入困境。当然,这也证明菲律宾人没有能力管理自己:瞧,他们把自己的财政搞得一团糟!

总督否决的法律之一是计划拨款给菲律宾大学,这是一所学生数超过4000的本土大学,是一份精美的过往记录(顺便说,星条旗下菲律宾最古老的大学是圣托马斯大学!)。美国没有解释这一事实,但对菲律宾人来说,这是一次非常特殊的刺激。这所大学一直以来的具体目标就是攻击美国对菲律宾的殖民统治,因为培养的年轻男女不是要成为体力劳动者,而是要成为智识劳作者。因此,我们在这里混杂了种族歧视和阶级偏见,这种混杂在我们与海地和圣多明戈冲突期间尤为明显。在一般美国人看来,菲律宾人在菲律宾必须处于附属地位。这所大学因此变成菲律宾人与美国斗争的一个象征。这件事是对菲律宾人雄心壮志的打击,这一打击刺激菲律宾人用漫画讽刺美国的统治,并会进一步促使他们诉诸其他可憎的手段。

国内的美国人如果只看那些反对菲律宾独立的论点背后的东西,就容易看穿这一斗争的一个面相。没有什么比这更简单。在美国人的统治下,菲律宾的产品获准自由通关,结果是,美国与菲律宾主要商品的活跃贸易发展起来。随着菲律宾独立,美国的关税将对这一切生效,美国在这些方面的投资将不得不承受损失。但是,这是些什么商品?烟草、糖、大麻、珍稀木材、植物油和石油。这些投资通向哪些门?通向美国最大、最有力的金融利益。促使我们干涉海地的利益距此多远?不到一条街。难道这还不能让所有人睁开眼睛?

此外,在我们与这个国家的关系中,我们可以合理地肯定另外两个事实。首先,独立运动会继续发展,直到我们不再能漠视它,也不能消除它。其次,如果这次危机再次要求美国军队的介入,去镇压一个为自己的自由而战的民族,这将不会是一次愉快的征程!对白人来说,这是一个对打仗而言病态、邪恶、有毒的国家!([豪斯霍弗注]西班牙也经历过这种情况。不去详细评论罗塞尔这引人入胜的报道,对地理学家和东亚历史学家来说确实是对自我克制的相当大的考验。因为,这确实是地缘政治的集中体现。但是,这将意味着剥夺罗塞尔报道的效力!)

不久以后,我们必须就这些努力达成最终的决定。菲律宾人不是工具,而是一个拥有聪明才智的民族。他们清楚不过地知道他们是否有能力自治、他们统治得好还是坏、莫洛人这么想还是那么想,全部翻过来倒过去的争论,都不会有任何结果。伴随1916年8月29日的法案,美国已经承诺准许菲律宾群岛独立,"只要菲律宾人能自己建立稳定的政府"。除此之外,没有任何别的条件。菲律宾人建立自己管理的政府,已经超过五年。"这个政府稳定吗?"这个政府能自己站住脚吗?对问题的整个判断必须以这个问题为基础,且仅仅以这个问题为基础。以这种方式建立和运行的政府,符合国际惯例所知的持久性和稳定性的任何证据。同时,这个政府也符合麦金莱总统和鲁特先生(Mr. Root, 1845—1937)提出的定义,后者当时是国务卿。

麦金莱总统说:"持久的政府是有能力维持秩序、尊重国际义务的政府。"

依照这些标准来判断,在这五年里,绝不会有比眼下这个政府更稳定的政府。

至于保卫生命和财产,我必须——尽管其中包含耻辱——比较菲律宾人的生命安全状况与芝加哥的谋杀记录,后者在六个月中,发生141起谋杀案,而纽约现在到处是犯罪事件(为了加强安全,最近签发了75000份枪支许可!),这就是美国大城市的安全状况。

菲律宾人已经履行契约中他们应做到的那部分。我们必须在短时间内决定要么履行承诺,要么违背承诺。

但是,如果我们想出于贪婪和帝国主义野心留住菲律宾,无论有无条约,那么,为什么不公开地说出来,并准备忍受世界的尖锐嘲笑?我们必须厚着脸皮去做!假装我们保留菲律宾是为了上帝的荣耀和菲律宾人的精神福祉,这是令人作呕的虚伪做派,这会令失望的世界感到反胃。一边用虔诚的眼睛望向天堂,另一边则忙着寻找借方和贷方的字条,这已经足够虚伪。在这种繁盛的商业虚伪(Tartufferie)中,菲律宾现在认识到战争起因的真正根源和本质。如果我们问的话!如果我们对战争虚伪的、表面的厌恶只涉及反对与我们肤色相同的民族的战争,如果我们毫无顾忌地将战争强加给棕色、黄色和黑色人种,那么,为什么不坦率地公开说出来?

没有什么比下述情况更能清楚犀利地表明世界统治者们的真实状

况,它比受到侵犯的德国生存空间面临的情况更加令人信服,即世界统治者们不得不用行动证明符合国际法、符合小国和受压迫民族的自决权。

在注释中,读者可以找到《菲律宾:独立还是臣服?》一文中最重要的部分,不过我本人在《国际法和外交手册》(Handbook of International Law and Diplomacy)这本极其扼要的总结中,也联系国内法和国际法谈到过菲律宾问题。那里经过深思熟虑的话无法更好地转述,因此照录于此:①

菲律宾问题原先是一项西班牙的殖民地事务,《巴黎和约》签署之后,②就变成美国与东亚的关系问题,由此菲律宾的地球空间和边界最终由国际法决定。这个群岛的面积为29.631万平方公里,相当于英国和爱尔兰加起来的大小,由3141个岛礁组成(有的人认为仅由1724个岛礁组成),其中10个较大,1095个有人居住;根据不同的估计,历史上人口在600万到

---

① 摘自《国际法和外交手册》中我对作为一种生命形式的菲律宾的概述。菲律宾的旧文献,准确而言是西班牙[殖民时期的]文献,见Blumentritt, *Versuch einer Ethnographie der Philippinen*, Gotha 1882。作为对抗压迫者声音的平衡力量,参Don E. Aguinaldo, "La vérité sur la Révolution des Philippines", *Revue des Revues*, Paris March 15 and April 1, 1900,以及随后奎松的演说。James Bryce, *The American Commonwealth*,两卷本,New York,该书"新的跨洋统治"一章从盎格鲁-撒克逊人的视角给出出色的概述。John Foreman, *The Philippine Islands*,1906 London,以及新渡户(Dr. Nitobe)在1913年8月9日的《日本邮报》(*Japan Weekly Mail*, supplement)上发表的文章,令人印象深刻。伍斯特(Dean C. Worcester)的《菲律宾的过去和现在》(*The Philippines, Past and Present*,两卷本, Mills and Boon, London-New York,该书有128幅插图)和《菲律宾以及菲律宾民族》(*Philippines and Their People*)这两部不断重版的书,仍是美国人论菲律宾的权威著作。

② 1898年12月10日[在巴黎签署],1899年8月6日美国参议院批准。

1200万间波动,眼下是1300万,人口密度极不均衡,在10人/平方公里到75人/平方公里之间,平均人口密度是25人/平方公里。苏禄群岛1873年才成为菲律宾的一部分。

签订《巴黎和约》时,菲律宾正处于自决运动的中期,这次运动从1896年延续到1901年3月23日阿奎纳多(Aguinaldo)被捕,实际上持续到1902年7月4日罗斯福取缔战争组织。这次自决运动首先反对西班牙,随后反对美国。菲律宾人没有实现目标,仅仅从西班牙文化上相关但更强制的监护,转入美国的监护和势力范围,这个新宗主国的文明更自由,但本质上与西班牙不同,也更难摆脱。菲律宾现在的政治-科学边界,从西到东沿着北纬20度,穿越东经118度到127度之间的巴士海峡,向南到北纬4度45分,沿着这条纬线到与东经119度55分的交点,再向西北延伸到北纬7度40分;然后向西延伸到东经116度,从这里再向北延伸到北纬10度与东经116度的交点,再到北纬10度与东经118度的交点,然后回到出发点。

在西方科学的眼光看来,麦哲伦(1521年4月27日死在宿务岛[Cebu]上的麦克坦[Mactan])于1521年3月12日发现菲律宾;[254]西班牙人称菲律宾为德波尼坦岛(Islas de Poniente,西岛之意),葡萄牙人称之为德奥伦特岛(Islas de Oriente,东岛之意),这正好表明当时这两个太平洋霸权的竞争状态。这两个国家就菲律宾的争论源于教宗亚历山大六世的著名分界线。直到1845年1月1日,菲律宾才通过省略12月30日之后的一个星期二,适应旧世界的日期线,在那之前,西班牙将菲律宾合并到拉丁美洲殖民帝国——从国际法上看,无论如何,这都是菲律宾的雌雄同体位置(Zwitterstellung)的显著表征(菲律宾的跨太平洋合并长达一个世纪:地球空间的耽搁

[Erdraumverschleppung]！）。

白种人征服者在菲律宾发现一个矮小、退化的黑色人种，这一人种基本上已被马来人挤掉，两个人种都类似于日本人，主要靠鱼类和蔬菜为生，尤其依赖大米。这一早期的原生经济只把总面积的10%开发成耕地，50%的土地仍是原始森林，剩余40%则是热带草原。矮小黑人和马来人，再加上少量外来的中国人和日本人，产生混血人种问题，后者约占总人口的5%。西班牙人1543年将萨马岛（InselSamar）命名为菲律宾（Filippina），1565年在宿务岛建立圣米格尔教堂（莱加斯皮），1569年正式占据菲律宾，1571年宣布马尼拉是整个菲律宾的首都：从地缘政治上看，马尼拉确实是一个绝佳的位置选择。

西班牙对菲律宾的征服和基督教化凭靠惨烈的战争进行——尽管不像在南美或在马里亚纳群岛对查莫罗斯人发动灭绝战争那样残酷——但也从未完全成功。西班牙的统治从不确定，也从未在整个菲律宾群岛得到普遍接受，例如，伊格罗特（Igorrote）战争一直从1660年持续到1829年。但是，马尼拉始终是西班牙殖民统治的坚固核心，只在1762—1764年间由于法国-西班牙-英国的殖民战争，被英国短暂占据过，这次殖民战争与[欧洲的]"七年战争"发生在同一时期。除1873年吞并苏禄群岛外，就国际法而言，菲律宾从16世纪末到19世纪末没有发生本质变化。除战争灾难外，大量自然灾害，如风暴、海啸、地震、火山爆发，让人口一直保持紧张。

西班牙直到1898年的殖民统治时期表明，政治家、士兵和神职人员针对宗教秩序下庄园大地主权力的严苛压力的斗争毫无结果。其中的转折点是1812年、1869年和1872年；1896年所谓的"卡蒂普南起义"（Katipunan-Aufstand，卡蒂普南是自由菲律宾的国旗)和黎刹的牺牲,①意味着和平妥协、平稳发展机会的结束。尽管在菲律宾,新国际法观念的宣传者也可能被枪杀,但同时,知识管控不可能永久地压制这些观念。

在国内法和国际法方面非常特殊的是菲律宾的教会法立场,[255]作为过去教会权力形式的结果,通过修会的世俗权力投射到最近的现在。除大主教(克莱蒙七世1595年8月14日通过诏书任命)和他的四个副主教外,还存在握有土地、贪图权力的宗教修会。例如,自1565年起,奥古斯丁派出现在马尼拉、宿务和瓜达卢普;1577年起,方济各会出现在马尼拉和圣弗朗西斯科·德尔蒙特(San Francisco del Monte,位于马尼拉附近);多明我会1587年起出现在马尼拉和圣胡安·德尔蒙特(San Juan del Monte);雷克里托斯派(Recoletos)或方济各隐修派(Franciscans serv. obs.)1606年出现在马尼拉、甲米地(Cavite)和宿务;最后是耶稣会,1852年在马尼拉、棉兰老(Mindanao)、苏禄得到恢复。耶稣会徒劳地试图调解民众和各宗教修会,但各修会却严格地排除菲律宾人,坚持自己对土地的占有权。除了圣托马斯这所当时最古老的星条旗下的大学,耶稣会的教学和研究机构也很活跃,在文化地理学上取得重大成功。

---

① [译注]卡蒂普南是19世纪末菲律宾的秘密革命组织,1892年7月7日由博尼法西奥(Andres Bonifacio,1863—1897年5月10日)等人创立。卡蒂普南是塔加洛语"协会"的音译,全名是"最崇高、最受尊敬的菲律宾儿女协会",目的是团结菲律宾人民以武装斗争推翻西班牙殖民统治,实现独立。1896年8月,召开第五届委员会,成立雏形政府,同月发动起义。博尼法西奥被捕遇害后,卡蒂普南解体。黎刹是卡蒂普南的主要成员,参与卡蒂普南起义,于1896年10月6日被捕。

1896年到1902年的内战,①源于对各宗教修会的反抗,经过美国与罗马教廷的长期谈判,最终废除了各修会的权力。但是,进一步的发展表明,天主教会在菲律宾的文化力量以及在政治和司法方面的重要影响不会消失,反而会增强。西班牙的文化也证明远比西班牙的武力更强大,如今是促进菲律宾为实现自治而进行的顽强努力的杠杆之一。阻碍菲律宾前进的,是对外表温和的美国政治力量的依赖,而这种力量在政治和经济方面优势巨大,引导着[菲律宾]群岛实现这种力量自身的目标,因此它首先利用阿奎纳多(1898年5月1日与阿奎纳多签订的协议)及其将近3万人的军队击败西班牙人,但是,随后,经历了1898年8月到1899年2月的犹豫不定后,美国没有兑现允许菲律宾独立的承诺,并从1899年2月4日开始,派出一支由2000名军官和6万名士兵组成的占领军对菲律宾实施压制。

随着美国统治下菲律宾宪法的持续发展,两种不同的宪法基本潮流在各自与美国的关系中变成主流:一种拥护帝国主义(奥蒂斯[Otis]等),另一种则倾向于依靠国际力量的支持,意在实现和平妥协,至少在形式上实现自治,只保留宗主权和经济纽带(伍斯特,比较他的文献)。军队戒严于1899年5月29日开始实施,不久之后设置普通法院和市政当局;1900年9月1日,依靠美国总统[麦金莱(William Mckinley,1843—1901)]的命令,军事占领当局的立法权以及任命、调动和解散政府官员的权力被剥夺,转而交给一个由5名最熟悉菲律宾的美国人组成的委员会;他们是:伍斯特(1866—1924,他在委员会的地位举足轻重)、塔夫脱(W. H. Taft,1857—1930)、莱特(L. E.

---

① [译注]英译本作"1898—1902",误。

Wright,1846—1922)将军、伊德(H. E. Ide,1844—1921)和摩西(Bernard Moses)教授。[256]由此,美国开始了一项宏大的文化工作,起初是修建公路和海港,并派遣1000名美国教师,建立地方和省级自治机构。总之,除不可避免的个别错误外,这项政策取得了巨大的成功,然而,这一成功必须以民众优秀的受教育能力为前提。无疑,面对地球上最强大、最鲁莽的政治形式,菲律宾从彻底绝望、无权无法的状态逐渐获得了自决权,并且它几乎只有通过自身不可剥夺的天赋权利的道德力量,通过巧妙的新闻运作,通过顽强寻求美国的承诺,通过与美国摇摆不定的政党倾向相反的民族团结,才能实现独立目标。

早在1902年7月1日,美国就允诺菲律宾成立一个立法议会,要是一切顺利,可以在两年内付诸实践——当然,这一议会的参议院仍将由那5名美国人和3名增选的菲律宾人组成,而众议院则将由选出的大地主或别的说英语或西班牙语的合适人选(81名)组成(实现:1907年10月16日)。紧接着是对占地2500多英亩的大型教会土地进行分割,并实行政治特赦。由于美国的征服权,进一步实现自治的道路从1902年到1927年都受美国的承诺引导,这些承诺已经覆水难收,即"一旦菲律宾有能力自治"就让权。这样一来,实然法让位于应然法,当然,是让位于一种由极具争议的价值判断暂时限定的应然法,逐步让权就在这一标志下发生。这块殖民地发展得越好,就越接近自己奋斗的、美国已经明确允诺的目标,不过,这基本上仍然只是菲律宾一厢情愿的目标:彻底独立。

菲律宾的民族领袖(比如参议院议长奎松)已经到处设定6年、10年或最多15年的独立期限,其中隐含着威胁。1935年,美国确定[准予菲律宾独立]的期限是10年。受过教育的菲律宾人对他们的行政机构的影响越来越大,越来越不可否认,但最近由于可疑的金融行动而受到打压。菲律宾人口在文明制度的保护下迅速增长到1300万,人口的增长促使美国内部有人赞同给予菲律宾自由(民主党比共和党更支持这一政策),因为菲律宾人口的激增确实令人恐惧,让这些菲律宾人成为美国国民,必将使美国的第三种族问题陷入致命危机。例如,民主党政治家比尔(Jones Bill)允诺给予菲律宾更大的自治权。当然,即便给予菲律宾自治,一般而言,至少也会在菲律宾永久保留一个海军基地和对菲律宾的经济霸权。

[257]然而,被寄予厚望的伍德-福布斯调查委员会,就菲律宾是否已经成熟到自决的程度,得出了分裂的判断。尽管如此,这个委员会的主席伍德将军,一位彻头彻尾的专家,已被任命为菲律宾总督。美国的地缘政治学经过最初的犹豫后,冷静地甚至近乎科学地前进,在菲律宾问题上,这一地缘政治学是太平洋新地缘政治手段的典范,这种新手段或许是首次在太平洋空间内运用。这就是菲律宾的宪法以及美国与东亚"领地"的关系的当前事态。此外,这里还蕴含着一种未来影响极其深远的国际法发展的开端,这一国际法的基础现在看来会在1935年至1945年间奠定。

菲律宾是通过自身暴露的焦点位置感知泛亚洲地区的压力状况和种族心理学的重要压力计,但是,这一点既没有从国内方面得到充分认识,也没有从国际方面得到充分认识。菲律宾位于马来文化圈、中国文化圈和马来-蒙古人的日本文化圈的交汇点,一方面是联结东亚北部和南部曲线弧的最重要桥梁,是古老的东亚文化帝国的一部分,另一方面则受到跨越太平洋而来、种族上格格不入的新世界的支配。从地缘政治角度看,菲律宾在土壤、气候、种族、定居方面与东南亚更近,但在权力、全球交通和世界经济问题上必然倒向盎格鲁–撒克逊世界;菲律宾人尽管明显反对世俗教权,但又是好的天主教徒,在文化地理上与西属南美最亲近。

然后,菲律宾发展成了由东南亚所有本质上相关的季风国家组成的超国家地球空间组织的纽带,首先是在法律保护领域,但随后也变成To-A[东亚]理念和泛亚洲理想("亚洲人的亚洲")的重要承担者。亚洲法律保护联盟(asiatische Rechtsschutzvereinigung)1919年首次在马尼拉召开大会,随后1920年在东京、1921年在上海召开,这几次大会都从菲律宾得到最强大的鼓励。甚至印度、暹罗、巽他群岛、中国和日本的法律代表都与菲律宾的发言人站在一边,后者在美国和日本官员在场的情况下发表讲话,提到黎刹在西班牙行刑队前、阿奎纳多在美国行刑队前遭枪决之类的事。①

澳大利亚–新西兰势力范围这个小宇宙,作为整个太平洋地区第三个地缘政治压力观察仪,必须持续监视,因为这一空间以人烟稀少的部分面对主要的风暴场,与此同时,实际的文化区域则远离这些风暴场。澳大利亚–新西兰的社会自我中心主义,可以从地缘政治角度得到令人信服的解释,即这源于它的地理位置、人口重心远离太平洋大生存空间、[258]无人居住的安全区以及殖民历史,而非源于纯粹的形态学动机(morphologischen Motiven),也非源于仅仅

---

① 参上文注释提到的菲律宾文献。[译注]黎刹在一场模拟审判后于1896年被西班牙人处决。阿奎纳多在西班牙–美国战争期间与西班牙人作战,后来在1899年至1901年间转而与美国人作战,被捕后宣誓忠于美国,未遭枪决;事实上,据报道(《时代》周刊,1942年2月16日,页17),他后来成了菲律宾的叛徒。

出自人类意志的纯粹的政治理由。

准确而言,在寻找科学上和生物学上位置合宜的联邦首都的过程中,确定澳大利亚的人口重心曾经过非常仔细的审查。① 澳大利亚寻找联邦首都的过程,表明接近地缘政治问题的自然科学方法与生物学方法的总体差异。因为,与亚欧大陆西部相对的太平洋生存空间,能够利用这两种方法及其有效性,即冷静的方式和不受怨恨影响的自由;当然,在历史上充满阻碍的空间内,这两种方法绝不可能以跟澳大利亚相同的方式运用,而美国仍然能够运用这两种方法(例如首都位置的选择,美国的新英格兰、南方、密西西比河流域各州的交通联系)。建设堪培拉时,让卢森堡大小的联邦区从另一个州分离出来,作为可行的首都的领土基础,这是件理所当然之事。可与之对比的是魏玛宪法的紧急成立程序,还有光这个问题——究竟是柏林、波茨坦还是魏玛作首都?——在我们当中激发的政治激情,因为单单每个城市名就能唤醒一系列历史记忆,且意味着一种政治方案,这些方案如今已得到统一。

整个太平洋地区,无论在哪里,只要愿意,政治中心就能远离金融中心和被经济斗争束缚的区域。在美国,均衡到几乎无聊的华盛顿,远离纽约这个种族大熔炉和华尔街;在加拿大,各种功能被分散在蒙特利尔、魁北克、渥太华和维多利亚—埃斯奎莫尔特,而在其他地方这些功能则被非常不明智地集中起来;在中国,古老的政治经验教会中国人让权力中心(北京、南京、渭水周边各城[Wei-Städte])与经济中心和商业中心(各港口,汉口周围的工业区)分离,事实上,中国的城市布局中也区分不同的区域。菲律宾虽然以澳大利亚的

---

① 比较重复提到的 Griffith Taylor 和 Gregory 的著作,也比较第十三章提到的 Manes 和 Killiani 等人的著作。

联邦结构为现成的榜样（就像美国大可以中国为榜样！），但由于殖民历史的影响，菲律宾人仍然以马尼拉为［整个群岛的］权力中心和贸易中心。

只有日本，尽管已经放弃古老的精神文化首都京都，选择以帝国元帅们的新权力中心东京为新首都，却同时类似我们的柏林，将资金和工业也都集中到了东京。日本在地缘政治未来上的决定性错误，就是东京，这是学习普鲁士-德国的后果！更严重的是，东京这个过于拥挤的中心还位于主要地震带上，且紧邻大海。当然，日本也存在针对过分中央集权主义的强有力的人类地理平衡物，它与我们非常类似，［259］主张一切都要依照是否能实现正确的动态平衡来决定。因此，在这个岛屿帝国的两次危机中，军事技术领导层所在地都转移到安静的广岛，这里位于内海，是日本帝国最强大的海军防御工事中心，是历史形成的古老地势。然而，纯粹以太平洋方式建立权力中心的教诲，在我们看来更值得模仿。幕府将军城堡的城墙至今仍气势雄伟，显示出一种趋势：在帝国元帅所在地、空间更小的古老江户，对距离的地缘政治本能仍然非常活跃，今天的一代却不再拥有这种本能。就认识各首都所在的国家而言，东亚各国首都的城市史，比北京和东京看似单调的城市规划具有更大的关键价值。①

最后，还可以将类型非常不同、刚刚开始形成的边缘生长，用作尤其敏感的压力计，因为，这些边缘生长显然能够反映（尤其在刚刚开始形成的地方）自己所由生出和将要长入的各种生命形式的血压和活力。这些跨洋的边缘生长，其独特标记是位于一片不宜居住的

---

① 1936年，东京爆发兵变。［译注］指1936年2月26日，日本东京发生的一次失败兵变。日本陆军的部分"皇道派"青年军官，率领千余名士兵刺杀政府及军方高级将领中的"统制派"成员，最后政变被扑灭。

地区之外——要么跨洋,要么跨越一片与生命起源区或营养区不同的荒漠地带——其形式有海港殖民地、贸易殖民地或海军基地。如果对这些形式加以观察,那么,作为小型压力计,边缘生长可以根据各自的活跃度作适当的大致分类。分类如下:

  1. 荒废、消极、被覆盖的地区,如长崎附近的出岛、马六甲、旅顺港;
  2. 停滞不前乃至倒退的地区,如澳门、海参崴、威海卫;
  3. 静止或休眠的,这类地区非常稀少,可能只有上海、青岛;
  4. 缓慢生长的地区,如香港、天津;
  5. 非常活跃、辐射周边的城市,如新加坡、辽东半岛的大连。

  考量这些以及其他著名的地名,回顾其命运的突变或者活力和政治意义的缓慢减弱,极具启发意义。从这些地方的各个生命阶段,我们还应该设法得出下述问题的结论:那些派生出这些地方的生存空间的状态如何,这些地方在那些暂时或永久得到这些地方的民族的力量中占多大比重。

  一般而言,最强大的国家和民族生命感觉,不会认为有必要巩固自身的辐射范围,或者直到后来才稍微这样做,因为本能地意识到这一点反而会阻碍生长;只有停滞不前的生命感觉才需要躲在防御工事背后。最强大国家的海军基地最关心的是有一个海上空间出口;只有当自信心消退时,才会寻求本土力量的保护和封锁。因此才会出现已经讨论过的捕鼠器,例如旅顺港和海参崴;[260]而那些有利于结冰的笨拙防御设施,甚至已经将某些原来的不冻港变成冰封港!

  我多次提到梅尔茨博士的著作,该书已经通过丰富的材料来源，检验和证实边缘生长的这种动态。

　　各种各样的边缘生长在夏威夷几乎不可分割，这一点在第十九章已经彻底讨论过。夏威夷这个种族熔炉无疑是整个太平洋的中心，它最为典型，能提供关于整个周围世界的活力的有效结论。东亚人取代最初让西方人征服的马来－波利尼西亚人，并在人类地理学意义上再次征服夏威夷（在美国的枪炮下！），由此看来，白种人不太可能在人类地理学意义上征服太平洋。相反，白种人顶多会在太平洋保留一些在气候和形态上特别吸引自己的领地。由于美国已经通过人为的联合，将白种人的两个最强大的分支，大陆日耳曼人和斯拉夫人，长期排除在[太平洋]外，白种人的机会越来越少。这么一来，白种人恰恰做了基奇纳勋爵1909年在印度威廉要塞的壁炉前对我说过的那件事[即欧洲大国在太平洋爆发战争]，他说那件事将是本世纪最大的蠢事。基奇纳认为，太平洋即将爆发的世界战争将损害参战的每一方。基奇纳之所以带着冷笑谴责这一战争——他当然不是亲德派——仅仅是因为他预见到这场战争将危及英国在太平洋的地位。在他看来，欧洲列强只有保持团结，才能确保在太平洋处于领先位置，否则将出局。

　　尽管基奇纳是我们最有影响力的敌人之一，但他无疑理解太平洋地缘政治的某些东西，从而对澳大利亚针对东亚人口压力的防卫力量不抱任何幻想，从他的民兵批评（Milizkritik）中，澳大利亚的总理们兴许仍然知道这一点。毕竟，澳大利亚—新西兰联盟或许站在错误的一方战斗，不管打得多么好，[1] 这种迟来的认识，将是世界历史法庭对之施加的世界政治惩罚！

---

[1] 例如，比较 F. C. Green, *The Fortieth*, *Record of the 40th Bat.* A. J. F. Hobart; John Vail, 1923。

第二十五章　近海和大洋：跨太平洋文化、权力和经济体的子空间

[261]太平洋政治海洋学迄今仅勾勒出大纲，我们仍需进一步处理，将之当作跨洋文化、权力和经济体的形态、起源、保存、衰落问题的局部问题来处理。为此目的，我们必须总结一下我们探讨的个别问题所涉及的整个领域。地球上最大的海洋空间明确地告诉我们，必定存在一种类似自然海洋学的政治海洋学。这种政治海洋学应该以有机地理学和生物地理学为基础，从文化地理学、权力地理学和军事地理学的角度，覆盖定居、交通和经济等主题。

此外，作为地球上最大且统一的局部空间，太平洋空间具有最广阔的天然统一的景观。我们必须接受如此构想的政治海洋学及其结果。这种政治海洋学应从理论上为在这个空间内运用地缘政治艺术，确立科学和技艺的可理解的基础，从而接近在这一空间内开展政治行动的门槛。这一要求产生的副作用就是让我们认识到，被逐出太平洋的大国在太平洋也仍有许多重大利益，因此完全有理由继续致力于太平洋地缘政治。要是有人反对说，帕姆群岛（Palmeninsel，又称梅特兰群岛，位于俾斯麦海）以及这些大国的边缘阵地已经丧失，不可能再得到，我们可以如此回答：法国也丢过一大块岛屿领地和一个海外帝国［加勒比海、新法兰西和印度］，但法国以此为鉴，后来再次赢得一个海外帝国，甚至比之前那个还要大！

但是眼下，我们对这种推理不感兴趣，我们的兴趣在于地缘政治洞察力，在于借助地缘政治洞察力达成的空间占有或空间占有传统的渗透（Durchdringen），在于深入思考这两个方面。但是，我们如果据此审查前德属太平洋空间占有的基础，就会发现，作为整体的德意志民族，从未有意识地占有自己在太平洋的阵地和自己的南太平洋空间，对青岛的占有意识甚至更差。[在德国]只有极小的一个圈子密切地参与其中。这个小圈子徒劳地与德国民众及其偏爱的领袖的可怕无知斗争，但是，他们从未能克服德国民众及其领袖对太平洋这个地球上最大空间的无知。

[262]法兰西的民族灵魂与加拿大和路易斯安那的关系与此类似，但[比德国人与太平洋的关系]更亲密些。对此有丰富的文献记载：伊尔默（Irmer）的《太平洋民族的黄昏》（"Völkerdämmerung im Stillen Ozean"），霍尔韦格上将的大量著作，恩格尔哈特（Pfarrer Engelhardt）徒劳的宣讲，1918年南太平洋各公司向帝国议会提交的备忘录，还有我自己的许多报告，以及我因强烈感受到德国人对太平洋不正确的政治态度而写的第一本书。这里仅提到了这个小圈子的少数几人。然而，最重要的鲜活证据，是"埃姆登"号的沉没及其船员从海洋深处发出的呼救声，是施佩将军所率巡洋舰队的沉没，这支舰队沉没时，三色旗仍在迎风飘扬。①

---

① 为了国旗的荣誉，水兵们沉入大海时，有意识地让德意志帝国的黑、白、红三色旗飘扬，光这一事实就应该永远保护这些颜色，反对背叛国旗。在我看来，德意志文化时代的大德意志黑、红、金三色旗，作为古老的德意志－波希米亚传统的继承者，跨越了德意志的边界：这些颜色本来能不同地组合，显示出对未来的骄傲和对过去的敬重——或许[可以]用学生们的黑－红－金绶带来环绕德国和奥地利的颜色。加拿大的新国旗表明过去和现在如何能有尊严地结合在一起，即通过混合英国、苏格兰、爱尔兰、法国的符号，设计出加拿大枫叶

极少有人能理解,广阔空间、更新力量和扩张权力,对于出自逼仄空间的德意志人、德意志种植园主、商人或官员的世界图景有何价值,这一价值内在于这唯一的独特性!我们要意识到一个事实:在德国境内乘火车,24小时内可到达每一处边界,但是,光从澳大利亚到马绍尔群岛,正常的海上航行就需要30天。拉采尔向我们指出,① 海洋是各民族达至伟大的源泉;李希霍芬描述各岛屿帝国的早期和成熟阶段[的历史]时,也以日本为例如此警示我们。但我们没有及时认识到这一真理。我们首先要补救这一缺陷,奠定基础,从这些基础出发,首先是个别人,之后是许多人,能拥有洞察力和理解力,以便从确定的知识发展出熟练的能力,进而跃入世界,而非从无知出发就跃入世界。

正因为如此,我们也欢迎一切精神类似、目标一致的作品,我们尤其希望在初等教育及教科书中发现这一努力的踪迹。例如,已经丧失的德属南太平洋帝国的大空间,其教育力量就非常直观。我们的南太平洋殖民地的范围与欧洲面积的比较,可在费舍尔-盖斯特贝克(Fischer-Geistbeck)版的中学地理学教材中找到。② 从北角(North Cape)到爱琴海、从爱尔兰西南角到里海的空间,是毗连的德属南太平洋岛屿走廊海域的欧洲对等物。评估经济价值不像评估

旗。由于失败主义,黑-红-金三色旗不让使用,又由于怯懦和绝望不让放弃——在民族的颜色和符号上,在光荣的过往历史的象征上,在地缘政治方面非常有意义的地球空间的标志上,黑-红-金三色旗都非常重要!

① F. Ratzel, *Das Meer als Quelle der Völkergröße*, Oldenbourge, München-Leipzig 1900,页9、10。

② 前德属南太平洋殖民地的范围与欧洲空间范围的比较示意图,在费舍尔-盖斯特贝克版《地理学》(*Erdkunde*, edited by Oldenbourg, III C. IV.)的页96。

空间体积那样容易,但是,经济价值必定巨大,前面提到的事实已足以证明这一点,即群岛中最小的瑙鲁岛的磷酸盐,据瑙鲁的新主人自己估计,总价值高达15亿英镑,这一数额足以消除中欧的整个货币灾难。①

一边是萨摩亚的电缆末端,另一边是万鸦老(Menado)、上海和青岛的电缆末端。[263]这些电缆把世界范围内的电缆网与剩余的经济世界连接起来。这些广阔的区域迫使那里的每一位殖民地官员和国会议员、每一位商人和种植园主,更不用说航海家们,依照空间的广度来思考。但是我们的政治家在1919年至1932年间丢了这种习惯。毕竟,"在帝国间思考"(thinking in Empires)的习惯丢得非常快,而一个民族需要长时间才能再次学会这一思维。专注于政治科学的教条或梦幻不能取代这一思维。我们的首要意图是,先是一位领袖,之后是德国民众,能够重新理解跨洋权力、文化和经济体的生存条件,在太平洋可以最纯粹地获得这些条件。当然,前提是深入岛屿民族和岛屿地区的大洋政治形式的生活方式,从而趋近海洋国家的生活方式,熟悉异域生命圈,这恰恰对内陆人的外交政策来说必不可少。

即便在我们的海外领地被剥夺之后,熟知这些生活条件对我们来说也并非毫无意义。伴随一个可怕的决定,我们白种人的各跨洋文化和经济体已经暂时把我们[德意志人]从中推开,这个决定对这些跨洋文化和经济体的生存同样致命。无疑,只有这些跨洋文化和经济体毁灭、分裂或者政治思维发生彻底转变,我们才能期待另一种生存,它将不同于我们目前的残缺不全、受限的生存。因此,这

---

① [译注]指一战后德国货币马克的大幅度贬值,例如,1914年,1美元等于4.2马克,但1923年,马克贬值到1美元等于4.2万亿马克。

些跨洋文化和经济体迫使我们环顾四周,看看哪里可以找到与我们处境类似的命运同伴。也就是说,这些跨洋文化和经济体已经把我们排除在保存西方——至少是这些跨洋文化和经济体理解的某个西方——的利益之外。

我们在9亿东南亚人中找到同处不幸的同伴,他们也像我们一样在为自决权而战,以反抗同样压迫我们的压迫者,但是,在某种程度上,他们拥有更有效的武器,取自印度和太平洋的生存条件,即那里的地缘政治武器库。单单这一点就足以让我们关注这一地球空间。我们看到,在那些地球空间中,给予我们最残酷伤害的经济、政治对手和压迫者,由于自己的所作所为,已经受到正义惩罚的影响,其中部分还在酝酿中,部分已经实现。这源于压迫者用来对付我们的谎言网;我们看到,小民族、大民族和全部种族的自由这类欺骗性言论导致了这些结果,大空间的自决(großräumigerer Selbstbestimmung)开始高涨,而施暴者们正徒劳地反对。

我们从剥削民族的小圈子中被逐出后,现在看到了一个更富裕、更强大、对自己的未来更确信的世界,这是比那个已被抛弃的小圈子更广阔、更宽容的世界。相信一朝划定的法律限制能长期单独为自己保存地球上的生命宝藏,就像曾经的 orbis romanus [罗马人的地球]一样,并为此而奴役所有年轻的民族,这种利己主义难道不是非常愚蠢?[264]我们若想摆脱法国人的食利者思想对我们的奴役,无论如何都必须敏锐地观察地球上的力场,在各个方向测试和侦察;不让任何空间逃脱我们的注意,至少注意这个正在衰老和收缩的世界的最大、最有未来的空间。我们欢庆德、日签订反共产国际协定,也是出于这个原因。

在太平洋这一空间,是否存在一种政治情感,它能够从地缘政治角度捕捉到,且具有无可估量的意义?是否有一种太平洋类型的爱国主义和权力概念,类似例如德莫林斯(E. Demolins)讨论的欧洲地区的爱国主义和权力概念的各种变体?① 那是否可能是一种综合,它能将盎格鲁-撒克逊人基于私人生活的独立性的广阔生活理想,与密集的东南亚人的古老文化经验,及其在西方人看来往往显得不近人情的生长模式结合起来,顶多再得到前德国政治思想的补充,就如在日本那样?迄今为止,我们这部作品的全部结果,实际上就是为这个问题给出确定的答案。

显然,大太平洋地缘政治有一种通过仲裁实现和平的趋势。由此产生消解并缓和各种反差的可能,而西方和大西洋文化圈显然没有此类反差。日本和美国的反差,中国与日本的反差,形式相当不同甚至类似战争对抗的跨太平洋的反差,即存在于盎格鲁-撒克逊帝国内部的澳大利亚社会主义类型与加拿大-加利福尼亚个人主义特征的反差,都清晰可见。事实上,即便亟待解决的作为整体的东南亚的自决问题,以及作为部分的印度的自决问题,也可实现渐进发展,[根本]无需通过和约来解除武装并瓦解整个生存空间——按大西洋世界的方式,和约比战争更坏。美国独立战争和墨西哥的内部对抗在西方看来,更像大西洋问题的投射,而非真正受太平洋影响的战争。一位智慧的美国人就美国独立战争说道:"克伦威尔(Oliver Cromwell,1599—1658)再次击败了骑士(Kavaliere)。"②

太平洋是否可能repudiation complète du militarisme[完全拒绝军国主义],就如一位法国人类地理学家相信的那样?我们的看法

---

① E. Demolins, *A quoi tient la superiorité des Anglosaxons?* Paris, Firmin;该书有德语、英语、阿拉伯语、西班牙语和波兰语译本。

② [译注]Kavaliere指英国内战中查理一世的支持者。

是:绝不可能！只是有这么一种态度,想要将某一地球空间的军事地理特性也作为一种意识事实,纳入这一空间的政治生命形式的总体的生物学中,而这也会让所有生命形式从军事地理角度认识到,在促进国家生长和获得最优空间方面,都存在自然限制。由此,它们随后就会深深扎根在利于国家生长的土地,并获得相应的地缘政治本能。这一点区分出所有太平洋族群,并警告这些族群不要发起毫无意义的战争和对抗。

[266] 比起历史上更先天不良的(vorbelastete)空间,太平洋族群更容易以联邦国家、联邦主义的方式解决问题。

仅就这一点而言,澳大利亚联邦的地缘政治结构极富启发。凭借1900年7月9日的《宪法法案》(Konstitutionsakte),澳大利亚的地缘政治结构已经转向平衡,据此,"原初各州"区域的居民已经从1828年的5.3万,增加到1861年的115.7万,1900年达到400万——但总数至今仍少于巴伐利亚的人口。州而非土地才是这个新创设的联邦的强大个体成员,想要公开否认州的国家人格的人有祸了。这种混合型国家结构受温和的两院制保护,上院议员任期6年,每个州皆有6名代表,较小的塔斯马尼亚州与较大的新南威尔士州、南澳大利亚州、维多利亚州、昆士兰州和西澳大利亚州的代表人数一样。如此,各个州的空间分量完全没有显示出来,且只有下院体现出人口数据:议员任期3年,新南威尔士州26个代表,维多利亚州23个代表,昆士兰州9个代表,南澳大利亚州7个代表,西澳大利亚州5个代表,塔斯马尼亚州5个代表。北澳大利亚州,与巴布亚以及小的联邦区一样,被合并为领地(Territorien)。世纪之交,澳大利亚联邦创建时,澳大利亚的白种人是355.343万,此外还有2万土著、3.6万中国人和1.4万肯纳卡人(Kanaken)。白种人的澳大利亚遭到新西兰的反感和厌恶,后者当时的人口是77.2455万。不过,澳大利亚选择联邦首都的位置时,已依照人口重心,考虑到新西兰的空间分量!

依照天性,澳大利亚的联邦体制,在结构上比加拿大或美国的联邦体制更"具太平洋性"。顺便说一句,美国的人口重心比加拿大更快地趋向太平洋。尽管如此,在加拿大,由于太平洋对政治结构的修正效应,人口重心向太平洋的典型转移,也从19世纪中叶开始变得明显。不过,加拿大人口在19世纪的发展告诉我们,早在1851年,上加拿大的人数就已经超过下加拿大:

人口	1841	1851	1861
上加拿大	465000	962000	1396000
下加拿大	691000	890000	1111000

因此,同样不容否认,加拿大的构造,从1867年至1871年直到1901年,[①]正缓慢地向太平洋转变。

同样,日本帝国的宪法也比自己模仿的欧洲-大西洋式宪法更倾向于妥协。人们倾向于遗忘日本过去的联邦机构以及下述事实:直到1869年,日本仍拥有内部平衡的联邦杰作。只需比较[267]天皇在日本的非人格(unpersönliche)地位与类似的大西洋式制度中更为绝对的恺撒-教宗(cäsaropapistisch)概念。

[原为脚注]E. Baelz, *Der japanische Kaiser Matsubito oder Meijitenno, seine Stellung im Staat und Volk*, *Geist des Ostens*, München 1913, V. Heft, 页265; Dr. M. Überschaar, "Die Stellung des Kaisers in Japan", *Mitteilungun der Ges. F. Natur- und Völkerkunde Ostasiens*, Tokyo。

Bernald Holland, *Imerium et Libertas*, 页157。第二十五章结尾提到的佩

---

① [译注]1867年,英国将加拿大省、新不伦瑞克省和诺瓦斯科舍省合并为一个联邦,成为英国最早的自治领。此后,其他省陆续并入联邦。

弗的概要批评,可见于 The Nation, vol. 114, No. 2965 of May 3, 1922, 页 536, 总标题是"太平洋问题",这是美国人的典型看法,我们不得不摘录出来。这场讨论可分成不同部分:Sidney Greenbie, *The Pacific Triangle*, The Century Company; M. T. C. Tyan, *China Awakened*, Macmillan; Stanley High, *China's Place in the Sun*, Macmillan; Payson J. Treat, *Japan and the United States*, Houghton Mifflin; Leo Paswolski, *Russia in the Far East*, Macmillan; G. A. Ballard (Engl. Admiral), *The Influence of the Sea on the Political History of Japan*, Dutton; G. Zay Wood, *The-Twenty-One Demands*, *China, the United States and the Anglo-Japanese Alliance*, beide Fleming H. Revell and Cio.; *The Chino-Japanese Treaties of 1915*; E. Alexander Powell, *Asia at the Crossroads*, Century, New York, 此书有 50 幅插图。如前所述,这场尖锐而引人注目的讨论揭示出——远远超过个别论文的篇幅——华盛顿会议后,《国家》杂志的读者圈如何面对太平洋问题。

1922 年,一批太平洋地缘政治方面的新作品在美国杂志《国家》(*The Nation*)上得到概述和讨论。这一讨论是美国的"太平洋问题"概念的重要表征,我们能从中得到许多洞见。批评家佩弗的讨论尖锐而引人注目,向我们揭示出当时在华盛顿会议后,一部分美国公众如何看待太平洋及其问题。这些美国公众比以前更经常地怀疑自己的上帝形象(Gottähnlichkeit):他们在长江边的一座古城外开一家新工厂,为的是让童工们每天工作 11 个小时赚取可怜的几个铜币,无需再将其视为绝对的进步;多几所教会学校、几家报纸,也不再给中国带来多少光明;中国留学生在美国大学获得二手智慧,他们在中国的学舌也不直接是文明的胜利,不是中国觉醒的标志。

这里展示的东西发人深省!纯粹的帝国主义作品,即便披上一点文化或经济的外衣,也不再能在泛太平洋地区找到合适的回声。冷酷的旧帝国主义已经找到不那么透明的新外衣,并且装出一副温和、招人喜欢的神气。但是,正是由于太平洋空间的辽阔,尖锐、响亮的喇叭声容易俘获我们的耳朵，压过整个管弦乐队，后者演奏的音符与单一的帝国主义步伐相当不同。我们展示的这一集体讨论，或受邀在1922年10月25日至11月8日火奴鲁鲁泛太平洋会议上发表的言论，更呈现出整体的情绪。这种情况下，谁是太平洋真正的"关键人物"，受邀者圈子里谁举足轻重，一目了然。当时真正关键的人物是福特（A. H. Ford）。

除此之外，这类会议也为整个太平洋生存空间在文化上的联邦态度投下一道侧光。因为，受邀参会的权力形式皆是联邦结构：美国、中国、大英帝国、澳大利亚联邦、新西兰、加拿大、西属美洲、印度尼西亚、苏联。如果日本相比而言显得是个统一国家（Einheitstaat），那么，一定不要忘记我们刚刚提到日本过去是联邦结构，也必须考虑到今天的[日本]帝国内部仍隐含着联邦倾向，如台湾、朝鲜、北方群岛再次从日本分离出来。只有法国及其严格的中央集权是太平洋空间的异物。有人可能想知道，太平洋这个大空间未来将发展出什么样的组织？可预见的是，朝向邦联（Bünde），[268]因为太平洋就建立在邦联基础上，但是，此种邦联出于坚固和完美的民族性（Volkheit），出于自我意愿并自我肯定的强大国族（Nation）的土地，而非出于国际分解的土地！

然而，一个法国人，一个最富盎格鲁－撒克逊教养的人，即基佐（François Guizot, 1787—1874），在他的《欧洲文明史》（*Geschichte der europäischen Zivilisation*）中写道：

> 联邦制原则显然要求理性、道德、文化的高度发展，如此社会中联邦制原则方才可能。

联邦制原则可运用于某个地方时——当然，各国通过双边条约联合起来——这个地方的上升[势头]就变得明显，联邦制原则毁灭时，这个地方必定会衰退没落。法国的政治智慧似乎不再具备创造这种联邦制结构的器官，而太平洋生存空间则到处为自己创造出这些器官，盎格鲁-撒克逊人主导的空间也愈来愈显示出适应此种结构的迹象，这令人深思。如果我们将来要参与建立一个国家联盟，这个联盟当然必须不同于总部位于日内瓦的国联，反而应当更类似太平洋的邦联类型。

但是，太平洋上的邻国将不得不把越来越大的分量投入整个地球未来的人类组织这一天平，这使我们有理由希望，这些国家将更符合我们的自决理想，而非法国的强暴组织（Vergewaltigungsorganisationen）的附庸圈。

第二十六章 结 语

［269］"太平洋地缘政治学"是我们对这项研究最初的称呼,我们试图结合讨论地理与历史间相互关系的研究,来形成一个统一结构。这项研究也充分建基于政治科学之上。我们故意挑了一个外来词,这个词具有丰富的反差和深刻的含义,它源于古希腊-罗马而非德语,已经变成一个国际通用词。因为,如今德国的地缘政治学必须努力在世界范围内成为科学,要走出中欧、德国遭到束缚和肢解的生存空间——将从外部获得的大空间经验带入德国这一逼仄的生存空间,以此教育德国民众和指导德国的实践。这也是英国人的金科玉律:"让我们教育我们的统治者!"正因为如此,德国地缘政治学必不能回避无可代替的外来词和源于外国语种的表达,就像无法避开与我们的存在方式不同的空间一样!

如此构想的地缘政治科学的终极目标,是同时服务于人类和我们的人民。我们已经在此目标的指引下,在精神上漫步于我们的地球上表面积达1.45亿至1.68亿平方公里的太平洋及其周边区域,在浩瀚、难以调查而又迷人的政治地理学工作领域中寻求地缘政治理解,而这尤其受[实现德意志民族的]自决这一目标指引。自决和民族个性,即依照自身内部的法则和自身生存空间的自然法则来决定自身的命运,这就是我们此刻考虑的一个民族实体不可剥夺的权利。在我们看来,这是一种由生存空间及其表面形态决定的地缘政治现象,但同时也是一种由前定和谐(prästabilierte Harmonie)预先塑造的柏拉图式理念,悬浮于我们眼前的这个空间之上:这就算是一种痛苦的方式,还是照亮我们前进的道路,正如夜晚的南十字星,曾指引我们在南太平洋破浪前行。

在这种意义上,我们脑海中响起元首在1933年5月发表的演说,那次演说是我们的指路明灯。

拉采尔的杰出解释也只能在这种双重意义上去理解。作为我国伟大的教育者,[270]拉采尔对位置和空间的精细鉴赏十分奇特,他的这个解释照录如下:"朋友,空间不是崇高(Erhabene)的居所!"但是,同样,崇高必须从空间中寻找和争取,同时探索者不可失去脚下那立于空间中的坚实的地基——[绝不能]追逐空中楼阁!

为了使人们从地理上理解、从历史上思考生存空间对生命进程的重要性,为了从两者的共同运作中得出目前和未来政治状况的地缘政治结论,我们必须利用地球上最大的局部空间——这个空间内尽管包含大量反差,但总体上遵循一个统一的空间概念。

这是由一片广阔水域构成的空间图景,第一个有意识的发现者曾称之为 Mar del Sur[南方之海],因为这位发现者以为太平洋从一个海湾的偶然曲线延伸出来,即从美洲海岸的实际南北边缘方向(Wahrheit nordsüdlichen Randverlaufs)闪耀着向南延伸。因此,人类单凭不完善的视觉印象常常导致错误的判断!实际上,这片南方之海从南极荒原一直延伸到北极荒原。因此,发现全球最大海洋的时间应往后延,人类的才智之后不久将之命名为 Mar Pacifico[太平洋],尽管命名者当时所在之处实际上是一个西面[刮来]的风暴横扫的地方。太平洋上有迄今为止测得风速最快、最可怕的龙卷风,风速达每小时252公里,这些风暴可以掀起14米高的巨浪,海水从距离阿里卡和伊基克几千公里远的洋面推进到巽他群岛和日本海岸,撞击颤抖的海岸边数百万人口的繁荣城市(如旧金山、东京—横滨、瓦尔帕莱索、马尼拉等)。太平洋的火山喷发出的炽热烟云,能迅速遍及整个地球!

然而,只有诗人才不带丝毫讥讽地称之为平静之洋、和平之洋,并用优美的东亚文字"太平洋"命名之,实际上,在这个全球最大的海洋上,生存斗争也跟任何地方一样激烈。只不过,这个大洋因广袤的本质而承担着更巨大的[生存斗争]形式。如此,我们在对比和比较中寻求真理时,就面临一对矛盾:一方面是和平缔造者的言辞和样子(太平洋!),另一方面则是指引这个大洋内部生存斗争的地缘政治学概念。争夺空间的生物学法则,以及各国之间的生存斗争方面的真理,就是我们想要找到的东西,我们还想从中找到缓和生存斗争形式的最适宜、有限的可能,而非废除此种斗争——因为这样做的时机尚未成熟。如果以为时机已经成熟,想用谎言掩盖事实,就会导致自我欺骗,就会忽视空间的现实,就会欺骗别人,使他们相信自己有可能在地球上逼仄受限的空间里生活。

我们非常尊重一种高贵的努力,这种努力的旗帜和标志意在引导各民族走向人类自决的光辉未来,[271]但是在我们看来,这种努力尽管有着迷人色彩,却比以往任何时候都更加充满暴力和谎言、伪誓和叛国、苦难和欺骗。但恰恰因为这种尊重,因为我们不想看到视野中的这束光被滥用为一种幻象,我们必须考察这束光有多大机会在这个我们能够知道的空间中清楚地传播——我们必须痛苦地面对一个事实,即在这个最大、看起来如此广袤的空间内部,这个以和平为名的空间内部,也到处是生存斗争留下的累累伤痕,尽管我们发现这个空间比其他空间少一些先天的阻碍。

但是,不经历苦难就学不到真正的教训,痛苦帮助我们铭记。

正是出于这个原因,我们重温美好往昔时光里开展的空间拓宽行动的痛苦记忆,并试图通过比较,在小宇宙中、在我们这个已经变得如此逼仄的生存空间里,去理解我们在第一大洋即太平洋上的苦难和教训。我们已经努力让太平洋的熠熠光辉映入我们这个狭小的空间,这一光辉曾在我眼前起伏,就像旭日初升时富士山的光辉映在葛饰北斋描绘的波涛上。

太平洋是同一个大型调解者,曾经分离、隔开,让自己的孩子们在各自受到保护的细胞里按照各自的方式成长,现在又将孩子们连接在一起,并保持平衡;但是,当然,太平洋也任由[孩子们]在自己宽阔的蓝色脊背上往来航行。太平洋看起来到处都一样,不管在温暖的珊瑚海滩上单调地唱着冲浪曲,椰子树随着曲调摇曳,抑或在红树林之间徘徊,转入沼泽区,还是撞击陡峭的北部海岸冰雾笼罩的火山绝壁;太平洋本质上是同一个大洋,不管海面上升起的是太阳旗、星条旗、[大清的]龙旗还是大英帝国的米字旗,不管海浪冲上沙恩霍斯特号(*Scharnhorst*)和格奈森瑙号(*Gneisenau*)的白色舰首(我最后一次看到这两艘军舰是在日本的海湾,并为此自豪:照英国人的评判,这两艘军舰当时是太平洋上最好的军舰),抑或后来冲击日本的战斗舰队(把前述两艘军舰挤出了太平洋),还是冲刷英国的战斗舰队(把这两艘军舰击沉)。德国人啊,请不要忘记它们!外国人啊,请铭记它们的命运!命运的天平对每个人而言都摇晃不定,生存空间可能向任何人关闭它自己,叫那曾经护送你步入成功和阳光之下的浪潮,却在你上方合拢。

那么,对于我们破碎不堪的中欧生存空间,以及对于任何不想变成像中欧那样虚弱、不想成为别国竞技场的生存空间来说,太平洋生存空间及其地缘政治学能教给我们什么?如果脚下没有稳固的土地,没有认识到大地赋予的某个空间的生存条件并深深扎根于这个空间,就不会有自决,不会有能忍受的生活——没有力量,权利便无从谈起!任何人都有同样的权利,只要他有力量(quisquis tantum juris habet, quantum potentia valet)……① 不是某个剑客而是一个阴郁的和平之友、一个远离尘世的人,将这话写进我们的灵魂。

[272]但是,属于大地赋予我们中欧、德国生存空间的生存条件如下:确保生存的平静,即"安全"(Sekurität),而非"饱和"(Saturiertheit)!巨大的人口压力充斥这一空间。这里曾经是布满森林的地区,只养着当今三分之一的人口。而今天,这里是一片人工的草原景观,矿产资源部分接近枯竭、部分被[外国]窃取;它是一片文化大草原,甚至是一片巨大的城市荒漠,广大空间已然一片破败,被耕作和强行开发土地搞得精疲力竭。1933年以前,这里的生命形式不是"帝国",如魏玛宪法假装的那样,而是帝国的废墟,没有固定、安全的边界,而这是一个国家的地理标志。从1919年至1933年,魏玛德国也没有得到所有部族的愉快肯定和邻国的尊重,至少,用塔西佗(Tacitus,55—120)的话来说,是受mutuo metu[互相恐惧]的保护;反之,强敌的权力意志的铁钳把魏玛德国组装在一起,内部不自然地挤在一块,更多通过转移消极力量得到维持,而这些力量曾被排除在中央集权的权力意志之外。从地缘政治角度看,这不是一栋能够持久维持的建筑。也因此,如此固定在凡尔赛框架里的生命形式[魏玛德国],没有像我们在太平洋各处发现的那样,在大空间上生长或突进,反而在小空间内解体、残缺和衰败,直到

---

① [译注]这句格言出自斯宾诺莎,原文略有不同:unusquisque tantum juris habet, quantum potentia valet[每个人都有同样的权利,只要他有力量];参斯宾诺莎,《神学政治论》,II. 4. 8。后来尼采将这句格言改为:unusquisque tantum juris habet, quantum potentia valere creditur[每个人都有同样的权利,只要他相信自己有力量];参尼采,《人性的、太人性的》,第二章,格言93。

1933年才改变。

我们德意志民族,从外部和内部被钉在十字架上。为何这个民族会失去自己在地球上的呼吸空间?这一损失的空间大约是德国本土面积的5倍,相比之下,英国人的[海外面积]是[本土面积的]90倍,荷兰人的[海外面积]是[本土面积的]66倍,法兰西人的[海外面积]是[本土面积的]50倍。因为,德意志民族不仅从未在内部保卫这一空间——首先是没有保卫自己的南太平洋岛屿领地——也从未把这一空间当作一种精神财富来获得。只有少数人去做整个民族应该做的事情!德意志民族的失败,不仅是因为部门的狭隘思想(Ressort-Engherzigkeit)和世界观斗争,也是因为世界主义的盲目以及有组织的嫉妒引起的阶级仇恨。

因此,德意志民族在毫无准备的情况下,跌跌撞撞地陷入一场巨大的冲突,由于异想天开的政治小说,由于对土地陌生,由于种种国际幻象和幻想,德意志民族将自己的陆地帝国推入了险境,即整个民族,不仅皇帝和各部门,而且各个大的政党,诸如[天主教]中央党和社会民主党及其继承者,都毫无准备。他们全都丧失了支柱,丧失了地球上的呼吸空间,因为他们不去认识其他民族,分不清朋友和敌人以及这些民族的真实状况,而地缘政治学能告诉德意志民族欧洲和位于欧洲对极的其他民族的真实状况,而非"对这些民族抱有不切实际的认识……"。

这些研究关心太平洋地理与历史的相互关系和相互影响,意在让德意志民族看到海外的现实。出于这个目的,我有意挑了几乎与我们处于对立半球的太平洋地区来研究,[273]因为依照我的经验,太平洋是今日德国人最陌生的地区,也是对德国人来说最有前途的地区,那里迄今仍是地球上最不受交通约束的地方。如此,才可能向不受日常生活的偏见束缚和败坏的同胞们展示这一研究。在我看来,这一研究只能给出主观真理。在地缘政治学内部几乎不可能存在客观真理,因为地缘政治学艺术性的、创造性的一面,与地球上的大国力量正在发生的、永不停止的变化贴得太紧。

这也是太平洋地缘政治学的危险和局限,我非常乐意承认这一点。客观性所要求的科学操作,需要作者近乎超人般地退到他的作品背后,几乎非人般地站在远东面前。洛厄尔(Percival Lowell, 1855—1916)相信他在远东看到了这种客观,[①] 但实际政治中并不存在。

故此,到现在为止,我的讨论只能勾勒并指示出我如何理解地缘政治在我们祖国的太平洋一侧发挥的作用,以及将来的某一天,这一作用会如何导向全球最大的海洋的真实地缘政治。对太平洋地缘政治而言,这些描述和勾勒只是基石,而不是完整的结构,甚至可能根本无法建立这种结构。但是,读者只要细致地读,字里行间地读,不断地深思,这些内容就能服务于地缘政治教育这一伟大目标。如此,才能在未来建立足以抵御猛烈风暴的更好建筑!

---

① [译注]洛厄尔,美国商人、作家、数学家和天文学家。他推测火星上有运河,因此创立洛厄尔天文台进行观测。他去世14年后,洛厄尔天文台发现冥王星。

第二十七章　1924年至1936年的
太平洋地缘政治

[274]"在我看来,地缘政治学始于预测。"西格尔(Robert Sieger),中欧所有政治地理学家中对中欧命运大转折最具洞察力的科学卫士之一,如此概括从纯粹地理学的清凉高地,下降到科学政治学充满活力的山谷和广阔领域的狭窄且几乎觉察不到的通道。但是,在这条道路上,必须有木板道、桥梁和护栏来保卫这条小径。在当今这个政治责任广泛传播的时代,我们认为这些应急手段比以往任何时候都更为必要——如果不想让政治地理学的全部理解毫无成果,就像"来自岩石湖的幽灵"的话,如果政治要留给纯粹的经验的话。

如果西格尔的说法正确——我们最不会否定这一说法,且我们更支持地缘政治学的存在必要性,并把地理学知识视作地缘政治学不言自明的基础——那么,检验一部十多年前首次出版的著作,比如《太平洋地缘政治学》,布局是否正确,最简单的方法就是检验这部作品多大程度上从自身的政治地理学基础出发,正确地引导了读者,让读者能够自己预测,以及这种预测多大程度上正确。

太平洋力场的重要性在政治和科学内部不断增强,这种观念[1]是否已得到普遍接受?太平洋地缘政治是否已显明自己的动态?

---

[1] 参本章末尾附录的文献。

泛太平洋联系这个词是否已经流行全球？泛太平洋联系是否已经与泛亚洲运动产生强烈共鸣，影响到各种政治、科学和社会会议？太平洋人口最多的边缘地区的季风国家兴起的自决运动，是幻觉还是切实的现实（如印度的宪法）？是否已经可能建立一种独特的太平洋类型的政治思维、政治关切、政治行动，就如聚斯这样杰出的地表鉴赏家那样——他研究太平洋海岸并与大西洋海岸比较，从而完成他最伟大的作品？[275]是否可能用一篇论文就把聚斯和我的观点从人的思想中清除——既然由美国、日本、澳大利亚、中国和其他太平洋边缘国家的最杰出人士组成的整个大会都分享我们的观点，一大部分印度知识分子也认同我们的观点？①

仅仅大声地提出这些问题，就意味着打开窗户，让现实的风暴吹进书房，把过时的想法从书桌和书架上卷走。

我们可能对[1924—1936年间]海洋强国的整个变化视而不见吗？——从1922—1923年华盛顿会议的裁减海军军备，到1927年英、日、美在日内瓦召开限制海军军备会议（法国和意大利没有参与这次裁军会议），再到1936年12月31日海军军备限制计划和太平洋[海军]基地限制计划[完全]破产。② 例如，拜沃特（Hector C.

---

① 参本章末尾附录文献8。
② [译注]华盛顿会议期间，美、英、日、法、意五强经过漫长讨论，于1922年2月6日签署历史上第一份限制海军军备条约，即《美英日法意五国关于限制海军军备条约》，简称《五国海军条约》，规定上述五国的战列舰的比例为5∶5∶3∶1.75∶1.75，英国可拥有战列舰20艘，总吨位55.895万吨，美国18艘，52.585万吨，日本10艘，30.132万吨，法国10艘，22.117万吨，意大利10艘，18.28万吨。除规定可以保留的主力舰外，缔约各国放弃建造新的主力舰，不建造排水量超过2.7万吨的航母，不得在太平洋西部和中部建立海军基地。针对《五国海军条约》签订后某些国家（特别是日本）利用条约漏洞扩充海军的行为，美国于1927年提议华盛顿会议的海军五强，希望再次召开限制所有类型军舰的

Bywater)、①霍尔韦格上将和西姆斯(William S. Sims, 1858—1936)海军上将已令人信服地表明,②我们无法对这一变化视而不见。有没有可能,我们并不理解太平洋的海上政策、海军战术与海军战略的关系在何种程度上决定了日内瓦的勒索？其中最重要的看法是：大型战列舰队带着空空的油舱和满满的龙骨,不可能冒险远征遥远的海岸(西姆斯的看法),因此,吨位超过1万吨的巡洋舰、吨位超过3000吨的潜艇,以及从沿海地区无限制补充人口的优势力量,皆为必要,诸如法国的海事登记、日本的海事防御义务,以及德国与之类似的义务,皆旨在针对盎格鲁－撒克逊人过于分散的海军。许多其他明显的太平洋军事地理动机也已汇入这幅图景。

谁能彻底误解中国的国民党运动的主张,误解马来起义,否认中国移民在境外的不安动态,并对地理上确实存在人口迁移压力提出异议？光1927年春,依照满铁公司总裁大仓(Okura)的说法,三

军备限制会议,遭到法国和意大利拒绝,最终英、日、美于1927年6月20日在日内瓦召开限制海军军备会议,试图限定巡洋舰等非主力舰的发展,但是,由于英国坚决反对限制巡洋舰的数量和吨位,此次会议最终失败。此后,英、美、日于1930年1月至4月在伦敦再次召开裁军会议,法国和意大利未参加,最终于4月22日签署《伦敦海军条约》,重新规定对巡洋舰之类的辅助舰艇的限制。两个条约的有效期都是1936年12月31日,最终,日本于1936年12月宣布条约到期后不再续约,事实上使一战后海军军备限制计划破产。参景佳奇,《坚守与徘徊：1920'S的英美关系——以1927年日内瓦海军裁军会议为例》,《知识窗》2018年第1期,页106–107。

① 参本章末尾附录文献5。

② ［译注］西姆斯,美国海军上将,19世纪末和20世纪初推动美国海军现代化的关键人物,两次担任美国海军战争学院院长,第一次世界大战期间,任美国海军欧洲战区总司令。西姆斯极富远见,是二战前少有的认识到战列舰时代已经过去、未来海战主力是舰载航空兵的人物。

个月内就有超过80万中国人沿着蒙古边界进入伪满洲,总数约200万中国人进入荷属东印度,超过400万中国人迁移暹罗,新加坡和槟榔屿三分之二都是中国人!谁会只将此视为半偶然的单一现象,而不视作一个正在变得日益统一的迁移场中环太平洋迁移压力运动的症候?甚至"种族结构的支撑性根基"这类粗浅的表述,也由日人堀冈文吉(Bunkichi Horyoka)经过十二年南太平洋研究完成的优秀著作得到证实;[①] 舍贝斯塔(Schebesta)这样的研究者向我们表明,返祖现象以何种方式进入高度发达的种族融合,否则的话,其中的成员就会愤怒地拒绝祖先谱系中的古亚洲人和矮小黑人。

有些学者曾经否认太平洋地缘政治的独特性,现在他们至少不再怀疑此种独特性的开端值得关注。[276]此前,中欧一直处于沉睡状态,没有关注太平洋以及太平洋周边地域这一重要部分。在这些地方,最重要的权力转移正在酝酿,目前整个地球上已经看得到这种权力转移,这个星球上的所有大国都想在这方面保持行动自由。因此,只要浏览一下《太平洋地缘政治学》第一版之后出版的相关文献,就足以证明我们正确;我们的读者最好阅读这些新出版的文献,为此我们补了一个文献附录。

1927年是一个有利的时间点,可以通过本书第二版,来重新展开对整个太平洋力场的考察。因为,一场从本世纪初就主导着太平洋的运动,借助一些来自外部的投入,在某些最重要的空间,已经形成定局(如新德里、堪培拉),在某些确定的地点则至少由于孤注一掷的决定而形成极难破解的局势(如武汉、南京)。重要的权力中心从沿海地区向远离大海的内陆转移,这种趋势越来越明显。就印度而言,这导致首都从加尔各答迁往新德里;就澳大利亚而

---

① 参本章末尾附录文献17。

言,新首都堪培拉一方面远离最美国化的悉尼,另一方面远离沿海大型商业中心中最英国化的墨尔本。对中国来说,首要的结果是权力中心转向长江中游,曾在汉口—南京—南昌之间摇摆,最终定都南京;极有可能,中国的首都不会再回到北京,也不会定都于易遭入侵的港口:香港、广州、上海在政治权力和经济方面的重要性已经削弱。

[277]本着同样的精神,日本通过将军事保护区置于远离东京的海域(双海[Futami],奄美大岛[Amami Oshima]),并增加帝国第二核心区的重要性(扩大大阪—神户的范围)来保护自身。美国则强化夏威夷的前沿阵地和太平洋上成四边形状的海军基地,从而一方面形成巨大的空中屏障,即阿留申群岛—夏威夷—金曼岛礁—帕果帕果,另一方面形成跨太平洋的空中航线,即旧金山—夏威夷—中途岛—关岛—马尼拉。随着这些变化,更多依赖沿海地区的大英帝国,其权力的重要性自然进一步下降:英国在1926年秋解体并重组为邦联,是其中的重要一步。由此,太平洋边缘区域三块最大的自治领的平等权利得以确立,澳大利亚、新西兰和加拿大对权力、空间和自力更生的要求大大提高。

在此极有必要推荐读者作一比较:例如,《时代》1927年2月22日对新西兰问题的论述,与《时代》同年5月9日[278]或《曼彻斯特卫报》同一天对澳大利亚问题的论述。我们看到,从1925年至1930年,大英帝国各太平洋自治领的自我肯定取得了多大进展。尤其新西兰,尽管只有大约150万人口,却将自身设想为一个正在形成的海洋帝国的核心,认为自己作为纯粹的大洋岛屿帝国,与位于边缘的日本岛屿帝国地位完全平等——尽管当时新西兰仍然对日本的人口充满恐惧,清楚地意识到自己仍然需要盎格鲁-撒克逊白人兄弟的保护。

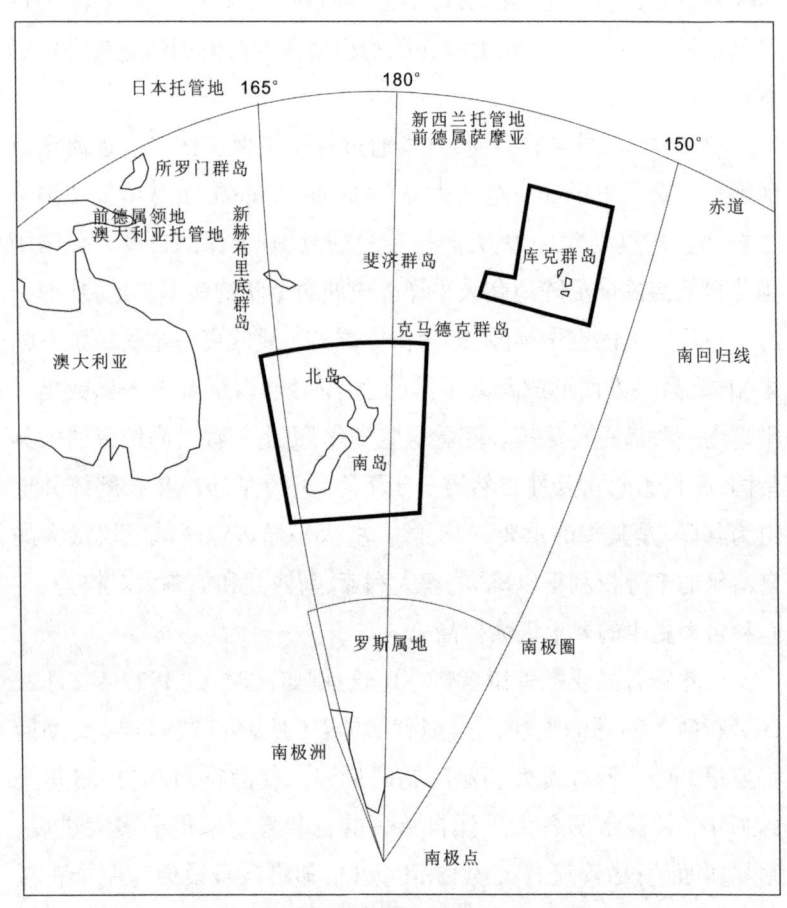

新西兰以南极无人区为支撑的保护区

从上面这张图中,读者可以亲眼看到,新西兰声称拥有的海洋空间,绝对可以与位于太平洋边缘的日本帝国的海洋空间等量齐观。从而,读者也就能理解谨慎的英国托管地管理者理查森(George Richardson,1847—1931)爵士的话中蕴含着何种"帝国主义":①

> 萨摩亚人在一代人之内将成为新的民族,在两代人之内将在南太平洋扮演决定性的角色。新西兰在这里推行的政策是将自身的地位确立为太平洋地区的"一个统治性大国"。②

观察一些这类地缘政治示意图,我们会明白,要根据人口增长公正地分配地球上的营养空间,还需要克服多么巨大的张力,以及太平洋两岸之间的差异有多么大。当然,与这些张力相对的,还有太平洋地缘政治顶尖科学家的骄傲自信。泰勒(Griffith Taylor)是澳大利亚联邦首都的实际建立者,同时他可能是除格里高利(Gregory)之外研究澳大利亚世界的最好专家,他说:

> 一项试验将表明,只要有充分的时间和善良的意愿,各种族能友好融合,能和平共存。地球上所有伟大的文明都源于种族融合地区……③

---

① [译注]理查森,1869年服役于英国驻印度军队,1909年退役。八国联军侵华期间,他率领一个骑兵旅参与进攻北京的行动,1902年率领一个骑兵旅驻扎于上海。

② *Times*, February 22, 1927, 页 14, 第 3 栏。

③ 1926年12月11日, 泰勒在上海的中国工会俱乐部(Union Club of China)发表此言。

作为澳大利亚悉尼大学的一位顶尖学者,泰勒这个说法有些大胆,毕竟澳大利亚是个地广人稀的国家,这个国家一直禁止黄种人和棕色人种移民,直到最近,移民澳大利亚的白人都是百分百的英国人。不过实际上,这话完全受到第三届泛太平洋科学大会(Dritte Panpazifische Wissenschaftliche Kongress,最近一次于1936年在约塞米蒂召开)的气氛的影响,距泛太平洋的调停工作还不到六年。①

当然,库克(Joseph Cook)爵士在他已经出版的《地理学》(Geographic)中也说:

> 在本世纪末之前,帝国权力的中心就将转移到南太平洋的这块全属英国的大陆上,这或许不是空泛的梦想。

为了实现这个目的,这个大陆必须加紧大幅度提升人口数量,从现在仅有的600万多一点,增加到彭克确定的最大值1.45亿。

但是,无论如何,1926年太平洋智识领袖召开了两大重要会议,一次是1926年10月30日在东京召开的泛太平洋科学大会,[279]另一次是1927年在中国召开的总工会(Arbeiterverbände)大会。此外还有美国西部学者在西雅图举行的小型会议,以及1927年7月在火奴鲁鲁讨论成立"太平洋研究所"[的会议]。这些会议弥漫着

---

① [译注]1920年8月,第一届泛太平洋科学大会在火奴鲁鲁召开。1923年8月13日至9月3日,在澳大利亚墨尔本召开第二届泛太平洋科学大会。1926年10月30日至11月11日,第三届泛太平洋科学大会在东京召开。这次大会成立"太平洋科学协会",以理事会为中心,每隔3至5年召集一次大会,并由12个国家和地区的学术团体组成理事会。中国的代表机构是"中国科学社",后改为"中央研究院"。自此以后,会议更名为"太平洋科学大会"。1995年6月5日至11日,北京举办第十八届太平洋科学大会,这是该大会首次在中国召开。

一种自豪情绪,即有意识地思考和决定共同地球空间的关键问题。而我们在日内瓦各机构遮遮掩掩的言语和行动中,却没有看到真实的危险点。

在日本召开的这届大会,海纳太平洋及其边缘空间,议程的细节可见于1926年10月30日和11月6日的两期《跨太平洋》(Transpacific);1936年夏,太平洋媒体(Pazifikpresse)也报道了在约塞米蒂召开的泛太平洋科学大会。

当然,在日本举行的这次大会,就像1923年在澳大利亚召开的第二届泛太平洋科学大会一样,完全笼罩在官方氛围中:闲院宫载仁(Kanin,1865—1945)亲王、① 首相广田弘毅(1878—1948)出席开幕式,日本学士院院长、最具代表性的学者樱井锭二(Sakurai,1858—1939)任主席。

无论谁,只要逐字逐句地听了这三个日本人用英语发表的开幕演讲,就会发现,其中的精神与先前第二届泛太平洋科学大会上澳大利亚领导人发表的演讲精神类似:对太平洋这个地球上最大的统一空间的团结感到强烈的自豪,并愈来愈意识到这一空间在未来的重要性,且这一空间遵循一种统一的地缘政治理念——最大的大洋这一理念。当然,这里毋庸置疑也存在霸权斗争,但是,斗争的精神完全不同于我们在西方看到的,尤其是国联处理泛欧洲问题时的那种精神。太平洋的霸权斗争通常从大的、共同意识到的基本地理特征出发,我们用后面的这些例子,就是为了证明这一点。1936年,在

---

① [译注]闲院宫载仁(1865—1945),1931—1940年任日本陆军参谋总长,掌握指挥大权,对日本发动侵华战争负有重要责任,日军侵华的每一道指令都由他签发。1940年10月,对美开战前夕,日本天皇担心万一战败,会加重皇室的开战罪责,让闲院宫辞去参谋总长之职,而接替他出任参谋总长的正是东条英机。载仁于1945年5月20日病逝,逃过战后审判。

约塞米蒂举行的泛太平洋科学大会上,日本人与俄罗斯人,远西和远东,得以讨论他们的分歧,即便讨论难上加难。

与此相关的还有,在人类地理学的张力中,对共同危险的预感会获得更质朴、更清晰、更不偏不倚的表达。当时,一家大型西德报纸从日内瓦写道:不会有人再去打仗;但是《远东评论》的合作主编、极具洞察力的索科尔斯基(E. Sokolsky, 1893—1962)之类的人则承认太平洋有爆发战争的危险,鲍德温(Sir Stanley Baldwin, 1867—1947)、张伯伦、王德威尔得(Emile Vandervelde, 1866—1938),① 两个重要的殖民大国的外交部长们,大澳大利亚和中国工人联合会(großen australischen und chinesischen Arbeiterverbände)以及苏联的领袖们,都如此认为。资本主义和共产主义的帝国主义者以及他们的社会学对手皆认为,跨太平洋的张力一目了然,完全可能爆发一场围绕中国(um China)的跨太平洋战争。但是,所有人,"尤其最密切地卷入这一张力的民族",也都有责任尽可能科学地、不对人类造成危险地缓解这一张力,如果可能甚至应消除这一张力,而非最后才来紧急召唤这些国家,试图将之归到共同的地缘政治分母之上。

[280] 如果把1927年春在日内瓦举行的毫无结果的裁军会议,与这年夏天美国在日内瓦作出的冷静得多的限制海军装备的努力作一比较,上面这一点也许会变得一目了然。非常典型的是,后面这次会议只有太平洋大国而非意大利和法国坐在谈判桌前,尽管法国和意大利也可能清楚,自己无法回避某种真正的节约决策

---

① [译注]鲍德温,英国保守党政治家,三次出任首相:1923年至1924年、1924年至1929年、1935年至1937年。王德威尔得,比利时政治家,工人党领袖,第二国际社会党国际局主席。

(Sparbeschluß)。当时是在讨论战舰的分级,依照经验最丰富的专家的判断,"最好固定在密西西比河要塞争夺战爆发时的情况",① 这在1927年春天仍然相当可能实现——但太平洋大国的代表们却不这样想。太平洋大国的代表在一块讨论时,迅速表明对全球最大的大洋来说什么才是真正的通行硬币(gangbare Münzsorte),那就是巡洋舰的吨位;太平洋那时的个别掌权者据此真实地互相评估。美、英、日三个强国中,最富大西洋特色的强国英国最希望禁止未来战争最有效的手段,如万吨级巡洋舰、大型潜艇、航空母舰。这进一步表明,英国在这三个强国中空间思维最狭窄、最惧怕未来,毕竟,英国在中国也无法摆脱那些旧的手段,尽管已经开始摆脱。尽管与太平洋海军大国更接近,尽管在权宜之计方面经验最丰富,大英帝国的谈判代表却显得既不能与更长的金融杠杆相匹敌,也不能与美国人毫不掩饰地利用此种杠杆相媲美,更无法与日本代表海军大将斋藤实(Saito,1858—1936)的外交策略相提并论,② 后者在朝鲜的安抚行动已经证明,他完全有能力掌控世界舆论。

在多大程度上,进一步的发展进一步证实了我们就中国人口压力(远超日本的人口压力)对整个太平洋地缘政治的意义所下的论

---

① [译注]密西西比河要塞争夺战是美国内战期间的一次战役。1862年4月18日,北部联邦军8艘单排炮海防舰、9艘炮艇和几艘旧炮船,由海军准将法拉格特率领,向新奥尔良所在的密西西比河三角洲发起进攻。南部联盟军的米切尔海军准将指挥1艘装有金属撞角的军舰、1艘铁甲舰及几艘武装蒸汽船,在三角洲附近水域防御。

② [译注]斋藤实,1873年入海军兵学校学习,1879年第6期毕业,1895年任"和泉号"副舰长,1897年晋升中佐,1904年任大本营海军军事总监军务部长,同年晋升海军中将。1912年,晋升海军大将,1919年任朝鲜总督。1927年4月19日,出任日内瓦海军裁军会议日本全权代表。1932年任日本首相,1936年在"二·二六"事件中被刺杀。

断？对此，20世纪30年代末的一些相关数据和证据如下：沿着蒙古边境从不安定的中国北方省份迁入中国东北的北方中国人的数量，单单在1927年2月到4月的几个月间，依照控制着20亿资产的满铁总裁——这位总裁不喜欢经济–政治上的一时冲动——的估计，就超过80万。在这一数额中，山西人所占份额不大，因为山西省军阀阎锡山（1883—1960）要补充他的军队，雇用部队在和平时期修路和从事文化工作，从而确保内战远离山西省。为此阎锡山毫不费力地动员了不下12万人，这是中国内地18省中非常独特的一个省。

尽管美国禁止华人移民，但中国南部从广州移民菲律宾的人数，据估计每个月仍达到两千；菲律宾群岛90%的转口贸易掌控在中国人手中，此外，新加坡和槟榔屿的人口中，三分之二都是中国人，同时，越来越多的华工接替了马来半岛核心的龙头企业，从事锡矿和橡胶开采。同时，在暹罗，中国人也已经取得类似的主导位置，[281]暹罗的1100万人口中，425万是中国人，由于对中国人的恐惧，暹罗的舆论已经开始仇视中国人。在荷属东印度群岛，6200万相当不安分的人口中，中国人的数量据估计为200到300万。

在法属印度支那，由于安南人与南部中国人在种族上几乎无法区分，因此，在总人口将近2500万的印度支那，中国人的数量至少占20%–25%。人们也已经在大规模起义中体验到中国种族体的（chinesischen Rassenkörpers）全部痉挛。谈到印度支那，倒数第二位法国驻日大使这样的重要人物强调，他本人对红河的骚乱，对中国人起义火焰的跳动和村庄里立起的头骨金字塔，表示严重关切：无疑，没有任何迹象表明平静和秩序即将到来，也没有迹象表明土著人满意为了他们的福利而建立的外国政权。法属印度支那总督，一位社会主义者，已在演说中表明他深深折服于东南亚的自决思想。

面对1922年至1923年（华盛顿会议作出最后一次国际调解）以

来中国问题的千变万化,要正确评价中国的物质、人口和空间在各种突发事件中所起的作用,[尤其]这些突发事件至少已经成为当前的历史[的情况下],最重要的是,需要一个比中欧所习惯的更广阔的空间概念和更清晰的距离感。古老的中国文化土壤,除个别统一的景观外,尤其受自然青睐,例如山西,直到今天都远离内战。其他如云南、四川,某种程度上还包括中国东北,像兔子和田鼠猖獗的地区一样,受到各种政治运动的破坏,变得非常脆弱,但都能迅速恢复。长期的过度耕种,特别在陕西、甘肃、河南、湖北、湖南,还有更加自我封闭的江西,显示出对中国北方的更大影响,其他种族融合效应则在南方的广东和广西这两个殖民省份更明显。

现在,在古老而相互交织的通道上,又新增加了各种军事化的工会和小农运动,新增加了在1927年至1928年遥遥领先的本土和外来的共产主义,新增加了各种起义,其中既有南方组织的起义,也有作为对内战破坏的反应而爆发的猖獗的叛乱,如"红枪会"之类。这些变化能让我们理解表面胜利的军队何以突然崩溃,所有军阀都接连经历了这类崩溃:吴佩孚(1874—1939)在1923年突然失败,接着是冯玉祥(1882—1948),其后是盘踞上海和南京的孙传芳(1885—1935),东北的张作霖(1875—1928),最后是1927年蒋介石的失败。

起初,在苏联人加仑(Galen-Blücher,1890—1938)的帮助下,[①]

---

① [译注]1924年至1927年,布柳赫尔化名"加仑"被派往中国,担任广州中国革命政府总军事顾问,参加北伐战争。1924年,孙中山领导的广东革命政府寻求组建一支政治性、纪律性强的新式军队,希望苏联派得力干将来助成此事。几经挑选,莫斯科让熟谙远东军务的布柳赫尔出马。由于苏联不愿与敌视自己的英美日帝国主义正面冲突,便让布柳赫尔等人以"流亡白俄"身份赴广州。

蒋介石在北伐中传奇般连战连捷,从南方一直进攻到山东。中国的核心省份在最南部的广州与最北部的北京之间摆动,[282]逐渐转移到长江中部的汉口—武昌(组成武汉),最后定都南京,在瞬息万变的内战现象中,暴露出一条地缘政治的长期线索,具有影响未来格局的力量。同样,古老的权力线也已恢复效力,从甘肃经西安穿过陕西省,顺黄河而下——由于这条权力线的存在,几乎没有办法直接控制中国的南部和北部行动(Nordsüdoperationen)。

尽管上海表面上极为繁荣,尽管中国的国民党复兴从广州开始,但我们看到,边缘生长和外来核心形态(Fremdkernbildung)的地理力量日益缩小,从大海向海岸和大河上游推进,如上海,天津,长江上的外国港口殖民地如九江、汉口,南京的外国租界,以及珠江入海口的一些地方。甚至被日本从俄国人手中夺走从而实现逆转的辽东半岛大陆桥也不例外,强大如始于这一半岛的经济渗透工具南满铁路公司,价值20亿元,也只能在这一趋势面前采取守势。在此,朝鲜北部的元山港、清津港和罗津港,最近也受到激烈竞争的影响。

中国大地的恢复力量非常惊人。这一点尤其表现在中东铁路上,实际上,这条铁路是中国人从俄罗斯人手中一点一点夺过来的。在遭到完全毁灭的过程中,四川和云南的抵抗力量进一步清楚地说明了这一点。[283]藏族仅凭中国西部边境省份的特殊形态就取得成功,一直推进到打箭炉(即今康定)地区;甘肃这块西部荒凉腹地的命运与冯玉祥的军队的命运处于平衡之中,直到卷入日苏的军力角逐。在这里,一段时间内不可能,从长远看也不太可能出现大规模的碎裂过程。

中华帝国的每一次内部虚弱,仍然意味着外部边境的衰落,同时她没有完全停止向外移民渗透。人口压力没有停止压榨数以百万计饥饿、勤劳的中国贫苦百姓,他们的劳作时间比周边所有邻国的百姓都要长,这驱使他们向外部人口较少的地区迁移。因此,中国的内战没有缓和中国向外移民的压力,上一代人中向南迁移的人数在825万到950万之间,无疑超过向北和向东迁移人数的15%到25%,前往台湾的大约有225万,迁往印度支那约500万,迁往暹罗约400万,迁往缅甸和马六甲海峡超过100万,印度尼西亚约有200万中国人,并缓慢地向北渗透。不管中国的内部革新斗争会导致何种结果,必然对太平洋地缘政治造成永久影响。

与规模大得多的中国人口压力运动相比,日本在极力克制自己。不过,事实是,日本帝国1926年新增人口超过94万,且据各方统计,1927年之后每年新增人口超过100万,如今似乎稳定在80万到100万之间;[284]朝鲜的人口在1909年至1920年翻了一番,三十年内增加成三倍指日可待。缓和得多、但仍值得注意的是,马来–波利尼西亚人中存在克服人口下降和惰性停滞的迹象,萨摩亚(托管状态下经历可怕的[人口]锐减之后)和新西兰也存在此种迹象,尽管纯种古亚洲人和矮小黑人这些原始种族的数量[不断]减少的趋势仍然不可抗拒。①

最后,在观察过泛太平洋理念的地缘政治在20世纪第四个十年的进一步发展之后,如果我们比较泛太平洋理念的地缘政治与其他超民族和充足空间的泛政治理念的具体地缘政治特征,就会发现泛太平洋理念的地缘政治一方面更调和、更和平、张力更小,另一方面也比大多数其他泛政治理念在政治上更积极、更有效。我们必须

---

① 比较阿森耶夫(Arsenjev)对东北亚地区中国人、俄罗斯人在古亚洲人中所占比例的研究; Schebesta, *Among the Selvatic Dwarfs of Malaya*, Brockhaus, Leipzig 1927。

从政治地理学的立场出发,甚至要从地缘政治学和科学政治学的立场出发,进行这类比较。因为,这些泛政治理念确实存在,作为政治力量可感可见,旨在保存或非常彻底地改变地表的权力分布。这些泛理念能以制图学的方式构成,并力求具体化,尽管这些泛理念的拥护者大多有一种预感:这些理念必将再次溜走,移向远方。

几乎所有其他泛政治理念都比泛太平洋理念面临更大的张力,而泛太平洋理念从一开始就意识到地球上最大的表面张力,并以缓解此种张力为目的。这一理念形成于缓解张力的现实需要以及对跨太平洋武力对抗的恐惧。

有些泛政治理念旨在实现各个旧传统大陆共同有效的空间理念,这些理念的命运尤其如此,例如泛亚洲理念、泛美洲理念和泛欧洲理念。澳大利亚共同体的理念似乎从本世纪初到1914年才"得以完满"(saturiert)。这一理念的目标是从政治上统一全球最小的大陆,且貌似已经实现,尽管太平洋快速发展的大洋岛屿帝国新西兰仍处在其统治之外(尽管澳大利亚选择将首都建在堪培拉时已经考虑到新西兰的加入)。位于边缘的日本,从一开始就与澳大利亚处于潜在对立之中。但是,通过深入热带岛屿新几内亚,深入南太平洋赤道托管区,日本已经加大与季风国家的世界的反差,同时又更靠近这些国家。日本感觉到来自澳洲-亚洲地中海的地缘政治的威胁,而幅员辽阔、[285]人口稀少的澳大利亚,面临东南亚的庞大压力,也看到自己别无拯救之法,唯有让自己的政治领袖、工人群众和智识科学领袖都成为泛太平洋理念最有力的倡导者。①

因此,泛澳大利亚联邦在建立的第二个十年,已经超出地球上

---

① 1923年在墨尔本召开[第二届泛]太平洋[科学]大会;1926年和1927年澳大利亚工人总会成立;泰勒在1926年发表论种族问题的演说。

唯一政治上统一的大陆的框架。太平洋地缘政治要比孤立的澳洲大陆地缘政治更强大。因此，地球上第一个形成统一政治空间概念的大陆，已经再次陷入发展更大的空间理念的斗争，因为这里人口分布稀疏，对于用自己的空间理念充实本身太大的空间来说太弱；最重要的是，这里已经太过城市化，从而无法用自己的人口慢慢地填满急需移民的广袤土地。至于泛非洲理念，则仍然处于黑人种族追求种族解放的初级阶段。

各大洋中，只有太平洋在政治意义上获得了自身的空间理念。泛大西洋理念在拉丁族与盎格鲁-撒克逊族不可调和的冲突中挣扎，这一冲突将大西洋横向分割。至于印度洋的边界划分理念，尽管大英帝国在1918年似乎已近乎取得政治上的成功（迪克斯和维奇克[Wütschke]的概述），但实际上已经破裂，因为在这一区域，与有色种族相对的白人主子的数量太少。大英帝国既没能有效地对付泛亚洲理念，因为古老的、看似遭到打击的泛斯拉夫主义已经与泛亚洲理念结盟（泛斯拉夫主义把脸转离欧洲，转向亚洲），也没能有效地对付分布在三大洲但在亚洲最强劲的泛伊斯兰理念，同时，也没能有效地对付泛印度理念。然而，正是大英帝国自己通过宣布各民族的自决权，唤醒了这些理念，使之从黑暗的余烬中燃起熊熊火焰——这火焰曾在灰烬下面蛰伏，像一团永不会完全熄灭的火（达斯[Das]、萨卡尔、泰戈尔、慕克吉[Mukerjee]、尼赫鲁等人）。

如果看看卡莱吉伯爵（Richard Nikolaus Eijiro, Graf Coudenhove-Kalergi, 1894—1972）1925年描绘的那幅泛欧洲地图，① 就会发现，

---

① ［译注］卡莱吉伯爵，奥地利-日本裔政治家、哲学家，父亲是奥匈帝国外交官，母亲是日本人。儿时在日本长大，1919年成为捷克斯洛伐克公民，1939年取得法国国籍，直到去世。卡莱吉伯爵是欧洲一体化的先驱，担任泛欧洲联

泛欧洲理念与泛亚洲理念处于不可调和的对立之中,对立背后的扭曲动机,是保卫欧洲大陆强盗在东南亚的份额。在这些强盗眼里,东南亚就是"亚洲穷鬼的外套上的黄金接缝"。但是,如果检察泛亚洲理念实现的可能,就会发现这一理念不仅与摧毁大英帝国的概念(allbritischen Reichsgedanken)以及泛欧洲的概念[紧密]相关,而且背后隐藏着埋伏。苏联不管对提出泛亚洲理念帮助多大,仍然与东亚和印度更大的活力存在反差,作为整体的各季风国家,仍然反对俄罗斯人向亚洲移民。此外,日本人的"大日本"概念的对外影响——其中[286]日本控制的中国东北和内蒙古地区成为分隔中国与俄罗斯的楔子,日本帝国政策中大洋-大陆的双管齐下(Zwiespältigkeit),以及中国人对整个太平洋边界造成的移民压力,这些毫无疑问都意味着危险的电荷。然而,只有在这里,我们才看到,以地理学为基础且风格极为宏大的地缘政治科学,已有意识地倾向于和解,努力超越张力,实现彼此合作。因而,它实际上在彭克所谓的自然人类地理学的主要问题上服务于人类的未来,即在日益增长的人口压力中,更公正、更有意义地分配地球上的生存空间。

这是太平洋地缘政治学一个终极的远大目标!

附录

1924年至1928年新增研究文献

1. 目标类似的纯粹政治地理学和地缘政治学著作:André Duboscq, *Le probème du Pacifique*, Paris 1927, Delagrave。遗憾的是,

---

盟的创始主席长达49年。1923年出版《泛欧罗巴》(*Pan-Europa*),1926年在维也纳召集第一次泛欧洲联盟代表大会。

这本著作没有提及使用的文献,只有一幅非常温和的地图,不过至少以太平洋为中心。

2. B. Dolivo-Dobrovolski, *Tikhookeanskaya Problyema*, Moscow 1924,苏联战争科学编辑部出版。导言由帕夫洛维奇(Pavlovich)所作,资料详实,地图也比上面那部法语著作好得多。此书是此类研究的杰作,并得到紧接着下面这部著作的完美补充。

3. Golovin and Bubnov, *Strategiya Americano-Japonskoi Voinui*, Moscow 1925, Voyenui Vestnik。导言由拉杰克(Karl Radek)所作。他们的构想中有5幅精致的地缘政治示意图,尽管是黑白地图。

上述两部作品都是苏联相关研究的杰出范例,尽管形式朴素,但对印度-太平洋地区重要的地缘政治力场皆有精准的认识,对日本、中国、印度尼西亚和印度支那也了如指掌。

4. 下述作品对太平洋地缘政治的讨论,本质上更倾向于文化地理、权力或军事地理或者政治经济的角度。Kurt von Boeckmann, *Vom Kulturreich des Meeres*, Berlin 1924, Volksverband der Bücherfreunde, Wegweiser Verlag。书中有6幅地图,14幅图表和丰富的研究文献。这是一部极有价值的作品,遗憾没有在文化地理学领域获得相应的科学地位。

5. Admiral Sir Reginald Custance, *A Study of War*(Wehr-G), London-Bombay-Sidney 1924, Constable。这部作品意在从克劳塞维茨那里发展出一种大洋战略思维方式,但只略微触及太平洋,本质上仍远不如马汉的海权观念。不过,典型的是,英国地缘政治学家对世界大战的评估,落在美国和日本的评估后面。另有一部类似的具有不同价值的作品: Bywater, *The Great Pacific War*, 1931–33, London, Constable; *Navies and Nations*, London 1927。

6. James Johnston, *A Study of the Oceans*, London 1926, Edward

Arnold & Company。这部作品极具价值,勾勒出人们实际上希望在大英帝国就海洋学的价值普及些什么东西。第六章(页173-192)处理太平洋,页194(印度洋)包含一幅人类迁徙图,非常大胆,同样也与太平洋相关。

7. James Fairgrieve, *Geography and World Power*, London 1924, University of London Press,由玛尔塔·豪斯霍弗(Martha Haushofer)译成德文, *Geographie und Weltmacht*, Berlin 1925, Kurt Vowinckel Verlag。此书有67幅图表,真实地揭示出太平洋的思考方法、太平洋时代来临之际的绘图理解(zeichnerische Erfassen),让旧大英帝国的帝国主义多么不舒服。将德译本第387页的示意图与麦金德的[政治地理]概念(体现在《太平洋地缘政治学》转载自麦金德的一幅图表上①)作一比较,就会立刻发现这部作品的真实意图。[译按:这部作品已有中译本,费尔格里夫,《地理与世界霸权》,胡坚译,杭州:浙江人民出版社,2016;菲尔格里夫,《地理与世界霸权》,龚权译,上海:上海人民出版社,2016。]

8. Dr. Siegfried Passarge, "Die politisch-geographischen Grundlagen des Süüdseegebiets vor dem Eintreffen der Europäer", *Pertermanns Mitteilungen 1926*, Booklet 9/10,页209-212,此书有14幅图表,本质上是文化地理学著作。认真对待书中所说的太平洋和大西洋的特征,会是一项极有趣的任务,不过,读者完全能自己比较。当然,太平洋的类型只在回击大西洋入侵太平洋的手段时才会扩张,不然,中国、日本和印度可能在四千年前就已经开始互相扩张,因为这些国家具备扩张的手段。聚斯(他是一位重要的形态学家,而非地缘政治学家)强调,太平洋海岸与大西洋海岸的著名类型

---

① [译注]即那幅著名的将全球分成枢纽区域、外新月和内新月的地图。

反差,恰恰不会遭到著名的汉堡形态学家的否认;如果人们不完全否认生存空间对人类生命形式的影响,同时却将地理学排除在政治教育之外,而仅限于研究正在灭绝的原始人,那么,光这种类型差异就会导致对空间中权力分布的不同态度。

9. 从纯粹军事地理的视角看,遗憾的是,加多(Korvettenkapitän Gadow)在空间方面受到限制,赶不上他卓越的实质思想:Korvettenkapitän Gadow, *Seerüstung und Flottenpolitik der Mäche*, Berlin 1924, Zentralverlag。此书页9–14和页18–26以宏大的风格,紧扣1927年6月20日在日内瓦召开的第二次海军[裁军]会议。书中制作了数幅精致的图表,其中也有一幅以太平洋为中心。他与海军上将康斯坦斯不同,可能更少关注过去而更多预测未来。

10. 特别有价值的似乎是下述精明的清算。史蒂文斯(Williams O. Stevens)与韦斯科特(Allan Westcott)合著的《海权的历史》(*History of Sea Power*),以及荷马李(Homer Lea)在《撒克逊时代》(*The Day of the Saxons*)中的不易之论:

> 大英帝国崛起于劫掠和征服。这个帝国如果不想衰落,建立帝国的军事力量就必须以同样的方式保持活力。现在威胁大英帝国生存的三个强权是:德意志帝国、俄罗斯帝国和日本帝国。大英帝国必须逐一摧毁之。

大英帝国几乎成功摧毁了这三大帝国中的两个。因此,荷马李暗示,受威胁的几个帝国最终会找到彼此接近的途径。这一暗示看起来与加多和霍尔韦格上将在《德意志汇报》(*Deutsche Allgemeine Zeitung*, Weserzeitung)以及其他地方发表的观点类似。我们痛苦地想起霍尔韦格在其大作《德国海军在世界大战中的任务》(*Die Aufgaben der deutschen Flotte im Weltkrieg*, Berlin 1917)中的认命之辞：

> 对权力的重要性和海军使命的理解，在英国天然比在德国更深刻。

但是，有人如果真的想与霍尔韦格搏斗，就必须提升到对手的水平。依照西姆斯海军上将的看法，3000吨的巡航潜艇足以绕全球航行，使任何战列舰队都不可能带着空空的油舱接近他国海岸，因而"最好把战列舰停靠在密西西比河"。这种3000吨的潜艇可能已指明方向，而这也是日本的希望。

但是，保存海军（Flottenthesaurienrung）这一危险概念，是一句令人信服的战斗口号吗？能否让一个已经不堪重负的民族超越一般使命，实现伟大的成就？为什么没有表现出一个缺乏空间的民族的生存斗争，且斗争规模之大令人敬畏，从一开始就不是为了区区几公里空间的短暂扩张而升起战旗？

与涉及太平洋地缘政治全部范围的各种论述作了这番搏斗之后，我要特别提到《地缘政治学》月刊（Berlin seit 1924, Kurt Vowinckel Verlag）上的定期报告和文献信息，要是不提到这一杂志上的文章，至少从德国人的视角看，就不可能跟上太平洋地缘政治学。

11. Karl Bott, *Handwörterbuch des Kaufmanns*, Hamberg-Berlin 1926, Hanseatische Verlagsanstalt。此书是一份出色的简明纲要，具有卓越的地缘政治洞察力，其中第二卷《太平洋》附有精良的黑白图表，由拉特延斯（K. Rathjens）制作。此书以简洁的形式，为那些忙碌的工商业人士提供了卓越的地缘政治观察方式，可谓范本。大多数印度－太平洋的地貌图也制作精良。

12. Colin Ross, *Das Meer der Entscheidungen*, Leipzig 1925, F. A.

Brockhaus。此书有97幅插图和7张表格,是以通俗而吸引人的风格呈现重大地缘政治问题的典范,同时给人耳目一新的感觉。作者还著有《南美洲》(Südamerika)、《通往东方之路》(Der Weg nach Osten)两书。顺便提一下,作者是著名的旅行作家,这些作品典型地表明,在同一个真正环游世界的人身上,大陆和大洋的环境多么强势地同时出现在他的描述中。考虑到这样一种教育模式,难以否认,环境再加上由土地和土壤决定的特征,对人类(哪怕非常强势的人)大约25%的行为(我们对地缘政治学的要求从未超出这一点!)以及对人类的权力和空间概念产生了何等影响。

13. 读者值得注意施米特黑纳(Schmitthenner)教授描述其中国旅行的作品,尤其是那篇比较中国南方和北方的文章,刊登在 *Petermanns Mitteilungen* 上;明斯特尔(Mecking-Münster)教授研究了由大洋决定的日本人的生命形式与其港口的关系,也值得注意。

14. *Jahrbuch für Wirtschaft, Politik und Arbneiterbewegung*, Verlag der Kommunistischen Internationale。

15. 上书的1923—1924年版有一幅非常精美的大洋洲地图。另一方面,种族方面的数据令我们惊讶不已。人口上,中国有4.48亿,日本帝国有8500万,暹罗有1100万,印度支那有2500万,菲律宾有1200万,亦即太平洋地区总人口实际上至少达5.81亿,而这份年鉴只算了5.2亿,其中马来-波利尼西亚人只有4600万。同时,作者显然把整个印度支那算作白人统治的地区,这夸大了白人在该地区的安全,而且让人觉得这份年鉴似乎尤其不希望唤醒印度-太平洋地区。

16. Macmillan Brown, *Peoples and Problems of the Pacific*, London 1926, Fisher-Unwin。此书从英国人的视角出发,进一步讨论太平洋的文化地理问题。

17. Bunkichi Horyoka, *Nihon oyobi Han Tai-heiyo Minsoku no Kenkyu*, Tokyo, January 1927。此书从大日本的视角着眼。堀冈文吉花了12年时间，在南太平洋考察马来-波利尼西亚人与马来-蒙古人在古代的种族联系，写成了这部非常出色的作品，为西太平洋种族迁徙空间的整个殖民过程建立了一种相当可接受的理论。在地缘政治学上尤为值得指出的是，此书为我们在《太平洋地缘政治学》中将要得出的结论做好了准备，因此是西太平洋弧形岛屿链极富远见的种族政策的科学基础。当然，这部作品也采纳了部分日本传统神话，不过，狄克逊(Dixon)在《海洋神话学》(*Oceanic Mythology*)中已经指出，日本早期文献中记载了部分古代马来文化。至于对种族政治问题的影响，在实践中，这往往不是一个囊括所有细节的科学论证的问题，而是一个种族信仰在日本这样人口达6000万的国家中的冲力问题。

18. Stephen H. Roberts, *Population Problems of the Pacific*, London 1927, George Routledge and Sons。此书研究太平洋岛屿世界的历史、伦理和种族问题，作者虽然采纳了世界上这个地区的一些传奇和巫术，但丝毫没有损害对主题的科学讨论。史蒂文森(R. L. Stevenson)、雷歌(Reche，对Tangaloa的研究)等人曾走过这条路。

19. 矢部长克(Hisakatsu Yabe)、野村(S. Nomura)、长尾(T. Nagao)等人为1926年在东京举行的第三届泛太平洋科学大会撰写的手册，以单行本刊行。这本手册充分证明大会取得的全部成就，以及由此开始的环太平洋国家独特的经验交流的重要性。

《太平洋事务》(*Pacific Affairs*)对此次大会的持续报道。

图书在版编目（CIP）数据

太平洋地缘政治学：地理与历史之间关系的研究/（德）卡尔·豪斯霍弗著；马勇，张培均译. --北京：华夏出版社有限公司，2020.1（2022.5重印）
（西方传统：经典与解释）
ISBN 978-7-5080-9858-6

Ⅰ.①太… Ⅱ.①卡… ②马… ③张… Ⅲ.①地缘政治学－研究－亚太地区 Ⅳ.①D73

中国版本图书馆 CIP 数据核字（2019）第 206185 号

审图号：GS（2019）4393 号

太平洋地缘政治——地理与历史之间关系的研究

作　　者	[德]卡尔·豪斯霍弗
译　　者	马　勇　张培均
责任编辑	李安琴
责任印制	刘　洋
出版发行	华夏出版社有限公司
经　　销	新华书店
印　　装	北京汇林印务有限公司
版　　次	2020 年 1 月北京第 1 版 2022 年 5 月北京第 3 次印刷
开　　本	880×1230　1/32
印　　张	15.125
字　　数	344 千字
定　　价	98.00 元

华夏出版社有限公司　地址：北京市东直门外香河园北里 4 号邮编：100028
网址：www.hxph.com.cn 电话：（010）64663331（转）
若发现本版图书有印装质量问题，请与我社营销中心联系调换。

西方传统：经典与解释
Classici et Commentarii

HERMES
刘小枫 ◎ 主编

古今丛编

克尔凯郭尔　[美]江思图 著
货币哲学　[德]西美尔 著
孟德斯鸠的自由主义哲学　[美]潘戈 著
莫尔及其乌托邦　[德]考茨基 著
试论古今革命　[法]夏多布里昂 著
但丁：皈依的诗学　[美]弗里切罗 著
在西方的目光下　[英]康拉德 著
大学与博雅教育　董成龙 编
探究哲学与信仰　[美]郝岚 著
民主的本性　[法]马南 著
梅尔维尔的政治哲学　李小均 编/译
席勒美学的哲学背景　[美]维塞尔 著
果戈里与鬼　[俄]梅列日科夫斯基 著
自传性反思　[美]沃格林 著
黑格尔与普世秩序　[美]希克斯 等著
新的方式与制度　[美]曼斯菲尔德 著
科耶夫的新拉丁帝国　[法]科耶夫 等著
《利维坦》附录　[英]霍布斯 著
或此或彼（上、下）　[丹麦]基尔克果 著
海德格尔式的现代神学　刘小枫 选编
双重束缚　[法]基拉尔 著
古今之争中的核心问题　[德]迈尔 著
论永恒的智慧　[德]苏索 著
宗教经验种种　[美]詹姆斯 著
尼采反卢梭　[美]凯斯·安塞尔-皮尔逊 著
舍勒思想评述　[美]弗林斯 著
诗与哲学之争　[美]罗森 著
神圣与世俗　[罗]伊利亚德 著
但丁的圣约书　[美]霍金斯 著

古典学丛编

论王政　[古罗马]金嘴狄翁 著
论希罗多德　[古罗马]卢里叶 著
探究希腊人的灵魂　[美]戴维斯 著
尤利安文选　马勇 编/译
论月面　[古罗马]普鲁塔克 著
雅典谐剧与逻各斯　[美]奥里根 著
菜园哲人伊壁鸠鲁　罗晓颖 选编
《劳作与时日》笺释　吴雅凌 撰
希腊古风时期的真理大师　[法]德蒂安 著
古罗马的教育　[英]葛怀恩 著
古典学与现代性　刘小枫 编
表演文化与雅典民主政制
[英]戈尔德希尔、奥斯本 编
西方古典文献学发凡　刘小枫 编
古典语文学常谈　[德]克拉夫特 著
古希腊文学常谈　[英]多佛 等著
撒路斯特与政治史学　刘小枫 编
希罗多德的王霸之辨　吴小锋 编/译
第二代智术师　[英]安德森 著
英雄诗系笺释　[古希腊]荷马 著
统治的热望　[美]福特 著
论埃及神学与哲学　[古希腊]普鲁塔克 著
凯撒的剑与笔　李世祥 编/译
伊壁鸠鲁主义的政治哲学
[意]詹姆斯·尼古拉斯 著
修昔底德笔下的人性　[美]欧文 著
修昔底德笔下的演说　[美]斯塔特 著
古希腊政治理论　[美]格雷纳 著
神谱笺释　吴雅凌 撰
赫西俄德：神话之艺
[法]居代·德·拉孔波 等著
赫拉克勒斯之盾笺释　罗逍然 译笺
《埃涅阿斯纪》章义　王承教 选编
维吉尔的帝国　[美]阿德勒 著
塔西佗的政治史学　曾维术 编

古希腊诗歌丛编
- 古希腊早期诉歌诗人 [英]鲍勒 著
- 诗歌与城邦 [美]费拉格、纳吉 主编
- 阿尔戈英雄纪（上、下） [古希腊]阿波罗尼俄斯 著
- 俄耳甫斯教祷歌 吴雅凌 编译
- 俄耳甫斯教辑语 吴雅凌 编译

古希腊肃剧注疏集
- 希腊肃剧与政治哲学 [美]阿伦斯多夫 著

古希腊礼法
- 希腊人的正义观 [英]哈夫洛克 著

廊下派集
- 廊下派的苏格拉底 程志敏 徐健 选编
- 廊下派的神和宇宙 [墨]里卡多·萨勒斯 编
- 廊下派的城邦观 [英]斯科菲尔德 著

希伯莱圣经历代注疏
- 希腊化世界中的犹太人 [英]威廉逊 著
- 第一亚当和第二亚当 [德]朋霍费尔 著

新约历代经解
- 属灵的寓意 [古罗马]俄里根 著

基督教与古典传统
- 保罗与马克安 [德]文森 著
- 加尔文与现代政治的基础 [美]汉考克 著
- 无执之道 [德]文森 著
- 恐惧与战栗 [丹麦]基尔克果 著
- 托尔斯泰与陀思妥耶夫斯基 [俄]梅列日科夫斯基 著
- 论宗教大法官的传说 [俄]罗赞诺夫 著
- 海德格尔与有限性思想（重订版） 刘小枫 选编
- 上帝国的信息 [德]拉加茨 著
- 基督教理念与现代 [德]特洛尔奇 著
- 亚历山大的克雷芒 [意]塞尔瓦托·利拉 著
- 中世纪的心灵之旅 [意]圣·波纳文图拉 著

德意志古典传统丛编
- 论荷尔德林 [德]沃尔夫冈·宾德尔 著
- 彭忒西勒亚 [德]克莱斯特 著
- 穆佐书简 [奥]里尔克 著
- 纪念苏格拉底——哈曼文选 刘新利 选编
- 夜颂中的革命和宗教 [德]诺瓦利斯 著
- 大革命与诗话小说 [德]诺瓦利斯 著
- 黑格尔的观念论 [美]皮平 著
- 浪漫派风格——施勒格尔批评文集 [德]施勒格尔 著

美国宪政与古典传统
- 美国1787年宪法讲疏 [美]阿纳斯塔普罗 著

世界史与古典传统
- 西方古代的天下观 刘小枫 编
- 从普遍历史到历史主义 刘小枫 编

启蒙研究丛编
- 浪漫的律令 [美]拜泽尔 著
- 现实与理性 [法]科维纲 著
- 论古人的智慧 [英]培根 著
- 托兰德与激进启蒙 刘小枫 编
- 图书馆里的古今之战 [英]斯威夫特 著

政治史学丛编
- 自然科学史与玫瑰 [法]雷比瑟 著

荷马注疏集
- 不为人知的奥德修斯 [美]诺特维克 著
- 模仿荷马 [美]丹尼斯·麦克唐纳 著

品达注疏集
- 幽暗的诱惑 [美]汉密尔顿 著

欧里庇得斯集
- 自由与僭越 罗峰 编译

阿里斯托芬集
- 《阿卡奈人》笺释 [古希腊]阿里斯托芬 著

色诺芬注疏集
- 居鲁士的教育 [古希腊]色诺芬 著
- 色诺芬的《会饮》 [古希腊]色诺芬 著

柏拉图注疏集
- 立法与德性——柏拉图《法义》发微 林志猛 编
- 柏拉图的灵魂学 [加]罗宾逊 著

柏拉图书简　彭磊 译注
克力同章句　程志敏 郑兴凤 撰
哲学的奥德赛——《王制》引论　[美]郝兰 著
爱欲与启蒙的迷醉　[美]贝尔格 著
为哲学的写作技艺一辩　[美]伯格 著
柏拉图式的迷宫——《斐多》义疏　[美]伯格 著
哲学如何成为苏格拉底式的　[美]朗佩特 著
苏格拉底与希琵阿斯　王江涛 编译
理想国　[古希腊]柏拉图 著
谁来教育老师　刘小枫 编
立法者的神学　林志猛 编
柏拉图对话中的神　[法]薇依 著
厄庇诺米斯　[古希腊]柏拉图 著
智慧与幸福　程志敏 选编
论柏拉图对话　[德]施莱尔马赫 著
柏拉图《美诺》疏证　[美]克莱因 著
政治哲学的悖论　[美]郝岚 著
神话诗人柏拉图　张文涛 选编
阿尔喀比亚德　[古希腊]柏拉图 著
叙拉古的雅典异乡人　彭磊 选编
阿威罗伊论《王制》　[阿拉伯]阿威罗伊 著
《王制》要义　刘小枫 选编
柏拉图的《会饮》　[古希腊]柏拉图 等著
苏格拉底的申辩（修订版）　[古希腊]柏拉图 著
苏格拉底与政治共同体　[美]尼柯尔斯 著
政制与美德——柏拉图《法义》疏解　[美]潘戈 著
《法义》导读　[法]卡斯代尔·布舒奇 著
论真理的本质　[德]海德格尔 著
哲人的无知　[德]费勃 著
米诺斯　[古希腊]柏拉图 著

亚里士多德注疏集

亚里士多德《政治学》中的教诲　[美]潘戈 著
品格的技艺　[美]加佛 著
亚里士多德哲学的基本概念　[德]海德格尔 著
《政治学》疏证　[意]托马斯·阿奎那 著

尼各马可伦理学义疏　[美]伯格 著
哲学之诗　[美]戴维斯 著
对亚里士多德的现象学解释　[德]海德格尔 著
城邦与自然——亚里士多德与现代性　刘小枫 编
论诗术中篇义疏　[阿拉伯]阿威罗伊 著
哲学的政治　[美]戴维斯 著

普鲁塔克集

普鲁塔克的《对比列传》　[英]达夫 著
普鲁塔克的实践伦理学　[比利时]胡芙 著

阿尔法拉比集

政治制度与政治箴言　阿尔法拉比 著

马基雅维利集

君主及其战争技艺　娄林 选编

莎士比亚绎读

莎士比亚的历史剧　[英]蒂利亚德 著
莎士比亚戏剧与政治哲学　彭磊 选编
莎士比亚的政治盛典　[美]阿鲁里斯/苏利文 编
丹麦王子与马基雅维利　罗峰 选编

洛克集

上帝、洛克与平等　[美]沃尔德伦 著

卢梭集

论哲学生活的幸福　[德]迈尔 著
致博蒙书　[法]卢梭 著
政治制度论　[法]卢梭 著
哲学的自传　[美]戴维斯 著
文学与道德杂篇　[法]卢梭 著
设计论证　[美]吉尔丁 著
卢梭的自然状态　[美]普拉特纳 等著
卢梭的榜样人生　[美]凯利 著

莱辛注疏集

汉堡剧评　[德]莱辛 著
关于悲剧的通信　[德]莱辛 著
《智者纳坦》（研究版）　[德]莱辛 等著
启蒙运动的内在问题　[美]维塞尔 著
莱辛剧作七种　[德]莱辛 著

历史与启示——莱辛神学文选　[德]莱辛 著
论人类的教育　[德]莱辛 著

尼采注疏集
何为尼采的扎拉图斯特拉　[德]迈尔 著
尼采引论　[德]施特格迈尔 著
尼采与基督教　刘小枫 编
尼采眼中的苏格拉底　[美]丹豪瑟 著
尼采的使命　[美]朗佩特 著
尼采与现代时代　[美]朗佩特 著
动物与超人之间的绳索　[德]A.彼珀 著

施特劳斯集
论僭政（重订本）　[美]施特劳斯 [法]科耶夫 著
苏格拉底问题与现代性（增订本）
犹太哲人与启蒙（增订本）
霍布斯的宗教批判
斯宾诺莎的宗教批判
门德尔松与莱辛
哲学与律法——论迈蒙尼德及其先驱
迫害与写作艺术
柏拉图式政治哲学研究
论柏拉图的《会饮》
柏拉图《法义》的论辩与情节
什么是政治哲学
古典政治理性主义的重生（重订本）
回归古典政治哲学——施特劳斯通信集
苏格拉底与阿里斯托芬

* * *

施特劳斯的持久重要性　[美]朗佩特 著
论önh初遗忘　[美]维克利 著
政治哲学与启示宗教的挑战　[德]迈尔 著
阅读施特劳斯　[美]斯密什 著
施特劳斯与流亡政治学　[美]谢帕德 著
隐匿的对话　[德]迈尔 著
驯服欲望　[法]科耶夫 等著

施米特集
宪法专政　[美]罗斯托 著
施米特对自由主义的批判　[美]约翰·麦考米克

伯纳德特集
古典诗学之路（第二版）　[美]伯格 编
弓与琴（重订本）　[美]伯纳德特 著
神圣的罪业　[美]伯纳德特 著

布鲁姆集
巨人与侏儒（1960-1990）
人应该如何生活——柏拉图《王制》释义
爱的设计——卢梭与浪漫派
爱的戏剧——莎士比亚与自然
爱的阶梯——柏拉图的《会饮》
伊索克拉底的政治哲学

沃格林集
自传体反思录　[美]沃格林 著

大学素质教育读本
古典诗文绎读 西学卷·古代编（上、下）
古典诗文绎读 西学卷·现代编（上、下）

中国传统：经典与解释
Classici et Commentarii

刘小枫　陈少明○主编

《孔丛子》训读及研究 / 雷欣翰 撰
论语说义 / [清]宋翔凤 撰
周易古经注解考辨 / 李炳海 著
浮山文集 / [明]方以智 著
药地炮庄 / [明]方以智 著
药地炮庄笺释·总论篇 / [明]方以智 著
青原志略 / [明]方以智 编
冬灰录 / [明]方以智 著
冬炼三时传旧火 / 邢益海 编
《毛诗》郑王比义发微 / 史应勇 著
宋人经筵诗讲义四种 / [宋]张纲 等撰

道德真经藏室纂微篇 / [宋]陈景元 撰
道德真经四子古道集解 / [金]寇才质 撰
皇清经解提要 / [清]沈豫 撰
经学通论 / [清]皮锡瑞 著
松阳讲义 / [清]陆陇其 著
起凤书院答问 / [清]姚永朴 撰
周礼疑义辨证 / 陈衍 撰
《铎书》校注 / 孙尚扬 肖清和 等校注
韩愈志 / 钱基博 著
论语辑释 / 陈大齐 著
《庄子·天下篇》注疏四种 / 张丰乾 编
荀子的辩说 / 陈文洁 著
古学经子 / 王锦民 著
经学以自治 / 刘少虎 著
从公羊学论《春秋》的性质 / 阮芝生 撰

现代性社会理论绪论
诗化哲学 [重订本]
拯救与逍遥 [修订本]
走向十字架上的真
西学断章

编修 [博雅读本]
  凯若斯：古希腊语文读本 [全二册]
  古希腊语文学述要
  雅努斯：古典拉丁语文读本
  古典拉丁语文学述要
  危微精一：政治法学原理九讲
  琴瑟友之：钢琴与古典乐色十讲

译著
  普罗塔戈拉（详注本）
  柏拉图四书

刘小枫集

民主与政治德性
昭告幽微
以美为鉴
古典学与古今之争 [增订本]
这一代人的怕和爱 [第三版]
沉重的肉身 [珍藏版]
圣灵降临的叙事 [增订本]
罪与欠
儒教与民族国家
拣尽寒枝
施特劳斯的路标
重启古典诗学
设计共和
现代人及其敌人
海德格尔与中国
共和与经纶
现代性与现代中国

经典与解释辑刊

1. 柏拉图的哲学戏剧
2. 经典与解释的张力
3. 康德与启蒙
4. 荷尔德林的新神话
5. 古典传统与自由教育
6. 卢梭的苏格拉底主义
7. 赫尔墨斯的计谋
8. 苏格拉底问题
9. 美德可教吗
10. 马基雅维利的喜剧
11. 回想托克维尔
12. 阅读的德性
13. 色诺芬的品味
14. 政治哲学中的摩西
15. 诗学解诂
16. 柏拉图的真伪
17. 修昔底德的春秋笔法
18. 血气与政治
19. 索福克勒斯与雅典启蒙
20. 犹太教中的柏拉图门徒
21. 莎士比亚笔下的王者
22. 政治哲学中的莎士比亚
23. 政治生活的限度与满足
24. 雅典民主的谐剧
25. 维柯与古今之争
26. 霍布斯的修辞
27. 埃斯库罗斯的神义论
28. 施莱尔马赫的柏拉图
29. 奥林匹亚的荣耀
30. 笛卡尔的精灵
31. 柏拉图与天人政治
32. 海德格尔的政治时刻
33. 荷马笔下的伦理
34. 格劳秀斯与国际正义
35. 西塞罗的苏格拉底
36. 基尔克果的苏格拉底
37. 《理想国》的内与外
38. 诗艺与政治
39. 律法与政治哲学
40. 古今之间的但丁
41. 拉伯雷与赫尔墨斯秘学
42. 柏拉图与古典乐教
43. 孟德斯鸠论政制衰败
44. 博丹论主权
45. 道伯与比较古典学
46. 伊索寓言中的伦理
47. 斯威夫特与启蒙
48. 赫西俄德的世界
49. 洛克的自然法辩难
50. 斯宾格勒与西方的没落
51. 地缘政治学的历史片段
52. 施米特论战争与政治
53. 普鲁塔克与罗马政治
54. 罗马的建国叙述